工程经济学
第二版

倪 蓉　陈 光　主编
张洪梅　　副主编

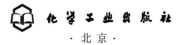
化学工业出版社
·北京·

内 容 简 介

工程经济学是一门技术与经济相结合的交叉学科。本书共分十一个学习单元，系统介绍了工程经济学的基本原理和方法，具体包括：工程经济学的概念、工程经济评价基本要素、资金时间价值与等值计算、工程经济评价指标分析、投资方案的类型与评价方法、不确定性分析、工程项目投融资、建设项目财务评价、投资项目国民经济分析与评价、价值工程分析、设备更新的工程经济分析等内容。第二版更加突出了实用性特点，使读者在学习理论的同时，提高操作能力和分析能力。本书适合作为高职院校工程经济学及相关课程的教学用书，也可作为工程技术人员、造价工程师、监理工程师的参考用书。

图书在版编目（CIP）数据

工程经济学 / 倪蓉，陈光主编．—2版．—北京：化学工业出版社，2021.8
ISBN 978-7-122-39439-2

Ⅰ.①工… Ⅱ.①倪… ②陈… Ⅲ.①工程经济学-教材 Ⅳ.①F062.4

中国版本图书馆CIP数据核字（2021）第130759号

责任编辑：李彦玲　　　　　　　文字编辑：师明远
责任校对：杜杏然　　　　　　　装帧设计：王晓宇

出版发行：化学工业出版社（北京市东城区青年湖南街13号　邮政编码100011）
印　　装：三河市双峰印刷装订有限公司
787mm×1092mm　1/16　印张18　字数517千字　2021年10月北京第2版第1次印刷

购书咨询：010-64518888　　　　　　　售后服务：010-64518899
网　　址：http://www.cip.com.cn

凡购买本书，如有缺损质量问题，本社销售中心负责调换。

定　　价：54.00元　　　　　　　　　　　　　　　　　　版权所有　违者必究

第二版前言

自2012年《工程经济学》出版发行以来，我国社会主义市场经济的运行发生了诸多变革。伴随着投融资体制的变化和促进我国经济持续平稳发展的需要，从2016年5月1日起，我国全面推行营改增试点，将建筑业、房地产业、金融业、生活服务业全部纳入营改增试点，营业税退出历史舞台，增值税制度更加规范。根据这些变革，本书在原来《工程经济学》基础上进行了相应的修改。

根据《国家职业教育改革实施方案（职教20条）》有关教材建设的要求，为适应"互联网+职业教育"发展需求，本书运用现代信息技术改进教学方法，进行了数字化资源配置，包括配套的视频、教学课件、训练题及参考答案等教学资料，以二维码的形式来呈现。为贯彻落实"坚持显性教育和隐性教育相统一"的要求，围绕立德树人的根本任务，把思政课程与课程思政教育教学相统一，在教材编写过程中增加了课程思政的内容，作为新时代新形势下高校有效开展"三全育人"工作的一个方面。

经过近几年的酝酿和努力，《工程经济学》第二版终于在大家的合作下完成了。与原版本相比，第二版除了保持原教材体系的逻辑框架外，更加突出了应用性特征，使读者在学习理论的同时，提高了动手操作能力。工程经济学是一门应用性很强的学科，本书从这一目标出发，在内容和案例的选择上，注重与工程实际相结合，以提高学生的实际应用能力为主线，培养学生的工程实践能力，因此在教材的编排上增加了学学做做、课后训练两个栏目，以提高学生的动手能力，另外还增加一些案例与阅读材料，培养学生对学习该课程的兴趣，在训练项目上尽量贴近各种考试的真题情景进行设计。

本书由江苏建筑职业技术学院倪蓉、陈光担任主编，中煤第五建设有限公司张洪梅担任副主编，江苏建筑职业技术学院鹿奎奎、高文艺参编。具体分工如下：单元一、单元三至单元六由倪蓉编写，单元二、单元七、单元十、单元十一由陈光编写，单元八、单元九由张洪梅编写，鹿奎奎、高文艺负责资料的收集、整理工作。

修订版在编写过程中，学习和借鉴了一些专家、学者的观点和成果，在此一并感谢。由于编者水平有限，望有关专家、学者、读者对本书提出宝贵意见。

编者
2021 年 5 月

单元一 绪论 001

任务1 工程经济学的概念 002
 知识点1 工程经济学的含义 002
 知识点2 工程经济学的性质 002
 知识点3 工程经济学研究的对象 002
任务2 工程技术与经济的内涵 003
 知识点1 工程含义 003
 知识点2 技术含义 004
 知识点3 经济含义 004
 知识点4 工程技术与经济的相互关系 004
任务3 工程经济学研究的特点 006
任务4 工程经济学研究的内容 007
任务5 工程经济分析的原则 008
任务6 工程经济分析的程序 008
任务7 工程经济学的产生与发展 009
任务8 工程经济对工程师的重要性 011

单元二 工程经济评价基本要素 012

任务1 经济效果分析 013
 知识点1 经济效果的概念 013
 知识点2 经济效果的分类 013
 知识点3 经济效果的评价方法 014
 知识点4 经济效果的评价指标 015
 知识点5 经济效果的评价原则 016
任务2 投资分析 017
 知识点1 投资的概念 017
 知识点2 投资的作用 017
 知识点3 投资的构成 017
任务3 资产分析 020
 知识点1 资产的含义 020
 知识点2 资产特征 020
 知识点3 资产分类 020
任务4 工程成本分析 024
 知识点1 工程成本含义 024
 知识点2 建设工程成本的构成 024
 知识点3 生产成本的内容 024
 知识点4 期间费用 025
 技能点1 总成本费用的计算 025
 知识点5 工程经济中的有关成本概念 026
任务5 固定资产折旧计算 027
 知识点1 固定资产折旧的含义 027
 知识点2 影响固定资产折旧的因素 028
 知识点3 固定资产的计价方法 028
 技能点1 计算固定资产折旧额 029
任务6 无形资产摊销额计算 037
 知识点1 无形资产摊销的含义 037
 知识点2 无形资产的摊销原则 037
 技能点1 无形资产摊销的计算 038
任务7 收入、利润分析 040
 知识点1 收入的含义 040
 知识点2 收入的分类 040
 知识点3 利润的含义 040
任务8 与工程项目有关的税金 043

知识点 1	税金含义	043	知识点 6	资源税	046
知识点 2	增值税	043	知识点 7	教育费附加和地方教育费	
知识点 3	所得税	044		附加	046
知识点 4	消费税	044	知识点 8	土地增值税	046
知识点 5	城市维护建设税	045			

单元三　资金时间价值与等值计算　　048

任务 1	资金时间价值分析	049	任务 4	资金等值计算	059
知识点 1	资金时间价值的含义	049	知识点 1	资金等值的含义	059
知识点 2	影响资金时间价值的因素	049	技能点 1	资金等值计算	059
知识点 3	衡量资金时间价值的尺度	050	技能点 2	等差序列终值计算	066
任务 2	资金时间价值的相关概念	052	任务 5	名义利率与有效利率计算	070
知识点 1	利息与利率	052	技能点 1	名义利率计算	070
技能点 1	利息的计算	054	技能点 2	有效利率计算	070
任务 3	现金流量与现金流量图	056	技能点 3	名义利率与有效利率的	
知识点 1	现金流量	056		应用	072
技能点 1	绘制现金流量图	056			

单元四　工程经济评价指标分析　　075

任务 1	经济评价指标的分类	076	任务 3	动态评价指标分析	088
知识点 1	经济评价指标分类与内容	076	技能点 1	动态投资回收期（P_D）	
知识点 2	方案计算期的确定	077		计算	088
知识点 3	基准收益率	077	技能点 2	净现值（NPV）计算	090
任务 2	静态评价指标分析	081	知识点 1	净现值函数	091
技能点 1	静态投资回收期（P_t）		技能点 3	净现值率计算	092
	计算	081	技能点 4	效益费用比法（B/C）	094
技能点 2	静态追加投资回收期（差额		技能点 5	净年值（NAV）计算	094
	投资回收期）计算	083	技能点 6	内部收益率（IRR）计算	096
技能点 3	投资收益率计算	085	技能点 7	差额内部收益率计算	098

单元五　投资方案的类型与评价方法　　102

任务 1	备选方案类型	103	技能点 1	互斥方案比较的静态指标	
知识点 1	项目评价方法概论	103		分析	107
知识点 2	备选方案类型	103	技能点 2	互斥方案比较的动态指标	
任务 2	**互斥方案的比较与选择**	**107**		分析	109

任务 3　独立方案的比较与选择　　118
　　　　技能点 1　独立方案互斥化法　　118
　　　　技能点 2　净现值率排序法　　119

单元六　不确定性分析　　121

　　任务 1　不确定性概述　　122
　　　　知识点 1　不确定性分析含义　　122
　　　　知识点 2　影响不确定性的主要因素　　122
　　　　知识点 3　不确定性分析的类型　　123
　　任务 2　盈亏平衡分析　　124
　　　　知识点 1　盈亏平衡分析含义　　124
　　　　知识点 2　盈亏平衡分析相关概念　　124
　　　　技能点 1　线性盈亏平衡分析　　125
　　　　技能点 2　非线性盈亏平衡分析　　128
　　　　技能点 3　盈亏平衡分析的应用　　128
　　　　技能点 4　多方案盈亏平衡分析　　129
　　任务 3　敏感性分析　　133
　　　　知识点 1　敏感性分析含义　　133
　　　　知识点 2　敏感性分析的作用　　134
　　　　知识点 3　敏感性分析的种类　　134
　　　　技能点 1　单因素敏感性分析　　134
　　　　技能点 2　多因素敏感性分析　　138
　　任务 4　决策方法　　144
　　　　知识点 1　决策含义　　144
　　　　知识点 2　决策过程　　144
　　　　技能点 1　决策分析方法　　144

单元七　工程项目投融资　　150

　　任务 1　工程项目资本金来源　　151
　　　　知识点 1　项目资本金含义　　151
　　　　知识点 2　项目资本金来源　　151
　　　　知识点 3　项目资本金的比例　　152
　　任务 2　项目资本金筹措的渠道与方式　　152
　　　　知识点 1　既有法人项目资本金筹措渠道与方式　　153
　　　　知识点 2　新设法人项目资本金筹措渠道与方式　　154
　　　　知识点 3　债务资金筹措的渠道与方式　　155
　　任务 3　资金成本分析　　158
　　　　知识点 1　资金成本概述　　158
　　　　技能点 1　资金成本计算　　159
　　　　知识点 2　资本结构　　163
　　任务 4　工程项目融资　　165
　　　　知识点 1　项目融资的含义　　165
　　　　知识点 2　项目融资的特点　　165
　　　　知识点 3　项目融资程序　　167
　　　　知识点 4　项目融资的主要方式　　168

单元八　建设项目财务评价　　173

　　任务 1　财务评价概述　　174
　　　　知识点 1　财务评价的含义　　174
　　　　知识点 2　财务评价内容　　174
　　　　知识点 3　财务评价的程序　　175
　　任务 2　基础财务报表的编制　　176
　　　　技能点 1　现金流量表的编制　　176
　　　　技能点 2　损益表的编制　　178
　　　　技能点 3　资金来源与资金运用表的编制　　180
　　　　技能点 4　资产负债表的编制　　181

技能点5　财务外汇平衡表的编制　182
　任务3　财务评价指标体系与方法　184
　　　知识点1　建设项目财务评价指标体系　184
　　　技能点1　投资项目盈利能力分析　185
　　　技能点2　投资项目清偿能力分析　186

　任务4　建设项目投资估算　189
　　　技能点1　概略估算　189
　　　技能点2　建设投资动态部分估算　192
　　　技能点3　流动资金估算方法　193
　任务5　某新建工业项目财务评价案例　194

单元九　投资项目国民经济分析与评价　202

　任务1　国民经济评价概述　203
　　　知识点1　国民经济评价的含义　203
　　　知识点2　国民经济评价的必要性　203
　　　知识点3　国民经济评价与财务评价的关系　203
　　　知识点4　国民经济评价的目的　204
　　　知识点5　国民经济评价的项目类型　204
　　　知识点6　国民经济评价的内容与步骤　205
　任务2　效益和费用的识别　206
　　　知识点1　识别效益和费用的原则　206
　　　知识点2　国民经济效益与费用　207
　　　知识点3　转移支付　208

　任务3　国民经济评价参数　209
　　　知识点1　社会折现率　209
　　　知识点2　影子工资　210
　　　知识点3　影子汇率　210
　任务4　影子价格　212
　　　知识点1　影子价格的含义　212
　　　知识点2　影子价格的确定　212
　任务5　国民经济评价指标及效益费用流量表　216
　　　知识点1　国民经济盈利能力分析　216
　　　知识点2　外汇效果分析　217
　　　知识点3　国民经济效益费用流量表　218

单元十　价值工程分析　221

　任务1　价值工程的基本概念　222
　　　知识点1　价值工程含义　222
　　　知识点2　价值工程涉及相关概念　222
　　　知识点3　价值工程的基本思路　224
　　　知识点4　价值工程分析的特点　225
　任务2　价值工程的产生与发展　227
　　　知识点1　价值工程的产生　227
　　　知识点2　价值工程的发展　228
　　　知识点3　价值工程迅速发展的背景与原因　229
　　　知识点4　价值工程在我国的推广与应用　230
　任务3　价值工程的工作步骤　231

　任务4　价值工程对象的选择和情报资料收集　232
　　　技能点1　价值工程对象的选择　232
　　　技能点2　价值工程的情报资料收集　235
　任务5　功能分析与评价　239
　　　知识点1　功能系统分析　239
　　　知识点2　功能评价　241
　任务6　方案的创造与评价　246
　　　知识点1　方案的创造　246
　　　知识点2　方案的评价　247
　　　知识点3　方案评价的方法　248

单元十一　设备更新的工程经济分析	251

任务1　设备磨损及其补偿方式	252	任务3　设备更新决策	261
知识点1　设备磨损含义	252	知识点1　设备更新含义	261
知识点2　设备磨损类型	252	知识点2　设备更新原则	262
知识点3　设备磨损的补偿方式	253	知识点3　设备更新方案比选方法	263
任务2　设备的寿命类型	255	任务4　设备租赁决策	266
知识点1　设备寿命的含义	255	知识点1　设备租赁含义	266
知识点2　设备寿命类型	255	技能点1　设备租赁与购买方案分析	267
技能点1　设备经济寿命计算	257		

附录　复利系数表	271

参考文献	280

单元一　绪论

学习目标

（一）知识目标

- （1）掌握工程经济学的含义；
- （2）理解工程经济学的性质；
- （3）掌握工程经济学研究的对象；
- （4）理解工程技术与经济的内涵；
- （5）掌握工程经济学研究的特点；
- （6）掌握工程经济学研究的内容；
- （7）了解工程经济分析的原则；
- （8）掌握工程经济分析的程序；
- （9）了解工程经济学的产生与发展。

（二）能力目标

- 能够分析建设工程项目评价的内容与程序。

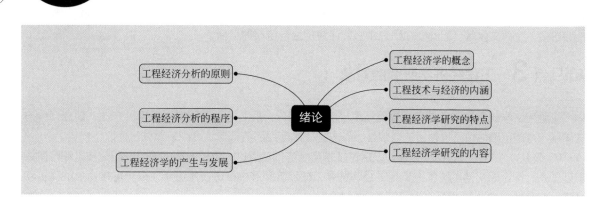

任务 1　工程经济学的概念

知识点 1　工程经济学的含义

　　工程经济学是研究工程技术领域经济问题与经济规律，以及技术进步与经济增长之间的相互关系的学科，即以工程项目为主体，以技术经济系统为核心，研究如何有效利用资源，提高经济效益的学科。

　　工程经济学研究各种工程技术方案的经济效益，研究各种工程技术在使用过程中如何以最小的投入获得预期产出或者说如何以等量的投入获得最大产出，如何用最低的寿命周期成本实现产品、作业以及服务的必要功能。

　　工程经济学是一门技术学与经济学交叉的学科，是应用经济学的一个分支。它是一门运用经济学基本原理，研究技术领域经济问题和经济规律，研究技术领域内资源的最佳配置，寻找技术与经济的最佳结合以求可持续发展的学科。

知识点 2　工程经济学的性质

　　① 工程经济学是一门与自然科学、社会科学密切相关的边缘学科。要组织生产，对技术方案进行预测、决策和对技术方案作出分析、论证，都离不开科学技术和现代化管理；进行工程项目的投资决策，需要运用数学优化方法和现代计算手段；要从事和做好某一行业的企业管理和技术经济工作，就应该了解该行业的生产技术等。因此，自然科学是工程经济学的基础。进行工程经济分析，目的是为获得更高的经济效益，而经济效益的取得也离不开管理的改进、职工积极性和创造性的发挥，因此工程经济学与社会学、心理学等社会科学相联系。

　　② 工程经济学是一门与生产建设、经济发展有着直接联系的应用性学科。无论是工程经济还是企业管理的研究，都要与我国的具体情况和生产建设实践密切结合，包括自然资源的特点、物质技术条件和政治、社会、经济状况等。工程经济学研究所需资料和数据应当来自生产实际，研究目的是为了更好地配置和利用社会资源，不断提高经济效益。因此，工程经济学是一门应用性较强的学科。

　　③ 工程经济学是一门定性与定量分析并重的学科。工程经济与企业管理都要求有一套系统全面的研究方法。随着自然科学与社会科学的交叉与融合，系统论、数学、电子计算机进入工程经济和企业管理领域，使过去只能定性分析的因素，现在可以定量分析。但也存在大量无法定量的因素，如技术政策、社会价值、企业文化等。因此，在研究中必须注意定性与定量的结合。

知识点 3　工程经济学研究的对象

　　工程经济学研究的对象是工程项目技术经济分析的最一般方法，即研究采用何种方法、建立何种方法体系，才能正确估价工程项目的有效性，寻求到技术与经济的最佳结合点。具体包括以下内容。

　　① 研究技术与经济的相互关系，以探讨技术与经济相互促进、协调发展的途径。研究技术和经济的辩证关系，探讨如何通过技术进步促进经济发展，在经济发展中推进技术进步，以求得技术上的先进和经济上的合理，成为工程经济学研究的主要对象。

　　② 研究工程技术实践的经济效果，寻求提高经济效果的途径和方法。

　　③ 研究技术进步与经济增长之间的关系，探讨技术进步对经济增长的规律性。技术经济学中的经济增长是指在一国范围内年生产的商品和劳务总量的增长，它通常用国民收入或总产值的增长表示。经济增

长可以通过增加投资、增加劳动力等投入要素实现，也可以通过提高劳动生产率，即提高单位投入资源的产出量实现。技术进步是指经济增长中，除资金和劳动力两个投入要素增加以外，还包括所有使产出增长的因素。不同国家、同一国家的不同历史时期，技术进步对经济增长的贡献是不同的，在这方面我国与发达国家相比存在着较大差距，特别是在改革开放之前，我国的经济增长主要靠生产要素投入数量的增加。

学学做做

下列哪项关于工程经济学研究的对象的表述是错误的。（　　）
A. 研究技术实践的经济效果　　　　　　B. 研究技术与经济的相互关系
C. 研究影响经济效益的一切因素　　　　D. 不研究技术本身的水平

参考答案：D

任务 2　工程技术与经济的内涵

知识点 1　工程含义

工程一般是指人们综合运用科学理论和技术手段，去改造客观世界的具体实践活动，以及它所取得的实际成果。

工程是人们在长期的生产和实践中，根据自然科学和社会科学的理论，并应用各种技术手段，去研究开发、设计、制造或解决工艺和技术问题，结合在生产实践中所积累的技术经验而发展起来的，如土木工程、机械工程、化学工程、交通工程、机电工程、水利工程等。习惯上将某个具体的工程项目称为工程，即为土木建筑或其他生产、制造部门通过比较大而复杂的设备来进行的工作，如三峡水电工程、青藏铁路工程、港珠澳大桥建设工程等。上述所有的工程都有一个共同的特点，就是人类利用自然和改造自然的手段，也是人们创造巨大物质财富的方法和途径，其根本目的是为全人类更好的生活服务。

拓展阅读

> 1945～1955 年，第一个 10 年，以原子能的释放与利用为标志，人类开始了掌握核能的新时代；
>
> 1955～1965 年，第二个 10 年，以人造地球卫星的成功发射为标志，人类开始了摆脱地球引力向外层空间进军的时代；
>
> 1965～1975 年，第三个 10 年，以重组 DNA 实验的成功为标志，人类进入了可以控制遗传和生命过程的新阶段；
>
> 1975～1985 年，第四个 10 年，以微处理机的大量生产和广泛使用为标志，揭开了扩大人脑能力的新篇章；
>
> 1985～1995 年，第五个 10 年，以软件开发和大规模信息产业的建立为标志，人类进入了信息革命的新纪元；
>
> 1995 年至今，以互联网成为核心技术并渗透到人类生产和生活的各个领域为标志，人类开始进入知识经济社会。

知识点 2　技术含义

技术是指人类利用和改造自然的手段，它包括劳动工具、劳动对象等一切劳动的物质手段，即硬技术，也包括体现工艺、方法、程序、信息、经验、技巧和管理能力的非物质手段，即软技术。

技术不论是在数量上还是在质量上都是稀缺的。技术有广义与狭义之分。广义的技术：凡一切讲究方法的有效活动都可以称为技术活动。狭义的技术：把技术理解为人的一种能力，是技巧、技能或操作方法的总称；技术是劳动手段的总和；技术是一种知识，是"实践技巧的学问"；技术是包括劳动工具、劳动对象、劳动者劳动技能的总称，是生产要素的特定组合。

我国兴建的港珠澳大桥仅专利就有400多项，"超级工程"背后有"超级创新"。港珠澳大桥建设难度极大，新材料、新工艺、新设备、新技术层出不穷，在多个领域填补了空白。在建设过程中，大桥共实现了海中人工岛快速成岛、沉管管节工厂化制造、海上长桥装配化施工、120年耐久性保障、环保型施工、新材料开发及应用和大型施工设备研究开发七大领域的关键技术突破。

知识点 3　经济含义

经济是人类社会生产活动的总称，包括社会生产过程的各个环节、各个方面，诸如生产、交换、分配、消费以及储蓄、投资等活动，它也反映国家或企业、个人的收支状况，如国民生产总值、财政收入、税收、企业生产总值、经济效益、个人可支配收入、个人消费支出等。

经济的含义包括四个方面：一是社会生产关系，指人类社会发展到一定阶段的社会经济制度，它是社会生产关系的总和，是政治和思想等上层建筑赖以存在的基础；二是指国民经济的总称，如一国的社会产业部门的总称（如第一产业：农业和采掘业；第二产业：加工制造业；第三产业：服务业）；三是指人类的经济活动，即对物质资料的生产、交换、分配和消费活动；四是指节约或节省，即人们在日常工作与生活中的节约，既包括了对社会资源的合理利用与节省，也包括了个人、家庭生活开支的节约。工程经济学主要应用了经济学中节约的含义，是指在社会物质生产领域的生产、交换、分配、消费活动中所取得的最大节约。但要从具体研究的内容上把握，主要涉及重大工程技术政策、技术措施和技术改造项目对国民经济乃至经济基础所产生的影响，并涉及工程经济的组织管理问题。

知识点 4　工程技术与经济的相互关系

经济是技术进步的目的，技术是达到经济目标的手段，是推动经济发展的强大动力。随着科学技术的发展，经济与工程技术的关系越来越密切。每一项新的工程技术的实施和采用，都需要耗费一定的人力、物力和财力，即需要具备一定的经济条件。而任何国家在不同时期经济的发展，也都与工程技术的进步相关联。先进的技术在与之适应的经济条件下能衍生出更新、更高、更富有应用价值的技术，其在生产实践中的应用会创造出超额利润，成为区域经济的增长点。经济发展是技术进步的动力和方向，而技术进步是推动经济发展、提高经济效益的重要条件和手段。经济的发展离不开技术的进步。社会物质文化需要的增长、国民经济的发展，都必须依靠技术的进步和应用，技术与经济、社会发展之间的关系日益密切和深化。在20世纪初，劳动生产率的提高主要靠增加人力和设备，技术进步的作用仅占5%～20%。当今世界，劳动生产率的提高主要靠技术进步，其比例占60%～80%。现代社会中，技术已经广泛渗透到了社会生产力的各个要素之中，丰富了它的内涵，改变了它的性质和结构，提高了它的水平，引起了生产力的革命性变革。技术与经济构成了一个相辅相成的社会系统，彼此相互促进、相互制约。

① 技术进步是推动经济发展的关键因素。早在100多年前，马克思和恩格斯就已明确说明科学技

术是生产力,他们高度评价了科学技术的社会功能,指出科学是一种在历史上起推动作用的、最高意义上的革命力量,是历史前进的有力杠杆。

20世纪40年代以后,特别是近二三十年来新技术革命的蓬勃兴起,把人类社会推向了科学社会化、社会科学化的新时代。当代科学技术已渗入到人类物质生产和社会生活的各个方面,成为经济发展的决定力、社会进步的推动力、政治的影响力、军事的战斗力。在这一新的时代背景下,1988年邓小平同志提出了"科学技术是第一生产力"的论断,它丰富和发展了马克思主义关于科学技术的学说,是对科学技术地位及其巨大作用的最本质概括和最高评价。

追溯经济发展所做的贡献,其生产力各要素所起的作用是不尽相同的。如果说资本、劳动力曾经起过主导作用的话,那么随着科技的迅猛发展,技术对经济发展的作用愈来愈显著,成为推动社会经济发展的强大动力。从第一次技术革命到第四次技术革命,技术进步一直被证明是社会经济发展中最活跃、最关键的要素之一。

② 经济发展的需要是技术进步的基本动力。技术进步虽源自技术本身发展的需要,但经济发展对先进技术成果的需求,为技术进步提供了更为直接而强有力的动力。加速经济发展,改善人民生活,增强综合国力,始终是每个国家的首要任务,也是科学技术进步的目的。科学技术如果脱离经济的需求,缺乏经济的支撑,根本不可能得到发展。经济愈发展,经济系统内所孕育的科技需求就愈广泛、愈强烈,从而促使大量的新技术不断涌现。

③ 技术与经济的相互制约。技术与经济存在相互促进的关系,但二者各有其自身的规律,在现实生活中,往往存在着相互制约的关系。一种本身先进的工程技术,但如果缺乏合适的经济条件,则会制约自身的发展,也可能会对经济发展造成不良影响,具体表现在以下方面。

第一,技术研究、开发、应用与经济可行性的矛盾。缺乏足够的资金,就不能进行重大领域的科学研究,或引进消化他人的先进技术为己所用。从直接效果看,是经济对技术的制约;从产生的后果来看,将使技术与经济陷入双重落后的困境。

第二,技术先进性与适用性的矛盾。技术的先进性反映技术的水平和创新,这是科研部门所追求的,技术的适用性则表示技术适应使用者的生产与市场需要的程度,这是企业所要求的。先进的技术不一定适用,适用的技术不一定最先进。人们固然希望技术越先进越好,但它只有在对使用者适用、为使用者掌握、具有可增值的使用价值时,才会受到青睐,否则就不可能发挥其先进性的作用,并将在闲置中随科技进步与经济环境的变化而贬值。特别是在市场经济条件下,技术成为商品,如果技术研究开发脱离了市场需求,就根本不可能实现其自身价值与使用价值。

第三,技术效益的滞后性及潜在性与应用者渴望现实盈利的矛盾。技术成果的应用会带来超额利润,但其应用有一个吸收、消化、创新的过程,不一定会立竿见影带来效益。而投资者期望尽快得到资金回报,从而可能使用资金另辟蹊径,使技术得不到应用。投资者当然也可能由于舍弃先进技术的应用而造成机会成本损失。

第四,技术研究开发应用效益与风险的矛盾。技术研究开发应用的效益与风险是并存的,研究开发应用一旦成功,就会因掌握了技术与市场的领先优势而赢得超额利润。但研究开发应用过程也充满风险,包括技术选择失策、开发失败、时机滞后、技术供求关系变化、竞争失利、技术应用达不到预期效益等。有时人们因畏于风险而放弃新技术的开发应用,因此而失去收益的机会。

第五,技术研究开发应用成本与预期效益的矛盾。技术愈先进,往往支付的代价愈高昂,从而出现支付成本与预期效益的矛盾。先进技术开发应用的成本一定要低于预期效益,否则再先进的技术也难以推广应用。技术先进性与经济性的对应关系,往往决定着技术方案的选择。

 学学做做

关于"经济"在工程经济学中的含义,下列哪项表述是正确的。(　　　)

A. 社会再生产过程 　　　　　　　B. 社会经济制度
C. 经济总量 　　　　　　　　　　D. 经济效益
参数答案：D

任务 3　工程经济学研究的特点

工程经济学是研究技术发展与经济发展相互推动、最佳结合的规律及其实现方法的学科，具有以下六个特点。

（1）边缘性

工程经济学是一门技术与经济交叉的边缘性学科，或者说是交叉性学科。近代科学技术发展的特点是高度分化与高度综合的统一。一方面科学技术分工愈来愈细；另一方面不同学科之间的相互渗透越来越深。工程经济学是介于自然科学和社会经济科学之间的边缘性学科，它是从劳动消耗的观点来评价各种技术实践的，既与经济科学关系极为密切，如政治经济学、工业经济学、统计学、会计学等，具有社会科学的特点；又与自然科学的关系十分密切，如评价一项技术方案或一项技术措施，都离不开具体的技术内容，所以要实现技术先进与经济合理的统一，不仅要研究经济，而且要研究技术，评价技术实践的得失，指出技术发展的方向。

（2）应用性

技术发展与经济发展的关系及其最佳结合的相关因素非常复杂。工程经济学的任务是对具体的问题进行分析、评价，为将要采取的行动提出决策的依据。因此工程经济学是一门应用性学科，是以研究方法论为主的学科，主要是研究经济效果的计算、分析、评价方法。工程经济学与生产实践有着密切的联系，它的资料、数据来源于实践，研究成果又有待于实践检验。工程经济学研究的方法广泛用于规划、开发、设计、施工、生产等各个环节中。

（3）预测性

在大多数情况下，技术与经济的最佳结合都是在问题决策之前进行的，因此必须有科学的预测才能进行科学的决策。由于预测是在事件实际发生之前进行的，因此必须以一定的假设条件或过去的统计数据为依据，要对某些不确定因素，如价格、投资、经营成本、销售额、利润等发生的变化对经济效果产生的影响进行分析，以做出正确的决策。

（4）综合性

在很多情况下，工程技术经济方案最优化的实现要求有多目标、多指标的组合才能达到。这些目标和指标，既包括技术因素又包括经济因素，可能还包括社会因素，有的是直接的影响，有的是间接的影响。因此在研究和处理工程技术经济问题时，需要多学科的知识进行综合分析与评价，这就反映了工程经济学综合性的特点。

（5）比较性

工程经济学研究的实质是进行经济比较。通过对经济效果的比较，从众多可行的技术方案中选择满意的方案。

（6）数量性

工程经济学是一门定量的科学，为了科学、准确地评价技术方案、技术政策、技术措施的经济效果，工程经济学采用了许多定量分析的方法。由于数学方法的迅速发展和计算机技术的广泛应用，定量分析的范围日益扩大。对于一项技术实践的综合评价，还要采用定性分析与定量分析相结合的方法。但是工程经济学主要是研究定量分析方法的，而且要逐步把定性分析定量化。

 **学学做做**

下列哪项不属于工程经济学的特点。（　　）
A. 边缘性　　　　　　　　　　　　B. 预测性
C. 比较性　　　　　　　　　　　　D. 时效性
参考答案：D

任务4　工程经济学研究的内容

工程经济学的研究内容随着学科的发展而不断地拓宽和完善。从工程经济学的研究对象可以看出，工程经济学的研究内容是十分广泛的，既有宏观经济方面的技术经济研究，又有微观经济方面的技术经济研究。

（1）宏观经济方面研究的主要内容
① 经济发展速度、比例、效益之间的关系问题；
② 产业结构、产品结构、技术结构、规模结构问题；
③ 生产力合理布局和经济区与经济中心合理配置及发展问题；
④ 资源合理开发和综合利用问题；
⑤ 投资方向、投资结构、投资效果与最优投资规模问题；
⑥ 生产专业化、协作化、联合化发展问题；
⑦ 能源开发、能源结构与能源综合利用问题；
⑧ 新技术、新工艺、新设备、新材料开发利用与高新技术产业的发展问题；
⑨ 技术引进、技术改造、设备更新问题；
⑩ 发展生产与保护环境及生态平衡问题。

（2）微观经济方面研究的主要内容
微观经济方面，就一个工程项目来说，工程经济研究的主要内容有以下几个。
① 进行市场需求调查和预测，确定项目建设的必要性、迫切性和可行性以及工程项目未来的发展前景，为工程项目的立项提供可靠的依据；
② 厂址选择和工厂合理布置，确定企业规模和车间组成，选择生产流程和工艺方法，决定设备选型；
③ 选择和确定原材料、燃料动力的供应和来源，分析交通运输、邮电通信、供水供电以及基础设施、公用设施等条件；
④ 确定地理位置，勘察工程地质、气象水文、地形地貌等条件；
⑤ 分析研究生态平衡、环境保护以及治理污染和"三废"处理等措施方案；
⑥ 开展工程项目的可行性研究和评价工作，诸如对投资、成本、利润、投资回收期、投资收益率、项目建设周期、生产经营活动等方面进行计算、比较、分析和论证。

 学学做做

下列哪项不属于工程经济学研究的内容。（　　）
A. 技术方案的设计　　　　　　　　B. 经济发展战略的论证

C. 工业发展规模的论证　　　　　　D. 技术改造项目的经济效益论证

参考答案：A

任务5　工程经济分析的原则

（1）系统分析原则

工程经济学以系统论的思维方式和工作方法，将研究对象看作一个开放的系统：第一，确定系统研究的目的，以及研究对象与外部相关系统的关系，从而确定系统的发展目标；第二，分析系统内部的结构及构成系统的各子系统之间的关系；第三，确定各子系统的目标与总系统的目标及其相互作用机制；第四，从总系统效果最优的角度来评价和优化各子系统。

（2）资源最优配置原则

因为资源是有限的，需求是无限的，所以在工程项目建设中要综合分析、合理筹划，选择那些技术上可行、经济上合理的项目。

（3）方案比较原则

工程经济分析首先是对某一个技术方案从不同角度（一般包括技术、经济和社会效果）进行评价及研究。但是，对单个方案的评价，并不是工程经济分析的最终目标。工程经济学要求设计出能完成同一任务的多种技术方案，并提供技术方案的可比性原则。方案比较的具体方法：在对多种技术方案的技术、经济和社会效果进行计算、分析和评价的基础上，根据项目发展的目标，比较项目的优劣关系，从中选择出最优（或最满意）的方案。

（4）定量分析与定性分析相结合的原则

工程经济系统是一个"灰色"的复杂系统，对工程技术方案的描述及分析、评价，涉及技术、经济和社会等多个复杂的层面。其中，部分内容是可以定量加以描述的，工程经济学采用了许多定量分析的方法，把研究对象用定量的方法和指标加以描述，特别是相关数学方法和计算技术的不断发展，为工程经济定量分析提供了更为广阔的方法基础。但是，工程经济系统中还存在大量目前还无法完全定量化的因素，在很大程度上只能采用定性方法加以描述和分析。为更加全面系统地描述和评价研究对象，工程经济学强调定量分析与定性分析相结合，并提供了具体的思路和方法。

（5）动态分析与静态分析相结合的原则

静态分析是对事物发展在某个确定时间下的状态进行的分析和评价；动态分析则是对事物整个发展历程或某一发展阶段的全面系统的评价。工程经济学不仅强调一般的动态分析与静态分析相结合，而且发展了以资金时间价值为基础的动态评价方法，从而发展和完善了动态分析的内涵和方法，并实现了动态评价方法与静态评价方法的良好结合。

（6）统计分析与预测分析相结合的原则

对历史数据进行统计分析，用于预测未来期间的数据。

任务6　工程经济分析的程序

工程经济分析一般分为以下四个基本程序，如图1-1所示。

（1）确定目标功能

如果我们是为了解决甲地与乙地之间每年10000万人次与每年10000万吨货物的交通运输问

题，那么我们可能提出铁路运输或者是公路运输方案，可以是单一方案，也可以是组合方案，如公路与铁路、公路与航空、公路与水运，但无论采用哪种方案都应该满足运输量的要求。当然有些方案没有特定的社会功能，只有经济功能。例如某公司现有 3 亿元资金寻找投

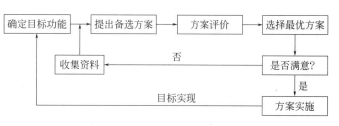

图 1-1 工程经济分析基本程序

资方向，其目的只有一个：取得较好的回报率，那么只要提出一系列投资方案，最终的回报率达到或超过预期收益率就可以。

（2）提出备选方案

为了达到一定的目标功能，必须提出很多方案，如为了解决电力问题可以建火电厂、核电厂或水电站，而建核电站就有许多方案，如采用重水式、轻水式等备选方案，这一活动实际上是一项创新活动。人们要求决策者能针对某一特定的问题提出"最优"解决方法，因而决策者必须创新。其原因很简单，因为现有的一些方案可能比它所创造出来的方案要差得多。决策者的任务是要尽量考虑到各种可能方案。在实际工作中不可能罗列出所有可能方案，但是绝不能丢掉有可能是最好的方案。方案尽可能要考虑得多，但经过粗选后正式列出的方案要少而精。

（3）方案评价

提出的方案要经过系统地评价。评价的依据是国家法律法规与反映决策者意愿的指标体系。

比如产品要符合国家的产业政策、质量标准，出口的产品要符合进口国的标准与习惯，厂址选择要符合地区布局与城建规划，生产要符合国家的技术政策、环保法、劳动法等。在符合基本条件后，最重要的是方案要有较好的经济效益和社会效益。通过系统评价，淘汰不可行方案，保留可行方案。

（4）选择最优方案

决策的核心问题就是通过对不同方案经济效果的衡量和比较，从中选择效果最好的方案。要运用好工程经济学的基本理论和方法，必须树立系统观念和动态观念。所有的技术方案，包括技术路线、技术政策、技术措施等都不是孤立存在的，它们是整个社会技术经济系统中的一个有机组成部分。在做经济决策时，我们追求的不仅是子系统、小系统的目标，而是整个大系统的目标。长江三峡工程的论证与决策，不光是大坝与发电的技术问题，也不光是发电的本身效益问题，而是三峡工程建设所带来的综合效果问题。比如水库的水位问题，它关系到工程规模、移民数量、淹没损失、库区的上下游和库区本身的开发。水位越高，可能会给项目建成后带来更大的经济效果，但是淹没损失也成倍增加，因此，三峡工程必须与国民经济联系在一起论证、决策。

动态的观念是用发展的眼光去建立方案、评价方案。方案所处的环境是变化的，因此要用发展的眼光预测未来的效果。特别是我们的评价是事前评价，各种参数在将来的实施过程中必定会发生各种变化。项目越大，周期越长，变动的可能性也越大。如果没有一套正确的预测方法和恰当的指标设置，事前的评价与实施后的效果会有很大的出入，甚至完全相反。系统方法与动态方法要求决策者具有较广博的知识和较丰富的经验，同时也要求评价小组应由各方面的专家组成，包括市场营销专家、技术专家、财务专家、法律专家等，只有发挥集体的智慧才能做出正确的评价。

任务 7　工程经济学的产生与发展

工程经济学起源于英国、美国、法国、日本等工业发达国家。1887 年，美国铁路工程师惠灵顿在其所著《铁路布局的经济理论》一书中第一次把项目投资与经济分析结合起来，并对工程经济下了第

一个简明的定义："一门少花钱多办事的艺术"。1920年，古德曼在《财务工程》一书中，第一次提出把复利公式应用于投资方案评价，并且批评了当时研究工程技术问题不考虑成本、不讲求节约的错误倾向。1930年格兰特教授出版了《工程经济原理》一书，以复利计算为基础对固定资产投资经济评价的原理做了阐述，同时指出：人的经验判断在投资决策中具有重要作用。格兰特由于对投资经济分析理论的发展做出了贡献，因此被誉为"投资经济分析之父"。

第二次世界大战结束后，随着西方经济的复兴，工业投资机会急剧增加，出现了资金短缺的局面，因此如何使有限的资金得到最有效的利用，便成为投资者与经营者普遍重视的问题，这种客观形势进一步推动了工程经济分析理论与实践的发展。1951年J.迪安在《投资预算》一书中具体阐述了贴现法（即动态经济评价法）以及合理分配资金的方法在工程经济分析中的应用。在随后的20年里，学术界对贴现法与非贴现法（即静态经济评价法）以及贴现法的多种形式的应用进行了比较深入的探讨。从20世纪60年代末期开始，贴现法已成为工程经济分析所采用的主要方法。1978年布西在《工业投资项目的经济分析》一书中，全面系统地总结了工程项目的资金筹集、经济评价、优化决策以及项目的风险和不确定性分析等。1982年里格斯出版了《工程经济学》，系统地阐明了货币的时间价值、货币管理、经营决策和风险与不确定性等内容。与此同时，公用事业投资决策、固定资产更新决策、多阶段投资决策以及多目标决策等不同类型的项目投资经济评价与决策方法也相继建立起来，概率论以及数理统计等数学方法在投资经济分析中也得到了应用。除此之外，对工程经济分析中如何反映税收、物价变动、资金成本等因素的影响也做了探讨，在此基础上，工程经济分析已发展成为经济与技术相结合、具有广泛使用价值的应用经济科学。

近30年来，工程经济分析不仅在理论上有了很大发展，而且在应用上也获得了相当程度的普及。无论是一般的生产经营公司、工程承包公司、工程咨询公司，还是专业的投资公司、金融贷款机构，大多配备有专门人员或者设有专门机构从事工程经济分析工作，并编印有《工程投资评价手册》《工程投资贷款申请手册》等作为企业开展项目工程经济评价与审批工作的指南。在这些手册中，一般对项目投资可行性研究的内容与要求、项目投资分类、经济评价标准与方法、贷款申请报告的内容、格式与审批程序等都有明确的规定。小型项目一般由企业自行评价，大中型项目多由专业工程承包公司、工程投资咨询公司、设计院等进行评价。靠贷款进行建设的项目，有关贷款部门或金融机构也要求对项目投资的可行性进行审查，否则不予贷款。例如，世界银行在发放贷款前，对贷款项目都要进行审查，并指导借款的公司或国家进行投资项目可行性研究。英国的业绩分析、法国的经济分析、日本的经济性工学以及前苏联的技术经济分析等，虽名称不同，研究内容却大同小异。

我国对工程经济学的研究和应用起步于20世纪70年代后期，随着改革开放的深入，工程经济学的原理和方法已在经济建设宏观与微观的项目评价中得到广泛应用；对工程经济学学科体系、理论与方法、性质与对象的研究也十分活跃；有关工程经济的投资理论、项目评价等著作和文章大量出现，逐步形成了有体系的、符合我国国情的工程经济学。

我国对投资项目的分析和评价起步较晚，20世纪50年代初期由当时的苏联引进工程经济分析和论证方法，结合我国"一五"建设的需要，不仅从当时国家的人力、物力、财力状况、空间布局、技术选择等宏观方面进行了实事求是、周密细致的分析论证，而且对项目具体的选址、产品、规模、原材料供应、劳动组织、工艺流程以及设备等也都做了可靠的经济分析和评价，对保证投资项目的质量和提高经济效益起了重要的作用，形成了工程经济学的雏形。中间有间断，直到1978年，我国才恢复和发展工程经济分析和评价。1978年成立了中国技术经济研究会，许多省成立了研究会的分支机构。1981年成立了国务院技术经济研究中心，很多高校开设了技术经济专业或工程经济课程，培养了一大批从事工程经济分析的专门人才，加上政府的宏观指导与政策规定，使工程经济学的原理与方法，不仅系统地在经济建设宏观与微观的相应项目评价中得到了广泛的应用，而且对工程经济学的学科体系、理论与方法、性质与对象的研究起到了促进作用。

任务8　工程经济对工程师的重要性

　　人们是在生产实践中逐步认识到工程经济分析工作的重要性的。在国外，工程经济分析已是项目投资和企业经营管理不可缺少的工具，并被广泛采用。经验证明，凡是经过工程经济分析的项目，一般成功率大。另外，通过进行工程经济分析，可以及早发现技术方案的经济合理性问题，做到早发现，早纠正。

　　美国麻省理工学院电机专业的早期毕业生到一家公司工作后，设计了一种电机，技术上够得上一流水平，但因成本太高、价格太贵，在市场上卖不出去。美国的教育家从这里找出的原因是学生不懂经济。后来就在这所著名的学校里成立了斯隆管理学院，对未来的工程师们进行经济知识教育，让他们懂得什么是市场，什么是竞争，什么是成本，以及如何使产品做到物美价廉。美国贝尔电话研究所的工程技术人员曾在1960年研制成功一种电子电话交换机，经过联机试验证明性能很好，优于当时世界上广泛使用的纵横式电话交换机。但是，开发出来的这种新产品并没有马上投入生产，其原因就在于成本太高，虽然物美，但价不廉。为使这种产品具有经济上的竞争力，并能在市场上替代老式的纵横式交换机，贝尔研究所和西方电气公司组织设计师和工艺师们以低于纵横式交换机的成本为目标，设法降低电子交换机的成本。经过三年努力，终于把电子交换机的成本降低到了纵横式交换机的水平。至此，西方电气公司的董事会才决定停止纵横交换机的生产，转而生产电子交换机。可见，作为一名工程师，不仅必须精通本行业的专业技术，具有较强的解决技术问题的能力，而且要有强烈的经济意识和解决实际生产问题的本领，能够进行经济分析和经济决策。

　　经理、工程师等个人所做的决策往往是从众多方案中选择一个方案，决策通常反映一个受教育者如何最佳地投资其资金。因为企业或个人的资金是有限的，如何投资决策将改变未来，即希望决策产生增值作用。

　　在企业中的工程技术人员，最终的发展方向可能是管理人员、专业技术人员或学者。从国内外的实际情况看，工程师们存在着担任企业最高领导职务的可能性，已有越来越多的工程师成为公司的负责人，或关键部门的领导人，或决策者的参谋人员。所以，工程师们必须克服单纯的技术观点，需要学习经济知识，掌握经济分析和经济决策的本领。

　　我们生活在一个资源有限的世界上，合理分配和有效利用现有资源——资金、劳动力、原材料、能源来满足人类社会的需要，是我们面临的一项艰巨任务。从个人投资到重大项目的建设，都需要进行经济分析。在此过程中，我们会遇到这样的问题：这项投资能回收吗？投资的报酬恰当吗？投资的风险有多大？设备或工艺方案的选择合理吗？要回答或解决这类问题，工程经济分析方法的运用就成为不可缺少的工具。因此，学习工程经济分析方法，树立经济观点，建立经济意识，掌握经济分析和经济决策的方法和技能，是十分必要的，这也是社会主义现代化建设对新一代工程师提出的要求。

单元二　工程经济评价基本要素

学习目标

（一）知识目标

- （1）掌握经济效果的概念、分类、评价方法和评价指标；
- （2）投资含义与投资构成；
- （3）资产含义与资产类型；
- （4）工程成本的含义与构成；
- （5）固定资产折旧与计算；
- （6）收入含义、分析与计算；
- （7）税金的含义与种类。

（二）能力目标

- （1）运用经济效果评价方法能够判断工程项目的优劣；
- （2）运用固定资产的折旧计算结果合理选择固定资产的折旧方法，提高工程项目的经济效益。

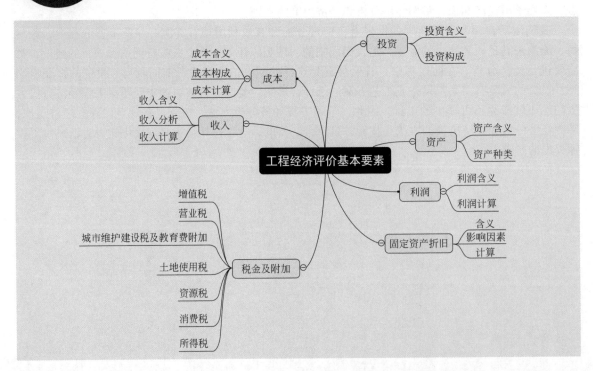

任务1 经济效果分析

知识点 1 经济效果的概念

研究工程技术的经济规律,其实质就是要分析工程技术方案的经济效果。人类所从事的任何经济活动都具有一定的目的性,并期望获得一定的效果,这些效果称为该项活动的劳动成果。然而要取得这些劳动成果必然要付出一定的代价,即必须投入一定数量的物化劳动和活劳动,付出的代价通常称为劳动消耗。

工程经济所研究的经济效果主要是研究建筑工程领域内各种活动的劳动成果与劳动消耗之间的关系。

经济效果:是指在生产过程中产出量与投入量的比值,它反映的是生产过程中劳动消耗转化为劳动成果的程度。

经济效果可用价值型指标表示:

$$经济效果 = \frac{劳动成果}{劳动消耗} \tag{2-1}$$

式中 劳动成果——有效产出,是对社会有用的劳动成果;
    劳动消耗——劳动消耗量或劳动占用量。

应当指出是,对上述经济效果概念及表达式的理解,必须注意以下两点。

(1)有关经济效果的本质特征的错误理解

劳动成果和劳动消耗相比较是理解经济效果的本质所在。在现实生活中,有关经济效果的本质特征有三种错误的理解。

① 传统观念较深的人,他们将数量(产量、产值)的多少视作经济效果,认为产量大、产值高就是经济效果好。

② 将"快"和"速度"视作经济效果。近年来,我国的发展条件进一步改善,发展环境进一步优化,发展势头进一步趋好,国民经济保持稳定快速发展,呈现出增长速度较快、经济效益较好的态势。在一片大好形势之下,我们还应看到经济社会发展中存在的突出矛盾:经济结构调整和增长方式转变任务还很艰巨,经济与环境、资源约束等方面的矛盾依然存在,因此要充分认识到发展中出现的新情况、新问题,要"又好又快",要把"好"放在首要的、决定性的位置,以"好"来统领"快",坚持"好"中求"快"。

③ 认为企业利润就是经济效果。"钱"赚得多,就是经济效果好。

为避免出现对经济效果概念的误解,必须强调将劳动成果和劳动消耗联系起来综合考虑的原则,而不能仅使用单独的成果或消耗指标。如果不将成果与消耗、投入与产出联系分析问题,我们就无法判断其优劣。当然在投入一定的条件下,也可以单独用产出衡量经济效果,产出越多效果越好;在产出一定时,投入越少越好。

(2)工程技术方案实施后的效果

工程技术方案实施后的效果有好坏之分,比如环境污染就是生产活动坏的效果,或者叫负效果。经济效果概念中的产出是指有效产出,是指对社会有用的劳动成果,即对社会有益的产品或服务。不符合社会需要的产品或服务,生产越多,浪费就越大,经济效果就越差。

知识点 2 经济效果的分类

(1)直接经济效果和间接经济效果

一项工程技术方案的采用,除了给实施企业带来直接经济效果外,还会对社会其他部门产生间接经济效果。如一座水电站的建设，不仅给建设单位带来发电收益，而且给下游带来防洪收益。一般来说，直接经济效果容易看得见，不易被忽略。但从全社会角度看，则更应强调后者。

（2）有形经济效果和无形经济效果

有形经济效果是指能用货币计量的经济效果，例如利润；无形经济效果是指难以用货币计量的经济效果，例如工程技术方案采用后对改善环境污染、保护生态平衡、提高劳动力素质、填补国内空白等方面产生的效益。在技术方案评价中，不仅要重视有形经济效果的评价，还要重视无形经济效果的评价。

（3）短期经济效果与长期经济效果

短期经济效果是指短期内可以实现的经济效果，长期经济效果是指较长时期才能够实现的经济效果。

（4）经济效果和经济效益

经济效果与经济效益在本质上是一致的，都是反映所得与所费的关系，都是追求对劳动时间的节约。经济效果的实质是经济效率，它可以反映单项投入的效果，如土地生产率；也可以反映投入的综合效果，如资金利用率等。经济效益的实质是盈利，它反映产值、成本、利润、税收等因素之间的相互关系，是经济活动的综合结果。

（5）经济效果与技术效果

技术效果指技术用于物质生产所能达到的技术要求的程度。任何一项技术措施都具有一定的技术效果，但人们在工业生产中是否采用某一技术措施，不是取决于它的技术效果的大小，而是取决于经济效果的大小。一般来说，技术效果与经济效果的变动趋势是一致的。

（6）宏观经济效果与微观经济效果

宏观经济效果是指涉及国家整体和长远发展的经济效果；微观经济效果只是针对某个企业或部门的经济活动所取得的效果。企业是国家的经济细胞，微观经济效果与宏观经济效果是一致的，但在现实生活中，两者之间会产生矛盾或冲突。微观经济效果要服务或服从于宏观经济效果，企业或部门必须在保证宏观经济效果的前提下，提高企业或部门的经济效果。

知识点 3　经济效果的评价方法

经济效果的评价方法是通过成果与消耗比较进行的，通常有三种评价方法。

（1）差额表示法

这是一种用有用成果与劳动消耗之差表示经济效果大小的方法，其表达式为：

$$E = X - L \tag{2-2}$$

式中　E——经济效果；

　　　X——有用成果；

　　　L——劳动消耗（或劳动占用）。

差额表示法是一种以绝对值形式表示的方法，对量纲的要求十分严格，无论是劳动成果还是劳动消耗的量纲，必须以价值的形式表示，最常见的指标如利润额、利税额、国民收入、净现值等是以差额表示法表示的常用经济效果指标。

判别标准：该指标属于正指标系列，差额越大越好，其衡量标准为 $E>0$，当多个方案进行比较时，应选 E 值最大的方案。

这种经济效果指标计算简单、概念明确，但不能确切地反映不同技术方案的经济效果的高低与好坏。

（2）比值表示法

这是一种用有用成果与劳动消耗之比表示经济效果大小的方法，表达式为：

$$E = \frac{X}{L} \tag{2-3}$$

或
$$E = \frac{L}{X} \quad (2-4)$$

比值表示法采用双计量单位表示，经济效果可以是价值/价值、实物/实物。最常见的指标有：劳动生产率和单位产品原材料、燃料、动力消耗水平等。比值表示法中劳动成果与劳动消耗的计量单位可以相同，也可以不相同。

判别标准：当计量单位相同时，$E>1$ 是工程技术方案可行的经济界限。

式（2-3）属于正指标系列，其衡量标准是 $E \geqslant 1$。当进行单方案比较和可行性评价时，首先要考虑的就是 $E>1$。若是在多方案中进行选择，必须在 $E>1$ 的方案中选择最大（或次大）的方案。

式（2-4）属于逆向指标系列，在进行多方案比较时，应取 E 值最小的方案。

（3）差额－比值表示法

这是一种用差额表示法与比值表示法相结合来表示经济效果大小的方法，表达式为：

$$E = \frac{X - L}{L} \quad (2-5)$$

或
$$E = \frac{L - X}{X} \quad (2-6)$$

在上两式，分子中 X 和 L 的量纲必须是一致的，且必须以价值的形式表示。用差额－比值表示法计算最常见的经济效果指标是资金利润率、成本利润率、销售收入利润率、产值利润率等。

判别标准：这种表示法属于正指标系列，其衡量标准 $E>0$，多方案进行比较时，选 E 值最大的方案。

知识点 4 经济效果的评价指标

根据经济效果的要求和评价经济效果标准的选择不同，投入方面指标可以是活劳动消耗、各种生产资料的消耗、成本占用的资金。活劳动消耗又可以划分为劳动时间、直接生产者人数或企业全部人数；各种生产资料的消耗可以是直接消耗或直接消耗和间接消耗的完全消耗；成本占用的资金则可以是全部占用资金、固定资金、流动资金等。产出方面则可以选择不同的指标，例如国内生产总值、国民收入、最终产品、总产值、净产值、利润、各种产品、各种劳务、新增生产能力、各种效用等。把这种投入指标和产出指标进行不同的比较，就可以确定各种评价经济效果的标准，考察各种经济效果。又如，把新增国民收入同投资进行比较，这一比率，可以从一个方面衡量一国的投资利用效果，在西方国家称为资本生产率。除此以外，经济效果还有其他衡量指标，如一年内流动资金周转次数等。

在上述的评价方法中，一般要求劳动成果与劳动消耗用价值指标表示。但是在实际应用中遇到的费用与效益具有多样化，许多因素难以用统一的价值指标来表示，因而难以直接应用上述公式进行评价。因此，就派生出多种评价指标，这些评价指标分为劳动占用指标、劳动消耗指标、时间资源指标、劳动成果指标和经济效果指标等。

（1）劳动占用指标

该指标反映了在工程技术方案的实现和运行过程中所占用的资金和其他资源的情况，如每百元产值占用的固定资产原值，每百元产值占用的流动资金、土地等。

（2）劳动消耗指标

该指标反映了在工程技术方案的实现和运行过程中消耗的活劳动和物化劳动的情况，具体如下。

① 工程建设过程投入的劳动量。

② 生产过程中的劳动生产率，即劳动者在一定时间内生产某种产品的数量。

③ 物料投入，即在工程技术方案的实现和使用过程中的材料投入，即原材料、燃料、动力、设备等的消耗量。

④ 成本，即获得某种使用价值或生产某种产品所支出的全部费用的总和，有年总成本和单位成本等。

（3）时间资源指标

如工期、建设周期和投资回收期等。

（4）劳动成果指标

如年产量、年产值和年利润等。

（5）经济效果指标

常见的指标有以下几种。

① 成本利润率。成本利润率是单位产品利润与单位产品成本的比率，即

$$成本利润率 = \frac{单位产品利润}{单位产品成本} \times 100\% \qquad (2-7)$$

② 投资利润率。投资利润率是项目达到设计生产能力后的一个正常生产年份的年利润总额或年平均利润总额与项目总投资的比率，即

$$投资利润率 = \frac{年利润总额或年平均利润总额}{项目总投资} \times 100\% \qquad (2-8)$$

③ 投资利税率。投资利税率是项目达到设计生产能力后一个正常年份的年利税总额或年平均利税总额与项目总投资的比率，即

$$投资利润率 = \frac{年利税总额或年平均利税总额}{项目总投资} \times 100\% \qquad (2-9)$$

知识点 5　经济效果的评价原则

（1）宏观经济效果与微观经济效果相结合

宏观经济效果指从国家整体利益出发考察工程技术方案的经济效果；微观经济效果则是从项目或企业本身的角度出发考察工程技术方案的经济效果。在多数情况下，二者是统一的，因为局部利益是全局利益的基础，全局包含局部。但有时也有矛盾，这时必须首先考虑宏观经济效果，从国民经济和全社会的角度出发考虑国家的整体利益，而不能为追求局部利益而损害全局利益。

（2）近期经济效果与长远经济效果相结合

工程建设不仅要注意近期经济效果，而且要重视将来的长远经济效果，不仅要计算建设期间的劳动消耗，而且要计算生产服务期限内的经济因素，把拟建工程从投资开始到使用期终结这一周期作为完整系统来计算和评价。要把近期经济效果与长远经济效果很好地协调起来，当两者出现矛盾时，则应当"近期"服从"长远"。

（3）直接经济效果与间接经济效果相结合

直接经济效果是指方案本身的经济效果，间接经济效果也称外部经济效果，是指方案实施给国民经济其他部门带来的经济效果。如果工程技术方案的直接经济效果与间接经济效果相一致，就很容易选择了，但二者经常不一致，如化工企业在追求本企业经济效果的同时，对周边环境造成了污染。为此，必须具体问题具体分析，不能简单地以直接经济效果好或者间接经济效果好作为判断标准。

（4）经济效果与社会效果相结合

经济效果是指定量计算经济活动的价值量大小，而社会效果是指经济活动对于人口素质、伦理道德、生活质量、社会发展等方面带来的效果，一般难以计算。因此，对方案进行评价时，既要考虑其经济效果，也要考虑其社会效果，如果方案的经济效果与社会效果一致，则方案就容易选择了；如二者不一致，情况就比较复杂了。从目前看，应当在不危害社会的前提下，依据经济效果进行评价；从长远看，则应当在尽可能提高经济效果的同时，以社会效果的好坏决定取舍。

任务2　投资分析

知识点 1　投资的概念

工程项目的建设首先是一项投资活动，必须对其经济效益与社会效益进行分析与评价，对投资主体而言，经济效益具有相对重要的地位，它关乎投资者的利益。

广义的投资是指一切为了获得收益或规避风险而进行的资金经营活动；狭义的投资是指为建造和购置固定资产、购买和储备流动资产而事先垫付的资金及其经济行为，或指在工程建设活动过程中为实现预定的生产、经营目标而预先垫付的资金及其经济行为。

知识点 2　投资的作用

（1）投资对经济增长的影响

投资与经济增长的关系紧密。在经济理论界，西方和我国有一个类似的观点，即认为经济增长情况主要由投资决定，投资是经济增长的基本推动力，是经济增长的必要前提。投资对经济增长的影响，可以从要素投入和资源配置来分析。

（2）投资是促进技术进步的主要因素

投资对技术进步有很大的影响。一方面，投资是技术进步的载体，任何技术成果应用都必须通过某种投资活动来体现，它是技术与经济之间联系的纽带；另一方面，技术本身也是一种投资的结构，任何一项技术成果都是投入一定的人力资本和资源（如试验设备等）等的产物，技术进步的产生和应用都离不开投资。

知识点 3　投资的构成

建设项目的投资也称为总投资，是指为完成工程项目建设，在建设期（预计或实际）投入的全部费用总和。建设项目按用途可分为生产性建设项目和非生产性建设项目。生产性建设项目总投资包括固定资产投资和流动资产投资，其中，固定资产投资包括建设投资、建设期利息、固定资产投资方向调节税三部分。而非生产性建设项目总投资只有固定资产投资，不包括流动资产投资。建设项目总投资的构成见图2-1。

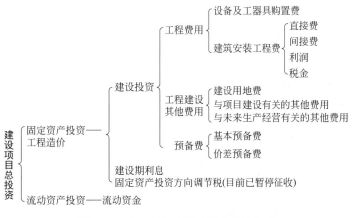

图2-1　我国现行建设项目总投资构成

1. 建设投资

建设投资包括工程费用、工程建设其他费用、预备费等。

（1）建筑安装工程费

建筑安装工程费由直接费、间接费、利润和税金四部分组成，具体构成见图2-2。

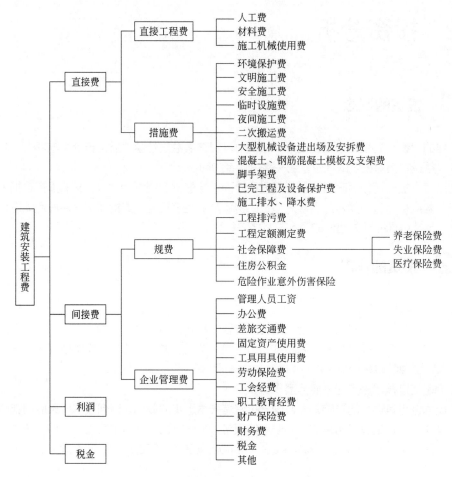

图 2-2 建筑安装工程费用项目组成

直接费是指与工程直接相关的支出，是工程支出的主要部分，由直接工程费和措施费组成。直接工程费是指施工过程中耗费的构成工程实体的各项费用，包括人工费、材料费、施工机械使用费；措施费是指为了完成工程项目施工，发生于该工程施工前和施工过程中非工程实体项目的费用，包括环境保护费，安全施工费，文明施工费，夜间施工费，二次搬运费，大型机械设备进出场及安拆费，施工排水费，施工降水费，已完工程及设备保护费等。

 学学做做

下列属于建设投资的是（　　）。
A. 设备及工器具购置费　　B. 建筑安装工程费
C. 工程建设其他费用　　　D. 铺底流动资金
E. 建设期利息
参考答案：ABCE

间接费是指政府和有关权力部门规定必须缴纳的费用，由规费、企业管理费组成。

① 规费是指政府和有关权力部门规定必须缴纳的费用，包括工程排污费、工程定额测定费、社会保障费、住房公积金、危险作业意外伤害保险。

② 企业管理费是指建筑安装企业组织施工生产和经营管理所需费用，包括管理人员工资、办公费、差旅交通费、固定资产使用费、工具用具使用费、劳动保险费、工会经费、职工教育经费、财产保险

费、财务费、税金、其他。

 学学做做

建筑安装工程费中间接费由（　　）组成。
A. 直接工程费　　　　　　　　B. 措施费
C. 规费　　　　　　　　　　　D. 企业管理费
E. 检验试验费
参考答案：CD

利润是指施工企业完成所承包的工程获得的盈利。

税金是指国家税法规定的应计入建筑安装工程造价内的营业税、城市维护建设税、教育费附加以及地方教育费附加。

（2）设备及工器具购置费

它由设备购置费和工器具及生产家具购置费组成。设备购置费是指为建设项目购买或自制的达到固定资产标准的各种国产或进口设备、工器具的购置费用，它由设备原价和设备的运杂费构成。工器具及生产家具购置费是指由新建或扩建项目初步设计规定的，是保证初期正常生产必须购置的没有达到固定资产标准的设备、仪器、工卡模具、器具、生产家具和备品备件等的购置费用，一般以设备购置费为计算基数，按照部门或行业规定的工具、器具及生产家具费率计算。

（3）工程建设其他费用

它是指从工程筹建到工程竣工验收交付使用为止的整个建设期间，为保证工程建设顺利完成和交付使用后能够正常发挥效用而发生的各种费用，如可行性研究费用、勘察设计费、土地受让金、临时设施费、工程保险费、建设单位管理费、专利费、研究试验费、职工培训费、办公和生产用具购置费、筹建人员的工资、联合试车费等。

 学学做做

1. 工程建设其他费包括（　　）。
A. 建设单位管理费　　　　　　B. 办公用具购置费
C. 工程监理费　　　　　　　　D. 生产用具购置费
E. 研究试验费
参考答案：ABDE

2. 按我国现行《建筑安装工程费用项目组成》（建标F20031206号文）的规定，建筑安装工程费用的组成为（　　）。
A. 直接费、间接费、计划利润、税金　　　B. 直接工程费、间接费、利润、税金
C. 直接费、规费、间接费、税金　　　　　D. 直接费、间接费、利润、税金
参考答案：D

3. 根据建标F20031206号文件，建筑材料的采购费、仓储费、工地保管费和仓储损耗费属于建筑安装工程的（　　）。
A. 措施费　　　　　　　　　　B. 直接工程费
C. 企业管理费　　　　　　　　D. 现场管理费
参考答案：B

（4）预备费

它又称为不可预见费，是指为了保证工程顺利进行，避免不可预见的因素，如在可行性研究及投资

估算、初步设计概算内难以预料的工程费用，自然灾害造成的损失和预防自然灾害所采取的措施费用及在工程建设阶段由于人工费、材料费、施工机械使用费和设备及工器具购置价格调整等所造成投资不足而预先安排的一笔费用，包括基本预备费和价差预备费。

2. 建设期利息

它是指建设期内因使用债务资金而支付的费用。建设期利息包括向国内银行和其他非银行金融机构贷款、出口信贷、国外政府贷款、国际商业银行贷款，以及在境内外发行的债券等在建设期间应计的借款利息。

3. 固定资产投资方向调节税

固定资产投资方向调节税是对我国境内用各种资金进行固定资产投资的单位和个人，按其投资额征收的一种税。开征固定资产投资方向调节税的目的，在于贯彻国家产业政策，控制投资规模，引导投资方向，改善投资结构，加强重点建设，促进国民经济持续、稳定、协调地发展。根据《中华人民共和国固定资产投资方向调节税暂行条例》，自2000年1月1日起新发生的投资额，暂停征收固定资产投资方向调节税。

4. 流动资金

流动资金是指工程项目投产后为维持正常经营活动用于购买原材料、燃料动力、支付工资等必需的周转资金。

任务3 资产分析

知识点1 资产的含义

资产是指企业过去的交易或者事项形成的由企业拥有或者控制的预期会给企业带来经济利益的资源，资产是企业的一项经济资源，是会计要素之一。

知识点2 资产特征

（1）资产是由过去的交易、事项所形成的

这里所指的企业过去的交易或者事项包括购买、生产、建造行为或者其他交易、事项，属于现实资产，预期在未来发生的交易或者事项不形成资产。

（2）资产是企业拥有或者控制的

企业拥有资产的确认必须是企业拥有其所有权，可以按照自己的意愿使用或处置。对于一些特殊方式形成的资产，企业虽然对其不拥有所有权，但能够实际控制的，也应将其作为企业资产予以确认。

（3）资产预期会给企业带来经济利益

资产是可望给企业带来现金流入的经济资源，具有直接或者间接导致现金或现金等价物流入企业的潜力。

知识点3 资产分类

目前，我国会计实务中，将资产分为流动资产、长期投资、固定资产、无形资产、递延资产等类别。

（1）流动资产

流动资产指可以在一年或者超过一年的一个营业周期内变现或耗用的资产，一般包括存货、应收及预付款项及银行存款、交易性金融资产等。

流动资产在周转过程中，从货币形态开始，依次改变其形态，最后又回到货币形态 [货币资金→储备资金（固定资金）→生产资金→成品资金→货币资金]。流动资产各种形态的资金与生产流通紧密相结合，周转速度快，变现能力强。

① 存货。存货是指企业在生产经营过程中持有以备出售的产品或商品、处于生产过程中的在产品、将在生产过程或提供劳务过程中耗用的材料和物料等，包括各类材料、在产品、半成品、产成品或库存商品以及包装物、低值易耗品、委托加工物资等。

施工企业的存货按照用途可以分为：各类库存材料、周转材料、低值易耗品、委托加工物资、在建施工产品、施工产品等。

库存材料是指企业购入的用于施工生产活动的各种材料，包括主要材料、结构件、机械配件和其他材料。

周转材料是指企业在施工生产过程中能够多次使用，基本保持原有的实物形态并逐渐转移其价值的工具性材料，包括模板、挡板、架料、安全网等。

低值易耗品是指企业购入的使用期限较短、单位价值较低、容易损坏、不能作为固定资产核算的各种用具及物品等劳动资料。

委托加工物资是指企业因技术和经济原因而委托外单位代为加工的各种物资。

在建施工产品是指已经进行施工生产，但尚未完成预算定额规定的全部工序和工作内容的工程。

施工产品是指企业已经完成预算定额规定的全部工序并验收合格，可以按照合同规定的条件移交建设单位或发包单位的工程。

② 应收及预付款项。应收及预付款项是指企业在日常生产经营过程中发生的各种债权债务。企业的应收及预付款项多数是在结算过程中形成的流动资产。企业的应收及预付款项主要包括：应收账款、应收票据、其他应收款或预付款项。

③ 货币现金。货币现金是指在企业生产经营过程中处于货币形态的那部分资金，按其形态和用途不同可以分为库存现金、银行存款和其他货币资金。

④ 交易性金融资产。交易性金融资产是指企业能够随时变现、以赚取差价为主要目的的投资。一般来说，交易性金融资产就是短期投资，这种投资的持有时间通常很短，企业随时准备出售，主要包括在二级市场上购入的债券、股票、基金以及不作为有效套现工具的衍生工具等。企业管理层持有交易性金融资产的目的是在有暂时闲置资金的情况下购买流动性、变现性强的金融资产，以便在较短的时间内赚取金融资产；当需要现金时，又可随时抛售变现，以满足营业周转的需要。

（2）长期投资

长期投资指不准备在一年内变现的投资，包括股票投资、债券投资和其他投资。长期投资按其性质分为长期股票投资、长期债券投资和其他长期投资。它主要是指不满足短期投资条件的投资，即不准备在一年或长于一年的经营周期之内转变为现金的投资。企业管理层取得长期投资的目的在于持有而不在于出售，这是与短期投资的一个重要区别。

（3）固定资产

固定资产指使用年限在一年以上，单位价值在规定标准以上，并在使用过程中保持原来物质形态的资产，包括房屋及建筑物、机器设备、运输设备、工器具等。

固定资产属于产品在生产过程中用来改变或者影响劳动对象的劳动资料，是资本的实物形态。固定资产在生产过程中可以长期发挥作用，长期保持原有的实物形态，但其价值随着企业生产经营活动而逐渐地转移到产品成本中去，并构成产品价值的一个组成部分。根据重要性原则，一个企业把劳动资料按照使用年限和原始价值划分为固定资产和低值易耗品。对于原始价值较大、使用年限较长的劳动资料，按照固定资产来进行核算；而对于原始价值较小、使用年限较短的劳动资料，按照低值易耗品来进行核算。在我国的会计制度中，固定资产通常是指使用期限超过一年的房屋、建筑物、机器、机械、运输工具以及其他与生产经营有关的设备、器具和工具等。

（4）无形资产

无形资产指企业长期使用而没有实物形态的资产，包括专利权、非专利技术、商标权、著作权、特许权、土地使用权、商誉等。

① 无形资产的特征。

a. 不存在实物形态。无形资产所体现的是一种权利或获得超额利润的能力，它没有物质实体，却具有价值，或者能使企业获得高于一般水平的盈利能力。

b. 能够在较长时期内为企业提供经济利益。无形资产可以在多个经营周期内较长地存在，使企业长期受益。它属于一项非货币性长期资产，企业为取得无形资产所花费的支出也属于资本性支出。

c. 企业持有无形资产的目的是使用而不是出售。即利用无形资产来提供商品、提供劳务、出租给他人或为企业经营管理服务。

d. 所能提供的未来经济效益具有不确定性。无形资产必须与企业的其他资产结合才能为企业创造经济利益。无形资产所能产生的经济利益取决于企业其他资产的情况。企业获得的收益中，很难区分哪些是来自有形资产，哪些是来自无形资产，使得其取得成本难以和特定的收入相匹配。

e. 无形资产是企业有偿取得的。只有花费了支出的无形资产，才能作为无形资产入账。

② 无形资产确认的条件。该资产为企业获得的经济利益很有可能流入企业。

③ 无形资产分类。

a. 专利权，是指国家专利主管机关依法授予发明创造专利申请人对其发明创造在法定期限内所享有的专有权利，包括发明专利权、实用新型专利权和外观设计专利权。

b. 非专利技术（也称专有技术），是指不为外界所知，在生产经营活动中应采用的不享有法律保护的可以带来经济效益的各种技术和诀窍。

c. 商标权，是指专门在某类指定的商品或产品上使用特定的名称或图案的权利。

d. 著作权，指作者对其创作的文学、科学和艺术作品依法享有的某些特殊权利。

e. 特许权（又称特许经营权），指企业在某一地区经营或销售某种特定商品的权利或是一家企业接受另一家企业使用其商标、商号、技术秘密等的权利。

f. 土地使用权，指国家准许某企业在一定期间内对国有土地享有开发、利用、经营的权利。

（5）递延资产

递延资产指不能全部计入当期损益，应当在以后年度内分期摊销的各项费用，包括开办费、租入固定资产改良支出、长期待摊费用等。

① 开办费。开办费是企业在筹建期间实际发生的各项费用，包括筹建期间人员的工资、差旅费、办公费、职工培训费、印刷费、注册登记费、调研费、法律咨询费及其他开办费等。但是，在筹建期间为取得流动资产、无形资产或购进固定资产所发生的费用不能作为开办费，而应相应确认各项资产。开办费应当自公司开始生产经营当月起，分期摊销，摊销期不得少于5年。

② 租入固定资产改良支出。企业从其他单位或个人租入的固定资产，所有权属于出租人，但企业依合同享有使用权。通常双方在协议中规定，租入企业应按照规定的用途使用，并承担对租入固定资产进行修理和改良的责任，即发生的修理和改良支出全部由承租方负担。对租入固定资产的大修理支出，不构成固定资产价值，其会计处理与自有固定资产的大修理支出无区别。对租入固定资产实施改良，因有助于提高固定资产的效用和功能，应当另外确认为一项资产。由于租入固定资产的所有权不属于租入企业，不宜将增加租入固定资产的价值作为递延资产处理。租入固定资产改良及大修理支出应当在租赁期内分期平均摊销。

③ 长期待摊费用。它是指开办费和租入固定资产改良支出以外的其他递延资产，包括一次性预付的经营租赁款、向金融机构一次性支付的债券发行费用，以及摊销期在一年以上的固定资产大修理支出等。长期待摊费用的摊销期限均在一年以上，这与待摊费用不同，后者的摊销期限不超过一年，所以列在流动资产项目下。

课后训练

一、单选题

1. 下列各项中,属于流动资产的是(　　)。
   A. 存货　　　　　　B. 三年期债券　　　C. 长期待摊费用　　D. 土地使用权
2. 下列各项中,属于企业资产的是(　　)。
   A. 长期投资　　　　B. 长期借款　　　　C. 实收资本　　　　D. 未分配利润
3. 使用期限较长、单位价值较高,并且在使用过程中保持原有实物形态的资产是(　　)。
   A. 长期投资　　　　B. 其他资产　　　　C. 固定资产　　　　D. 流动资产
4. 下列各项中,属于企业无形资产的是(　　)。
   A. 股权　　　　　　B. 债权　　　　　　C. 经营权　　　　　D. 商标权
5. 下列各项中,属于没有实物形态的非货币性长期资产的是(　　)。
   A. 长期投资　　　　B. 其他资产　　　　C. 固定资产　　　　D. 无形资产
6. 下列哪项关于固定资产的表述是错误的。(　　)
   A. 使用过程中能够保持原有实物形态
   B. 单位价值在规定标准以上
   C. 使用期限较长,在生产过程中为多个服务周期服务
   D. 不属于生产经营主要设备的物品不能作为固定资产处理
7. 下列哪项属于无形资产。(　　)
   A. 土地所有权　　　　　　　　　　　B. 固定资产改良支出
   C. 开办费　　　　　　　　　　　　　D. 现金

二、多选题

1. 下列各项中,属于货币资金的有(　　)。
   A. 基金　　　　　　B. 库存外币　　　　C. 银行存款
   D. 其他货币资金　　E. 库存人民币
2. 下列各项中,属于企业长期投资的有(　　)。
   A. 长期股权投资　　B. 长期债权投资　　C. 长期银行借款　　D. 长期债券投资
   E. 长期应付债券
3. 下列各项中,属于企业存货的有(　　)。
   A. 将在生产过程中耗用的材料　　　　B. 将在提供劳务过程中耗用的材料
   C. 企业的主要劳动资料　　　　　　　D. 价值较高并逐渐磨损的物资
   E. 为了出售仍然处在生产过程中的产品
4. 下列各项中,属于企业无形资产的有(　　)。
   A. 专利权　　　　　B. 著作权　　　　　C. 专有权
   D. 非专利技术　　　E. 土地使用权
5. 下列各项中,属于企业流动资产的有(　　)。
   A. 应付票据　　　　　　　　　　　　B. 短期投资
   C. 预付账款　　　　　　　　　　　　D. 应收票据
6. 下列各项中,属于企业资产含义的有(　　)。
   A. 资产是一项经济资源　　　　　　　B. 资产是一项经济责任
   C. 企业拥有其控制权　　　　　　　　D. 资产由过去的交易所形成
   E. 资产预期会给企业带来经济利益

> **参考答案**

一、单选题
1. A 2. A 3. C 4. D 5. D 6. D 7. A

二、多选题
1. BCDE 2. ABD 3. ABE 4. ABDE 5. BCD 6. ACDE

任务 4　工程成本分析

知识点 1　工程成本含义

工程成本是指施工企业在建筑安装工程施工过程中的实际耗费，包括物化劳动的耗费和活劳动中必要劳动的耗费。

在工程成本中物化劳动是指工程耗用的各种生产资料的价值；活劳动是指支付给劳动者的报酬。

知识点 2　建设工程成本的构成

建设工程的总成本是指工程项目在一定的时期内为生产而耗费的全部成本和费用，它由生产成本和期间费用组成。

知识点 3　生产成本的内容

生产成本包括从建造合同签订开始至合同完成止所发生的与执行合同有关的直接费用与间接费用。

（1）直接费用

① 耗用的人工费用。耗用的人工费用是指企业建筑安装工程施工人员的工资、奖金、职工福利费、工资性质的津贴、劳动保护费等。

② 耗用的材料费用。耗用的材料费用是指施工过程中耗用的构成工程实体的原材料、辅助材料、构配件、零件、半成品的费用和周转材料的摊销及租赁费用。

③ 耗用的机械使用费。耗用的机械使用费是指施工过程中使用自有施工机械所发生的机械使用费和租用外单位施工机械的租赁费，以及施工机械安装、拆卸和进出场费等。

④ 其他直接费用。其他直接费用包括施工过程中发生的材料二次搬运费、临时设施摊销费、生产工器具使用费、检验试验费、工程定位复测费、工程点交费、场地清理费等。

（2）间接费用

间接费用是指为完成工程项目所发生的、不宜直接归属于工程成本核算对象而应分别计入有关工程成本核算对象的各项费用支出。它主要是企业下属施工单位或生产单位为组织和管理工程施工所发生的全部支出，包括临时设施摊销费用和施工单位管理人员工资、奖金、职工福利费、固定资产折旧费及修理费、物料消耗、低值易耗品摊销、取暖费、水电费、办公费、差旅费、财产保险费、检验试验费、工程保修费、劳动保护费、排污费及其他费用。这里的"施工单位"是指建筑安装企业的工区、施工队、项目经理部等。间接费用不包括企业行政管理部门为组织和管理生产经营活动而发生的费用。

知识点 4　期间费用

期间费用是指企业当前发生的、与具体工程没有直接联系的、必须从当期收入中得到补偿的费用。期间费用是不能直接归属于某个特定产品成本的费用，它是随着时间推移而发生的与当期产品的管理和产品销售直接相关的费用，但与产品的产量、产品的制造过程无直接关系，即容易确定其发生的期间，而难以判别其所应归属的产品，因此不能列入产品成本，而在发生当期从损益中扣除。期间费用主要包括管理费用、财务费用和销售费用，施工企业的期间费用则主要包括管理费用和财务费用。

（1）管理费用

管理费用是指企业为管理和组织企业生产经营活动而发生的各项费用，如管理人员工资和福利费、公司一级折旧费、修理费、技术转让费、无形资产和递延资产摊销费及其他管理费用（办公费、差旅费、劳保费、土地使用费等）。企业的管理费用具体包括以下内容。

① 企业管理部门及职工方面的费用。公司经费，是指在企业行政管理部门发生的行政管理部门职工工资、修理费、物资消耗、低值易耗品摊销、办公和差旅费等；工会经费，按职工工资总额的2%计提；职工教育经费，用于职工培训、学习的费用，按职工工资总额的1.5%计提；劳动保险费；待业保险费。

② 企业直接费之外的费用。董事会费，指企业董事会或最高权力机构及其成员为执行职权而发生的各项费用，包括成员津贴、差旅费、会务费等；咨询费，指企业向有关咨询机构进行生产技术经营管理咨询所支付的费用或支付企业经济顾问、法律顾问、技术顾问的费用；聘请中介机构费用，指企业聘请会计师事务所进行查账、验收、资产评估、清账等法定的费用；诉讼费，指企业向法院起诉或应诉而支付的费用；税金，指企业按规定交纳的房产税、车船使用税、土地使用税、印花税等。

③ 提供生产技术条件的费用。排污费，是指企业根据环保部门的规定缴纳的排污费用；绿化费；技术转让费；研究与开发费，是指企业开发新产品、新技术所发生的新产品设计费、原材料和半成品的试验费、技术图书资料费；未纳入国家计划的中间试验费、研究人员的工资、研究设备的折旧、与新产品新技术研究有关的其他经费、委托其他单位进行的科研试制的费用及试制失败损失等；无形资产摊销，是指企业分期摊销的无形资产价值（包括专利权、商标权、著作权、土地使用权和非专利技术等的摊销）。

④ 购销业务的应酬费。这种费用主要是指业务招待费，是企业为业务经营的合理需要而支付的费用，应据实列入管理费用。

⑤ 其他管理费用。它是指不包括在上述各项内容之内又应列入管理费用的费用。

（2）财务费用

财务费用是指为筹集资金而发生的各项费用，包括生产经营期间发生的利息净支出及其他财务费用（汇兑净损失、银行手续费等）。

（3）销售费用

销售费用是指为销售产品和提供劳务而发生的各项费用，包括销售部门人员工资、职工福利费、其他销售费用（广告费、办公费、差旅费）。

技能点 1　总成本费用的计算

为便于计算，在工程经济中将工资及福利费、折旧费、修理费、摊销费、利息支出进行归并后分别列出；另设一项"其他费用"，将管理费用、财务费用和销售费用中扣除工资及福利费、折旧费、修理费、摊销费、维简费、利息支出后的费用列入其中。这样，各年成本费用的计算公式为：

$$总成本费用 = 外购原材料 + 外购燃料动力 + 工资及福利费 + 修理费 + 折旧费 + 维简费 + 摊销费 + 利息支出 + 其他费用 \qquad (2\text{-}10)$$

知识点 5　工程经济中的有关成本概念

（1）经营成本

经营成本是指项目从总成本中扣除折旧费、维简费、摊销费和利息支出以后的成本。经营成本是为了分析的需要从产品总成本费用中分离出来的一部分费用，是在一定期间（一般为一年）内由于生产和销售产品及提供劳务而实际发生的现金支出，它不包括计入产品成本费用中但实际没有发生现金支出的费用项目。经营成本公式如下：

$$经营成本 = 总成本费用 - 折旧费 - 维简费 - 摊销费 - 利息支出 \qquad (2\text{-}11)$$

工程经济分析中为什么要引入经营成本，为什么要从总成本中扣除这些费用？

① 现金流量表反映项目在计算期内逐年发生的现金流入和流出。与常规会计方法不同，现金收支何时发生，就何时计算，不作分摊。由于投资已按其发生的时间作为一次性支出被计入现金流出，因此不能再以折旧费、维简费和摊销费的方式计为现金流出，否则会发生重复计算。因此，作为经常性支出的经营成本中不包括折旧费和摊销费，同理也不包括维简费。

② 因为全部投资现金流量表以全部投资作为计算基础，不分投资资金来源，利息支出不作为现金流出，而自有资金现金流量表中已将利息支出单列，因此经营成本中也不包括利息支出。

（2）固定成本与可变成本

固定成本（又称固定费用）相对于变动成本，是指成本总额在一定时期和一定业务量范围内，不受业务量增减变动影响而能保持不变的成本，如管理人员工资、差旅费、设备折旧费、办公费用、利息支出等。

固定成本特点表现为：其总额在一定时期和一定业务量范围内不随产量的增减而变动。就单位产品成本而言，其中的固定成本部分与产量的增减成反比例，即产量增加，单位产品的固定成本减少。

可变成本是指在总成本中随着产量变动而变动的费用，例如直接材料费、直接人员费、直接燃料和动力费及包装费等。

可变成本特点表现为：其可变成本总额随产量的增加而增加。就单位产品成本而言，变动成本部分是固定不变的。

　学学做做

在进行成本分析时，一般应列入固定成本的是（　　）。
A. 生产工人计件工资　　　　　　　B. 外购原材料费用
C. 外购燃料动力费用　　　　　　　D. 固定资产折旧费
参考答案：D

（3）机会成本

是由于资源的稀缺性，考虑了某种用途，就失去了其他用途的使用而创造价值的机会，在所有其他可能被利用的机会中，把能获取最大价值作为项目方案使用这种资源的成本，称为机会成本。机会成本小的具有比较优势。简单地讲，可以理解为把一定的资源投入某一用途后所放弃的在其他用途中所能获得的最大利益。机会成本主要应用在投资过程中，在投资决策中，放弃次优方案而损失的"潜在利益"，是选取最优方案的机会成本。

（4）沉没成本

沉没成本是指由于过去的决策已经发生了的，而不能由现在或将来的任何决策改变的成本。人们在决定是否去做一件事情的时候，不仅是看这件事对自己有没有好处，还要看过去是不是已经在这件事情上有过投入。我们把已经发生不可收回的支出（如时间、金钱、精力等）称为"沉没成本"。例如，因失误造成的不可收回的投资。沉没成本是一种历史成本，对现有决策而言是不可控成本，不会影响当前行为或未来决策。

从成本的可追溯性来说，沉没成本可以是直接成本，也可以是间接成本。如果沉没成本可追溯到个别产品或部门则属于直接成本；如果由几个产品或部门共同引起则属于间接成本。从成本的形态看，沉没成本可以是固定成本，也可以是可变成本。企业在撤销某个部门或是停止某种产品生产时，沉没成本中通常既包括机器设备等固定成本，也包括原材料、零部件等可变成本。通常情况下，固定成本比可变成本更容易沉没。从数量角度看，沉没成本可以是整体成本，也可以是部分成本。例如中途弃用的机器设备，如果能变卖出售获得部分价值，那么其账面价值不会全部沉没，只有变现价值低于账面价值的部分才是沉没成本。

 学学做做

1. 下列哪项不属于总成本费用。（　　）
   A. 生产成本　　　　　　　　　　B. 机会成本
   C. 管理成本　　　　　　　　　　D. 财务费用
2. 下列哪项属于经营成本。（　　）
   A. 利息支出　　　　　　　　　　B. 人工成本
   C. 折旧费　　　　　　　　　　　D. 摊销费

参考答案：1. B　2. B

任务5　固定资产折旧计算

知识点 1　固定资产折旧的含义

固定资产折旧是指固定资产在使用过程中因损耗而转移到产品中去的那部分价值的一种补偿方式。

固定资产的损耗分为有形损耗和无形损耗，有形损耗是指固定资产由于使用和自然力作用而引起的使用价值和价值的损失，也称为实际损耗或物理损耗；无形损耗是指机器设备由于技术进步而引起的价值损失。无论是有形损耗还是无形损耗，都使固定资产使用的经济性下降，严重的有形损耗甚至会破坏固定资产的正常使用，只能采取修理或更新使之恢复功能，为了保持固定资产使用的经济性，必须对其损耗进行合理的价值补偿，这就是折旧。

固定资产由于损耗而转移到产品中的那部分价值，在实际工作中称为折旧费用或折旧额，它是构成产品成本的一个重要组成部分。将折旧费用计入成本费用是企业回收固定资产投资的一种手段。按照国家规定的折旧制度，企业将已发生的资本性支出转移到产品成本费用中去，然后通过产品的销售，逐步回收初始的投资。固定资产折旧计入产品成本的实质，是企业的固定资金转化为流动资金的过程。在这一过程中，企业固定资产所占用的资金由于损耗而减少，企业中产品所占用的资金由于产品价值的形成而增加，随着产品销售收回货币资金，这部分计入产品成本的折旧费就得到相应的补偿。为了保证固定资产再生产的资金来源，这部分由固定资金转化的流动资金，需要事先提存并单独积累，这就形成了折旧基金，专门用于固定资产的更新改造。

知识点 2 影响固定资产折旧的因素

在工程实践中，影响固定资产折旧的因素主要体现在：

① 固定资产原值：是指固定资产的原始价值或重置价值，即固定资产在投入使用时的初始价值。在不同的情况下，固定资产原值包括的内容也不相同：一是对新建项目，固定资产原值包括勘察设计费、建设场地准备费、设备及工器具购置费、建筑安装工程费、建设期利息等；二是对于改建、扩建或技术改造项目，其原值是指改进、扩建或技术改造前的原值，加上改建、扩建或技术改造过程中的费用支出，减去不需要和报废的原值后的价值；三是指购买的固定资产原值等于购置、运输、安装、调试等费用之和。

② 固定资产净残值：是指固定资产预计使用寿命已满，企业从该项固定资产处置中获得的扣除预计处置费用后的金额，是指估计残值与估计清理费用之差，一般为原始价值的 3%～5%。

③ 固定资产使用年限：是指固定资产可用于企业运营的时间长度。使用年限也叫服务年限，可能与资产的使用寿命不一致。企业确定固定资产使用年限时，应当考虑下列因素。

  a. 该项资产预计生产能力或实物产量；
  b. 该项资产预计有形损耗，如设备使用中发生磨损、房屋建筑物受到自然侵蚀等；
  c. 该项资产预计无形损耗，如因新技术的出现而使现有的资产技术水平相对陈旧、市场需求变化使产品过时等；
  d. 法律或者类似规定对该项资产使用的限制。

《企业所得税法实施条例》第六十条规定：除国务院财政、税务主管部门另有规定外，固定资产计算折旧的最低年限如下：

  a. 房屋、建筑物，为 20 年；
  b. 飞机、火车、轮船、机器、机械和其他生产设备，为 10 年；
  c. 与生产经营活动有关的器具、工具、家具等，为 5 年；
  d. 机、火车、轮船以外的运输工具，为 4 年；
  e. 电子设备，为 3 年。

正确运用使用年限应综合反映有形损耗和无形损耗。如果使用年限估计过长，固定资产得不到更新，企业无后劲；如果固定资产使用年限估计过短，使补偿有余，导致人为增加成本，利润减少，缴纳所得税相应减少，并可能提前报废，造成浪费。

④ 固定资产减值准备：是指固定资产的可收回资金低于账面减值。新会计准则规定：当资产可收回资金低于账面价值时，应当将资产的账面减值减记至可收回金额，减记的金额确认为资产减值损失，计入当期损益，同时计提相应的资产减值准备。

  学学做做

影响固定资产折旧的因素主要有（　　）。
A. 固定资产原值　　　　　　　　B. 固定资产使用年限
C. 固定资产减值准备　　　　　　D. 固定资产净残值
E. 折旧方法
参考答案：ABCD

知识点 3 固定资产的计价方法

① 按原值价值计算：是指在建造、购置固定资产时实际支付的费用以及使固定资产达到预期使用状

态前发生的费用，原始价值也称为原值。

② 按重估值计算：是指新的再生产条件下，重新建造、购置固定资产的全部支出。

③ 按折余价值计算：是指固定资产原值减去已计提折旧后的余额，折余价值又称为净值。

固定资产的计价方法在不同场合下使用不同的计价依据。通常新建造、新购置的固定资产按照原始价值计价；企业发生并购、合作、上市、资产交易等行为，固定资产按照重估价值计价；企业管理固定资产或清算家底，对已使用过的固定资产按折余价值计价。

技能点 1　计算固定资产折旧额

固定资产折旧的计算方法有很多种，由于固定资产的用途不同、性质不同，选择的折旧方法也会有所不同。运用不同的折旧方法对某一时期企业运营所产生的影响是不同的，不同的折旧方法的计算结果，会使各经营期间所负担的折旧费用不同，从而直接影响各期的产品成本，也会影响到企业净产值，最终对企业的当前利益和长远发展产生影响。因此，企业在选择折旧方法时，既要考虑怎样符合固定资产损耗的实际情况，又要考虑如何适应企业经营发展的战略需要。

我国现行的固定资产折旧的方法，包括年限平均法、工作量法、双倍余额递减法和年数总和法，其中，双倍余额递减法与年数总和法统称为加速折旧方法。

1. 年限平均法（直线折旧法）

（1）年限平均法含义

年限平均法又称直线法，是最简单并且常用的一种方法，是以固定资产的原价减去预计净残值再除以预计使用年限，求得每年的折旧费用。

在各使用年限中，固定资产转移到产品成本中的价值均是相等的，折旧的累计额呈直线上升的趋势。这种方法具有易懂和易操作的优点，但它也存在着一些明显的局限性，它忽略了"何时受益，何时付费"的配比原则。

（2）年限平均法计算

年限平均法的计算公式如下：

$$\text{年折旧额} = \frac{\text{固定资产原值} - \text{预计净残值}}{\text{固定资产预计使用年限}} = \frac{\text{固定资产原值} \times (1 - \text{预计净残值率})}{\text{固定资产预计使用年限}} \quad (2\text{-}12)$$

$$\text{年折旧率} = \frac{1 - \text{预计净残值率}}{\text{固定资产预计使用年限}} \times 100\% \quad (2\text{-}13)$$

$$\text{月折旧额} = \frac{\text{年折旧额}}{12} \quad (2\text{-}14)$$

$$\text{预计净残值率} = \frac{\text{预计净残值}}{\text{固定资产原值}} \times 100\% \quad (2\text{-}15)$$

n 年末固定资产年末净值（也称为折旧价值）= 固定资产原值 $-n$ 年末累计固定资产折旧额　（2-16）

例题 2-1： 某建筑设备的原始价值为 25000 元，预计使用 10 年，预计残值为 1500 元，清理费用需 500 元，试按照年限平均法计算该设备的折旧率、折旧额和第 8 年、第 10 年末的净值。

解：根据年限平均法公式可得

$$\text{该设备年折旧额} = \frac{\text{固定资产原值} - \text{预计净残值}}{\text{固定资产预计使用年限}} = \frac{25000 - (1500 - 500)}{10} = 2400 \text{（元）}$$

$$\text{预计净残值率} = \frac{\text{预计净残值}}{\text{固定资产原值}} \times 100\% = \frac{1500 - 500}{25000} \times 100\% = 4\%$$

$$\text{年折旧率} = \frac{1 - \text{预计净残值率}}{\text{固定资产预计使用年限}} \times 100\% = \frac{1 - 4\%}{10} = 9.6\%$$

第 8 年末净值 =25000-2400×8=5800（元）

第 10 年末净值 =25000−2400×10=1000（元）

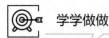 **学学做做**

甲公司有一幢厂房，原价为 5000000 元，预计可使用 20 年，预计报废时的净残值率为 2%。试计算该厂房的年折旧率、月折旧率和月折旧额。

解：根据年限平均法公式可得

年折旧率 =（1−2%）/20=4.9%

月折旧率 =4.9%/12=0.41%

月折旧额 =5000000×0.41%=20500（元）

（3）年限平均法优点

年限平均法简单明了，易于掌握，易于操作，简化了会计核算。

（4）年限平均法缺点

① 固定资产在使用前期操作效能高，使用资产所获得收入比较高。根据收入与费用配比的原则，前期应提的折旧额应该相应地比较多。

② 固定资产使用的总费用包括折旧费和修理费两部分。通常在固定资产使用后期的修理费会逐渐增加。而年限平均法的折旧费用在各期是不变的。这造成了总费用逐渐增加，不符合配比的原则。

③ 年限平均法未考虑固定资产的利用程度和强度，忽视了固定资产使用磨损程度的差异及工作效能的差异。

④ 年限平均法没有考虑到无形损耗对固定资产的影响。

（5）年限平均法适用范围

在实际工作中，哪些固定资产使用年限平均法比较合适呢？这需要根据影响折旧方法的合理性因素来确定。当一项固定资产在各期使用情况大致相同，其负荷程度也相同时，修理和维护费用在资产的使用期内没有显著的变化。资产的收入在整个年限内差不多，满足或部分满足这些条件时，选择年限平均法比较合理。在实际工作中，年限平均法适用于建筑物等固定资产折旧的计算。

2. 工作量法

（1）工作量法含义

工作量法是指以固定资产能提供的工作量为单位来计算折旧额的方法。

工作量法是根据实际工作量计提折旧额的一种方法。它的理论依据在于资产价值的降低是资产使用状况的函数。因为在实际的工作中，有些固定资产，例如大型专用设备、建筑机械等，并非常年使用的，可以根据企业的经营活动情况或设备的使用状况来计提折旧。假定固定资产成本代表了购买一定数量的服务单位（可以是行驶里程数、工作小时数或产量数），然后按服务单位分配成本。这种方法弥补了年限平均法只重使用时间不考虑使用强度的特点。

采用工作量法对固定资产计提折旧时，不同的固定资产应按照不同的工作量标准计算折旧，见表 2-1。

表 2-1 固定资产工作量标准计算折旧

序号	固定资产	工作量
1	机器设备	工作小时数
2	运输工具	行驶里程数
3	建筑施工机械	工作台班数

（2）工作量法计算

工作量法的计算公式如下：

$$单位工作量折旧额 = \frac{固定资产原值 \times (1-预计净残值)}{预计总工作量} \quad (2-17)$$

$$某项固定资产月折旧额 = 该项固定资产当月工作量 \times 单位工作量折旧额 \quad (2-18)$$

建筑施工企业常用的工作量法有以下两种。

① 按照行驶里程计算折旧，其计算公式如下：

$$单位里程折旧额 = \frac{固定资产原值 \times (1-预计净残值)}{预计总行驶里程数} \quad (2-19)$$

② 按工作台班计算折旧，其计算公式如下：

$$每工作台班折旧额 = \frac{固定资产原值 \times (1-预计净残值)}{预计总工作台班数} \quad (2-20)$$

例题 2-2： 华联实业股份有限公司的一台施工机械按工作量法计算折旧。原始价值 150000 元，预计净残值率 3%，预计可工作 20000 个台班时数。该设备投入使用后，各年实际工作台班时数假定为：第一年 7200 小时，第二年 6800 小时，第三年 4500 小时，第四年 1500 小时，试计算第一年到第四年的折旧额，第一年末到第四年末的账面净值。

解： 根据工作量法公式可得：

$$单位台班小时折旧额 = \frac{固定资产原值 \times (1-预计净残值率)}{工作总小时数} = \frac{150000 \times (1-3\%)}{20000} = 7.275（元）$$

各年折旧额和各年末账面净值计算结果见表 2-2。

表 2-2 各年折旧额和年末账面净值　　　　　　　　　　　　　　　　　　单位：元

使用年次	各年折旧额	累计折旧额	账面净值
0			150000
1	52380	52380	97620
2	49470	101850	48150
3	32737.5	134587.5	15412.5
4	10912.5	145500	4500
合计	145500		

 学学做做

某企业的运输汽车 1 辆，原值为 300000 元，预计净残值率为 4%，预计行驶总里程为 800000 公里。该汽车采用工作量法计提折旧。某月该汽车行驶 6000 公里。试计算该汽车的单位工作量折旧额和该月折旧额。

解： 根据工作量法公式可得

单位工作量折旧额 =[300000×(1-4%)]/800000=0.36（元/公里）

该月折旧额 =0.36×6000=2160（元）

（3）工作量法的优点

能够按照实际使用过程磨损程度计算，能正确反映运输工具精密设备等使用程度，而且把折旧费用与业务成果联系起来。

（4）工作量法的缺点

首先，同年限平均法一样，它未能考虑到修理费用递增以及操作效能或收入递减等因素；再者，资产所能提供的服务数量也难以准确地估计；最后，工作量法忽视了无形损耗对资产的影响。

（5）工作量法适用范围

实际工作中，在企业专业车队的客货汽车、某些价值大而又不经常使用或季节性使用的大型机器设备中，可以用工作量法来计提折旧。

3. 双倍余额递减法

（1）双倍余额递减法含义

双倍余额递减法，是指在不考虑固定资产预计净残值的情况下，根据每期期初固定资产原价减去累计折旧后的金额（即固定资产净值）和双倍的直线法折旧率计算固定资产折旧的一种方法。

（2）双倍余额递减法计算

双倍余额递减法的计算公式如下：

$$年折旧率 = \frac{2}{预计折旧年限} \times 100\% \tag{2-21}$$

$$年折旧额 = 固定资产期初账面净值 \times 年折旧率 \tag{2-22}$$

$$月折旧率 = \frac{年折旧率}{12} \tag{2-23}$$

$$月折旧额 = 固定资产期初账面净值 \times 月折旧率 \tag{2-24}$$

就固定资产净值而言，由于每年的折旧率固定不变，而作为折旧依据的固定资产账面净值却逐年递减，因此折旧额在期初的几年较大，以后的几年则较小，这就是加速折旧的最显著特征。

应用这种方法计算折旧额时，由于每年年初固定资产净值没有扣除预计净残值，因此在计算固定资产折旧额时，应在其折旧年限到期前两年内，将固定资产的净值扣除预计净残值后的余额平均摊销。

例题2-3： 某高新技术设备原价为40000元，预计使用年限为5年，预计残值为2000元，清理费400元，运用双倍余额递减法计算每年的折旧额。

解：根据双倍余额递减法公式可以得出

$$年折旧率 = \frac{2}{预计折旧年限} \times 100\% = \frac{2}{5} \times 100\% = 40\%$$

第1年折旧额 = 40000×40% = 16000（元）

第2年折旧额 = (40000-16000)×40% = 9600（元）

第3年折旧额 = (40000-16000-9600)×40% = 5760（元）

第4、第5年折旧额 = $\frac{(40000-16000-9600-5760)-(2000-400)}{2}$ = 3520（元）

学学做做

某企业一项固定资产的原价为1000000元，预计使用年限为5年，预计净残值为4000元。按双倍余额递减法计提折旧，试计算每年的折旧额。

解：根据双倍余额递减法公式可以得出

年折旧率 =2/5×100%=40%

第1年应提的折旧额 =1000000×40%=400000（元）

第2年应提的折旧额 =(1000000-400000)×40%=240000（元）

第3年应提的折旧额 =(1000000-400000-240000)×40%=144000（元）

从第4年起改用年限平均法（直线法）计提折旧。

第4年、第5年的年折旧额 =[(1000000-400000-240000-144000)-4000]/2=106000（元）

4. 年数总和法

（1）年数总和法含义

年数总和法，又称年限合计法，是将固定资产的原价减去预计净残值的余额再乘以一个逐年递减的分数，这个分数的分子代表固定资产尚可使用的年数，分母代表使用年数的逐年数字总和。

（2）年数总和法计算

$$年折旧率 = \frac{预计使用年限 - 已使用年限}{预计使用年限 \times \frac{(预计使用年限+1)}{2}} \times 100\% \tag{2-25}$$

$$年折旧率 = \frac{固定资产尚可使用年限}{固定资产预计使用年限的年数总额} \times 100\% \quad (2\text{-}26)$$

$$月折旧率 = \frac{年折旧率}{12} \quad (2\text{-}27)$$

$$月折旧额 = (固定资产原值 - 预计净残值) \times 月折旧率 \quad (2\text{-}28)$$

例题 2-4：企业某项设备的原值为 64000 元，预计使用 5 年，预计净残值为 2000 元，采用年数总和法计算各年折旧额。

解：根据公式得出结果见表 2-3。

表 2-3　计算结果

年份	尚可使用年限	（原值 - 净残值）	年折旧率	各年折旧额	累计折旧额
第 1 年	5	64000-2000	5/15	20666.67	20666.67
第 2 年	4	64000-000	4/15	16533.33	37200.00
第 3 年	3	64000-2000	3/15	12400.00	49600.00
第 4 年	2	64000-2000	2/15	8266.67	57866.67
第 5 年	1	64000-2000	1/15	4133.33	62000.00

 学学做做

有一台设备，原值 78000 元，预计残值 2000 元，预计可用 4 年，试用年数总和法计算每年折旧额。

解：根据年数总和法公式得出

年数总和 = 1+2+3+4=10

第一年折旧额 =(78000-2000)×(4/10)=30400（元）

第二年折旧额 =(78000-2000)×(3/10)=22800（元）

第三年折旧额 =(78000-2000)×(2/10)=15200（元）

第四年折旧额 =(78000-2000)×(1/10)=7600（元）

（3）加速折旧方法特点

双倍余额递减法和年数总和法是加速折旧的具体方法，其共同的特点是：在固定资产有效使用年限的前期多提折旧，后期则少提折旧，从而相对加快折旧的速度，以使固定资产成本在有效使用年限中加快得到补偿。加速折旧法在英国、美国和其他西方国家广泛使用。加速折旧方法在理论上有其合理性：首先，固定资产的净收入在使用期是递减的，固定资产在前期效能高，创造的收入也大，同时，固定资产的大部分投资者在投资初期会加大对固定资产的利用程度；其次，固定资产的维修费用逐年增加；再次，未来净收入难以准确估计，早期收入比晚期收入风险小；最后，加速折旧法考虑了无形损耗对固定资产的影响。

（4）加速折旧方法优点

① 最初几年工作效能高，收入高，相应的折旧费用大，符合成本与收入的配比原则。同时，早期多提折旧也符合谨慎性原则。

② 通过提高折旧水平可及早收回投资，即可减少无形损耗、通货膨胀带来的投资风险。

③ 可以用递减的折旧费抵补递增的维修费，使企业利润在正常生产年份保持稳定。

④ 可以加快固定资产设备的更新，促进企业技术进步，刺激生产和经济增长，从而增加国家财政收入。

⑤ 折旧具有"税收挡板"的作用，由于递延了税款，企业可以获得一笔无息贷款。这是政府鼓励投资，刺激生产，推动经济增长的一种政策性举措。

（5）加速折旧方法适用范围

加速折旧法具有其科学性和合理性，根据其特点适用于技术进步快、在国民经济中具有重要地位的企业，如电子生产企业、船舶工业企业、飞机制造企业、汽车制造企业、化工医药企业等。

课后训练

一、单选题

1. 某固定资产使用年限为5年，在采用年数总和法计提折旧的情况下，第一年的年折旧率为（　　）。
   A. 20%　　　　B. 33%　　　　C. 40%　　　　D. 50%

2. 某固定资产原价为250000元，预计净残值6000元，预计可以使用8年，按照双倍余额递减法计算，第二年应提取的折旧为（　　）元。
   A. 46875　　　B. 45750　　　C. 61000　　　D. 30500

3. 某项固定资产原值为40000元，预计净残值2000元，折旧年限为4年，采用年数总和法计提折旧，则第三年折旧额为（　　）。
   A. 7600元　　　B. 8000元　　　C. 3800元　　　D. 12000元

4. 一台机器设备原价80000元，估计净残值8000元，预计可使用12年，按直线法计提折旧，则第二年应计提折旧为（　　）元。
   A. 6600　　　B. 6000　　　C. 7000　　　D. 8000

5. 下列各因素中，计提固定资产折旧时通常不考虑的是（　　）。
   A. 固定资产原价
   B. 固定资产预计净残值
   C. 固定资产使用年限
   D. 固定资产实际净残值

6. 以下对固定资产折旧方法中，初期不需要考虑固定资产净残值的方法是（　　）。
   A. 工作量法　　B. 年限平均法　　C. 双倍余额递减法　　D. 年数总和法

二、多选题

1. 下列属于加速折旧法的是（　　）。
   A. 年限平均法　　B. 工作量法　　C. 双倍余额递减法　　D. 年数总和法

2. 下列固定资产中应计提折旧的有（　　）。
   A. 融资租赁方式租入的固定资产
   B. 按规定单独估价作为固定资产入账的土地
   C. 以经营租赁方式租出的固定资产
   D. 以经营租赁方式租入的固定资产

3. 企业计算固定资产折旧的主要依据有（　　）。
   A. 固定资产的使用年限
   B. 固定资产的原价
   C. 固定资产的净残值
   D. 固定资产的使用部门

4. 按照现行会计制度的规定，企业可以采用的固定资产折旧方法有（　　）。
   A. 工作量法　　B. 年限平均法　　C. 年数总和法　　D. 双倍余额递减法

三、判断题

1. 实行双倍余额递减法计提折旧的固定资产，应当在该固定资产折旧年限到期以前两年内，将该固定资产净值（扣除净残值）平均摊销。（　　）

2. 加速折旧法与年限平均法相比，并非缩短使用寿命，只是前期折旧多，后期折旧少，体现了谨慎原则。（　　）

3. 某设备原价为90000元，预计净残值2700元，预计可以使用15000小时，实际使用12000小时，其中第五年实际是使用3000小时，采用工作量法第五年应提折旧为17460元。（　　）

4. 无形资产，是指企业拥有或控制的没有实物形态的可辨认非货币性资产。（　　）

四、计算题

1. 甲公司的一台机器设备原价为800000元，预计生产产品产量为4000000个，预计净残值率为5%，本月生产产品40000个；假设甲公司没有对该机器设备计提减值准备。

要求：计算该台机器设备的本月折旧额。

2. 某公司有货运卡车一辆，原价为150000元，预计净残值率为5%，预计总行驶里程为300000公里，当月行驶里程为5000公里，则该项固定资产的月折旧额是多少？

3. 甲公司的一台机器设备原价为680000元，预计生产产品产量为2000000件，预计净残值率为3%，本月生产产品34000件。试计算该台机器设备的月折旧额。

4. 乙公司有一台机器设备原价为600000元，预计使用寿命为5年，预计净残值率为4%。按双倍余额递减法计算折旧，试计算每年折旧额。

5. 某电子生产企业进口一条生产线，安装完毕后固定资产原价为300000元，预计净残值为8000元，预计使用年限5年，该生产线按双倍余额递减法计算的各年折旧额为多少？

6. 某企业某项固定资产原价为80000元，预计净残值为5000元，预计使用年限为5年。

要求：按年限平均法、双倍余额递减法和年数总和法计算5年的折旧额。

7. 某企业有一固定资产，该固定资产原价为100000元，预计使用年限为5年，预计净残值为2000元。

要求：（1）计算采用双倍余额递减法计提折旧时各年的折旧率和折旧额。

（2）计算采用年数总和法计提折旧时各年的折旧率和折旧额。

参考答案

一、单选题

1. B

解析：年折旧率 = 尚可使用年限/预计使用年限年数总和 =5/（1+2+3+4+5）=33%

2. A

解析：折旧率 =2/8×100%=25%

第一年折旧额 =250000×25%=62500（元）

第二年折旧额 =（250000−62500）×25%=46875（元）

3. A

解析：第三年折旧额 =（40000−2000）×（2/10）=7600（元）

4. B

解析：采用直线法计提折旧，年折旧额 =（80000−8000）/12=6000（元）

5. D

6. C

二、多选题

1. CD
2. AC
3. ABC
4. ABCD

三、判断题

1. 对
2. 对
3. 对

解析：每小时折旧额 =（90000−2700）/15000=5.82（元）

第五年应计提的折旧额为 5.82×3000=17460元。

4. 对

四、计算题

1. 单个产品折旧额 =800000×（1-5%）/4000000=0.19（元/个）

本月折旧额 =40000×0.19=7600（元）

2. 单程里程折旧额 =150000×（1-5%）÷300000=0.475（元/公里）

本月折旧额 =5000×0.475=2375（元）

3. 单件折旧额 =680000×（1-3%）/2000000 =0.3298（元/件）

月折旧额 =34000×0.3298=11213.2（元）

4. 年折旧率 =2/5=40%

第一年应提的折旧额 =600000×40%=240000（元）

第二年应提的折旧额 =（600000-240000）×40%=144000（元）

第三年应提的折旧额 =（360000-144000）×40%=86400（元）

从第四年起改按年限平均法（直线法）计提折旧：

第四、五年应提的折旧额 =（129600-600000×4%）/2=52800（元）

5. 双倍直线折旧率 =（2÷5）×100%=40%

第一年应提折旧额 =300000×40%=120000（元）

第二年应提折旧额 =（300000-120000）×40%=72000（元）

第三年应提折旧额 =（300000-120000-72000）×40%=43200（元）

第四年固定资产账面价值 =300000-120000-72000-43200=64800（元）

第四、五年应提折旧额 =（64800-8000）÷2=28400（元）

6.（1）年限平均法每年折旧额 =（80000-5000）/5=15000（元）

（2）双倍余额递减法：

第一年折旧额 =80000×（2/5）=32000（元）

第二年折旧额 =（80000-32000）×（2/5）=19200（元）

第三年折旧额 =（80000-32000-19200）×（2/5）=11520（元）

第四年年折旧额 =（80000-32000-19200-11520-5000）/2=6140（元）

第五年折旧额同第四年。

（3）年数总和法：

第一年折旧额 =（80000-5000）×（5/15）=25000（元）

第二年折旧额 =（80000-5000）×（4/15）=20000（元）

第三年折旧额 =（80000-5000）×（3/15）=15000（元）

第四年折旧额 =（80000-5000）×（2/15）=10000（元）

第五年折旧额 =（80000-5000）×（1/15）=5000（元）

7.（1）采用双倍余额递减法计提折旧时折旧率 =2/5=40%

第一年应提取的折旧额 =100000×40%=40000（元）

第二年应提取的折旧额 =（100000-40000）×40%=24000（元）

第三年应提取的折旧额 =（100000-40000-24000）×40%=14400（元）

第四年年初账面净值 =100000-40000-24000-14400=21600（元）

第四、五年提取的折旧额 =（21600-2000）/2=9800（元）

（2）采用年数总和法

年数总和 =1+2+3+4+5=15，固定资产计提折旧基数 =100000-2000=98000（元）

第一年折旧率 =5/15=33%

第一年折旧额 =98000×33%=32340（元）

第二年折旧率 =4/15=27%
第二年折旧额 =98000×27%=26460（元）
第三年折旧率 =3/15=20%
第三年折旧额 =98000×20%=19600（元）
第四年折旧率 =2/15=13%
第四年折旧额 =98000×13%=12740（元）
第五年折旧率 =1/15=7%
第五年折旧额 =98000×7%=6860（元）

任务6　无形资产摊销额计算

知识点1　无形资产摊销的含义

将无形资产的原值在规定的年限内，按照年度或产量转移到产品成本之中。

这一部分被转移的无形资产原值，称为摊销。企业可通过计提摊销费，回收无形资产的资产支出。

按照使用年限，将无形资产分为期限型无形资产和无期限型无形资产两大类。所谓期限型无形资产，即随该项无形资产的使用，其使用寿命会越来越短，最终在一定的使用年限之后，它将不再属于该企业的一项资产。这个使用期限正如现行会计制度的规定，如专利权、非专利技术、商标权、著作权、土地使用权等。所谓无期限型的无形资产，主要是指那些没有法律规定、合同规定或公认的使用年限的无形资产。而这里的无期限是一个相对概念，而非绝对的。它是指企业在良好的运行期间的无期限，如果企业面临倒闭，该项相对意义上的无期限型无形资产也随之消失了，如企业的商誉。

知识点2　无形资产的摊销原则

无形资产的摊销属于企业的长期资产，能够在较长的时间内给企业带来效益，但是无形资产也有一定的有效期限，它所具有的价值的权利或特权总会终结或消失，因此，企业应将入账的使用寿命有限的无形资产在一定的年限内摊销，其摊销金额计入管理费用，并同时冲减无形资产的账面价值，对于使用寿命期不确定的无形资产则不需要摊销，但每年应进行减值测试。

《中华人民共和国企业所得税法实施条例》（中华人民共和国国务院令第512号）第六十七条规定："无形资产按照直线法计算的摊销费用，准予扣除。无形资产的摊销年限不得低于10年。"

《财政部、国家税务总局关于进一步鼓励软件产业和集成电路产业发展企业所得税政策的通知》（财税〔2012〕27号）第七条规定："企业外购的软件，凡符合固定资产或无形资产确认条件的，可以按照固定资产或无形资产进行核算，其折旧或摊销年限可以适当缩短，最短可为2年（含）。"

  学学做做

下列关于无形资产摊销的表述中，正确的有（　　）。
A. 使用寿命不确定的无形资产不需要进行摊销处理
B. 已计提减值准备的无形资产应以减值后的余额作为摊销的基础
C. 已计提减值准备的无形资产扔应以原入账价值作为摊销的基础
D. 无形资产使用年限发生变更的，应按变更时的账面价值和变更后的剩余年限进行摊销

参考答案：A

技能点 1　无形资产摊销的计算

（1）直线法

直线法又称年限平均法，是将无形资产的应摊销金额均衡地分配于每一会计期间的一种方法。其计算公式如下：

$$年摊销额 = \frac{无形资产原值}{摊销年限} \quad (2-29)$$

$$月摊销额 = \frac{年摊销额}{12} \quad (2-30)$$

例题 2-5：2010 年 1 月，甲公司以银行存款 12000000 元购入一项土地使用权（不考虑相关税费）。该土地使用权年限为 20 年。

解：该土地使用权每月摊销额 =12000000÷20÷12=50000（元）

这种方法的优点是计算简便，易于掌握。缺点是就符合会计的客观性原则和配比原则的要求而言，不够理想。对稳定性强的无形资产，如商标权、著作权、土地使用权等适合采用这种摊销方法。

（2）产量法

产量法是指按无形资产在整个使用期间所提供的产量为基础来计算应摊销额的一种方法。它是以每单位产量耗费的无形资产价值相等为前提的。其计算公式如下：

$$每单位产量摊销额 = \frac{无形资产原值}{总的工作量} \quad (2-31)$$

$$每期无形资产摊销额 = 每单位产量摊销额 \times 该期实际完成产量 \quad (2-32)$$

如果无形资产在整个使用期间所提供的工作量可以采用产品的生产产量或工作时数等进行确定，则适合使用这种摊销方法。

例题 2-6：2010 年 4 月，甲公司与乙公司签订一份协议，依据协议，甲公司取得一项特许权，即可以使用乙公司的配方生产某产品 10000 件，特许权的取得成本为 4800000 元。4 月份，甲公司使用该配方实际生产产品 100 件；5 月份，甲公司使用该配方实际生产产品 120 件。

解：本例中，特许权有特定产量限制，并且每个月的产品产量不一致，所以适合采用产量法进行摊销。

每单位产量摊销额 =4800000÷10000=480（元）

4 月份摊销额 =480×100=48000（元）

5 月份摊销额 =480×120=57600（元）

（3）加速摊销法

加速摊销法是相对于每年摊销额相等的匀速直线摊销法而言的，是无形资产在使用的前期多计摊销，后期少计摊销，摊销额逐年递减的一种摊销方法。采用加速摊销法，目的是使无形资产成本在估计使用年限内加快得到补偿。加速摊销方法有余额递减法和年数总和法。

① 余额递减法　余额递减法是在前期不考虑无形资产预计残值的前提下，根据每期期初无形资产的成本减去累计摊销后的金额和若干倍的直线法摊销率计算无形资产摊销额的一种方法。下面以双倍余额递减法为例予以说明，其计算公式如下：

$$年摊销额 = 年初无形资产账面净值 \times 年摊销率 \quad (2-33)$$

其中，无形资产账面净值 = 无形资产成本 − 累计摊销。在双倍余额递减法下，无形资产在后期的账面净值可能会低于其残值，因此，应在摊销转自年限到期前两年内，将无形资产成本减去累计摊销额再扣除预计残值后的余额平均摊销。

② 年数总和法　年数总和法是将无形资产的成本减去预计残值后的金额乘以逐年递减的摊销率计算

每年摊销额的一种方法。摊销率的分子代表无形资产尚可使用的年数,分母代表使用年数的逐年数字总和。其计算公式如下:

$$年摊销率=\frac{无形资产尚可使用的年数}{无形资产已使用年数和}\times100\% \quad (2-34)$$

$$年摊销额=(无形资产成本-预计残值)\times年摊销率 \quad (2-35)$$

对于与知识、技术、产品更新联系比较紧密的知识产权类无形资产,如专利权、非专利技术,采用加速摊销法较之采用直线摊销法有更多的优点。具体表现在:

首先,加速摊销法更符合配比原则,这类无形资产使用前期,由于明显处于垄断和独占地位,可以给企业带来较高的收益。但是随着新技术的不断出现以及模拟、仿制技术水平的提高,垄断地位会逐渐丧失,所带来的收益也会逐年减少。根据配比原则,对此类无形资产宜采用加速摊销方法。

其次,加速摊销法更符合稳健性原则。采用加速摊销法,使得无形资产的前期摊销得多,后期摊销得少,如果无形资产被提前淘汰,剩余无形资产的成本也较少,因而风险较小。

学学做做

无形资产摊销包括下列项目的确定。(　　)
A. 无形资产形态　　　B. 摊销期　　　C. 摊销方法
D. 应摊金额　　　　　E. 本金化处理
参考答案:BCD

课后训练

一、单选题
1. 下列各项中,不属于无形资产的是(　　)。
A. 土地使用权　　B. 专利技术　　C. 高速公路收费权　　D. 企业自创的商誉
2. 按照现行会计准则规定,下列各项中,股份有限公司应作为无形资产入账的是(　　)。
A. 开办费　　　　　　　　　　　　　B. 商誉
C. 为获得土地使用权支付的土地出让金　D. 研发新技术发生的项目研究费

二、多选题
1. 下列各项中,属于无形资产的确认条件的是(　　)。
A. 必须由企业拥有或者控制
B. 是没有实物形态的可辨认的非货币性资产
C. 与该无形资产有关的经济利益很可能流入企业
D. 该无形资产的成本能够可靠计量
2. 下列关于无形资产摊销的说法,正确的有(　　)。
A. 使用寿命有限的无形资产应当自可供使用当月起开始进行摊销
B. 当月达到预定用途的无形资产,当月不摊销,下月开始摊销
C. 企业自用无形资产的摊销金额一般应当计入管理费用
D. 企业出租无形资产的摊销价值应该计入管理费用

参考答案

一、单选题
1. D　2. C

二、多选题
1. CD　2. AC

任务 7　收入、利润分析

知识点 1　收入的含义

获得收入是企业经营活动的重要目标，收入的核算是会计核算的重要内容。

收入是指企业在日常经营活动中形成的、会导致所有者权益增加的、与所有者投入资本无关的经济利益的总流入。

知识点 2　收入的分类

按照收入的性质，收入可以分为销售商品收入、提供劳务收入、让渡资产使用权收入、建造（施工）合同收入等。

① 销售商品收入：是指企业通过销售产品而取得的收入，如房地产开发商销售自行开发的房屋取得的收入。

② 提供劳务收入：是指企业通过提供劳务作业而取得的收入，如建筑企业提供劳务取得的收入。

③ 让渡资产使用权收入：是指企业通过让渡资产使用权而取得的收入，如企业让渡无形资产使用权取得的收入。

④ 建造（施工）合同收入：是指企业通过签订建造（施工）合同并按合同要求为顾客设计和建筑房屋、道路、桥梁、水坝等建筑物或构筑物以及船舶、飞机、大型机械设备等而取得的收入。其中，建筑业企业为设计和建筑房屋、构筑物、道路桥梁等建筑物签订的合同也称为施工合同，按施工合同取得的收入称为施工合同收入。

知识点 3　利润的含义

1. 利润的概念

利润是指企业在一定会计期间的经营活动所获得的各项收入抵减各项支出后的净额以及直接计入当期利润的利得和损失等。

其中，直接计入当期利润的利得和损失，是指应当计入当期损益、会导致所有者权益发生增减变动的、与所有者投入资本或向所有者分配利润无关的利得和损失。

利得和损失可以分为两类：一类是不计入当期损益，而是直接计入所有者权益的利得和损失，如接受捐赠、变卖固定资产等，都可以直接计入资本公积金；另一类就是应当计入当期损益的利得和损失，如投资收益、投资损失等，这两类利得和损失都会导致所有者权益发生增减变动。

企业的利润是企业在一定会计期间的经营成果。企业利润的表现形式有营业利润、利润总额和净利润。企业的利润总额集中反映了企业经济活动的收益，是衡量企业经营管理水平和经营效益的重要综合指标。净利润表现为企业净资产的增加，是反映企业经济效益的一个重要指标。

2. 利润的计算

根据《企业会计准则》规定，可以将利润分为三个层次的指标。

(1) 营业利润

营业利润是指企业从事生产经营活动取得的利润，是企业利润的主要来源。营业利润计算公式如下：

营业利润 = 营业收入 − 营业成本 − 税金及附加 − 销售费用 − 管理费用 − 财务费用 − 资产减值损失 − 信用减值损失 + 公允价值变动收益（− 公允价值变动损失）+ 投资收益（− 投资损失）+ 资产处置收益（− 资产处置损失）+ 其他收益　　　　　　　　　　　　　　　　　　　　　　　　　　　　（2-36）

式中，营业收入是指从事主营业务或其他业务所取得的收入，它是指在一定时期内商业企业销售商品或提供劳务所获得的货币收入，分为主营业务收入和其他业务收入。主营业务收入是指企业为完成其经营目标而从事的经常性活动所实现的收入，如建筑企业工程结算收入、工业企业产品销售收入、商业企业商品销售收入等。主营业务收入在企业收入中所占的比重较大，它对企业的经济效益有着举足轻重的影响。其他业务收入是指除上述各项主营业务收入之外的其他业务收入，包括材料销售、外购商品销售、废旧物资销售、下脚料销售、提供劳务性作业收入、房地产开发收入、咨询收入、担保收入等。其他业务收入在企业收入中所占的比重较小。

营业成本指企业经营业务所发生的实际成本总额，包括主营业务成本和其他业务成本，其中，主营业务成本指企业销售商品、提供劳务等经营性活动所发生的成本；其他业务成本指企业确认的除主营业务活动以外的其他日常经营活动所发生的支出，其他业务成本包括销售材料的成本、出租固定资产的折旧额、出租无形资产的摊销额、出租包装物的成本或摊销额等。

营业税金及附加主要反映企业经营主要业务应负担的消费税、城市维护建设税、资源税和教育费附加及房产税、土地使用税、车船使用税、印花税等相关税费。

资产减值损失是指因资产的账面价值高于其可收回金额而造成的损失。新会计准则规定资产减值范围主要是固定资产、无形资产以及除特别规定外的其他资产减值的处理。

公允价值变动收益（或损失）是指企业交易性金融资产等公允价值变动形成的应计入当期损益的利得（或损失）。

投资收益（或损失）是指企业对外投资所得的收入（所发生的损失为负数），如企业对外投资取得股利收入、债券利息收入以及与其他单位联营所分得的利润等。

(2) 利润总额

利润总额是指企业在一定时期内通过生产经营活动所实现的最终财务成果，是企业纯收入构成内容之一。工业企业的利润总额，主要由营业利润和营业外净收支（营业外支出抵减利润）两部分构成。

利润总额 = 营业利润 + 营业外收入 − 营业外支出　　　　　　　　　　（2-37）

式中，营业外收入主要包括非流动资产处置利得、非货币性资产交换利得、出售无形资产收益、债务重组利得、企业合并损益、盘盈利得、因债权人原因确实无法支付的应付款项、政府补助、教育费附加返还款、罚款收入、捐赠利得等。

营业外支出是指企业发生的与企业日常生产经营活动无直接关系的各项支出，包括非流动资产处置损失、非货币性资产交换损失、债务重组损失、公益性捐赠支出、非常损失、盘亏损失等。

(3) 净利润

净利润是指企业当期利润总额减去所得税后的金额，即企业的税后利润。所得税是指企业将实现的利润总额按照所得税法规定的标准向国家计算缴纳的税金。它是企业利润总额的扣减项目。

净利润 = 利润总额 − 所得税　　　　　　　　　　　　　　　　　　　　（2-38）

3. 税后利润的分配顺序

按照《公司法》规定，公司税后利润的分配顺序为：

① 弥补公司以前年度亏损。公司的法定公积金不足以弥补以前年度亏损的，在依照规定提取法定公积金之前，应当先用当年利润弥补亏损。

② 提取法定公积金。公司分配当年税后利润时，应当提取利润的 10% 列入公司法定公积金。公司法定公积金累计额为公司注册资本的 50% 以上的，可以不再提。

③ 经股东会或者股东大会决议提取任意公积金。公司从税后利润中提取法定公积金后，经股东会或者股东大会决议，还可以从税后利润中提取任意公积金。

④ 向投资者分配利润或股利。公司弥补亏损和提取公积金后所余税后利润，有限责任公司依照本法第三十五条的规定分配；股份有限公司按照股东持有的股份比例分配，但股份有限公司章程规定不按持股比例分配的除外。

⑤ 未分配利润。可供投资者分配的利润，经过上述分配后，所余部分为未分配利润（或未弥补亏损）。未分配利润可留待以后年度进行分配。企业如发生亏损，可以按规定由以后年度利润进行弥补。企业未分配的利润（或未弥补的亏损）应当在资产负债表的所有者权益项目中单独反映。

课后训练

一、单选题

1. 某建筑企业向其他单位出租土地而获得的收入属于（　　）。
   A. 建造合同收入　　　B. 销售商品收入　　　C. 提供劳务收入　　　D. 让渡资产使用权收入
2. 施工企业向外提供的机械作业取得的收入属于（　　）。
   A. 提供劳务收入　　　　　　　　　　　B. 销售商品收入
   C. 让渡资产使用权收入　　　　　　　　D. 建造合同收入
3. 施工企业销售自行加工的商品混凝土取得收入属于（　　）收入。
   A. 产品销售　　　B. 施工合同　　　C. 材料销售　　　D. 提供劳务
4. 企业净利润是（　　）余额。
   A. 当期营业利润扣除所得税费用　　　　B. 当期收入扣除增值税及附加
   C. 当期利润总额扣除增值税及附加　　　D. 当期利润总额扣除所得税费用
5. 某施工企业2015年利润总额为4030万元，该企业所得税费用为530万元，净利润是（　　）。
   A. 4000万元　　　B. 5270万元　　　C. 3500万元　　　D. 5500万元
6. 施工企业向外提供的机械作业取得的收入属于（　　）。
   A. 提供劳务收入　　　　　　　　　　　B. 销售商品收入
   C. 让渡资产使用权收入　　　　　　　　D. 建造合同收入

二、多选题

1. 公司进行利润分配时，应在提取任意公积金前分配的有（　　）。
   A. 向投资者分配利润　　　　　　　　　B. 向股东分配股利
   C. 提取留作以后年度分配的利润　　　　D. 弥补公司以前年度亏损
   E. 提取法定公积金
2. 企业的利润总额包括（　　）。
   A. 主营业务利润　　　　　　　　　　　B. 其他业务利润
   C. 投资收益　　　　　　　　　　　　　D. 补贴收入
   E. 生产节余

参考答案

一、单选题
1. D　2. A　3. A　4. D　5. C　6. A

二、多选题
1. DE　2. ABCD

任务 8　与工程项目有关的税金

知识点 1　税金含义

税金是国家依据法律对有纳税义务的单位和个人征收的财政资金，是国家凭借政治权利参与国民收入分配和再分配的一种方式，具有强制性、无偿性和固定性。

我国现行税收制度按照其性质和作用分为六大类，见表 2-4。在工程项目的投资与建设过程中，所要缴纳的主要税金包括营业税、所得税、城市维护建设税和教育费附加。此外，针对其占有的资产和行为，还涉及房产税、土地使用税、土地增值税、契税和进出口关税等的税收。

表 2-4　我国现行税收种类及作用

税种	作用
（一）流转税类 增值税、消费税、营业税	在生产、流通领域或者服务业中发挥作用
（二）所得税 企业所得税，外资、外国企业所得税，个人所得税	在国民收入形成后，对生产经营者的利润和个人的纯收入发挥调节作用
（三）特定目的税类 固定资产投资方向调节税（2000 年停止征收）、城市维护建设税、土地增值税、车辆购置税、耕地占用税	为达到特定目的，对特定对象和特定行为发挥调节作用
（四）资源税类 资源税、城镇土地使用税	对开发和利用自然资源差异而形成的级差收入发挥调节作用
（五）财产和行为税 房产税、车船使用税、车船使用牌照税、印花税、屠宰税、契税	对某些财产或行为发挥调节作用
（六）关税	对进出口我国国境的货物、物品征收

知识点 2　增值税

（1）增值税含义

增值税是以商品（含应税劳务）在流转过程中产生的增值额作为计税依据而征收的一种流转税。

从计税原理上说，增值税是对商品生产、流通、劳务服务中多个环节的新增价值或商品的附加值征收的一种流转税。

（2）纳税人和纳税对象

建筑业增值税纳税人是指在中华人民共和国境内提供建筑服务的单位和个人。单位以承包、承租、挂靠方式经营的，承包人、承租人、挂靠人（以下统称承包人）以发包人、出租人、被挂靠人（以下统称发包人）名义对外经营并由发包人承担相关法律责任的，以该发包人为纳税人。否则，以承包人为纳税人。

增值税纳税人分为一般纳税人与小规模纳税人。一般纳税人是指年应征增值税销售额（以下简称年应税销售额，包括一个公历年度内的全部应税销售额）超过财政部规定的小规模纳税人标准的企业和企业性单位。一般纳税人的特点是增值税进项税额可以抵扣销项税额。小规模纳税人是指年销售额在规定标准以下，并且会计核算不健全，不能按规定报送有关税务资料的增值税纳税人。所称会计核算不健全是指不能正确核算增值税的销项税额、进项税额和应纳税额。

（3）建筑服务的征税范围

营改增后，建筑业的征税范围主要按《销售服务、无形资产或者不动产》中的建筑服务税目执行。该注释规定，建筑服务是指各类建筑物、构筑物及其附属设施的建造、修缮、装饰、线路、管道、设备、设施等的安装以及其他工程作业的业务活动，包括工程服务、安装服务、修缮服务、装饰服务和其他建筑服务。工程勘察勘探服务、建筑图纸审核、工程造价鉴证、工程监理等服务属于现代服务,不属于建筑服务。

(4)建筑服务增值率的税率和征收率

建筑服务适用的税率为 11%;小规模纳税人提供建筑服务,以及一般纳税人提供部分建筑服务选择简易计税方法的,征收率为 3%。

(5)计算应纳税额

① 增值税的计税方法基本规定 增值税计税方法包括一般计税方法和简易计税方法。一般纳税人发生应税行为适用一般计税方法计税。一般纳税人发生财政部和国家税务总局规定的特定应税行为,可以选择适用简易计税方法计税,但一经选择,36 个月内不得变更。小规模纳税人发生应税行为适用简易计税方法计税。

② 一般计税方法的应纳税额 一般计税方法的应纳税额按以下公式计算:

$$应纳税额 = 当期销项税额 - 当期进项税额 \quad (2-39)$$

当期销项税额小于当期进项税额不足抵扣时,其不足部分可以结转下期继续抵扣。

③ 简易计税方法的应纳税额 简易计税方法的应纳税额是指按照销售额和增值税征收率计算的增值税额,不得抵扣进项税额。应纳税额计算公式:

$$应纳税额 = 销售额 \times 征收率 \quad (2-40)$$

简易计税方法的销售额不包括其应纳税额,纳税人采用销售额和应纳税额合并定价方法的,按照下列公式计算销售额:

$$销售额 = \frac{含税销售额}{1+征收率} \quad (2-41)$$

知识点 3 所得税

(1)所得税的含义

所得税又称为所得课税、收益税,是指国家对法人、自然人和其他经济组织在一定时期内各种所得征收的一类税收,所得税主要包括企业所得税和个人所得税。

(2)纳税人和纳税对象

企业所得税的纳税人是指企业或企业取得收入的组织,可分为居民企业和非居民企业。

居民企业是指依法在我国境内成立,或者依照外国(地区)法律成立但实际管理机构在我国境内的企业。居民企业应当就其来源于我国境内、境外的所得缴纳企业所得税。

非居民企业是指依照外国(地区)法律成立且实际管理机构不在我国境内,但在我国境内设立机构、场所的,或者在我国境内未设立机构、场所,但有来源于我国境内所得的企业。

(3)计税依据和税率

① 计税依据 企业所得税的计税依据为应纳税所得额,即企业每一纳税年度的收入总额,减除不征税收入、免税收入、各项扣除以及允许弥补的以前年度亏损后的余额。

② 应纳税所得额的计算

$$应纳税所得额 = 收入总额 - 不征税收入 - 免税收入 - 各项扣除 - 弥补以前年度亏损 \quad (2-42)$$

知识点 4 消费税

(1)消费税的含义

消费税是以特定消费品为课税对象所征收的一种税,属于流转税的范畴。

(2)纳税人

消费税的纳税人是指在我国境内生产、委托加工、零售和进口《中华人民共和国消费税暂行条例》、消费税暂行条例规定的应税消费品的单位和个人,具体包括在我国境内生产、委托加工、零售和进口应税消费品的国有企业、集体企业、私有企业、股份制企业、其他企业、行政单位、事业单位、军事单位、社会团体和其他单位、个体经营者及其他个人。根据《国务院关于外商投资企业和外国企业适用增值税、消费税、营业税等税收暂行条例有关问题的通知》规定，在我国境内生产、委托加工、零售和进口应税消费品的外商投资企业和外国企业，也是消费税的纳税人。

消费税征税范围如下：

第一类：一些过度消费会对人类健康、社会秩序、生态环境等方面造成危害的特殊消费品，如烟、酒、鞭炮、焰火等；

第二类：奢侈品、非生活必需品，如贵重首饰、化妆品等；

第三类：高能耗及高档消费品，如小轿车、摩托车等；

第四类：不可再生和替代的石油类消费品，如汽油、柴油等；

第五类：具有一定财政意义的产品，如汽车轮胎、护肤护发品等。

（3）税率

2019 年消费税税率共有 13 个档次的税率，最低 3%，最高 56%。

（4）计税依据

消费税的计税依据分别采用从价和从量两种计税方法。实行从价计税办法征税的应税消费品，计税依据为应税消费品的销售额。实行从量定额办法计税时，通常以每单位应税消费品的重量、容积或数量为计税依据。

（5）应纳税额

消费额价内税是价格的组成部分，实行从价定率法和从量定额法两种计算方法。

① 从价定率法

$$应纳税额 = 应税消费品销售额 \times 适用税率 \quad (2-43)$$

② 从量定额法

$$应纳税额 = 应税消费品销售数量 \times 适用税额标准 \quad (2-44)$$

知识点 5　城市维护建设税

（1）城市维护建设税含义

城市维护建设税（简称城建税）是以纳税人实际缴纳的增值税、消费税的税额为计税依据依法计征的一种税。

（2）纳税义务人

按照现行税法的规定，城市维护建设税的纳税人是在征税范围内从事工商经营，缴纳"两税"（即增值税、消费税，下同）的单位和个人。任何单位或个人，只要缴纳"两税"中的一种，就必须同时缴纳城市维护建设税。

自 2010 年 12 月 1 日起，我国对外商投资企业、外国企业及外籍个人征收城市维护建设税。

（3）征税范围

城市维护建设税的征税范围包括城市、县城、建制镇以及税法规定征税的其他地区。

（4）计税依据

城市维护建设税是以纳税人实际缴纳的流通转税额为计税依据征收的一种税，纳税环节确定在纳税人缴纳的增值税、消费税的环节上，从商品生产到消费流转过程中只要发生增值税、消费税的当中一种税的纳税行为，就要以这种税为依据计算缴纳城市维护建设税。

$$应纳税额 = (增值税 + 消费税) \times 适用税率 \quad (2-45)$$

根据《中华人民共和国城市维护建设税暂行条例》的规定，地税征收机关对辖区内发生变化的区域，须按区域的属性分别按以下适用税率征收城市维护建设税：

① 纳税人所在地为市区的，税率为 7%；

② 纳税人所在地为县城、镇的，税率为 5%；

③ 纳税人所在地不属于市区、县城或镇的，税率为 1%。

知识点 6　资源税

（1）资源税含义

资源税是以各种应税自然资源为课税对象、为了调节资源级差收入并体现国有资源有偿使用而征收的一种税。

（2）资源税征税范围

征收范围为原油、天然气、煤炭、其他非金属矿原矿、黑色金属矿原矿、有色金属矿原矿、盐这 7 类。

资源税征税小知识

资源税分为 7 类，征收标准为：原油 5%～10%；天然气 5%～10%；煤炭 0.3～20 元/吨；黑色金属矿原矿 2～30 元/吨；有色金属矿原矿 0.4～60 元/吨；其他非金属矿原矿 0.5～20 元/吨；固体盐 10～60 元/吨，液体盐 2～10 元/吨。

（3）应纳税额

从价定率法：

$$应纳税额 = 销售额 \times 税率 \tag{2-46}$$

从量定额法：

$$应纳税额 = 销售量 \times 单位税额 \tag{2-47}$$

知识点 7　教育费附加和地方教育费附加

（1）教育费附加含义

教育费附加是由税务机关负责征收，同级教育部门统筹安排，同级财政部门监督管理，专门用于发展地方教育事业的预算外资金。

（2）纳费范围

凡缴纳消费税、增值税、营业税（现改为增值税）的单位和个人。

（3）费率

教育费附加费率为 3%，地方教育费附加费率为 2%。

（4）应纳费额

$$应纳费额 = （增值税 + 消费税 + 营业税）\times 费率 \tag{2-48}$$

应该指出：城市维护建设税和教育费附加都属于地方税费，各地在税、费率上有不同的规定，计算税金时应以当地规定为准。

知识点 8　土地增值税

（1）土地增值税含义

土地增值税是指转让国有土地使用权、地上的建筑物及其附着物并取得收入的单位和个人，以转让所取得的收入（包括货币收入、实物收入和其他收入）减除法定扣除项目金额后的增值额为计税依据向国家缴纳的一种税赋，不包括以继承、赠与方式无偿转让房地产的行为。

（2）税率

土地增值税是以转让房地产取得的收入减除法定扣除项目金额后的增值额作为计税依据，并按照四级超率累进税率进行征收，各级税率见表 2-5。

表 2-5 土地增值税率

级数	计税依据	适用税率	速算扣除
1	增值额未超过扣除项目金额的 50%	30%	0
2	增值额超过扣除项目金额的 50%，未超过扣除项目金额的 100%	40%	5%
3	增值额超过扣除项目金额的 100%，未超过扣除项目金额的 200%	50%	15%
4	增值额超过扣除项目金额的 200% 部分	60%	35%

（3）应纳税额

$$应纳税额 = 增值额 \times 适用税率 - 扣除项目金额 \times 速算扣除 \qquad (2-49)$$

上述与营业收入有关的税种中，除了增值税外，其余税种统称为营业税金及附加。

 课后训练

一、单选题

1. 下列主体中，属于企业所得税纳税人的是（　　）。
   A. 个人独资企业　　　B. 合伙企业　　　C. 一人有限责任公司　D. 居民个人
2. 下列凭证中，免纳印花税的是（　　）。
   A. 财产租赁合同或者具有合同性质的凭证
   B. 加工承揽合同或者具有合同性质的凭证
   C. 营业账簿
   D. 财产所有人将财产赠给社会福利单位所立的书据
3. 下列个人所得，属于个人所得税的征税范围的是（　　）。
   A. 保险赔款　　　　　　　　　　　　B. 国家发行的金融债券利息
   C. 抚恤金　　　　　　　　　　　　　D. 偶然所得
4. 下列哪项税金不属于销售税金及附加。（　　）
   A. 营业税　　　　B. 消费税　　　　C. 教育费附加　　　D. 土地使用税
5. 增值税是以商品生产流通和劳务服务各个环节所创造的（　　）为征税对象的一种税。
   A. 销售额　　　　B. 经营额　　　　C. 增值额　　　　　D. 利润
6. 增值税一般纳税人适用的基本税率为（　　）。
   A. 17%　　　　　B. 13%　　　　　C. 6%　　　　　　D. 10%

二、多选题

1. 以下纳税人经营活动适用 3% 的征收率，采取简易办法征收增值税的有（　　）。
   A. 小规模纳税人销售自产的初级农产品
   B. 小规模纳税人销售自产的农产品加工成的工业品
   C. 小规模纳税人企业销售拖拉机
   D. 外贸单位（一般纳税人）出口转内销的货物
2. 增值税的纳税义务人具体有（　　）。
   A. 单位和个人　　　　　　　　　　　B. 外商投资企业和外国企业
   C. 承包人和承租人　　　　　　　　　D. 扣缴义务人

 参考答案

一、单选题

1. C　2. D　3. D　4. D　5. C　6. B

二、多选题

1. BC　2. ABCD

单元三　资金时间价值与等值计算

学习目标

（一）知识目标

- （1）掌握资金时间价值的含义；
- （2）掌握资金时间价值的相关概念；
- （3）掌握现金流量含义与现金流量图的绘制方法；
- （4）掌握资金等值计算（一次支付、等额支付计算）；
- （5）掌握名义利率与有效利率的计算。

（二）能力目标

- （1）对工程项目所涉及现金流量构成进行分析；
- （2）能够熟练绘制现金流量图；
- （3）运用资金等值的原理进行一次支付、等额支付计算；
- （4）能够根据名义利率进行有效利率的计算。

思维导图

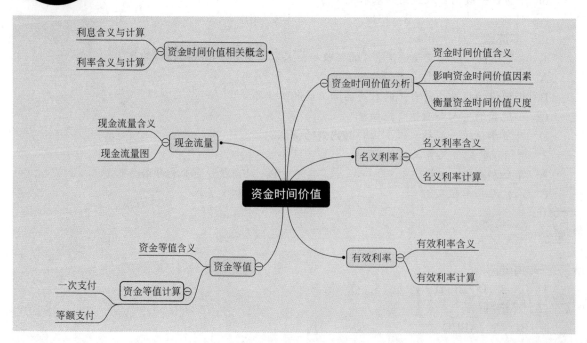

任务1　资金时间价值分析

知识点 1　资金时间价值的含义

工程建设消耗的资源可以归纳为人力、财力和自然资源,而人力、财力和自然资源最终以价值形态即资金的形式表现出来。整个建设、经营过程实质上是资金的运动过程,资金的运动反映了物化劳动和活劳动的实际运动过程。分析项目的经济可行性既要分析资金的运动效果,又要关心资金的发生时间。

在不同时点上得到或付出相同金额的资金在价值上是不同的,也就是说,资金的价值会随着时间的延续而发生变化。例如今天可以用来投资的一笔资金,即使不考虑通货膨胀的因素,也比将来同等数量的资金更有价值。这是由于当前可用的资金能够立即用来投资,带来收益。

由此看来,资金是时间的函数,资金随时间的推移而增值,其增值的这部分资金就是原有资金的时间价值。

资金的时间价值是指资金在不断运动的过程中随时间的推移而产生的增值,也就是资金随时间变化而产生的资金价值的变化量。

由于资金时间价值的存在,使不同时点上发生的现金流量无法直接加以比较,因此,要通过一系列的换算,在同一时点上进行对比,才能符合客观的实际情况。这种考虑了资金时间价值的经济分析方法,使方案的评价和选择变得更现实和可靠,它构成了工程经济学要讨论的重要内容之一。

资金的时间价值来源于劳动者新创造的价值,在商品生产过程中,利用流通交换使货币转换成劳动资料;再经过生产领域,由劳动者加工成新的产品,形成了新的价值,然后这些新的产品再次回到流通领域,从而实现了价值的增值。同样,放弃使用资金而将其存入银行,银行放贷给借款人,经借款人的劳动使资金产生了利润增值,借款人将利润的一部分用于还贷,从而使存款人因放弃使用资金而得到补偿即获得了利息。因此,无论是利润还是利息,都最终来源于劳动所创造的价值。

知识点 2　影响资金时间价值的因素

① 资金的使用时间。在单位时间的资金增值率一定的条件下,资金使用时间越长,则资金的时间价值就越大;使用时间越短,则资金的时间价值就越小。

② 资金数量的大小。在其他条件不变的情况下,资金数量越大,资金的时间价值就越大;反之,资金的时间价值则越小。

③ 资金投入和回收的特点。在总投资一定的情况下,前期投入的资金越多,资金的负效益越大;反之,后期投入的资金越多,资金的负效益越小。而在资金回收额一定的情况下,离现在越近的时间回收的资金越多,资金的时间价值就越大;反之,离现在越远的时间回收的资金越多,资金的时间价值就越小。

④ 资金周转的速度。资金周转越快,在一定的时间内等量资金的时间价值就越大;反之,资金的时间价值越小。

总之,资金的时间价值是客观存在的,投资经营的一项基本原则就是充分利用资金的时间价值并最大限度地获得其时间价值,这就要求加速资金周转,早期回收资金,并不断进行高利润的投资活动;而任何积压资金或闲置资金,就是白白地损失资金的时间价值。

资金的时间价值与因通货影胀而产生的货币贬值是性质不同的概念。通货膨胀是指由于货币的发行量超过商品流通实际需要量而引起的货币贬值和物价上涨现象。货币的时间价值是客观存在的，是商品生产条件下的普遍规律，是资金与劳动相结合的产物。只要有商品生产存在，资金就具有时间价值。

学学做做

影响资金时间价值的主要因素有（　　　）。
A. 资金的使用时间　　B. 资金的数量多少　　C. 资金投入和回收的特点
D. 资金周转速度　　　E. 资金使用方式

参考答案：ABCD

知识点 3　衡量资金时间价值的尺度

资金的时间价值表现为一定量的资金在一定时间内所带来的利息或纯收入，是使用资金的报酬。利率与收益率就是资金的价格，资金的时间价值可以用绝对值表示，也可以用相对数表示。衡量资金时间价值的尺度有两种：其一为绝对尺度，即利息、盈利或收益；其二为相对尺度，即利率、盈利率或收益率。利率和利润率都是表示原投资所能增加的百分数，用这两个量来作为衡量资金时间价值的相对尺度，在使用过程中经常两者不加区分，统称为利率。

课后训练

一、单选题

1. 下列关于资金时间价值的说法，正确的是（　　　）。
A. 利率是衡量资金时间价值的绝对尺度
B. 利息额是衡量资金时间价值的相对尺度
C. 采用单利法反映资金时间价值比较符合资金运动规律
D. 利润是商品货币经济中资金时间价值的表现形式之一

2. 下列关于资金时间价值的说法正确的是（　　　）。
A. 资金的时间价值与资金的使用时间成反比
B. 随时间的推移，资金增值的部分就是原有资金的时间价值
C. 资金的时间价值是主观的概念
D. 资金的时间价值一般通过单利法计算

二、多选题

1. 对于资金的时间价值来说，下列（　　　）中的表述是正确的。
A. 资金的时间价值不可能由时间创造，只能由劳动创造
B. 只有把货币作为资金投入生产经营才能产生时间价值，即时间价值是在生产经营中产生的
C. 时间价值的相对数是扣除风险报酬和通货膨胀贴水后的平均资金利润率或平均报酬率
D. 时间价值的绝对数是资金在生产经营过程中带来的真实增值额

2. 下面关于资金时间价值的论述，正确的有（　　　）。
A. 时间价值是货币随着时间的推移而产生的一种增值，因而它是由时间创造的
B. 资金投入生产经营才能产生增值，因此时间价值是在生产经营中产生的
C. 货币没有时间价值，只有资金才有时间价值

D. 一般而言，时间价值应按复利方式计算
E. 资金时间价值取决于商品货币经济中有风险和通货膨胀条件下的社会平均利润率

3. 下列关于资金时间价值的说法正确的有（　　）。
A. 利率水平一般都低于社会平均利润率
B. 时间价值是资金在社会再生产过程中所产生的增值
C. 金融市场上借贷资本供过于求时，资金的时间价值率（利率）上升
D. 对于国家鼓励发展的行业，利率一般定得较低
E. 时间价值是对资金机会成本的衡量

4. 关于资金时间价值下列说法正确的有（　　）。
A. 价值决定效用是资金时间价值得以建立的一个假设条件
B. 货币资金的时间价值是西方经济学的一种基本概念
C. 资金的时间价值观念建立在效用价值论的基础之上
D. 资金时间价值的存在前提是资金未来的效用大于现在的效用
E. 同一笔货币资金延期使用的时间越短，产生的利息就越多

5. 关于资金时间价值，下列说法正确的是（　　）。
A. 在单位时间资金增值率一定的条件下，资金使用时间越长，则资金时间价值就越大
B. 在其他条件不变的情况下，资金数量越多，则资金时间价值越少
C. 在一定的时间内等量资金的周转次数越多，资金的时间价值越少
D. 在总投资一定的情况下，前期投资越多，资金的负效益越大
E. 在回收资金额一定的情况下，在离现时点越远的时点上回收资金越多，资金时间价值越小

6. 下列关于资金时间价值产生原因的说法中，正确的有（　　）。
A. 通货膨胀，货币贬值　　　　　　　B. 利润的生产需要时间
C. 利润与时间成正比　　　　　　　　D. 资金运动，货币增值
E. 承担风险

7. 下列关于资金时间价值和利率的说法中，正确的是（　　）。
A. 利率要大于等于社会平均利润率
B. 在平均利润率不变的情况下，借贷资本供不应求时，利率便下降
C. 利率是衡量资金时间价值的绝对尺度
D. 利息可以看做资金的一种机会成本
E. 风险越大，利率就越高

8. 下列关于资金时间价值的表述中，正确的有（　　）。
A. 资金时间价值不仅与时间的长短有关系，而且和风险的大小有关系
B. 资金时间价值和投资的时间成正比例变动，投资时间越长，资金时间价值越大
C. 资金时间价值有现值、终值和年金三种表示方法
D. 资金时间价值有单利和复利两种计算形式

 参考答案

一、单选题
1. D　2. A

二、多选题
1. ABCD　2. BCD　3. ABDE　4. BC　5. ADE　6. ADE　7. DE　8. BCD

任务 2　资金时间价值的相关概念

资金的时间价值的换算方法与复利计算利息的方法完全相同,因为利息是资金时间价值的一种重要表现形式,而且通常用利息额的多少作为衡量资金时间价值的绝对尺度,用利率作为衡量资金时间价值的相对尺度。

知识点 1　利息与利率

（1）利息含义

利息是指在借贷过程中,借款人因占用资金而向贷款人支付的报酬或贷款人因放弃占有资金而向借款人收取的补偿。

（2）利息的计算

利息的计算公式如下:

$$I=F-P \tag{3-1}$$

式中　I——利息;
　　　F——还本付息总额;
　　　P——本金。

在工程经济分析中,利息常常被看成是资金的一种机会成本。这是因为如果一笔资金投入在某一工程项目中,就相当于失去了在银行产生利息的机会;也就是说,使用资金是要付出一定的代价的,当然投资于项目是为了获得比银行利息更多的收益。从投资者的角度来看,利息体现为对放弃当期消费的损失所作的必要补偿。比如资金一旦用于投资,就不能用于现期消费,而牺牲现期消费又是为了能在将来得到更多的消费;所以,利息就成了投资分析中平衡现在与未来的杠杆。投资这个概念本身就包含着现在和未来两个方面的含义。事实上,投资就是为了在未来获得更大的收益而对目前的资金进行某种安排。很显然,未来的收益应当超过现在的投资,正是这种预期的价值增长才能刺激人们从事投资。因此,在工程经济学中,利息是指占用资金所付的代价或者是放弃近期消费所得的补偿。

学学做做

利息作为衡量资金的时间价值的绝对尺度,它指(　　)。
A. 占用资金所付出的代价　　　　B. 放弃使用资金所得到的补偿
C. 考虑通货膨胀所得到的补偿　　D. 资金的一种机会成本
E. 投资者的一种收益
参考答案:ABD
【答案解析】本题考查的是现金流量和资金的时间价值。在工程经济学中,利息作为衡量资金时间价值的绝对尺度。在工程经济分析中,利息常常看作是资金的一种机会成本,利息是指占用资金所付的代价或者放弃使用资金所得的补偿。

（3）利率含义

在经济学中,利率的定义是从利息的定义中衍生出来的。也就是说,在理论上先承认利息,再以利息来解释利率。在实际计算中,正好相反,常根据利率计算利息,利息的大小用利率来表示。

利率就是在单位时间内（如年、半年、季、月、周、日等）所得利息额与借款本金之比，它反映了资金随时间变化的增值率。

（4）利率计算

利率通常用百分数表示，即

$$i = \frac{I}{P} \times 100\% \tag{3-2}$$

式中　i——利率；

I——单位时间内的利息；

P——借款本金。

例题 3-1：某人年初借本金 1000 元，一年后付息 80 元，试求这笔借款的年利率。

解：根据公式可得

$$i = \frac{I}{P} \times 100\% = \frac{80}{1000} \times 100\% = 8\%$$

（5）决定利率高低的影响因素

利率是发展国民经济的重要杠杆之一，在经济生活中起着十分重要的作用，在市场经济条件下，利率的高低由如下因素决定。

① 社会平均利润率。在通常情况下，社会平均利润率是利率的最高界限，因为如果利率高于社会平均利润率，借款人投资后无利可图，也就不会去借款了。

② 金融市场上借贷资本的供求情况。在平均利润率不变的情况下，借贷资本供过于求，利率便下降；反之，利率便上升。

③ 银行所承担的贷款风险。借出资本要承担一定的风险，而风险的大小也影响利率的波动；风险越大，利率也就越高。

④ 通货膨胀率。通货膨胀对利率的波动产生直接影响，资金贬值往往会使实际利率在无形中成为负值。通货膨胀对目前货币的影响将会小于对以前的影响。其主要影响表现在：降低货币的购买力；提高 CPI（消费者物价指数）；提高设备和维修成本；提高职工的工资成本；降低个人存款和公司投资的实际回报率。

⑤ 借出资本的期限长短。借款期限长，不可预见因素多，风险大，利率也就高；反之，利率就低。此外，商品价格水平、银行费用开支、社会习惯、国家利率水平、国家经济政策与货币政策等因素也对利率高低有影响。

（6）利息和利率在工程经济活动中的作用

① 利息和利率是以信用方式动员和筹集资金的动力。以信用方式筹集资金的一个重要特点是自愿性，而自愿性的动力在于利息和利率。比如一个投资者，他首先要考虑的是投资某一项目所得到的利息（或利润）是否比把这笔资金投入到其他项目所得的利息（或利润）多。如果多，他就可能给这个项目投资；反之，他就可能不投资这个项目。

② 利息促进企业加强经济核算，节约使用资金。企业借款需付利息，增加支出负担，这就促使企业必须精打细算，把借入的资金用到刀刃上，减少借入资金的占用以少付利息，同时可以使企业自觉压缩库存限额，减少多环节占压资金。

③ 利息和利率是国家管理经济的重要杠杆。国家在不同的时期制定不同的利率政策，对不同地区不同部门规定不同的利率标准，就会对整个国民经济产生影响。如对于限制发展的部门和企业，利率规定得高些；对于提倡发展的部门和企业，利率规定得低一些。从而引导部门和企业的生产经营服从于国民经济发展的总方向；同样，资金占用时间短收取低息；资金占用时间长收取高息；对产品适销对路、质量好、信誉高的企业，在资金供应上给予低息支持；反之，收取较高的利息。

④ 利息与利率是金融企业经营发展的重要条件。金融机构作为企业，必须获取利润，由于金融机构

的存放款利率不同，其差额成为金融机构业务收入。此差额扣除业务费后就是金融机构的利润，金融机构获取利润才能刺激金融企业的经营发展。

技能点 1　利息的计算

利息的计算有单利与复利两种，当计息周期在一个以上时，就需要考虑"单利"与"复利"的问题。计息周期是指用于表示计算利息的时间单位，计息周期通常为年、半年、季、月、周、日。

1. 单利法计算

单利是以本金为基数计算资金的利息，上期利息不计入本金之内，利息不再生息。支付的利息与占用资金的时间、本金及利率呈正比。其利息计算公式如下：

$$I = Pin \tag{3-3}$$

式中　I——单位时间内的利息；
　　　i——利率；
　　　P——借款本金；
　　　n——计息周期。

n 期末的单利本利和 F 等于本金加上利息，即

$$F = P(1+in) \tag{3-4}$$

在计算本利和时，要注意式中 n 和反映的时期要一致。

例题 3-2：有一笔 5000 元的借款，借期 5 年，按每年 10% 的单利率计息。试求到期时应归还的本利和。

解：用单利公式可得

$$F = P(1+in) = 5000 \times (1+10\% \times 5) = 7500 \text{（元）}$$

即到期应归还的本利和为 7500 元。

 学学做做

有一笔 10000 元的借款，借期 10 年，按每年 10% 的单利率计息。试求到期时应归还的本利和。

参考答案：20000 元

$$F = P(1+in) = 10000 \times (1+10\% \times 10) = 20000 \text{（元）}$$

单利法表明一笔投资在投入生产时间内，每年以一定的比率向社会提供经济效果（利润）。这种经济效果与时间呈线性关系，且不再在资金周转过程中发挥作用。因此，单利法实质上仅仅反映了简单的再生产运动，不符合客观的经济发展规律，没有完全反映资金的时间价值。因此，在投资分析中单利使用较少，通常只适用于短期投资或短期借款。

2. 复利法计算

复利法是在单利法的基础上发展起来的，它克服了单利法存在的缺点，其基本思路是：将前一期的本金与利息之和（本利和）作为下一期的本金来计算下一期的利息，也即通常所说的"利上加利""利生利""利滚利"。其利息计算公式如下：

$$I_n = iF_{n-1} \tag{3-5}$$

第 n 期期末复利本利和 F 的计算公式为

$$F_n = P(1+i)^n \tag{3-6}$$

式（3-6）的推导过程见表 3-1。

课程思政进课堂：拒绝校园贷

表 3-1　采用复利法计算本利和的推导过程

计息周期	期初本金	期末利息	期末本利和
1	P	Pi	$F_1 = P + Pi = P(1+i)$
2	$P(1+i)$	$P(1+i)i$	$F_2 = P(1+i) + P(1+i)i = P(1+i)^2$
3	$P(1+i)^2$	$P(1+i)^2 i$	$F_3 = P(1+i)^2 + P(1+i)^2 i = P(1+i)^3$
…	…	…	…
$n-1$	$P(1+i)^{n-2}$	$P(1+i)^{n-2} i$	$F_{n-1} = P(1+i)^{n-2} + P(1+i)^{n-2} i = P(1+i)^{n-1}$
n	$P(1+i)^{n-1}$	$P(1+i)^{n-1} i$	$F_n = P(1+i)^{n-1} + P(1+i)^{n-1} i = P(1+i)^n$

例题 3-3： 某人以复利方式借款 5000 元，年利率为 10%，则 5 年后应还款多少？

解：用复利公式可得

$$F_n = P(1+i)^n = 5000 \times (1+10\%)^5 = 8052.55 \text{（元）}$$

将例题 3-3 的计算结果与例题 3-2 比较，同一笔款，在利率和时间相同的情况下，复利法计算所得利息额较单利法大。本金越大，利润越高；计息周期越长时，两者差距就越大。复利法能够较充分地反映资金的时间价值，也更符合客观实际，在实践中得到广泛的应用，我国现行财税制度规定，投资贷款实行差别利率按复利计算。在工程经济分析中一般采用复利法。

学学做做

某企业以复利方式借款 1000 万元，年利率为 8%，则 8 年后应还款多少？

参考答案：1851 万元

$$F_n = P(1+i)^n = 1000 \times (1+8\%)^8 = 1851 \text{（万元）}$$

课后训练

一、单选题

1. 某人将 10000 元存入银行，银行的年利率为 10%，按复利计算，则 5 年后此人可从银行取出（　　）元。
   A. 17716　　　　B. 15386　　　　C. 16105　　　　D. 14641

2. 某人希望在 5 年后取得本利和 1000 元，用于支付一笔款项。若按单利计算，利率为 5%，那么，他现在应存入（　　）元。
   A. 800　　　　B. 900　　　　C. 950　　　　D. 780

二、计算题

1. 某企业从银行贷款 25 万元，两年后需要连本带利还银行 28.075 万元，试计算银行对企业的贷款利率。

2. 某人准备在银行存一笔款，以便在 5 年后得到 10 万元，若银行利率为 4.75%，问现在应存款多少？

3. 设货币的时间价值为 5%，求当 n=20，30 和 40 时，1000 元现值的各期终值。

参考答案

一、单选题

1. C　　2. A

二、计算题

1. 解：由已知，贷款利息为 $I = S - P = 28.075 - 25 = 3.075$（万元）

由 $I=Pin$ 得 $i = \dfrac{I}{Pn} = \dfrac{3.075}{25 \times 2} = 0.0615 = 6.15\%$

即银行对企业的贷款利率为 6.15%。

2. 解：该题已知本利和 $F=10$ 万元，年利率 $i=4.75\%$，期数 $n=5$

求本金的问题 $P = \dfrac{S}{(1+in)} = \dfrac{100000}{1+4.75\% \times 5} = 8080.81$（元）

3. 解：这里 $P=1000$，$i=5\%$。由终值公式，当 $n=20$，30 和 40 时，各期本利和分别为：

$S_{20} = 1000 \times (1+5\%)^{20} = 1000 F_{5\%,20} = 1000 \times 2.653 = 2653$（元）

$S_{30} = 1000 \times (1+5\%)^{30} = 1000 F_{5\%,30} = 1000 \times 4.322 = 4322$（元）

$S_{40} = 1000 \times (1+5\%)^{40} = 1000 F_{5\%,40} = 1000 \times 7.04 = 7040$（元）

任务3　现金流量与现金流量图

知识点 1　现金流量

在进行工程经济分析时，可把所考察的对象视为一个独立的经济系统，这个系统可以是一个企业、一个建设工程项目。一个投资项目从筹建到投产直到项目终止的整个过程，都要发生大量的资金活动，如投入的资金、花费的成本、获取的收益，均可看成是以资金形式体现的该系统的资金流出或资金流入。

现金流量：考察对象在整个期间各时点上实际发生的资金流出或资金流入。

其中，流出系统的资金称为现金流出（CO），流入系统的资金称为现金流入（CI），现金流入与现金流出之差称为净现金流量（$CI-CO$）。在实际应用中，现金流量因工程经济分析的范围和经济评价方法不同，分为财务现金流量和国民经济效益费用流量，前者用于财务评价，后者用于国民经济评价。

现金流量的计算，一般以年为时间单位，按收付实现制进行。工程经济分析的任务就是要根据所考察系统的预期目标和所拥有的资源条件，分析该系统的现金流量情况，选择合适的技术方案，以获得最佳的经济效果。

小知识：收付实现制

技能点 1　绘制现金流量图

对于一个经济项目，其现金流量的流向（支出或收入）、数额和发生时点都不尽相同，为了正确地进行经济效果评价，我们有必要借助现金流量图来进行分析。

1. 现金流量图含义

现金流量图是一种反映经济系统资金运动状态的图示，即把项目的现金流量绘入一时间坐标图中，表示出各现金流入、流出与相应时间的对应关系。

现金流量图是一个工程项目在一定的计算周期内资金流动状况的图解方法。在投资项目的计算期内，所有的资金支出叫现金流出，用负号表示；所有的资金收入叫现金流入，用正号表示。现金流量是现金流出和现金流入的代数和，现金流量也称为净现金流量。

2. 现金流量图的作图方法和规则

① 以横轴为时间轴，向右延伸表示时间的延续，轴上每一刻度表示一个时间单位，可取年、半年、季或月等；零表示时间序列的起点，整个横轴又可看成是所考察的"系统"。

② 相对于时间坐标的垂直箭线代表不同时点的现金流量，在横轴上方的箭线表示现金流入，即表示效益；在横轴下方的箭线表示现金流出，即表示费用。

③ 在现金流量图中，箭线长短要能适当体现各时点现金流量数值的差异，并在各箭线上方（或下方）注明其现金流量的数值。

④ 箭线与时间轴的交点即为现金流量发生的时间。

如某一项目在第二年末有一笔1400万元的收入，箭头向上表示现金流入。第四年末有一笔1000万元的付款，箭头向下表示现金流出。如图3-1所示。

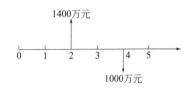

图 3-1 现金流量图

从上述可知，要正确绘制现金流量图，必须把握好现金流量的三要素，即现金流量的大小（资金数额）、方向（资金流入或流出）和作用点（资金的发生时点）。

例题 3-4： 设有某项贷款为50000元，偿还期为5年，年利率为10%，偿还方式有两种，一是到期本利一次偿还；二是每年付息，到期一次还本。现仅就这笔贷款资金作现金流量图。

解： 从贷款者角度，按照不同偿还方式，该系统资金流量图分别为图3-2、图3-3。

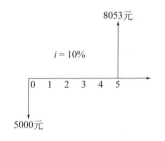

图 3-2 本利和一次偿还方式

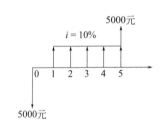

图 3-3 每年付息，到期一次还本方式

从借款者角度，资金流量图如图3-4、图3-5所示。

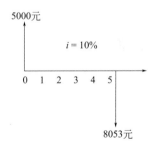

图 3-4 本利和一次偿还方式

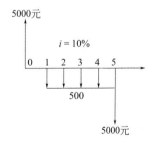

图 3-5 每年付息，到期一次还本方式

 学学做做

某项目第1年和第2年各有固定资产投资400万元，第2年投入流动资金300万元并当年达产，每年有销售收入580万元，生产总成本350万元，折旧费70万元，项目寿命期共10年，期末有固定资产残值50万元。请画出现金流量图。

参考答案：

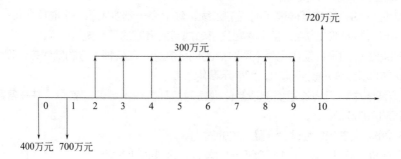

 课后训练

一、单选题

1. 在进行工程经济分析时，可把考察的技术方案视为一个系统，通常把该系统在考察期间各时点实际发生的资金流入和资金流出称为（　　）。

A. 现金流动　　　　　　　　　B. 现金流量
C. 现金差额　　　　　　　　　D. 净现金流量

2. 下列选项中，（　　）称为净现金流量。

A. 现金流入与现金流出之和　　B. 现金流动与现金流量之和
C. 现金流入与现金流出之差　　D. 现金流动与现金流量之差

3. 现金流量图中，箭线与时间轴的交点即为（　　）。

A. 现金流量发生的时点　　　　B. 现金流入
C. 时间序列的起点　　　　　　D. 现金流出

二、多选题

1. 下列关于现金流量图的作图方法和规则说法正确的有（　　）。

A. 在现金流量图中，箭线长短与现金流量数值大小不成比例
B. 0表示时间序列的起点
C. 相对于时间坐标的垂直箭线代表不同时点的现金流量情况，现金流量的性质是对特定的人而言的
D. 以横轴为时间轴，向右延伸表示时间的延续，轴上每一刻度表示一个时间单位
E. 对投资人而言，在横轴上方的箭线表示现金流出，即表示费用

2. 关于现金流量图绘制的说法，正确的有（　　）。

A. 横轴表示时间轴，向右延伸表示时间的延续
B. 垂直箭线代表不同时点的现金流量情况
C. 箭线长短应能体现现金数量数值的差异
D. 对投资人而言，在横轴上方的箭线表示现金流出
E. 箭线与时间轴的交点即为现金流量发生的时点

三、作图题

有一项投资项目，固定资产投资为50万元；流动资金投资为20万元，全部为贷款，利率8%。项目于第2年投产，产品销售收入第2年为50万元，第3～8年为80万元；经营成本第2年为30万元，第3～8年为45万元；第2～8年折旧费用为6万元；第8年末处理固定资产可得收入8万元。根据以上条件画出现金流量图。

参考答案

一、单选题
1．B 2．C 3．A

二、多选题
1．ACD 2．ABCE

三、作图题

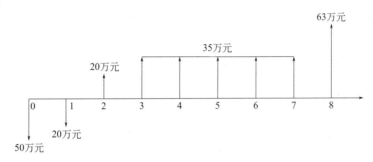

任务 4　资金等值计算

知识点 1　资金等值的含义

资金等值是指在考虑资金时间因素的情况下，不同时点发生的绝对值不等的资金可能具有相等的价值。

在资金时间价值的计算中，等值是一个重要的概念。资金有时间价值，即使金额相同，因其发生在不同的时点，其价值有所不同。反之，不同时点金额不等的资金在时间价值的作用下有可能具有相等的价值。这些不同时期、不同数额但其"价值等效"的资金称为等值，又叫等效值。比如，如果利率是 5%，现在的 10000 元，一年以后将增加 500 元，本利和将为 10500 元，根据资金时间价值的观点，我们就不能认为一年后的 10500 元比现在的 10000 元多，而应视为是相等的，即等值的，这就是等值的含义。

影响资金等值的因素有三个：金额的多少、资金发生的时点、利率（或折现率）的大小。其中利率是一个关键因素，等值计算中一般是以同一利率为依据的。

进行工程经济分析时，在考虑资金时间价值的情况下，其不同时点发生的收入或支出是不能直接相加减的，而需要利用等值的概念，则可以把在不同时点发生的资金换算成同一时点的等值资金，再进行比较。在工程经济分析中，方案比较都是采用等值的概念来进行分析、评价和选定的。

技能点 1　资金等值计算

由于资金具有时间价值，因此同一笔资金，在不同的时间，其价值是不同的。计算资金的时间价值，其实质就是不同时点上资金价值的换算。它具体包括两个方面的内容：一方面是计算现在拥有一定数额的资金，在未来某个时点将是多少数额，这是计算终值问题；另一方面，是计算未来时点上一定数额的资金，相当于现在多少数额的资金，这是计算现值问题。资金的等值计算就是利用等值概念，把某时间（时期、时点）上的资金值转换为另一个时间上价值相等但数值不等的资金值，这一换算过程称为资金的等值计算。

例如，在年利率 6% 的情况下，现在的 300 元等值于第 8 年末的
$$300×(1+0.06)^8=478.2（元）$$
这两个等值的现金流量如图 3-6 所示。

图 3-6　同一利率下不同时间的货币等值

进行资金等值换算需要建立以下概念：

① 时值（Time value）与时点。资金的数值由于计算利息而随时间的延长而增值，在每个计息期期末的数值是不同的。在某个资金时间节点上的数值称为时值。现金流量图上，时间轴上的某一点称为时点。

② 现值（Present value，P）。现值表示资金发生在某一特定时间序列始点上的价值。在工程经济分析中，现值表示在现金流量图中 0 点的投资数额或投资项目的现金流量折算到 0 点时的价值。折现计算法是评价投资项目经济效果时经常采用的一种基本方法。

③ 折现。折现又称贴现，在经济分析中，把未来的现金流量折算为现在的现金流量时所使用的利率称为折现率。

④ 年金（Annuity，A）。年金是指一定时期内每期有相等金额的收付款项，如折旧、租金、利息、保险金、养老金等通常都采取年金形式。年金有普通年金、预付年金和延期年金之分。相对于第一期期初，年金的收款、付款方式有多种：每期期末收款、付款的年金称为后付年金，即普通年金；每期期初收款、付款的年金称为预付年金，即先付年金；距今若干期以后发生的每期期末收款、付款的年金称为延期年金。

⑤ 终值（Future value，F）。终值表示资金发生在某一特定时间序列终点上的价值。其含义是指期初投入或产出的资金转换为计算期末的期终值，即期末本利和的价值。

 学学做做

（　　）指从第一期起，在一定时期内每期期末发生等额的系列收付款项。

A．普通年金　　　　B．先付年金　　　　C．后付年金　　　　D．递延年金

参考答案：AC

资金等值计算公式和复利计算公式的形式是相同的。常用的等值复利计算公式有一次支付的终值和现值公式，等额支付系列的终值、现值、资金回收和偿债基金公式。

1. 一次支付类型计算

一次支付又称整付，是指所分析的系统现金流量，无论是流入还是流出均在某一个时点上一次发生。它又包括两个计算公式。

（1）一次支付终值复利公式

如果有一笔资金，按年利率 i 进行投资，n 年后本利和应该是多少？也就是已知 P，i，n，求终值 F。解决此类问题的公式称为一次支付终值公式，其计算公式为

$$F=P(1+i)^n \qquad (3-7)$$

式中，$(1+i)^n$ 称为一次支付终值系数，记为 $(F/P, i, n)$。因此，式（3-7）又可写为

$$F=P(F/P, i, n) \qquad (3-8)$$

其现金流量如图 3-7 所示。

例题 3-5：现在把 100 万元存入银行，银行年复利率为 10%，计算 3 年后该笔资金的价值。

解：其现金流量如图 3-8 所示。由公式可得
$$F = P(1+i)^n = 100 \times (1+10\%)^3 = 133.1 \text{（万元）}$$

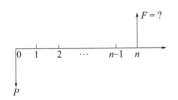

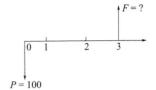

图 3-7　一次支付终值公式现金流量图（1）　　　图 3-8　一次支付终值公式现金流量图（2）

这个问题，在工程经济分析中通常可以利用式（3-8）查复利系数表计算求解。由复利系数表可查得 $(F/P,10\%,3)=1.331$，则 $F = P(F/P,10\%,3) = 100 \times 1.331 = 133.1$（万元）。

 学学做做

现在把 50 万元存入银行，银行年复利率为 8%，计算 5 年后该笔资金的价值。

参考答案：
$$F = P(1+i) = 50 \times (1+8\%) = 50 \times 1.47 = 73.5 \text{（万元）}$$

（2）一次支付现值复利公式

如果希望在 i 年后得到一笔资金 F，在年利率为 i 的情况下，现在应该投资多少？也就是已知 F，i，n，求现值 P。解决此类问题的公式称为一次支付现值公式，其计算公式为

$$P = F(1+i)^{-n} \tag{3-9}$$

其现金流量如图 3-9 所示。

在式（3-9）中，$(1+i)^{-n}$ 称为现值系数，记为 $(P/F,i,n)$，它与终值系数 $(F/P,i,n)$ 互为倒数，在 P 一定 n 相同时，i 越高 F 越大；在 i 相同时，n 越长，F 越大。在 F 一定 n 相同时，i 越高，P 越小；在 i 相同时，n 越长，F 越小。因此，式（3-9）又可写为

$$P=F(P/F, i, n) \tag{3-10}$$

图 3-9　一次支付现值复利公式现金流量图

100 元在不同时间不同利率条件下的现值与终值的计算见表 3-2 和表 3-3。

表 3-2　100 元现值与终值关系（一）　　　单位：元

利率	1 年	5 年	10 年	20 年
1%	101.00	105.10	110.46	122.02
5%	105.00	127.63	162.89	265.33
8%	108.00	146.93	215.89	466.10
10%	110.00	161.05	259.37	672.75
15%	115.00	201.14	404.56	1636.65

表 3-3　100 元现值与终值关系（二）　　　单位：元

利率	1 年	5 年	10 年	20 年
1%	99.010	95.147	90.529	81.954
5%	95.238	78.353	61.391	37.689

续表

利率	1 年	5 年	10 年	20 年
8%	92.593	68.058	46.319	21.455
10%	90.909	62.092	38.554	14.864
15%	86.957	49.718	24.718	6.110

从表 3-2 和表 3-3 可以看出，按照 10% 的利率，时间是 20 年，现值与终值相差很大，如果用终值进行分析，会使人感到评价结果可信度较低，而用现值进行分析很容易被决策者接受，因此，在工程经济分析中，现值比终值使用得更为广泛。

例题 3-6： 某企业 6 年后需要一笔 500 万元的资金，若已知年利率为 8%，问现在应存入银行多少钱？

解： 其现金流量如图 3-10 所示。根据公式可得

$P = F(1+i)^{-n} = F(P/F, i, n) = 500 \times 0.6302 = 315.10$（万元）

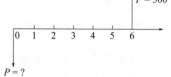

图 3-10 一次支付求现值的现金流量图

 学学做做

1. 某企业 10 年后需要一笔 1000 万元的资金，若已知年利率为 10%，问现在应存入银行多少钱？

参考答案：

$$P = F(1+i)^{-n} = F(P/F, i, n) = 1000 \times 0.3855 = 385.5 \text{（万元）}$$

2. 30 年之后要筹措到 100 万元的养老金，假定平均的年回报率是 5%，那么，必须投入的本金是多少？

参考答案：

$$P = F(1+i)^{-n} = F(P/F, i, n) = 100 \times 0.2314 = 2.314 \text{（万元）}$$

2. 等额支付类型计算

等额支付是指所分析的系统中现金流入与现金流出可在多个时间点上发生，而不是集中在某一个时间点，即形成一个序列现金流量，并且这个序列现金流量数额的大小是相等的。它主要包括两种形式。

（1）多次支付

在工程经济活动中，多次支付是最常见的支付形式。多次支付是指现金流量在多个时点上发生，而不是集中在一个时点上发生。如果用 A_t 表示第 t 期末发生的现金流量大小，用逐个折现的方法，可将多次支付现金流量换算成现值，即

$$P = A_1(1+i)^{-1} + A_2(1+i)^{-2} + \cdots + A_n(1+i)^{-n} = \sum_{t=1}^{n} A_t(1+i)^{-t} \quad (3-11)$$

或

$$P = \sum_{t=1}^{n} A_t(P/F, i, n) \quad (3-12)$$

（2）等额支付

① 等额分付终值公式。在一个时间序列中，在利率为 i 的情况下，连续在每个计息期的期末支付一笔等额的资金 A，求 n 年后由各年的本利和累计而成的终值 F。也就是已知 A，i，n，求 F。其现金流量如图 3-11 所示。

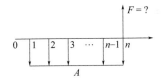

图 3-11 等额分付终值公式现金流量图（1）

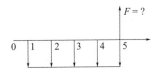

图 3-12 等额分付终值公式现金流量图（2）

利用一次支付公式（3-7），可得

$$F = A(1+i)^{n-1} + A(1+i)^{n-2} + A(1+i)^{n-3} + \cdots + A(1+i) + A$$

$$F = A\frac{(1+i)^n - 1}{i} \tag{3-13}$$

在式（3-13）中，$\frac{(1+i)^n - 1}{i}$ 称为等额分付终值系数，也称为年金终值系数，记为 $(F/A, i, n)$。因此，式（3-13）也可以表示为：

$$P = A(P/A, i, n) \tag{3-14}$$

这里需要注意的是：每期连续支付金额相等的资金，且发生在每期的期末；支付期中每期间隔应相等；第一次支付在第一期期末，终值与最后一期等额支付发生在同一时刻。

例题 3-7： 某大型工程项目总投资 100 亿元，5 年建成，每年末投资 20 亿元，年利率为 10%，要求 5 年后一次还本付息，求 5 年末的实际累计总投资额。

解： 其现金流量如图 3-12 所示。根据公式可得

$$F = A\frac{(1+i)^n - 1}{i} = A(F/A, i, n) = 20 \times 6.105 = 122.1（亿元）$$

 学学做做

某项目向银行贷款 500 万元，每年 50 万元，分 5 年于年末用于项目的补充资金，年利率为 10%，要求 5 年后一次还本付息，求到期（第 5 年末）应付多少本利和？

参考答案：305.25 亿元

$$F = A\frac{(1+i)^n - 1}{i} = A(F/A, i, n) = 50 \times 6.105 = 305.25（亿元）$$

② 等额分付偿债基金公式。为了筹集未来 n 年后需要的一笔偿债资金，在利率为 i 的情况下，求每个计息期末应等额存储的金额。也就是已知 F，i，n，求 A。其现金流量如图 3-13 所示。

其计算公式可根据式（3-13）推导得出

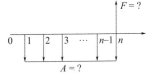

图 3-13 等额分付偿债基金公式现金流量图（1）

$$A = F\left[\frac{i}{(1+i)^n - 1}\right] \tag{3-15}$$

在式（3-15）中，$\frac{i}{(1+i)^n - 1}$ 称为等额分付偿债基金系数，记为 $(A/F, i, n)$。因此，式（3-15）又可写为

$$A = F(A/F, i, n) \tag{3-16}$$

例题 3-8： 某企业 5 年后需要一笔 50 万元的资金用于固定资产的更新改造，如果年利率为 5%，问从现在开始该企业每年应存入银行多少钱？

解：其现金流量如图 3-14 所示。

根据公式可得

$$A = F\left[\frac{i}{(1+i)^n - 1}\right] = F(A/F, i, n) = 50 \times 0.1810 = 9.05 \text{（万元）}$$

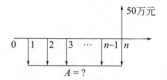

图 3-14　等额分付偿债基金公式现金流量图（2）

 学学做做

某企业要求于 8 年后有一笔 50 万元用于改造车间的资金，在年利率为 8% 的条件下，企业每年年末应等额存储多少？

参考答案：4.7 万元

$$A = F\left[\frac{i}{(1+i)^n - 1}\right] = F(A/F, i, n) = 50 \times 0.094 = 4.7 \text{（万元）}$$

③ 等额分付现值公式。在 n 年内每年等额收支一笔资金 A，在利率为 i 的情况下，求此等额年金收支的现值总额。也就是已知 A，i，n，求 P。其现金流量如图 3-15 所示。

根据图 3-15，可以把等额序列视为 n 个一次支付的组合，利用一次支付现值式（3-9）可得：

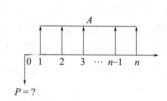

图 3-15　等额分付求现值公式现金流量图

$$P = \frac{A}{1+i} + \frac{A}{(1+i)^2} + \cdots + \frac{A}{(1+i)^n} = A\frac{(1+i)^n - 1}{i(1+i)^n} \qquad (3-17)$$

在式（3-17）中，$\frac{(1+i)^n - 1}{i(1+i)^n}$ 称为等额分付现值系数，也称为年金现值系数，记为 $(P/A, i, n)$，因此，式（3-17）又可写为

$$P = A(P/A, i, n) \qquad (3-18)$$

例题 3-9： 设立一项基金，计划在从现在开始的 10 年内，每年年末从基金中提取 50 万元，若已知年利率为 10%，问现在应存入基金多少钱？

解：其现金流量如图 3-16 所示。

根据公式可得

$$P = A\frac{(1+i)^n - 1}{i(1+i)^n} = A(P/A, i, n) = 50 \times 6.1446 = 307.23 \text{（万元）}$$

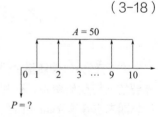

图 3-16　等额分付现值的现金流量图

 学学做做

假定某企业预计在未来 10 年内每年年末从银行提取 100 万元用于技术改造，问在年利率为 6% 的条件下，现在应该存入银行多少资金？

参考答案：736 万元

$$P = A\frac{(1+i)^n - 1}{i(1+i)^n} = A(P/A, i, n) = 100 \times 7.360 = 736 \text{（万元）}$$

④ 等额分付资本回收公式。期初一次投资数额为 P，欲在 n 年内将投资全部收回，则在利率为 i 的情况下，求每年应等额回收的资金。也就是已知 P, i, n，求 A。其现金流量如图 3-17 所示。

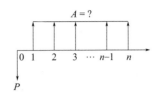

图 3-17　等额分付资本回收公式现金流量图

等额分付资本回收公式可根据式（3-17）推导得出

$$A = P\frac{i(1+i)^n}{(1+i)^n - 1} \tag{3-19}$$

在式（3-19）中，$\dfrac{i(1+i)^n}{(1+i)^n - 1}$ 称为等额分付资本回收系数，记为 $(A/P, i, n)$，因此，式（3-19）又可写为

$$A = P(A/P, i, n) \tag{3-20}$$

例题 3-10：某项目投资 1000 万元，计划在 8 年内全部收回投资，若已知年利率为 8%，问该项目每年平均净收益至少应达到多少？

解：其现金流量如图 3-18 所示。根据公式可得

$$A = P\frac{i(1+i)^n}{(1+i)^n - 1} = P(A/P, i, n) = 1000 \times 0.1740 = 174 \text{（万元）}$$

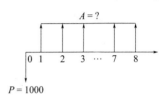

图 3-18　等额分付资本回收的现金流量图

 学学做做

某厂以 15 万元购买一台设备，若要在未来 10 年内获得 8% 的年收益率，则该厂必须在每年年末获得多少等额收益？

参考答案：22355 元

$$A = P\frac{i(1+i)^n}{(1+i)^n - 1} = P(A/P, i, n) = 150000 \times 0.149 = 22355 \text{（元）}$$

3. 公式应用注意问题

6 个常用的资金等值公式如表 3-4 所示。在 6 个基本公式中，又以复利终值（或现值）公式为最基本公式，其他公式都是在此基础上得到的。在具体运用公式时应注意下列问题。

表 3-4　6 个常用资金等值公式

类型		已知项	欲求项	系数符号	公式
一次支付	一次支付终值公式	P	F	$(F/P, i, n)$	$F = P(1+i)^n$
	一次支付现值公式	F	P	$(P/F, i, n)$	$P = F(1+i)^{-n}$
等额分付类型	等额分付终值公式	A	F	$(F/A, i, n)$	$F = A[(1+i)^n - 1]/i$
	等额偿债基金公式	F	A	$(A/F, i, n)$	$A = F[i/(1+i)^n - 1]$
	等额分付现值公式	A	P	$(P/A, i, n)$	$P = A[(1+i)^n - 1]/i(1+i)^n$
	分付资本回收公式	P	A	$(A/P, i, n)$	$A = P[i(1+i)^n/(1+i)^n - 1]$

① P 发生在第一个 A 的前一个计息周期时点（与第一个 A 相隔一个计息周期），F 与最后一个 A 在同一个时点发生。

② 理清公式的来龙去脉，灵活运用。复利计算公式是以复利终值公式 $F_n = P(1+i)^n$ 作为基本公式，根据相应的定义，并运用数学方法推导所得，各公式之间存在内在的联系。运用系数表示如下。

$$(F/P,i,n) = 1/(P/F,i,n)；\quad (F/A,i,n) = 1/(A/F,i,n)\quad (P/A,i,n) = 1/(A/P,i,n)$$

掌握各系数之间的关系，便于进行等值计算。但是值得注意的是，只有在 i、n 等条件相同的情况下，上述关系才能成立。

③ 利用公式进行资金的等值计算，要充分利用现金流量图。现金流量图不仅可以清晰而准确地反映现金收支情况，还可以准确地确定计息周期。

技能点 2　等差序列终值计算

等差序列现金流量是在一定的基础数值上逐期等差增加或逐期等差减少的现金流量。一般是将第 1 期期末的现金流量作为基础数值，然后从第 2 期期末开始逐期等差递增或逐期等差递减。其现金流量如图 3-19 所示。

显而易见，图 3-19 的现金流量可分解为两部分：第一部分是由第 1 期期末现金流量 A_1 构成的等额分付序列现金流量；第二部分是由等差额 G 构成的递增等差支付序列现金流量。

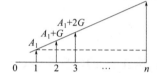

图 3-19　等差序列现金流量图

由 A 组成的等额分付序列的未来值 $F_{A1} = A_1(F/A,i,n)$。由 $G, 2G, 3G, \cdots, (n-1)G$ 组成的等差序列的未来值为

$$F_{A2} = G(1+i)^{n-2} + 2G(1+i)^{n-3} + 3G(1+i)^{n-4} + \cdots + (n-1)G \tag{3-21}$$

式（3-21）两边同乘以（1+i）得

$$F_{A2}(1+i) = G(1+i)^{n-1} + 2G(1+i)^{n-2} + 3G(1+i)^{n-3} + \cdots + (n-1)G(1+i) \tag{3-22}$$

由式（3-22）- 式（3-21）得

$$iF_{A2} = G[(1+i)^{n-1} + (1+i)^{n-2} + (1+i)^{n-3} + \cdots + (1+i) + 1] - nG$$

$$F_G = \frac{G}{i}\left[\frac{(1+i)^n - 1}{i} - n\right] \tag{3-23}$$

在式（3-23）中，$\frac{1}{i}\left[\frac{(1+i)^n - 1}{i} - n\right]$ 称为等差序列终值系数，记为 $(F/G, i, n)$。因此，式（3-23）又可写为

$$F_G = G(F/G, i, n) \tag{3-24}$$

根据公式推导出

$$P = \frac{G}{i}\left[\frac{(1+i)^n - 1}{i} - n\right]\frac{1}{(1+i)^n} \tag{3-25}$$

在式（3-25）中，$\frac{1}{i}\left[\frac{(1+i)^n - 1}{i} - n\right]\frac{1}{(1+i)^n}$ 称为等差序列现值系数，记为 $(P/G, i, n)$，所以式（3-25）又可写为

$$P = G(P/G, i, n) \tag{3-26}$$

根据公式推导出

$$A = \frac{G}{i}\left[\frac{(1+i)^n - 1}{i} - n\right]\left[\frac{i}{(1+i)^n - 1}\right] = G\left[\frac{1}{i} - \frac{n}{(1+i)^n - 1}\right] \tag{3-27}$$

在式（3-27）中，$\left[\dfrac{1}{i}-\dfrac{n}{(1+i)^n-1}\right]$ 称为等差序列年值系数，记为（A/G, i, n）。因此，式（3-27）又可写为

$$A=G(A/G, i, n) \tag{3-28}$$

例题 3-11：某企业拟购买一台设备，其年收益额第一年为 10 万元，此后，直至第 8 年末逐年递减 3000 元，设年利率为 15%，按复利计算，试求该设备第 8 年的收益现值及等额分付序列收益年金。

解：该设备产生的现金流量如图 3-20 所示。

将图 3-20 的现金流量分解为两部分。

第一部分，是以第一年收益额 10 万元为等额值 A_1 的等额分付序列现金流量。

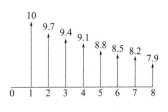

图 3-20 现金流量图

$$P_1 = A(P/A, 15\%, 8) = 100000 \times 4.4873 = 448730（元）$$

是以等差变额 G=3000 元的支付现金流量。

$$P_1 = G(A/G, 15\%, 8)(P/A, 15\%, 8) = 3000 \times 2.78 \times 4.4873 = 37424（元）$$

因此 $P = P_1 - P_2 = 448730 - 37424 = 411306$（元）

$$A = P(A/P, 15\%, 8) = 411306 \times 0.2229 = 91680（元）$$

 课后训练

一、单选题

1. 普通年金现值的计算公式是（　　）。

   A. $P=F(1+i)^{-n}$ B. $P=F(1+i)^n$ C. $P=A\dfrac{1-(1+i)^{-n}}{i}$ D. $P=A\dfrac{(1+i)^n-1}{i}$

2. $\dfrac{(1+i)^n-1}{i}$ 是（　　）。

   A. 普通年金的终值系数   B. 普通年金的现值系数
   C. 先付年金的终值系数   D. 先付年金的现值系数

3. A 方案在三年中每年年初付款 100 元，B 方案在三年中每年年末付款 100 元，若利率为 10%，则二者在第三年年末时的终值相差（　　）元。

   A. 33.1   B. 31.3   C. 133.1   D. 13.31

4. 如果将 1000 元存入银行，利率为 8%，计算这 1000 元五年后的价值应该用（　　）。

   A. 复利的现值系数   B. 复利的终值系数
   C. 年金的现值系数   D. 年金的终值系数

5. 已知（F/A, 10%, 5）=6.1051，那么，i=10%，n=5 时的偿债基金系数为（　　）。

   A. 1.6106   B. 0.6209   C. 0.2638   D. 0.1638

6. 如果（P/A, 5%, 5）=4.3297，则（A/P, 5%, 5）的值为（　　）。

   A. 0.2310   B. 0.7835   C. 1.2763   D. 4.3297

7. 普通年金现值系数的倒数称为（　　）。

   A. 普通年金终值系数   B. 复利终值系数   C. 偿债基金系数   D. 投资回收系数

8. 有一项年金，前 3 年无流入，后 5 年每年年初流入 500 元，年利率为 10%，则其现值为（　　）元。

   A. 1994.59   B. 1565.68   C. 1813.48   D. 1423.21

9. 普通年金是指在一定时期内每期（　　）等额收付的系列款项。
   A. 期初　　　　　B. 期末　　　　　C. 期中　　　　　D. 期内

10. 已知（P/F，10%，5）=0.6209,（F/P，10%，5）=1.6106,（P/A，10%，5）=3.7908,（F/A，10%，5）=6.1051，那么，偿债基金系数为（　　）。
    A. 1.6106　　　　B. 0.6209　　　　C. 0.2638　　　　D. 0.1638

11. 某人在年初存入一笔资金，存满4年后每年末取出1000元，至第8年末取完，银行存款利率为10%。则此人应在最初一次存入银行的钱数为（　　）元。
    A. 2848　　　　　B. 2165　　　　　C. 2354　　　　　D. 2032

12. A公司于第一年初借款10000元，每年年末还本付息额均为2500元，连续5年还清，则该项借款利率为（　　）。
    A. 7.93%　　　　 B. 7%　　　　　　C. 8%　　　　　　D. 8.05%

13. 在10%利率下，1～4年期的复利现值系数分别为0.9091、0.8264、0.7513、0.6830，则4年期的普通年金现值系数为（　　）。
    A. 2.5998　　　　B. 3.1698　　　　C. 5.2298　　　　D. 4.1694

14. 甲方案在五年中每年年初付款2000元，乙方案在五年中每年年末付款2000元，若利率相同，则两者在第五年年末时的终值（　　）。
    A. 相等　　　　　　　　　　　　　　B. 前者大于后者
    C. 前者小于后者　　　　　　　　　　D. 可能会出现上述三种情况中的任何一种

15. 企业采用融资租赁方式租入一台设备，设备价值100万元，租期5年，设定折现率为10%。则每年初支付的等额租金是（　　）万元。
    A. 20　　　　　　B. 26.98　　　　 C. 23.98　　　　 D. 16.38

二、多选题

1. 下列关于资金等值的说法，正确的有（　　）。
   A. 一定量的资金在不同时点上具有不同的价值
   B. 不同时点发生的绝对额不同的资金，具有不同的经济价值
   C. 在建设项目的技术经济分析中经常采用等值换算进行各种建设方案的经济效益比较
   D. 收益率的高低影响资金等值
   E. 投资方式影响资金等值

2. 对等值计算公式说法正确的有（　　）。
   A. 计息期数为时点或时标，本期末即等于下期初。0点就是第一期初，也叫零期
   B. P是在第一计息期开始时（0期）发生
   C. F发生在考察期期末，即n期末
   D. 各期的等额支付A发生

3. 下列关于资金等值计算中涉及的系数，正确的有（　　）。
   A. 资金回收系数：（A/F，i，n）　　　　B. 偿债基金系数：（A/P，i，n）
   C. 一次支付终值系数：（F/P，i，n）　　D. 年金终值系数：（F/A，i，n）
   E. 一次支付现值系数：（P/F，i，n）

三、计算题

1. 4年后收到2000元，若货币时间价值为3%，其现值是多少？

2. 某人从第一年年末开始，每年存款5000元，共存五年，利率为6%，问第五年年末共可取出多少钱？取出的这笔钱相当于第一年年初多少钱？作出现金流量图。

3. 某人准备在三年后用100000元购买一辆轿车，若从现在起每年年末存入银行等额的钱，存期三年，利率为4%，这笔等额的钱是多少？如果是在第一年年初一次性存入一笔钱用于三年后买

车,应存多少?作出现金流量图。

4. 某人投资1000000元,投资收益率为8%,每年等额收回本息,共六年全部收回,问每年收回多少钱?作出现金流量图。

  参考答案

一、单选题
1. C 2. A 3. A 4. B 5. D 6. A 7. D 8. B 9. B 10. D 11. A 12. A 13. B 14. B 15. C

二、多选题
1. ACD 2. ABC 3. CDE

三、计算题

1. 解:这里 $F=2000$,$i=3\%$,$n=4$

所以 $P=\dfrac{F}{(1+i)^n}=\dfrac{2000}{(1+3\%)^4}=2000P_{3\%,4}=2000\times 0.888=1776$(元)

2. 分析:已知 A,i,n,运用等额支付终值公式求 F,再对已经得的 F 用一次支付现值公式求现值 P;或者直接根据已知的 A,i,n,运用等额支付现值公式求 P。

解:$F=5000\times[(1+6\%)^5-1]/6\%=28185.46$(元)

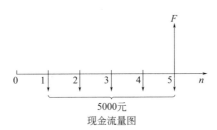

现金流量图

$P=28185.46/(1+6\%)^5=21061.82$(元)

或者 $P=5000\times[(1+6\%)^5-1]/[6\%\times(1+6\%)^5]=21061.82$(元)

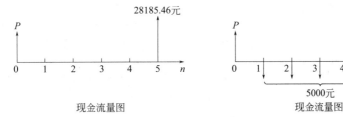

现金流量图　　　现金流量图

3. 分析:已知 F,i,n,运用等额支付偿债基金公式求 A,运用一次支付现值公式求 P。

解:$A=100000\times 4\%/[(1+4\%)^3-1]=32034.85$(元)

$P=100000/(1+4\%)^3=88899.64$(元)

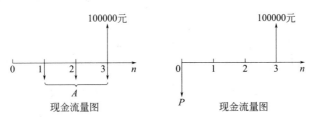

现金流量图　　　现金流量图

4. 分析：已知 P，i，n，运用等额支付投资回收公式求 A。

解：$A=1000000×8\%×(1+8\%)^6/[(1+8\%)^6-1]=216315.39$（元）

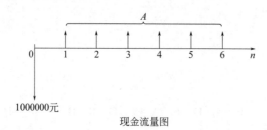

现金流量图

任务5 名义利率与有效利率计算

在复利计算中，利率周期通常以年为单位，它可以与计息周期相同，也可以不同。当计息周期小于1年时，就出现了名义利率与有效利率。

技能点 1 名义利率计算

名义利率是指与计息期不一致时的年利率，是每一计息周期的利率与一年中的计息周期数的乘积。这里的计息期，又称计息周期，指的是表示利息计算的时间间隔单位，计息期有年、季、月、日等。

$$r=im \tag{3-29}$$

式中　r——名义利率；

　　　i——计息周期利率；

　　　m——1年内计息周期数。

若计息周期月利率为1%，则年名义利率为12%。很显然，计算名义利率时忽略了前面各期利息再生息的因素，这与单利的计算相同。通常所说的年利率都是名义利率。

技能点 2 有效利率计算

有效利率是指资金在计息中所发生的实际利率，包括计息周期有效利率和年有效利率两种。

① 计息周期有效利率，即计息周期利率 i。计算公式为

$$i=\frac{r}{m} \tag{3-30}$$

② 年有效利率，也称为年实际利率。

若用计息周期利率来计算年有效利率，并将年内的利息再生息因素考虑进去，这时所得的年利率称为年有效利率（又称为年实际利率）。根据利率的概念即可推导出年有效利率的计算公式。

设名义利率为 r，一年中计息期数为 m，则每一个计息期的利率为 r/m。若年初借款 P，一年后本利和为

$$F=P\left(1+\frac{r}{m}\right)^m$$

其中，本金 P 的年利息 I 为

$$I=F-P=P\left(1+\frac{r}{m}\right)^m-P$$

根据利率定义可知，利率等于利息与本金之比。当名义利率为 r 时，实际利率为

$$i = \frac{I}{P} = \frac{F-P}{P} = \frac{\left[P(1+r/m)^m - P\right]}{P}$$

$$i = \left(1 + \frac{r}{m}\right)^m - 1 \tag{3-31}$$

以 1 年为计息基础，按照计息周期的利率乘以每年计息期数，就是名义利率，是按单利的方法计算的。例如存款的月利率为 0.55%，1 年有 12 月，则名义利率即为

$$0.55\% \times 12 = 6.6\%$$

有效利率是按照复利方法计算的年利率。即 $(1+0.55\%)^{12}-1=6.8\%$，可见有效利率比名义利率高。

需要注意的是，在资金的等值计算公式中所使用的利率都是指有效利率。当然，如果计息期为一年，则名义利率就是有效年利率，因此可以说两者之间的差异主要取决于实际计息期与名义计息期的差异。在实际项目评估中我们应使用有效利率。

例题 3-12：某厂向外商订购设备，有两家银行可以提供贷款，甲银行年利率为 16%，按年计息；乙银行年利率为 15%，按月计息，均为复利计算。试比较哪家银行贷款条件更优越？

解：计算乙银行的实际利率为

$$i_乙 = \left(1 + \frac{r}{m}\right)^m - 1 = \left(1 + \frac{15\%}{2}\right)^2 - 1 = 15.56\%$$

该厂从甲银行取得货款的名义利率与有效利率相等，为 16%。由于 $i_甲 > i_乙$，故企业应选择向乙银行贷款。

学学做做

1. 年利率 8%，按季度复利计息，则半年期实际利率为（　　）。
A. 4.00%　　　　B. 4.04%　　　　C. 4.07%　　　　D. 4.12%
参考答案：B

$$半年期实际利率 = \left(1 + \frac{r}{m}\right)^m - 1 = \left(1 + \frac{8\%}{4}\right)^2 - 1 = 4.04\%$$

提示：r/m 中的 m 等于一年计息的次数（本题中，一年有四个季度，就计息四次），公式中的指数 m 等于所求实际利率的周期与计息周期的比值。

2. 某厂向外商订购设备，有两家银行可提供贷款，甲银行年利率为 17%，计息周期为年，乙银行年利率为 16%，计息周期为月，试问向哪家银行贷款为宜？

参考答案：
解：甲银行年有效利率为 $i=17\%$

$$乙银行年有效利率为 i = \left(1 + \frac{16\%}{12}\right)^{12} - 1 = 17.27\%$$

由于乙银行的实际利率高于甲银行的实际利率，因此向乙银行贷款为宜。
名义利率与有效利率存在下列关系：
① 当实际计息周期为 1 年时，名义利率与有效利率相等；实际计息周期短于 1 年时，有效利率大于名义利率。
② 名义利率不能完全反映资金的时间价值，有效利率才能真实地反映资金的时间价值。
③ 实际计息周期相对越短，有效利率与名义利率的差值就越大。

当计息周期小于（或等于）资金首付周期时，等值的计算方法有两种：按照收付实际利率计算；按照计息周期利率计算。

$$F = P\left(F/P, \frac{r}{m}, mn\right)$$

$$P = F\left(P/F, \frac{r}{m}, mn\right)$$

$$F = A\left(F/A, \frac{r}{n}, mn\right)$$

$$P = A\left(P/A, \frac{r}{m}, mn\right)$$

$$A = F\left(A/F, \frac{r}{m}, mn\right)$$

$$A = P\left(A/P, \frac{r}{m}, mn\right)$$

例题 3-13：现设年名义利率为 10%，则年、半年、季、月、日的年有效利率如表 3-5 所示。

表 3-5　年有效利率的计算

名义利率 r	计息期	年计息次数（m）	计算期利率（$i=r/m$）	年有效利率
10%	年	1	10%	10%
	半年	2	5%	10.25%
	季	4	2.5%	10.38%
	月	12	0.833%	10.47%
	日	365	0.0274%	10.52%

从表 3-5 可以看出，每年计息周期越大，与 r 相差越大；如名义利率为 10%，按季度计息时，按季度利率 2.5% 计息与按年利率 10.38% 计息二者是等价的。所以，在工程经济分析中，如果各技术方案的计息期不同，就不能简单地使用名义利率来评价，而必须换算成有效利率进行评价，否则会得出不正确的结论。

技能点 3　名义利率与有效利率的应用

资金时间价值是工程经济分析的基础，资金等值计算是这个理论的具体运用。在实际进行资金等值计算时，会遇到各种不同情况。

（1）计息期为 1 年

此时，有效利率与名义利率相同，可以直接利用 6 个复利计算公式进行计算。

（2）计息期小于 1 年

经适当变换后仍可利用上述公式进行计算。这种情况可以分为三种形式：计息期与支付期相同；计息期短于支付期；计息期长于支付期。

例题 3-14：年利率为 12%，每半年计息 1 次，从现在起连续 3 年每半年等额年末存款 200 元，问与其等值的第 3 年的现值是多少？

解：

方法一：先求出支付期的有效利率，支付期为 1 年，则有效年利率为

$$i = (1+r/m)^m - 1 = (1+10\%/2)^2 - 1 = 10.25\%$$

则

$$P = A[(1+i)^n - 1]/i(1+i)^n$$
$$= 500 \times [(1+10.25\%)^3 - 1]/10.25\% \times (1+10.25\%)^3$$
$$= 1237.97 （元）$$

方法二：可把等额支付的每一个支付看作为一次支付，利用一次支付现值公式计算。

$$P = 500 \times (1+10\%/2)^{-2} + 500 \times 500 \times (1+10\%/2)^{-4} + 500 \times (1+10\%/2)^{-6} = 1237.97 （元）$$

课后训练

一、单选题

1. 已知年名义利率为10%，每季度计息1次，复利计息，则年有效利率为（　　）。
   A. 10.47%　　　B. 10.38%　　　C. 10.25%　　　D. 10.00%
2. 已知年利率12%，每月复利计息一次，则季实际利率为（　　）。
   A. 1.003%　　　B. 3.00%　　　C. 3.03%　　　D. 4.00%
3. 年名义利率为 i，一年内计息周期数为 m，则年有效利率为（　　）。
   A. $(1+i)^m - 1$　　　　　　　　B. $(1+i/m)^m - 1$
   C. $(1+i)^m - i$　　　　　　　　D. $(1+i)^m - i$
4. 若名义利率一定，年有效利率与一年中计息周期数 m 的关系为（　　）。
   A. 计息周期增加，年有效利率不变
   B. 计息周期增加，年有效利率减小
   C. 计息周期增加，年有效利率增加
   D. 计息周期减小，年有效利率增加
5. 某笔贷款的利息按年利率为10%，每季度复利计息，其贷款的年有效利率为（　　）。
   A. 10.38%　　　B. 10.46%　　　C. 10.00%　　　D. 10.25%
6. 年名义利率8%，按季计算，则利息期有效利率和年有效利率分别是（　　）。
   A. 2.00%，8.00%　　　　　　　B. 2.00%，8.24%
   C. 2.06%，8.00%　　　　　　　D. 2.06%，8.24%
7. 现在存款2000元，年利率10%，半年复利一次，则第6年年末存款金额为（　　）。
   A. 1254.23　　　B. 2543.12　　　C. 2865.14　　　D. 3591.71

二、多选题

某企业向银行借款100万元，借期5年，借款的利率为10%，半年复利一次，第5年末一次归还额的计息公式为（　　）。
A. $100 \times (1+0.10)^5$　　　　　　　B. $100 \times (1+0.05)^5$
C. $100 \times (1+0.05)^{10}$　　　　　　D. $100 \times (1+0.1025)^5$
E. $100/5 \times (1+0.05)^5$

三、计算题

1. 某公司向银行借款5万元，年利率6.15%，分别按年复利和季复利计息，问两年后应向银行偿还多少本利和？
2. 设名义利率为6%，每半年计息一次，求实际年利率及1万元5年后的终值。
3. 某企业拟向银行申请贷款1000000元，贷款期限五年，有两种计息方式。甲方案年利率为9%，按复利计息；乙方案年利率为10%，按单利计息。试计算决定采用何种方案。

参考答案

一、单选题

1. B 2. C 3. B 4. C 5. A 6. B 7. D

二、多选题

CD

三、计算题

1. 解：按年复利计息，则

$$F = 50000(1+6.15\%)^2 = 50000 \times 1.12678 = 56339 \text{（元）}$$

按季复利计息，则每年计息4次，即 $m=4$，$n=2$

由公式，知两年后的本利和

$$F = 50000\left(1+\frac{6.15\%}{4}\right)^{4\times 2} = 50000(1+1.54\%)^8 = 50000 \times 1.13 = 56502.45 \text{（元）}$$

2. 解：$i=6\%, m=2, n=5, P=10000$

$$i_0 = \left(1+\frac{6\%}{2}\right)^2 - 1 = (1+3\%)^2 - 1$$

$$=1.061-1=6.1\%$$

$$F = 10000 \times (1+6.1\%)^5 = 10000 \times \left(1+\frac{6\%}{2}\right)^{10} = 10000 \times (1+3\%)^{10}$$

$$=10000 \times 1.3439 = 13439 \text{（元）}$$

3. 解：计算各方案五年后的终值。

甲方案：$F=100000\times(1+9\%)^5=1538623.96$（元）

乙方案：$F=100000\times(1+5\times10\%)=1500000.00$（元）

甲方案的终值大于乙方案，应采用乙方案。

单元四　工程经济评价指标分析

学习目标

（一）知识目标

- （1）了解工程项目经济评价指标的分类；
- （2）熟悉基准收益率的含义与测定方法；
- （3）掌握工程项目静态评价指标的分析方法；
- （4）掌握工程项目动态评价指标的分析方法。

（二）能力目标

- （1）能够运用静态投资回收期、投资收益率（投资利润率、投资利税率、资本金利润率）进行方案分析与方案选择；
- （2）能够运用动态评价指标的分析：动态投资回收期、净现值、净现值率、净年值、内部收益率进行方案分析与方案选择。

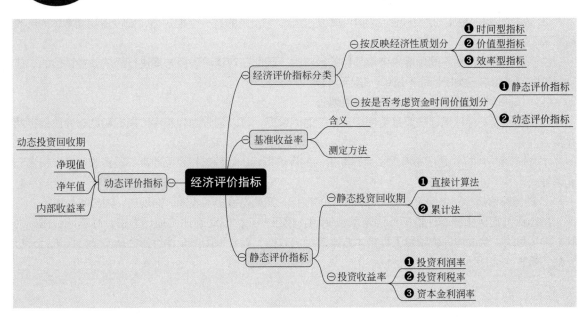

任务 1 经济评价指标的分类

工程经济分析的任务就是要根据所考察系统的预期目标和所拥有的资源条件，分析该系统的现金流量情况，选择合适的技术方案，以获得最佳的投资效益；因此，工程建设项目经济评价是项目前期工作的重要内容。

为了确保经济决策的正确性和科学性，研究经济评价的指标和方法是十分必要的。由于经济效果是一个综合性指标，一个评价指标仅能反映某一方面。为此，为了全面、系统地评价技术方案的经济效益，就必须同时选用多种评价指标，从不同角度反映工程技术方案的经济性。

经济评价是对评价方案计算期内各种有关技术经济因素以及技术方案投入与产出的有关财务数据、基础资料进行调查、分析、预测，对方案的经济效果进行计算、评价、分析比较各方案的优劣，从而确定和推荐最佳方案。

经济效果评价主要包括以下几个方面。
① 盈利能力分析。主要是分析和预测项目在计算期内的盈利能力。
② 清偿能力分析。主要是分析和预测项目偿还贷款的能力和投资回收能力。
③ 抗风险能力分析。主要是分析项目在建设和生产期内遇到的不确定性因素和随机因素对项目经济效果的影响程度，考察项目承受各种投资风险的能力，提高项目的可偿性和盈利性。

知识点 1 经济评价指标分类与内容

根据经济评价指标所考虑的因素和使用方法的不同，将这些指标按照两种方式分类。

（1）按评价指标所反映的经济性质划分

项目的经济性一般表现在项目投资的回收速度、投资的盈利能力和资金的使用效率等方面，与此对应的评价指标划分为时间型评价指标、价值型评价指标和效率型评价指标。

① 时间型评价指标：是指用时间长短来衡量项目对其投资回收期或偿债能力的指标。例如静态投资回收期、动态投资回收期、贷款偿还期等。

② 价值型评价指标：是指反映项目投资的净收益绝对量大小的指标，它是以货币为计量单位，它反映的是一个绝对值，如净现值、费用现值、费用年值等。

③ 效率型评价指标：是反映资金利用效率的指标。它反映的是一个相对值，如投资利润率、内部收益率等。

由于这些指标是从不同角度来考察项目的经济性，因此在对建设项目方案进行经济效益评价时，应当尽量同时选用这三类指标而不是单一指标。

（2）按评价指标是否考虑资金时间价值划分

建设项目经济评价指标按照是否考虑资金的时间价值，可以划分为静态评价指标和动态评价指标两大类。

① 静态评价指标：是指不考虑资金时间价值的评价指标，如静态投资回收期、投资收益率、投资利润率等。

② 动态评价指标：是指考虑资金时间价值的指标，如动态投资回收期、净现值、内部收益率等。

动态评价指标和静态评价指标通常配合使用，相互补充；以动态评价指标为主，静态评价指标为辅。为了系统、全面地评价项目工程技术方案的经济效益，需要采用多个评价指标从多个方面进行分析考察，如表 4-1 所示。

表 4-1 经济评价指标

指标类型	具体指标	备注	指标类型	具体指标	备注
时间型评价指标	投资回收期	静态、动态	效率型评价指标	投资利润率、投资利税率	静态
	差额投资回收期	静态、动态		内部收益率	动态
	固定资产投资借款偿还期	静态		净现值率	动态
价值型评价指标	净现值、费用现值、费用年值	动态		费用效益比	动态

 学学做做

在投资方案经济评价指标体系中，属于静态评价指标的是（　　）。
A. 利息备付率和净现值率　　　　　　B. 总投资利润率和净年值率
C. 内部收益率和自有资金利润率　　　D. 投资利润率和投资收益率
参考答案：D

知识点 2　方案计算期的确定

方案计算期也称为方案的经济寿命周期，它是指对拟建方案进行现金流量分析时应确定的项目服务年限，对建设项目来说，项目计算期分为建设期和生产期两个阶段。

① 项目建设期：是指建设项目从开始施工至全部建成投产所需的时间。项目建设期的长短与投资规模、行业性质及建设方式有关，应根据实际情况加以确定。

② 项目生产期：是指建设项目从建成投产到主要固定资产报废为止所经历的时间，它包括投产期（投产后未达到100%设计能力）和达产期。

项目寿命期的确定，主要考虑主体结构的经济性、维护的可行性、关联设施的实用性、经济计划管理的适应性及预测精度等方面综合确定。在计算经济评价指标过程中，如计算内部收益率时，一般取项目主体工程的寿命期。项目计算期确定得是否合理，对方案经济分析有较大影响。

知识点 3　基准收益率

1. 基准收益率的含义

基准收益率又称标准折现率、基准贴现率，目标收益率、最低期望收益率，是决策者对技术方案资金的时间价值估算的依据。

基准收益率是决策者对技术方案投资的资金时间价值的估算或行业的平均收益率水平，是企业或者部门所确定的投资项目应该达到的收益率标准。

对于基准收益率的确定，目前尚无统一的标准。有的主张根据资金的来源与构成确定，有的主张根据资金的需求曲线和供给曲线来确定，但要确定基准收益率的确是件困难的事情。为了简化计算，通常在各种来源的概率期望值的基础上，考虑风险和不确定性的影响，计算出一个最低的可以接受的收益率。基准收益率是投资决策的重要参数，由于部门和行业不同，其值也是不同的，当价格真正反映价值时才趋于相同。此外该值也不是一成不变的，它随客观条件的变化而做相应地调整。通常，若基准收益率定得太高，可能使某些投资经济效益好的方案被拒绝；定得太低，则可能会使某些投资经济效益差的方案被采纳。因此，基准收益率在工程经济评价中有极其重要的作用，正确地确定基准收益率是十分重要的。

2. 影响基准收益率的影响因素

（1）综合资金成本

资金来源主要有借贷资金和自有资金两种。借贷资金要支付利息，自有资金要满足基准收益，因此资金费用是项目借贷资金的利息和项目自有资金基准收益的总和，其大小取决于资金来源的构成及其利率的高低。

① 资金来源是借贷时，基准收益率必须高于贷款的利率。如果投资者能实现基准收益率，则说明投资者除了归还贷款利息外，还有盈余，是成功的，基准收益率高于贷款利率是负债经营的先决条件。

② 投资来源是自有资金时，其基准收益率由企业自行决定，一般取同行业的基准收益率。这是该行业的最低期望收益率。如果不投资于本项目，投资者可以投资于其他项目，而得到起码的收益。

③ 如果资金来源是兼有贷款和自有资金时，则按照两者所占资金的比例及其利率求取加权平均值，即综合利率作为基准收益率。

例如：表 4-2 列出了资金费用的计算过程和结果。

表 4-2　资金费用计算表

资金来源	年利率	年最低期望盈利率	年资金费用/万元	资金费用率
银行贷款 40 万元	9%		3.6	
自有资金 60 万元		15%	9.0	
资金合计 100 万元			12.6	12.6%

由表 4-2 可知，资金费用率是借贷资金利息和项目自有资金最低期望盈利的综合费用率，值为 12.6%。由此，我们可以得出结论：基准收益率 > 资金费用率 > 借贷利率。

（2）投资的机会成本

投资的机会成本是指投资者把有限的资金不用于该项目而用于其他投资项目所创造的收益。投资者总是希望得到最佳的投资机会，从而使有限的资金取得最佳经济效益。因此，项目的基准收益率必然要大于它的机会成本，而投资的机会成本必然高于资金费用，否则，日常的投资活动就无法进行了；因此，基准收益率 > 投资的机会成本 > 资金费用率。

（3）投资的风险贴补率

任何项目投资都存在一定的风险。进行项目投资，投资决策在前，实际建设和生产经营在后。在未来项目建设和生产经营的整个项目寿命期内，内外经济环境可能会发生难以预料的变化，从而使项目的收入和支出与原先预期的有所不同。不利的变化会给投资决策带来风险，为了补偿可能发生的风险损失，投资者要考虑一个适当的风险贴补率，只有满足了风险贴补，才愿意进行投资。投资具有风险性，这是客观事实，而且往往是利润越大的项目风险也越大。投资者敢于冒风险，但对所冒的风险要求得到一定的补偿，因而他们会在风险和利润之间做出选择。假如投资者对一笔能得到 5% 利润率的无风险投资感到满意的话，那么当风险度为 0.5 时，投资者就会要求有 7% 的利润率，其中 2% 是用于补偿该种程度的风险，称为风险贴补。而当风险度为 1.0 时，投资者会要求利润达到 10%，其中 5% 为风险贴补。其差额的大小取决于项目风险的大小和投资者的要求。国外的风险贴补率一般取 2% ~ 5%。

一般说来，资金密集项目的风险高于劳动密集的项目；资产专用性强的风险高于资产通用性强的；以降低生产成本为目的的风险低于以扩大产量、扩大市场份额为目的的。此外，资金雄厚的投资主体的风险低于资金拮据者的投资主体。随着市场经济的建立，以及国际国内市场竞争的日益激烈，项目投资的风险会越来越大，因此风险贴补率是投资者必须考虑的问题。

（4）通货膨胀率

在预期未来存在着通货膨胀的情况下，如果项目的支出和收入是按预期的各年时价计算的，项目资金的收益率中包含有通货膨胀率。为了使被选项目的收益率不低于实际期望水平，就应在实际最低期望收益率水平上加上通货膨胀率的影响。如果项目支出和收入在整个项目寿命期内是按不变价格计算的，就不必考虑通货膨胀对基准收益率的影响。

3. 基准收益率的测定

（1）基准收益率测定规定

① 政府投资项目以及按政府要求进行对经济评价的建设项目中采用的行业基准收益率，应根据政府

的政策导向进行确定。

② 企业投资等其他各类建设项目的经济评价中参考选用的行业基准收益率,应在分析一定时期国家和行业发展战略、发展规划、产业政策、资源供给、市场需求、资金时间价值、项目目标等情况的基础上,结合行业特点、行业资本构成等因素综合测定。

由上述分析可以得出,基准收益率应不低于单位资金成本和单位投资的机会成本,这样才能使资金得到最有效的利用。基本表达式为

$$i_c \geq i_1 \{ 单位资金成本,单位投资机会成本 \} \quad (4-1)$$

式中 i_c ——基准收益率;
　　i_1 ——单位资金成本和单位投资机会成本。

③ 在我国境外投资的建设项目基准收益率的测定,应首先考虑国家风险因素。

④ 投资者自行测定项目的最低可接受收益率,除了应考虑上述②项中所涉及的因素外,还应根据自身的发展战略和经营策略、具体项目特点与风险、资金成本、机会成本等因素综合测定。

资金成本是取得资金使用权所付出的费用,主要包括筹资费用和资金使用费用。投资的机会成本是指投资者将有限的资金用于拟建项目而放弃的其他投资机会所能获得的最大收益。机会成本是项目外部形成的,它不可能反映在该项目上,必须通过工程经济分析人员的分析比较,才能确定项目的机会成本。

投资风险是指在整个项目计算期内存在着发生不利于项目的环境变化的可能性,这种变化难以预料,投资者要冒着一定风险进行决策。为此,投资者自然就要求获得较高的利润,所以在确定基准收益率时,仅考虑资金成本、机会成本等因素是不够的,还应该考虑风险成本,通常以一个适当的风险贴补率(i_2)来提高基准收益率。

通货膨胀是指由于货币的发行量超过商品流通所需要的货币量而引起货币贬值和物价上涨的现象。在通货膨胀影响下,各种材料、设备、房屋、土地价格以及人工费都会上升,因此,为反映和评价拟建项目在未来的真实经济效果,在确定基准收益率时,应考虑这种影响。通货膨胀以通货膨胀率(i_3)表示,它主要表现物价指数的变化,用 i_3 来修正 i_1。

综合上述分析,投资者自行测定的基准收益率可以按照下列方法计算。

若现金流量按照当年价格预测估算的,则应以当年通货膨胀率计算。

$$i_c = (1+i_1)(1+i_2)(1+i_3) - 1 = i_1 + i_2 + i_3 \quad (4-2)$$

若项目的现金流量按照基年不变价格预测估算的,预测结果已排除通货膨胀因素的影响,就不再重复考虑通货膨胀的影响去修正 i_c。

$$i_c = (1+i_1)(1+i_2) - 1 = i_1 + i_2 \quad (4-3)$$

上述近似处理的条件是 i_1、i_2、i_3 均为小数。

总之,合理确定基准收益率对于投资决策极为重要。确定基准收益率的基础是资金成本和机会成本,而投资风险和通货膨胀则是必须考虑的影响因素。

(2)基准收益率的调整

对于风险较大的项目,在确定最低可接受收益率时可适当提高其取值:项目投入物属于紧缺资源的项目;项目产出物属于紧缺资源的项目;项目投入物大部分需要进口的项目;项目投入物大部分用于出口的项目;国家限制或可能限制的项目;国家优惠政策可能终止的项目;建设周期长的项目;市场需求变化较快的项目;竞争激烈领域的项目;技术寿命较短的项目;债务资金比例高的项目;资金来源单一且存在资金提供不稳定因素的项目;在国外投资的项目;自然灾害频发地区的项目;研发新技术的项目等。

 学学做做

下列关于投资者自动测定技术方案基准收益率的说法,错误的是(　　)。

A. 基准收益率应不低于单位投资的机会成本
B. 基准收益率应不低于单位资金成本
C. 确定基准收益率必须考虑投资风险和通货膨胀因素
D. 基准收益率应不低于min{单位资金成本，单位投资机会成本}

参考答案：D

小知识：看看你未来从事的行业的基准收益率

课后训练

一、单选题

1. 下列各项中，属于投资方案静态评价指标的是（　　）。
   A. 内部收益率　　　B. 投资收益率　　　C. 净现值率　　　D. 净现值
2. 在进行工程经济分析时，下列项目经济评价指标中，属于动态评价指标的是（　　）。
   A. 投资收益率　　　B. 偿债备付率　　　C. 内部收益率　　　D. 借款偿还期
3. 下列关于项目经济评价指标的说法中，不正确的是（　　）。
   A. 动态评价指标考虑了资金的时间价值
   B. 静态评价指标没有考虑资金时间价值
   C. 动态评价指标反映了项目的盈利能力
   D. 动态评价指标中最常用的指标是动态投资回收期
4. 静态评价指标包括（　　）。
   A. 内部收益率和净现值　　　　　　　B. 静态投资回收期和投资收益率
   C. 内部收益率和静态投资回收期　　　D. 净现值和净现值率
5. 在对投资方案进行经济效果评价时，应（　　）。
   A. 以动态评价方法为主，以静态评价方法为辅
   B. 只采用动态评价方法
   C. 以静态评价方法为主，以动态评价方法为辅
   D. 只采用静态评价方法
6. 基准收益率应（　　）单位资金成本和单位投资的机会成本，这样才能使资金得到最有效的利用。
   A. 高于　　　　　　B. 低于　　　　　　C. 等于　　　　　　D. 不低于
7. 基准收益率是导致投资行为发生所要求的（　　）。
   A. 最低投资报酬率　　　　　　　　　B. 最低投资利润率
   C. 平均投资报酬率　　　　　　　　　D. 最低投资收益率
8. 关于基准收益率的说法，错误的是（　　）。
   A. 基准收益率是衡量项目财务内部收益率的基准值
   B. 基准收益率是投资者在相应项目上最低可接受的财务收益率
   C. 在我国境外投资的建设项目财务基准收益率的测定，应首先考虑国家风险因素
   D. 国家行政主管部门统一测定并发布的行业财务基准收益率，在企业投资的各类建设项目经济评价中必须采用

二、多选题

1. 静态评价指标包括（　　）。
   A. 内部收益率　　　　　　　　B. 总投资收益率　　　C. 静态投资回收期

D. 净现值率　　　　　　　　　　　E. 资本金收益率
2. 动态评价指标包括（　　　）。
   A. 偿债备付率　　　　　　B. 净现值　　　　　　C. 借款偿还期
   D. 净现值率　　　　　　　E. 内部收益率
3. 在确定基准收益率时，需要考虑的因素包括（　　　）。
   A. 资金成本　　　　　　　B. 内部收益率　　　　C. 机会成本
   D. 投资风险　　　　　　　E. 通货膨胀

参考答案

一、单选题
1. B　2. C　3. D　4. B　5. A　6. A　7. A　8. D
二、多选题
1. BCE　2. BDE　3. ACDE

任务 2　静态评价指标分析

在工程经济分析中，把不考虑资金时间价值的经济效益评价指标称为静态评价指标，此类指标的特点是简单易算，主要包括静态投资回收期和投资收益率。

采用静态评价指标主要适用于对方案的粗略评价，如应用于投资方案的机会鉴别和初步可行性研究阶段，以及用于某些时间较短、投资规模与收益均比较小的投资项目的经济评价等。

技能点 1　静态投资回收期（P_t）计算

技术方案的决策面临着未来的不确定因素，这种不确定因素所带来的风险随着时间的延长而增加，因为未来的时间越远，人们所感知的东西就越少，风险就越大，为了减少风险，投资者必然希望尽可能快地收回投资。静态投资回收期作为能够反映技术方案的经济性和风险性的指标，在建设项目评价中具有独特的地位和作用，被广泛用作建设项目评价的辅助性指标。

1. 静态投资回收期含义

静态投资回收期是指在工程经济分析中，在不考虑资金时间价值的情况下，以项目每年的净收益回收项目全部投资（包括建设投资和流动资金）所需要的时间，是考察项目财务上投资回收能力的重要指标。

项目静态投资回收期宜从项目建设开始年算起，若从项目投产开始年算起，应予以特别注明。从建设开始年算起的静态投资回收期的公式如下：

$$\sum_{t=0}^{P_t}(CI-CO)_t = 0 \qquad (4-4)$$

式中　P_t——静态投资回收期；
　　　CI——现金流入量；
　　　CO——现金流出量；
　　$(CI-CO)_t$——第 t 年的净现金流量。

静态投资回收期一般以"年"为单位，可以自项目建设开始年算起，也可以自项目建成投产年算起，对于这种情况，需加以说明，以防止两种情况的混淆。

2. 静态投资回收期计算

在具体计算静态投资回收期时，又分为以下两种情况。

（1）直接计算法

如果项目投产后的年净收益相等或用平均净收益计算，则 P_t 的计算公式可转化为以下两种形式。

① 从投资开始年算起的投资回收期为

$$P_t = \frac{I}{R} + 建设期 \tag{4-5}$$

式中　P_t——静态投资回收期；
　　　R——年收益；
　　　I——总投资。

② 如果从项目投产后算起，静态投资回收期的计算公式如下：

$$P_t = \frac{1}{R} \tag{4-6}$$

例题 4-1：某投资方案一次性投资 500 万元，估计投产后各年的平均净收益为 80 万元，求该方案的静态投资回收期。

解：根据公式可得

$$P_t = \frac{I}{R} = \frac{500}{80} = 6.25 （年）$$

（2）累计法

若项目建成投产后各年的净收益（即净现金流量）不相同，则静态投资回收期可根据累计净现金流量求得。

累计法是根据方案的净现金流量，从投资开始时刻（即零时点）依次求出以后各年的净现金流量之和（也称累计净现金流量），直至累计净现金流量等于零的年份为止。对应于累计净现金流量等于零的年份数，即为该方案从投资开始年算起的静态投资回收期。其计算公式为

$$P_t = [累计净现金流量开始出现正值的年份数 - 1] + \frac{|上一年年累计净现金流量|}{当年净现金流量} \tag{4-7}$$

用投资回收期评价投资项目时，需要根据同类项目的历史数据和投资者意愿确定的基准投资回收期相比较。

3. 判别标准

设静态基准投资回收期为 P_c，若 $P_t \leq P_c$，则项目可考虑接受；否则若 $P_t > P_c$，则项目应予以拒绝。

例题 4-2：某项目财务现金流量表的数据见表 4-3，计算该项目的静态投资回收期。

表 4-3　累计净现金流量表　　　　　　　　　　　　　　　　单位：万元

年序 / 年	0	1	2	3	4	5	6	7	8
现金流入				800	1200	1200	1200	1200	1200
现金流出		600	900	500	700	700	700	700	700
净现金流量		-600	-900	300	500	500	500	500	500
累计净现金流量		-600	-1500	-1200	-700	-200	300	800	1300

解：根据公式可得

$$P_t = (6-1) + \frac{|-200|}{500} = 5.4 （年）$$

静态投资回收期一般从建设开始年算起，采用静态投资回收期对投资方案进行评价时，其基本做法如下。

① 确定行业的基准投资回收期（P_c）。

② 计算项目的静态投资回收期（P_t）。

③ 比较 P_t 和 P_c。若 $P_t \leq P_c$，则项目可以考虑接受；若 $P_t > P_c$，则项目是不可行的。

运用静态投资回收期进行计算时，应考虑以下几个问题。

① 关于年收益（R）。R 既包括净利润，也包括折旧和摊销等，因为它们都可用以偿还投资（特别是借款）。

② 投资回收期（P_t）从何时算起。投资回收期一般应从投资开始年算起，这样不仅全面合理地反映投资的使用情况，还可以督促投资者合理安排工期，使投入的资金尽快取得效益。

学学做做

某生产性建设项目，折算到第 1 年年末的投资额为 4800 万元，第 2 年年末的净现金流量为 1200 万元，第 3 年年末为 1500 万元，自第 4 年年末开始皆为 1600 万元，直至第 10 年寿命期结束，则该建设项目的静态投资回收期为（   ）年。

A. 4.24　　　　　　B. 4.31　　　　　　C. 4.45　　　　　　D. 5.24

参考答案：D

技能点 2　静态追加投资回收期（差额投资回收期）计算

投资回收期仅体现项目本身的绝对效益，而不能体现相对项目的效益。有些项目技术方案有这样一个特征，即当某一方案的投资额大于另一方案的投资额时，其年经营成本往往低于另一方案的年经营成本，这是技术进步带来的效益，也是符合客观实际的。

当方案间的投资额相差较大或方案的收益无法计量时，需要用追加投资回收期作为判断方案间优劣的指标。追加投资回收期法是评价两个或两个以上方案的相对经济效果的一种常用的工程经济分析方法。

1. 静态追加投资回收期含义

所谓追加投资回收期，是指两个或两个以上方案比较时，用投资多的方案获得的超额收益或节约的经营费用回收超额投资所需要的时间。

其计算公式如下：

$$\sum_{t=0}^{\Delta P_t}(NCF_B - NCF_A)_t = 0 \qquad (4-8)$$

式中　NCF_B——方案 B 净现金流量；

NCF_A——方案 A 净现金流量。

判别标准：若 $\Delta P_t \leq P_c$，则投资大的方案较为合理；若 $\Delta P_t > P_c$，则投资小的方案较为合理。

静态追加投资回收期除上述基本公式计算外，还有两种特殊的表现形式。

① 两方案投入与产出不相同，但年净收益分别为常数的情形。

令 I_1、I_2 分别代表方案 1、2 的总投资，且 $I_2 > I_1$，A_1、A_2 分别代表方案 1、2 的年等额净收益，且 $A_2 > A_1$，$\Delta A = A_2 - A_1$ 代表方案 2 相对于方案 1 的年等额净收益增量，追加投资回收期 ΔP_t，可用方案 2 较方案 1 的年等额净收益增量去补偿其追加投资所需的时间。计算公式为

$$\Delta P_t = \frac{I_2 - I_1}{A_2 - A_1} \qquad (4-9)$$

式中　I_1，I_2——方案 1、2 的总投资；

A_1，A_2——方案 1、2 的年净收益；

ΔP_t——追加投资回收期。

例题 4-3： 某建设项目有两个可行方案可供选择，其投资额与年净收益如下。

方案 1：$I_1=100$ 万元，$A_1=120$ 万元
方案 2：$I_2=110$ 万元，$A_2=125$ 万元

设基准投资回收期 $P_c=5$ 年，试选择较优的方案。

解： 由式（4-9）得

$$\Delta P_t = \frac{I_2 - I_1}{A_2 - A_1} = \frac{110 - 100}{125 - 120} = 2 \text{（年）}$$

由于 $\Delta P_t = 2$ 年 $<P_c = 5$ 年，故方案 2 优于方案 1，即较优为方案 2。

② 两方案产出的数量和质量基本相同，且两方案的年经营费用分别为常数的情况。

令 C_1'、C_2' 分别代表方案 1、方案 2 的年等额经营费用，且 $C_2' > C_1'$；则追加投资回收期表现为方案 2 节约的经营费用去补偿（回收）其追加投资（投资增量）所需的时间。

$$\Delta P_t = \frac{I_2 - I_1}{C_1' - C_2'} \tag{4-10}$$

例题 4-4： 某企业在扩大生产能力时，有两种技术方案。方案 1 是再建一套现有装置，投资额 $I_1=60$ 万元，年经营费用 $C_1=40$ 万元；方案 2 是采用一套新型的装置，投资额 $I_2=80$ 万元，年经营费用 $C_2=32$ 万元。两种方案生产能力相同，问哪种方案经济效益较优（设 $P_c=5$ 年）？

解： 根据公式可得方案 1、方案 2 的静态追加投资回收期为

$$\Delta P_t = \frac{I_2 - I_1}{C_1' - C_2'} = \frac{80 - 60}{40 - 32} = \frac{20}{8} = 2.5 \text{（年）} < P_c$$

方案 2 较好。其经济意义为方案 2 比方案 1 多投资的 20 万元能利用每年增加的净收益在 2.5 年内收回。

注意：追加投资回收期仅反映了两种方案的相对经济效益，并没有体现两个方案自身的绝对经济效益。因此，应首先对两个方案的投资回收期进行计算分析以保证方案的可行性。

在进行多方案比较时有一个比较顺序问题，一般采用"环比法"，其步骤如下：

① 把各可行方案的投资按从小到大的顺序排列，依次编号，并增设方案 0。方案 0 称为基准方案，其投资和净收益也均为 0。

② 比较方案 0、方案 1，从中选出一个较好的方案。

③ 用较好的方案与方案 2 进行比较，再从中选出一个较好方案。如此依次进行比较，逐步淘汰，直至最后选出的方案即为最优方案。

2. 静态投资回收期优缺点

静态投资回收期指标的特点是计算简单，易于理解，且在一定程度上考虑了投资的风险状况，故在很长时间内被投资决策者们广为运用，其优点表现在以下两个方面。

① 概念清晰，直观性强，计算简单，主要适用于方案的粗略评价。

② 该指标不仅在一定程度上反映项目的经济性，而且反映项目的风险大小。这就是回收期法之所以被广泛使用的主要原因。对一些资金筹措困难的公司，希望能尽快地将资金收回，回收期越长，其风险就越大。因此，作为能够反映一定经济性和风险性的静态投资回收期指标，可以作为项目评价的辅助性指标，在项目评价中具有独特的地位与作用。

静态投资回收期在进行投资决策时是一个重要的参考指标。但是，投资回收期指标也存在着一些致命的弱点。

① 投资回收期指标将各期现金流量给予同等的权重，没有考虑资金的时间价值。

② 投资回收期指标只考虑了回收期之前的现金流量对投资收益的贡献，但没有考虑回收期之后的现金流量对投资收益的贡献。

③ 投资回收期指标的标准确定主观性较大。

 学学做做

方案甲投资 60 万元，年净收益为 20 万元，服务年限 15 年；方案乙投资 700 万元，年净收益为 100 万元，服务年限 30 年，若基准投资回收期为 8 年，试进行方案的选择。

参考答案：乙方案比甲方案好。

技能点 3　投资收益率计算

1. 投资收益率含义

投资收益率又叫投资效果系数，是指在项目建成达到设计能力后，其一个正常生产年份的净收益额与项目总投资的比率，它是考察项目单位投资盈利能力的指标。

对生产期内各年的净收益额变化幅度较大的项目，则应计算生产期内年平均净收益额与项目总投资的比率。

2. 投资收益率的计算

投资收益率的计算公式为

$$R = \frac{A}{I} \times 100\% \qquad (4-11)$$

式中　R——投资收益率；
　　　I——投资总额，包括固定资产投资和流动资金等；
　　　A——正常年份的年净收益额或年平均净收益额，包括企业利润和折旧。

3. 判别标准

若 $R \geq i_c$，则项目可考虑接受；若 $R < i_c$，则项目应予以拒绝。

当项目投产后各年的净收益为一稳定值时，显然有

$$R = \frac{1}{P_t} \qquad (4-12)$$

即投资回收期与投资收益率互为倒数。

投资收益率指标既未考虑资金的时间价值，又没有考虑项目建设期、寿命期等众多经济数据，故一般仅用于工程经济数据尚不完整的初步可行性研究阶段。用投资收益率指标评价投资方案的经济效果，需要与同类项目的历史数据及投资者意愿等确定的基准投资收益率 i_c 作比较。

例题 4-5：某投资项目的投资与收益情况如表 4-4 所示，试计算其投资利润率。

表 4-4　某项目投资收益情况表

年序 / 年	0	1	2	3	4	5	6
投资 / 万元	100						
利润 / 万元		10	12	12	12	12	14

解：根据公式可得

$$投资利润率 = \frac{A}{I} \times 100\% = \frac{12}{100} \times 100\% = 12\%$$

4. 投资收益率优缺点

投资收益率指标的优点：计算简便，能够直观地衡量项目的经营成果，可适用于各种投资规模的项目。

投资收益率指标的缺点：没有考虑投资收益的时间因素，忽视了资金具有时间价值的重要性，指标的计算主观随意性太强。在指标计算中，对于应该如何计算投资资金占用，如何确定利润，都带有一定的不确定性和人为因素，因此，以投资收益率指标作为主要的决策依据是不太可靠的。

5. 投资收益率的其他表现形式

投资收益率是一个综合性的指标，在进行项目经济评价时，根据分析目的的不同，投资收益率 R 常用的具体形式有投资利润率、投资利税率、资本金利润率等。

（1）投资利润率

它是考察项目单位投资盈利能力的静态指标，其计算公式为

$$投资利润率 = \frac{年利润总额或年平均利润总额}{项目总投资} \times 100\% \quad (4-13)$$

式中：

$$年利润总额 = 年销售收入 - 年销售税金及附加 - 年总成本费用 \quad (4-14)$$

（2）投资利税率

它是考察项目单位投资对国家积累的贡献水平，其计算公式为

$$投资利税率 = \frac{年利税总额或年平均利税总额}{项目总投资} \times 100\% \quad (4-15)$$

式中

$$年利税总额 = 年销售收入 - 年总成本费用 \quad (4-16)$$

或

$$年利税总额 = 年利润总额 + 年销售税金及附加 \quad (4-17)$$

（3）资本金利润率

它是反映投入项目的资本金的盈利能力，其计算公式为

$$资本金利润率 = \frac{年利润总额或年平均利润总额}{资本金} \times 100\% \quad (4-18)$$

对于投资利润率与资本金利润率来说，根据年利润率的含义不同，还可以分为所得税前与所得税后的投资利润率与资本金利润率指标。

 学学做做

某项目总资金为 2400 万元，其中资本金为 1900 万元，项目正常生产年份的销售收入为 1800 万元，总成本费用 924 万元（含利息支出 60 万元），销售税金及附加 192 万元，所得税税率 33%，试计算该项目的总投资利润率、投资利税率、资本金利润率。

参考答案：

年利润总额 =1800−924−192=684（万元）

年应纳所得税 =684×33%=225.72（万元）

年税后利润 =684−225.72=458.28（万元）

总投资利润率 =684÷2400×100%=28.5%

投资利税率 =(648+192)÷2400×100%=36.5%

资本金利润率 =458.28÷1900×100%=24.12%

 课后训练

一、单选题

1. 静态投资回收期指标的优点是（　　）。

A. 经济意义明确，计算简便　　　　　　B. 能准确衡量项目投资收益的大小
C. 考虑的整个计算期的经济效果　　　　D. 能正确地识别项目的优势

2. 投资收益率是（　　）的比率。
A. 年销售收入与方案投资总额　　　　　B. 年净收益总额与方案投资总额
C. 年销售收入与方案固定资产　　　　　D. 年净收益总额与方案固定资产

3. 在经济评价中，正确的说法是，如果投资收益率（　　），则方案可以考虑接受。
A. 大于零　　　　　　　　　　　　　　B. 大于银行贷款利率
C. 大于基准投资收益率　　　　　　　　D. 大于银行存款利率

4. 某建设项目固定资产投资为 5000 万元，流动资金为 450 万元，项目投产期年利润总额为 900 万元，达到设计生产能力的正常年份年利润总额为 1200 万元，则该项目正常年份的总投资利润率为（　　）。
A. 17%　　　　　B. 18%　　　　　C. 22%　　　　　D. 24%

5. 投资回收期是反映（　　）的重要指标。
A. 项目投资回收能力　B. 项目盈利能力　C. 项目还债能力　D. 项目投资效率

6. 通过静态投资回收期与（　　）的比较，可以判断方案是否可行。
A. 项目寿命期　　B. 项目建设期　　C. 基准投资回收期　D. 动态投资回收期

7. 与计算静态投资回收期无关的量是（　　）。
A. 现金流入　　　B. 现金流出　　　C. 净现金流量　　D. 基准收益率

8. 下列指标中属于静态分析指标的是（　　）。
A. 净现值　　　　　　　　　　　　　　B. 内部收益率
C. 总投资收益率　　　　　　　　　　　D. 净现值

9. 资本金净利润率是指投资方案建成投产并达到设计生产能力后一个正常生产年份的（　　）的比率。
A. 利润总额与建设投资　　　　　　　　B. 年净利润与建设投资
C. 年净利润与技术方案资本金　　　　　D. 年息税前利润与项目总投资

10. 某技术方案的总投资 1500 万元，其中债务资金 700 万元，技术方案在正常年份年利润总额 400 万元，所得税 100 万元，年折旧费 80 万元，则该方案的资本金净利润率为（　　）。
A. 47.5%　　　　B. 26.7%　　　　C. 37.5%　　　　D. 42.9%

11. 某建设项目总投资为 3500 万元，估计以后每年的平均净收益为 500 万元，则该项目的静态回收期为（　　）。
A. 8 年　　　　　B. 9 年　　　　　C. 7 年　　　　　D. 6 年

12. 将计算出的静态投资回收期 P_t 与所确定的基准投资回收期 P_c 进行比较，若方案可以考虑接受，则（　　）。
A. $P_t < 0$　　　B. $P_t > P_c$　　　C. $P_t \geq 0$　　　D. $P_t \leq P_c$

二、多选题

1. 投资收益率指标的优点包括（　　）。
A. 考虑了投资收益的时间因素　　　　　B. 经济意义明确
C. 是投资决策的主要依据　　　　　　　D. 反映了投资效果的优劣
E. 可适用于各种规模的投资

2. 关于静态投资回收期，正确的说法有（　　）。
A. 如果方案的静态投资回收期大于基准投资回收期，则方案可以考虑接受
B. 如果方案的静态投资回收期小于基准投资回收期，则方案可以考虑接受
C. 如果方案的静态投资回收期大于方案的寿命期，则方案盈利

D. 如果方案的静态投资回收期小于方案的寿命期，则方案盈利

E. 在通常的情况下，方案的静态投资回收期小于动态的投资回收期

三、计算题

1. 某项目估计建设投资为 1000 万元，全部流动资金为 200 万元，建设当年即投产并达到设计生产能力，各年净收益均为 270 万元。则该项目的静态投资回收期为多少年？

2. 某技术方案的净现金流量见表 4-5。试计算该方案的静态投资回收期。

表 4-5　某技术方案的净现金流量

计算期 / 年	0	1	2	3	4	5	6
净现金流量 / 万元	—	−1500	400	400	400	400	400

3. 某项目财务现金流量表的数据见表 4-6，试计算该项目的静态投资回收期。

表 4-6　某项目财务现金流量

计算期 / 年	0	1	2	3	4	5	6	7	8
净现金流量 / 万元	—	−800	−1000	400	600	600	600	600	600
累计净现金流量 / 万元	—	−800	−1800	−1400	−800	−200	400	1000	1600

参考答案

一、单选题

1. A　2. B　3. C　4. C　5. A　6. C　7. D　8. C　9. C　10. C　11. C　12. D

二、多选题

1. BCE　2. BD

三、计算题

1. 解析：静态投资回收期为（1000+200）/270=4.44（年）

2. 静态投资回收期为：4.75 年

3. 静态投资回收期为：5.33 年

任务 3　动态评价指标分析

考虑资金时间价值的评价方法叫动态评价方法。动态评价方法以等值计算公式为基础，采用复利计算方法，把投资方案中发生在不同时点的现金流量转换成同一时点的值或者等值序列，计算出方案的特征值（指标值），然后依据一定的标准在满足时间可比的条件下，进行评价比较，以确定满意方案。与静态评价指标相比，动态评价指标考虑了在方案经济寿命期限内投资、成本和收益随时间而发生变化的真实情况，能够体现真实可靠的技术经济评价。下面介绍几种常用的动态评价指标。

技能点 1　动态投资回收期（P_D）计算

1. 含义

动态投资回收期是指在考虑了资金时间价值的情况下，以项目每年的净收益回收项目全部投资所需

要的时间。

2. 计算

动态回收期是考虑资金的时间价值时收回初始投资所需的时间,其计算公式如下。

$$\sum_{t=0}^{P_D}(CI-CO)(1+i_c)^{-t}=0 \quad (4-19)$$

式中,P_D为动态投资回收期。该值是按基准收益率将各年净收益和投资折现,使净现值刚好等于零的计算期期数。它也可以用全部投资的财务现金流表中的累计净现值计算求得,即

$$P_D = 累计净现值出现正值的年份数 - 1 + \frac{|上年累计净现值|}{当年净现值} \quad (4-20)$$

3. 判别准则

设基准动态投资回收期为 P_D,若 $P_D \leqslant P_c$,项目被接受,否则,$P_D > P_c$,项目应予以拒绝。

例题 4-6:某项目有关数据如表 4-7 所示,试计算该项目的动态投资回收期,并对项目的可行性进行判断(i_c=10%)。设 P_c=9 年。

表 4-7 某项目的有关数据

年份	0	1	2	3	4	5	6	7	8~N
净现金流量/元	-6000	0	0	800	1200	1600	2000	2000	2000
累计净现金流量/元	-6000	-6000	-6000	-5200	-4000	-2400	-400	1600	3600

解:计算过程见表 4-8。将数据代入公式,得

$$P_D = 9 - 1 + \frac{497.6}{848.2} \approx 8.59(年) < 9(年)$$

故该方案可以接受。

表 4-8 项目计算过程

年份	0	1	2	3	4	5	6	7	8	9	0~N
净现金流量/元	-6000	0	0	800	1200	1600	2000	2000	2000	2000	2000
累计净现金流量/元	-6000	-6000	-6000	-5200	-4000	-2400	-400	1600	3600	5600	
现值系数	1	0.9091	0.8264	0.7513	0.683	0.6209	0.5645	0.5132	0.4665	0.4241	
净现值/元	-6000	0	0	601	819.6	993.5	1128.9	1026.3	933	848.2	
累计折现值/元	-6000	-6000	-6000	-5399	-4579.3	-3585.8	-2456.9	-1430.6	-497.6	350.6	

学学做做

某项目的有关数据见表 4-9,试计算该项目的动态投资回收期。

表 4-9 项目有关经济数据　　　　　　　　　　　　　　　　　单位:万元

年份	0	1	2	3	4	5	6	7
投资	20	500	100					
经营成本				300	450	450	450	450
销售收入				450	700	700	700	700

参考答案:动态投资回收期 5.84 年。

技能点 2 净现值（NPV）计算

1. 净现值法含义

净现值是指按一定的折现率（基准收益率）将方案寿命期内各年的净现金流量折现到计算基准年（通常是期初，即第 0 年）的现值的代数和，净现值是评价项目盈利能力的绝对指标。

2. 净现值计算

净现值的计算公式如下：

$$NPV = \sum_{t=0}^{n}(CI-CO)_t(1+i_0)^{-t} \tag{4-21}$$

式中 NPV——净现值；

$(CI-CO)_t$——第 t 年的净现金流量；

i_0——基准收益率（基准折现率）；

n——项目计算期。

3. 净现值判别标准

净现值用于投资方案的经济评价时其判别准则如下：

当 $NPV>0$ 时，说明方案可行。表示投资方案实施后的投资收益水平不仅能达到基准收益率的水平，而且会有盈余，即项目的盈利能力超过其投资收益期望水平。

当 $NPV=0$ 时，说明方案可考虑接受。表明投资方案实施后的投资收益水平恰好达到基准收益率的水平，即项目的盈利能力达到所期望的最低盈利水平。

当 $NPV<0$ 时，说明方案不可行。表明投资方案实施后的投资收益水平不能达到基准收益率的水平，即项目的盈利能力比较低，甚至有可能出现亏损。

对于多方案经济比选时，要考虑以下几个方面的问题，这一部分将在后面的部分详细讲解。

① 当各方案的产出和投入值均不相同，且都可用货币形态表示时，可直接计算各方案的净现值，净现值最大的方案即为经济上最有利的方案。

② 当各比较方案的产出价值都相同，或各方案均满足同样的需要，达到同样的目的，但其产出效益难以用货币形态表示时，可以通过计算各方案费用现值来进行比较，则费用最小的方案即为经济上最有利的方案。此时费用现值为

$$PC = \sum_{t=0}^{n}CO(1-i_o)^{-t} = \sum_{t=0}^{n}CO_t(P/F,i_o,t) \tag{4-22}$$

③ 者各方案的总费用基本相等，则效益现值最大的方案最优。此时效益现值为

$$PB = \sum_{t=0}^{n}CI_t(1+i_o)^{-t} = \sum_{t=0}^{n}CI_t(P/F,i_o,t) \tag{4-23}$$

4. 净现值优缺点

净现值指标的优点主要表现在净现值指标考虑了资金的时间价值及项目在整个寿命期内的经济状况；经济意义明确、直观，能够直接以货币额表示项目的净收益，能直接说明项目投资额与资金成本之间的关系。

净现值指标的不足之处在于在进行净现值指标评价时必须首先确定一个符合经济现实的基准收益率，而基准收益率的确定往往比较困难，不能直接说明在项目运营期间各年的经营成果，不能真正反映投资中单位投资的使用效果。

例题 4-7：某项目的各年现金流量如表 4-10 所示，试用净现值指标判断项目的经济性（$i_0=15\%$）。

表 4-10　投资项目的各年现金流量

年份 / 年	0	1	2	3	4～19	20
投资支出 / 万元	40	10				
经营成本 / 万元			17	17	17	17
收入 / 万元			25	25	30	50
净现金流量 / 万元	−40	10	8	2	13	33

解：将表中各年净现金流量代入公式，得

$$NPV = -40 - 10(P/F,15\%,1) + 8(P/F,15\%,2) + 8(P/F,15\%,3)$$
$$+ 13(P/A,15\%,16)(P/F,15\%,3) + 33(P/F,15\%,20)$$
$$= -40 - 10 \times 0.8696 + 8 \times 0.7561 + 8 \times 0.6575$$
$$+ 13 \times 6.9542 \times 0.6575 + 33 \times 0.0611$$
$$= 24.07（万元）$$

由于 NPV＞0，故此项目在经济效果上是可以接受的。

 学学做做

某技术方案的净现金流量见表 4-11。若基准收益率为 6%，试计算该方案的财务净现值为多少。

表 4-11　某项目净现金流量情况

计算期 / 年	0	1	2	3
净现金流量 / 万元	−1000	200	400	800

参考答案：$FNPV = -1000 + 200/(1+6\%) + 400/(1+6\%)^2 + 800/(1+6\%)^3 = 216.37$（万元）

知识点 1　净现值函数

净现值函数曲线是理解项目投资评价理论的工具，尤其是对差额内部收益率与各方案的内部收益率及净现值之间复杂的关系，可以借助净现值函数曲线加深理解，见图 4-1。

所谓净现值函数是指净现值与折现率之间的一种变化关系，具有以下特点。

① 同一现金流量的净现金值随折现率增大而减小。即折现率 i 越大，净现值 NPV 越小，能被接受的方案越少。

② 在某 i^* 值上曲线与横轴相交，表示该折现率下的净现值为零。

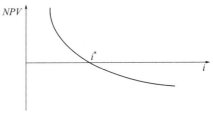

图 4-1　净现值函数关系图

当 $i > i^*$ 时，$NPV(i) < 0$；$i < i^*$ 时，$NPV(i) > 0$。

i^* 是一个具有重要经济意义的折现率临界值，即项目的内部收益率。

③ 曲线不同点上切线的斜率表明 NPV 对折现率 i 的敏感性；i 从一个数值变为另一个值时，若按净现值最大原则优选方案，可能出现前后相悖的情况。

④ 多方案曲线图中，曲线与曲线之间至少应有一个交点。

如果已知某投资方案各年的净现金流量，则该方案的净现值就完全取决于所选用的折现率。折现率越大，净现值就越小；折现率越小，净现值就越大。随着折现率的逐渐增大，净现值将由大变小，由正变负。

例题 4-8：设 i 分别取 15%、20%，分别评价 A、B、C 三个项目方案。项目现金流量如表 4-12

所示,寿命期均为10年,试评价方案的优劣。

表 4-12　各方案的现金流量　　　　　　　　　　　单位:万元

方案	期初投资	寿命期内各年净收益	$i=15\%$	$i=20\%$
A	5000	1400	2026.6	868.8
B	8000	1900	1536.1	−35.2
C	10000	2500	2547.5	480

解:根据公式可得

$i=15\%, (P/A,15\%,10)=5.019$

$NPV_A = -5000 + 1400(P/A,15\%,10) = 2026.6$(万元)

$NPV_B = -8000 + 1900(P/A,15\%,10) = 1536.1$(万元)

$NPV_C = -10000 + 2500(P/A,15\%,10) = 2547.5$(万元)

$NPV_C > NPV_A > NPV_B$,所以C方案优。

$i=20\%, (P/A,20\%,10)=4.192$

$NPV_A = -5000 + 1400(P/A,20\%,10) = 868.8$(万元)

$NPV_B = -8000 + 1900(P/A,20\%,10) = -35.2$(万元)

$NPV_C = -10000 + 2500(P/A,20\%,10) = 480$(万元)

$NPV_A > NPV_C > NPV_B$,所以A方案优。

由此可见,在基准折现率变动情况下,按净现值判别准则选择项目不一定会遵循原有的项目排列顺序。

技能点 3　净现值率计算

净现值指标用于多个方案的比选时,没有考虑各方案投资额的大小,因而不能直接反映资金的利用效率,为了考察资金的利用效率,通常采用净现值率作为净现值的辅助指标。

1. 含义

净现值率是指项目的净现值与投资总额现值的比值,其经济含义是单位投资现值所能带来的净现值,是考察项目单位投资的盈利能力的指标。

2. 计算

净现值率是一种动态投资收益指标,用于衡量不同投资方案的获利能力大小,说明某项目单位投资现值所能实现的净现值大小。净现值率小,单位投资的收益就低,净现值率大,单位投资的收益就高。其计算公式为

$$NPVR = \frac{NPV}{K_p} = \frac{\sum_{t=0}^{n}(CI-CO)_t(1+i_0)^{-t}}{\sum_{t=0}^{n}K(1+i_0)^{-t}} \quad (4-24)$$

式中　$NPVR$——净现值率;

　　　K_p——项目总投资现值。

对于多方案比较时,由于净现值是一个绝对指标,尽管在项目评价中,可以直接反映方案或项目超过基准收益率的收益绝对额,但它不能反映项目的资金利用效率,所以当用净现值来评价方案时,往往会得出投资大的方案优的结论。可是投资大的方案单位投资效果或许还不如投资小的方案,因此对于投资不同的方案,除进行净现值比较外,必要时还应进一步计算净现值率。

这是由于用净现值选择方案，倾向于选择投资大、盈利相对较高的方案，而用净现值率选择方案，则倾向于选择投资小而单位经济效益高的方案。在资金短缺的情况下，净现值率的应用就显得十分必要了。因此，在实际工作中，两个指标应视具体情况结合使用。

例题 4-9：某工程项目拟订出两套方案，方案各年的收支情况如表 4-13 所示，i_0=10%，试用 NPV 和 NPVR 两种指标对方案进行评价（各年的现金流均发生在年初）。

表 4-13　项目的技术经济指标　　　　　　　　　　　　　　　单位：万元

年份/年	A 方案		B 方案	
	投资	收入	投资	收入
1	3000		4000	
2	1000		2000	
3		1000		3000
4		2500		3000
5	700	3500		5000
6		3000	1200	3000
7		3000		2000
8		1000		1000

解：① A 方案计算如下。

$NPV = -3000 - 1000(P/F,10\%,1) + 1000(P/F,10\%,2) + 2500(P/F,10\%,3)$
$\quad + (3500-700)(P/F,10\%,4) + 3000(P/F,10\%,5) + 3000(P/F,10\%,6)$
$\quad + 1000(P/F,10\%,7)$

$= 4777.35$（万元）

$K_p = 3000 + 1000(P/F,10\%,1) + 700(P/F,10\%,4) = 4387.2$（万元）

所以 $NPVR = \dfrac{NPV}{K_p} = \dfrac{4777.35}{4387.2} \approx 1.09$

② B 方案计算如下。

$NPV = -4000 - 2000(P/F,10\%,1) + 3000(P/F,10\%,2) + 3000(P/F,10\%,3)$
$\quad + 5000(P/F,10\%,4) + (3000-1200)(P/F,10\%,5) + 2000(P/F,10\%,6)$
$\quad + 1000(P/F,10\%,7)$

$= 5098.72$（万元）

$K_p = 4000 + 2000(P/F,10\%,1) + 1200(P/F,10\%,5) = 6563.28$（万元）

所以 $NPVR = \dfrac{NPV}{K_p} = \dfrac{5098.72}{6563.28} \approx 0.777$

如果资金充足则可以选择 B 方案，否则选 A 方案。

从此案例可以看出，B 方案的净现值大于 A 方案的净现值。若只用净现值指标进行比较，B 方案优于 A 方案。由于 B 方案投资大，其净现值率小于 A 方案，A 方案的单位投资效果明显优于 B 方案。所以用什么指标方案评价，要视具体情况而定。净现值率主要用于多个独立投资方案进行比选时的优劣排序。

3. 判别准则

对于单一项目而言，若 $NPV \geq 0$，则 $NPVR \geq 0$；若 $NPV < 0$，则 $NPVR < 0$，判别准则与净现值相同，即净现值率大的方案。

4. 净现值率优缺点

优点：从动态角度反映项目投资的资金投入与净产出之间的关系。

缺点：无法直接反映投资项目的实际收益率水平。

学学做做

用来评价投资方案经济效果的净现值率指标是指项目净现值与（　　）的比值。
A. 固定资产投资总额　　　　　　　　B. 建筑安装工程投资总额
C. 项目全部投资现值　　　　　　　　D. 建筑安装工程全部投资现值
参考答案：C

技能点 4　效益费用比法（B/C）

1. 效益费用比法计算

效益费用比法又简称益费比，是常用来衡量项目或方案经济效果的一项技术经济指标。该方法的实质是根据项目分析期内所获得的效益与所支付的费用的比值状况来对项目进行经济评价。效益费用比法可以是总效益与总费用之比，也可以是年效益与年费用之比。其公式为：

$$BCR = \frac{B}{C} = \frac{PB}{PC} = \frac{EWA_R}{EWA_C} \quad (4-25)$$

式中　B——效益；
　　　C——费用；
　　　PB——效益现值；
　　　PC——费用现值；
　　　EWA_R——效益年值；
　　　EWA_C——费用年值。

2. 判别准则

对单一方案，若 $\frac{B}{C} \geq 1$，则项目应予接受；若 $\frac{B}{C} < 1$，则项目应予拒绝。

对多方案（实际上各个方案首先都要通过绝对效果检验）：若各方案投入相等，则比较 $\frac{B}{C}$ 值，且 $\frac{B}{C}$ 大的方案优；若各方案产出相等，则比较 $\frac{B}{C}$ 值，且 $\frac{B}{C}$ 大的方案优；若各方案投入和产出均不等，则比较增量效益费用比 $\frac{\Delta B}{\Delta C}$，如果 $\frac{\Delta B}{\Delta C} \geq 1$，选用费用较高的方案，否则，选用费用较低的方案。

这里需要指出的是，在进行多方案比选时，如果各方案的比较年限相同，则利用现值、年值比较均可，若各方案的比较年限不相同，则用年值来比较。

技能点 5　净年值（NAV）计算

1. 含义

净年值是指通过资金时间价值的计算，将项目的净现值换算为项目计算期内各年的等额年金，是考察项目投资盈利能力的指标。

2. 计算

在运用过程中，净年值可通过净现值来计算，净年值的计算表达式为：

$$NAV = \left[\sum_{t=0}^{n} (CI - CO)_t (P/F, i_0, t) \right] (A/P, i_0, t) \quad (4-26)$$

式中　　NAV——净年值；
　　　　i_0——基准收益率；
$(P/F, i_0, t)$——现值系数；
$(A/P, i_0, t)$——资金回收系数。
其他字母符号意义同前。

将式（4-26）与式（4-21）相比较可知，净年值与净现值两个指标的比值为一个常数，故在评价方案时，结论是一致的。因此，就项目的评价结论而言，净年值与净现值是等价指标，具有相同的基本性质，见图4-2。净现值给出的信息是项目在整个寿命期内获得的超出最低期望盈利的超额净收益现值；净年值则给出项目在寿命期内每年的等额超额净收益。由于在某种决策结构形式下，采用净年值比采用净现值更为简便和易于计算，特别是净年值指标可直接用于寿命期不等的多方案比较，故净年值指标在经济评价指标体系中占有相当重要的地位。

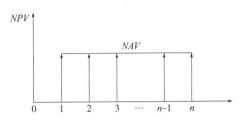

图4-2　净年值与净现值的现金流量关系

3. 判别准则

由 NAV 的计算公式可以看出，NAV 实际上是 NAV 的等价指标，即对于单个投资方案来讲，用净年值进行评价和用净现值进行评价其结论是一样的，其评价准则是对单一项目方案，若 $NAV \geq 0$，则项目在经济效果上可行；若 $NAV < 0$，则项在经济效果上不可行。

例题4-10： 某企业拟购买一台设备，其购置费用为35000元，使用寿命为4年，第4年末的残值为3000元，在使用期内，每年的收入为19000元，经营成本为6500元，见图4-3。若给出标准收益率10%，用净年值指标分析投资的可行性。

解：根据计算公式可得

$NAV=(-35000)(A/P, 10\%, 4)+19000-6500$
　　　$+3000(A/F, 10\%, 4)$
　　$=-35000×0.3155+12500+3000×0.2155$
　　$=2104$（元）

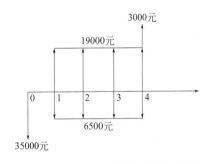

图4-3　设备购置方案的现金流量图

因 $NAV=2104 \geq 0$，所以该项投资是可行的。

净年值指标主要用于寿命期不同的多方案评价与比较，特别是寿命周期相差较大或寿命周期的最小公倍数较大时的多方案评价与比较。

 学学做做

1. 净年值法使计算期不等的互斥方案具有可比性的原因在于（　　）。
   A. 净年值法实际上假定了各方案可以无限多次重复实施
   B. 净年值法以"年"为时间单位比较各方案的经济效果
   C. 净年值法以方案中最短的计算期作为各方案的共同计算期
   D. 净年值法避免了重复性假设
   参考答案：B

2. 某投资方案的净现金流量如图4-4所示，设 $i_c=10\%$，求该方案的净年值。

参考答案：净年值为1311万元。

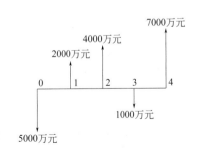

图4-4　投资方案现金流量图

技能点 6 内部收益率（IRR）计算

1. 概念

内部收益率是指项目在整个计算期内各年净现金流量的现值之和等于零时的折现率，也就是项目的净现值等于零时的折现率。

由于内部收益率所反映的是方案所能达到的收益率水平，其大小完全取决于方案本身，因此称作内部收益率。

2. 计算

由内部收益率的含义可知，当用净现值等于零的概念求解时，其计算公式为：

$$\sum_{t=0}^{n}(CI-CO)_t(1+IRR)^{-t}=0 \quad (4-27)$$

式中，IRR 为方案（或项目）的内部收益率。

由式（4-27）可知，n 一定的情况下，随着 IRR 的增加，NPV 呈递减趋势，当 $IRR>0$ 时，随着 t 的增加，NPV 也呈递减趋势。

根据项目净现金流量的特点，总有一个 IRR 值会使得 $NPV=0$。而这个 IRR 值是由项目本身的投资与净现金流量决定的，故称为内部收益率。

3. 判断准则

根据净现值与折现率的关系，以及净现值指标在方案评价时的判别准则，可以很容易地导出用内部收益率指标评价投资方案的判别准则，即若 $IRR \geq i_0$，则方案可以考虑接受；若 $IRR<i_0$，则方案不可行。

式（4-27）是一个高次方程，不容易直接求得，通常采用线性插值法求得 IRR 的近似值，见图 4-5。内部收益率的基本计算步骤如下。

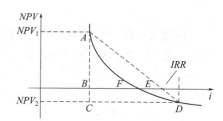

图 4-5 IRR 的近似计算图解

① 首先根据经验，选定一个适当的折现率 i_0。
② 根据投资方案的现金流量情况，利用选定的折现率 i_0，求出方案的净现值 NPV。
③ 若 $NPV>0$，则适当使继续增大 i_0；若 $NPV<0$，则适当使继续减小 i_0。
④ 重复步骤③，直至找到这样的两个折现率 i_1 和 i_2，其所对应的净现值 $NPV_1>0$，$NPV_2<0$，由于上式的计算的误差与 i_1-i_2 的大小有关，因此为了控制误差，一般两者的差应控制在 $2\% \leq |i_2-i_1| \leq 5\%$。
⑤ 采用线性插值公式求出内部收益率的近似解，具体做法是根据式（4-21），通过试算找出两个折现率 i_1 和 i_2 以及对应的 NPV_1 和 NPV_2，然后根据式（4-28）计算 IRR。

$$IRR = i_1 + (i_2-i_1)\frac{NPV_1}{NPV_1+|NPV_2|} \quad (4-28)$$

式中　i_1——试算的低折现率；

　　　i_2——试算的高折现率；

　　NPV_1——低折现率对应的折现值；

　　NPV_2——高折现率对应的折现值。

4. 适用条件

对于内部收益率的计算，我们通常都是采用上述步骤及公式求出的。但有时却不能得出正确的解。因为内部收益率公式具有适用条件，即只适用于常规方案。

所谓常规方案，是在寿命期内除建设期或者投产初期的净现金流量为负值以外，其余年间均为正值。寿命期内净现金流量的正负号只从负到正变化一次，且所有负现金流量都出现在正现金流量之前。

5. 内部收益率经济含义

工程依靠本身的效益回收投资费用的能力，或者说通过投资等活动，工程本身所能取得经济报酬的能力。也就是说，在这样的内部收益率情况下，该工程在整个计算分析期内的效益现值恰好等于该工程的费用现值，即 $PB=PC$。

例题 4-11：某工厂购置某设备，估计投入生产后，在头四年中每年可收益 10000 元，第五年可收益 8000 元，第六年可收益 6000 元，第七年可收益 4000 元，第八年可收益 2000 元，第八年末的净残值为 25000 元，设备的购置成本为 50000 元，该设备的内部收益率为多少？

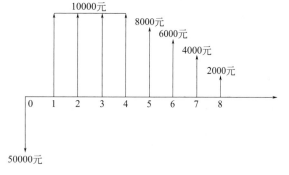

图 4-6 现金流量图

解：画现金流量图如图 4-6 所示。

解：令 $NPV=0$，则有

$$NPV = 10000(P/A, i_0, 4) + 8000(P/F, i_0, 5) + 6000(P/F, i_0, 6) \\ + 4000(P/F, i_0, 7) + (25000+2000)(P/F, i_0, 8) - 50000 = 0$$

令 $i_1 = 10\%$ 代入上式，则有

$$NPV_1 = 10000(P/A, 10\%, 4) + 8000(P/F, 10\%, 5) + 6000(P/F, 10\%, 6) \\ + 4000(P/F, 10\%, 7) + (25000+2000)(P/F, 10\%, 8) - 50000 = 4701.59 > 0$$

令 $i_2 = 12\%$ 代入上式，则有

$$NPV_2 = 10000(P/A, 12\%, 4) + 8000(P/F, 12\%, 5) + 6000(P/F, 12\%, 6) \\ + 4000(P/F, 12\%, 7) + (25000+2000)(P/F, 12\%, 8) - 50000 = 666.38 > 0$$

令 $i_3 = 15\%$ 代入上式，则有

$$NPV_3 = 10000(P/A, 15\%, 4) + 8000(P/F, 15\%, 5) + 6000(P/F, 15\%, 6) \\ + 4000(P/F, 15\%, 7) + (25000+2000)(P/F, 15\%, 8) - 50000 = -4548.52 < 0$$

内部收益率介于 12% ~ 15%，则有

$$IRR = 12\% + \frac{666.38}{666.38 + |-4548.52|} \times (15\% - 12\%) \approx 12.38\%$$

6. 内部收益率指标的优点与不足

（1）内部收益率指标的优点

① 考虑了资金的时间价值及项目在整个寿命期内的经济状况；

② 能够直接衡量项目的真正投资收益率；

③ 不需要事先确定一个基准收益率，只需要知道基准收益率的大致范围即可，这一点优于净现值、净年值等方法。

（2）内部收益率指标的不足

① 因 *IRR* 指标是根据方案本身数据计算得出的，而不是专门给定的，所以不能直接反映资金价值的大小；

② 需要大量与投资项目有关的数据，计算比较麻烦；

③ 对于具有非常规现金流量的项目来讲，其内部收益率往往不是唯一的，在某些情况下甚至不存在。

 学学做做

1. 下列关于内部收益率的说法正确的是（   ）。

A. 若内部收益率小于等于基准收益率，则技术方案在经济上可以接受
B. 内部收益率受众多外部参数的影响
C. 对某一技术方案，可能不存在财务内部收益率
D. 内部收益率与净现值成反比

参考答案：C

2. 某项目净现金流量见表4-14。当基准折现率为12%时，试用内部收益率指标判断该项目在经济效果上是否可以接受。

表4-14 项目净现金流量　　　　　　　　　　　　　　　　单位：万元

年末/年	0	1	2	3	4	5
净现金流量	−100	20	30	20	40	40

参考答案：

$IRR = 13.5\% > i_0 = 12\%$，方案是可行的。

技能点 7　差额内部收益率计算

1. 差额内部收益率含义

差额内部收益率是相比较的两个方案的各年净流量差额的现值之和等于零时的折现率。

差额内部收益率（ΔIRR）法比选的实质是将投资大的方案和投资小的方案进行对比，考察增量投资能否被其增量收益抵消或抵消有余，即对增量现金流的经济性作出判断。

2. 差额内部收益率计算

在方案寿命期相等的情况下，计算差额内部收益率表达式为：

$$\sum_{t=0}^{n}[(CI-CO)_2-(CI-CO)_1]_t(1+\Delta IRR)^{-t}=0 \quad (4-29)$$

式中，$(CI-CO)_2$ 为投资大的方案年净现金流量；$(CI-CO)_1$ 为投资小的方案年净现金流量。

3. 判别准则

① 若 $\Delta IRR > i_0$（基准收益率），投资大的方案所耗费的增量投资的内部收益率大于要求的基准收益率，则投资（现值）大的方案优；

② 若 $\Delta IRR < i_0$，则投资（现值）小的方案为优；

③ 若 $\Delta IRR = i_0$，两个方案在经济上等值，一般考虑选择投资大的方案。

对于三个（含三个）以上的方案进行比较时，通常采用环比法进行比较，即首先将各方案按投资额现值的大小从小到大进行排序，然后按差额投资内部收益率比较投资额最低和次低的方案，当 $\Delta IRR_{大-小} \geq i_0$ 时，以投资大的方案为优；反之，则以投资小的方案为优。选出的方案再与下一个（投资额第三低的）方案进行比较，以此类推，直到最后一个保留的方案即为最优方案。

例题4-12：有三个互斥方案，寿命期均为10年，$i_0=10\%$，各方案的初始投资和年净收益见表4-15，用差额内部收益率法进行比较。

表4-15 各方案的现金流量

方案	初始投资/万元	年净收益/万元	方案	初始投资/万元	年净收益/万元
A	49	10	C	70	13
B	60	12			

解：① 增设0方案，投资为0，收益为0，将方案按投资额从小到大的顺序排列：0、A、B、C。

② 将A方案与0方案进行比较，差额内部收益率 ΔIRR_{A-0} 满足

$$-49+10(P/A,\Delta IRR,10)=0$$

则求得 $\Delta IRR_{A-0}=15.63>10\%$，所以 A 为当前最优方案。

③ 将 B 方案与 A 方案进行比较，差额内部收益率 ΔIRR_{B-A} 满足

$$-(60-49)+(12-10)(P/A,\Delta IRR,10)=0$$

则求得 $\Delta IRR_{B-A}=12.6\%>10\%$，所以 B 为当前最优方案。

④ 将 C 方案与 B 方案进行比较，差额内部收益率 ΔIRR_{C-B} 满足

$$(70-60)+(13-12)(P/A,\Delta IRR,10)=0$$

则求得 $\Delta IRR_{C-B}=0.1\%<10\%$，所以 B 仍为当前最优方案。

⑤ 通过比较，B 方案为最优方案。

当寿命期不同的方案采用差额投资内部收益率法进行方案比较时，采用两方案年值相等时的折现率计算差额内部收益率更为方便。

 学学做做

某项目有 4 种方案，各方案的投资、现金流量及有关评价指标见表 4-16，若已知基准收益率为 18%，则经过比较最优方案为（　　）。

表 4-16　各方案投资、现金流量及有关评价指标

方案	投资额/万元	IRR	ΔIRR
A	250	20%	
B	350	24%	$\Delta IRR_{B-A}=20.0\%$
C	400	18%	$\Delta IRR_{C-B}=5.3\%$
D	500	26%	$\Delta IRR_{D-B}=31.0\%$

A．方案 D　　　　B．方案 A　　　　C．方案 C　　　　D．方案 B

参考答案：B

 课后训练

一、单选题

1. 下列各项中，技术方案动态分析不涉及的指标是（　　）。
A．净现值　　　B．基准收益率　　　C．投资收益率　　　D．内部收益率

2. 某技术方案的现金流量为常规现金流量，当基准收益率为 8% 时，净现值为 400 万元。若基准收益率变为 10% 时，该技术方案的净现值将（　　）。
A．小于 400 万元　B．大于 400 万元　C．等于 400 万元　D．不确定

3. 某技术方案的初期投资额为 1500 万元，此后每年年末的净现金流量为 400 万元。若基准收益率为 15%，方案的寿命期为 15 年，则该技术方案的净现值为（　　）。
A．839 万元　　　B．1200 万元　　　C．939 万元　　　D．739 万元

4. 某项目的现金流量为第一年末投资 400 万元，第二年末至第十年末收入 120 万元，基准收益率为 8%，则该项目的净现值为（　　）。
A．379.3 万元　　B．323.7 万元　　C．-351 万元　　D．-323.7 万元

5. 当贴现率为 15% 时，某项目的净现值是 340 万元；当贴现率为 18% 时，净现值是 -30 万元，则其内部收益率是（　　）。
A．16.2%　　　　B．17.76%　　　　C．16.5%　　　　D．17.25%

6. 某工程一次投资 100 万元，随后 4 年每年等额收回 40 万元。已知基准贴现率为 8%，则该工程的净现值是（　　）万元。
　　A. −32.48　　　　B. −132.48　　　　C. 32.48　　　　D. 132.48
7. 内部收益率是考察投资项目盈利能力的主要指标。对于具有常规现金流量的投资项目，下列关于其内部收益率的表述中正确的是（　　）。
　　A. 内部收益率是使投资方案在计算期内各年净现金流量累计为零时的折现率
　　B. 内部收益率反映项目自身的盈利能力，它是项目初期投资的收益率
　　C. 内部收益率受项目初始投资规模和项目计算期内各年净收益大小的影响
　　D. 利用内插法求得的内部收益率近似解要大于该指标的精确解
8. 如果内部收益率大于基准收益率，则（　　）。
　　A. 净现值小于零　　B. 净现值大于零　　C. 不确定　　D. 净现值等于零
9. 若分析投资大小对方案资金回收能力的影响，可选用的分析指标是（　　）。
　　A. 投资收益率　　B. 投资回收期　　C. 净现值　　D. 内部收益率
10. 如果技术方案在经济上是可以接受的，其内部收益率应（　　）。
　　A. 小于银行贷款利率　　　　　　B. 大于基准收益率
　　C. 大于银行贷款利率　　　　　　D. 小于基准收益率
11. 对于常规的技术方案，基准收益率越小，则（　　）。
　　A. 净现值越大　　　　　　　　　B. 内部收益率越小
　　C. 内部收益率越大　　　　　　　D. 净现值越小
12. 对于一个特定的技术方案，若基准收益率变大，则（　　）。
　　A. 净现值增大，内部收益率减小　　B. 净现值与财务内部收益率均减小
　　C. 净现值减小，内部收益率不变　　D. 净现值与财务内部收益率均增大
13. 在进行技术方案经济效果评价时，为了限制对风险大、盈利低的技术方案进行投资，可以采取的措施是（　　）。
　　A. 提高基准收益率　　　　　　　B. 提高财务内部收益率
　　C. 降低基准收益率　　　　　　　D. 降低财务内部收益率
14. 某项目的基准收益率 i_0=14%，其净现值 NPV=18.8 万元。现为了计算其内部收益率，分别用 i_1=13%，i_2=16%，i_3=17% 进行试算，得出 NPV_1=33.2 万元，NPV_2=6.1 万元，NPV_3=−10.8 万元。则采用内插法求得的最接近精确解的内部收益率为（　　）。
　　A. 15.31%　　　　B. 15.91%　　　　C. 15.53%　　　　D. 15.51%

二、多选题

1. 常用的投资项目动态评价指标有（　　）。
　　A. 净现值　　B. 静态投资回收期　　C. 内部收益率　　D. 净现值率
　　E. 投资利税率
2. 动态评价指标包括（　　）。
　　A. 内部收益率　　B. 净现值率　　C. 借款偿还期　　D. 净现值
　　E. 偿债备付率
3. 某投资方案的基准收益率为 10%，内部收益率为 15%，则该方案（　　）。
　　A. 无法判断是否可行　　　　　　B. 可行
　　C. 净现值小于零　　　　　　　　D. 不可行
　　E. 净现值大于零

三、计算题

1. 已知某基数方案有如表 4-17 现金流量，设基准折现率为 8%，试计算净现值。

表 4-17　某技术方案净现金流量　　　　　　　　　　　　　　　单位：万元

年份	1	2	3	4	5	6	7
净现金流量/万元	-4200	-4700	2000	2500	2500	2500	2500

2. 某公司 A 项目的现金流量如表 4-18 所示，基准投资回收期为 6 年，基准收益率为 9%，试用动态投资回收期法评价方案是否可行。

表 4-18　A 项目的现金流量　　　　　　　　　　　　　　　　　单位：万元

年份	0	1	2	3	4	5	6	7
净现金流量	-3000	1000	1000	800	400	400	400	200
累计净现金流量	-3000	-2000	-1000	-200	200	600	1000	1200

3. 某企业一投资方案的净现金流量有关数据如表 4-19 所示，基准收益率为 10%，试计算方案的净年值。

表 4-19　某项目的现金流量　　　　　　　　　　　　　　　　　单位：万元

年份	0	1	2	3	4
净现金流量	-4000	2000	3000	-1000	6000

4. 某企业投资 180 万元购置了一部大型机械，该设备使用期内净现金流量均相等，预计可使用 5 年，残值为 0，各年年末的净收益如表 4-20 所示，试求其内部收益率，假设其基准收益率为 15%，试判断项目的可行性。

表 4-20　各年年末的现金净流量　　　　　　　　　　　　　　　单位：万元

年份	0	1	2	3	4	5
净现金流量	-180	60	60	60	60	60

参考答案

一、单选题

1. C　2. A　3. A　4. B　5. B　6. C　7. C　8. B　9. D　10. B　11. A　12. C　13. A　14. D

二、多选题

1. ACD　2. ABD　3. BE

三、计算题

1. NPV=242.76（万元）
2. P_D=5.33（年），方案可行
3. NAV=1149.71（万元）
4. IRR=19.86%，项目可行

单元五　投资方案的类型与评价方法

（一）知识目标

- （1）了解备选方案的类型；
- （2）掌握寿命期相同的互斥方案比较方法；
- （3）掌握寿命期不同的互斥方案比较方法；
- （4）掌握独立方案的比较方法。

（二）能力目标

- （1）能够运用互斥方案的比较方法进行方案的选择；
- （2）能够运用独立方案的比较方法进行方案的选择。

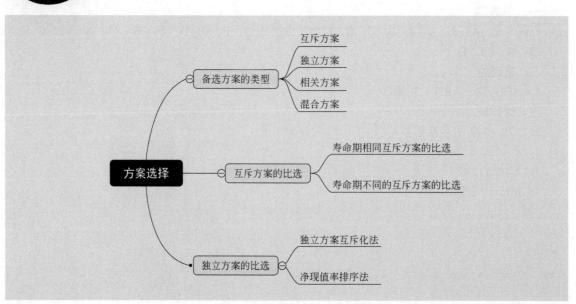

任务1 备选方案类型

知识点 1 项目评价方法概论

在工程方案经济性评价中,除了采用上述经济评价指标,分析该方案评价指标是否达到了标准的要求之外,往往还需要在多个备选方案中进行比选。多方案比选的方法,与备选方案之间管理的类型有关。因此,在分析备选方案及其类型的基础上,讨论如何正确地运用各种评价指标进行备选方案的评价与选择。投资方案经济效益评价一般分为两个基本方法:单方案检验与多方案检验。

1. 单方案检验

单方案检验是指对某个初步选定的投资方案,根据项目收益与费用的情况,通过计算其经济评价指标,确定项目的可行性。单方案检验的方法比较简单,其主要步骤如下:

① 确定项目的现金流量情况,编制项目现金流量表或绘制现金流量图;

② 确定项目的现金流量的经济评价指标,如 NPV,NAV,IRR,P_t 等;

③ 根据公式计算项目的经济评价指标值及相应的判别准则,如 $NPV \geqslant 0$,$NAV \geqslant 0$,$IRR \geqslant i_0$,$P_t \leqslant P_c$ 等来确定项目的可行性。

2. 多方案检验

多方案检验是指根据实际情况对所提出的多个比选方案,通过选择适当的经济评价方法与指标,对各个方案的经济效益进行比较,最终选择出具有最佳效益的方案。与单方案检验相比,多方案的比选要复杂得多,所涉及的影响因素、评价方法以及要考虑的问题都要多,其主要步骤如下:

① 备选方案的筛选。剔除在单方案检验明显不可行的方案。

② 进行方案比选时所考虑的因素。多方案比选可按方案的全部因素计算多个方案的全部经济效益与费用,进行全面的分析与比较,也可以就各个方案的不同因素计算其相对应的经济效益与费用,进行局部的分析对比。另外,还要注意各个方案间的可比性,要遵循效益与费用计算口径相一致的原则。

③ 各个方案的结构类型。对于不同结构类型的方案比选要选用不同的比较方案和评价指标,考察的结构类型所涉及的因素有:方案的计算期是否相同,方案所需的资金来源是否有限制,方案的投资额是否相差过大等。

④ 备选方案之间的关系。备选方案之间的关系不同,决定了所采用的评价方法也会有所不同。

知识点 2 备选方案类型

在工程技术与管理中,人们经常会遇到决策问题,因为设计或计划通常总会面临几种不同的情况,有可能采取几种不同的方案,最后总要选择某一个方案。因此,决策是工程技术和管理过程的核心。

合理的决策过程包括两个主要阶段:一是探寻备选方案,实际上是一项创新活动;二是对不同备选方案作经济衡量和比较,称之为经济决策。由于经济效果是评价和选择的主要依据,因此决策过程的核心问题就是对不同备选方案经济效果的衡量和比较问题。

例如,现有 A、B 两个投资方案,寿命年限相同,其他资料如表 5-1 所示。试问哪个方案有利?

表 5-1 A、B 方案的投资额及评价指标

方案 \ 项目	投资额	净现值	内部收益率
A	200 万元	160 万元	30%
B	300 万元	175 万元	25%

若根据差额指标，因 B 方案的净现值比 A 方案的净现值多 15 万元，似乎 B 方案比 A 方案更有利。但若根据效率指标，显然结论又是 A 方案比 B 方案有利。这样，按照两种方法分别得出的结论是相互矛盾的。

实际上，以上两种结论都是不正确的或者是不完全正确的。我们可以用一个极端的例子来说明这一点。假设另有一方案 C，投资额为 2000 万元，净现值为 160 万元，寿命年限与 A 方案相同。根据差额指标，A 方案与 C 方案是不分优劣的。但 C 方案的投资额却是 A 方案投资额的 10 倍。同样，若另有一方案 D，投资额为 3000 万元，净现值为 1600 万元，内部收益率为 20%，寿命年限与 B 相同。如果根据效益指标，D 方案不如 A 方案和 B 方案有利。但是，A 方案和 B 方案的净现值却是无法与 D 方案相比的。

由此可以看出，在单方案分析中所得出的一些结论（如方案的净现值越大越好，内部收益率越高越好等）是不能直接适用于多方案选择问题的。这是由于在多方案选择的问题中，我们考虑的范围不是一个单独方案，而是一个项目群，我们所追求的不是单一方案的局部最优，而是项目群的整体最优。单一方案的经济性往往不能反映整个项目群的经济性。因此，在多方案选择问题中，除考察每个项目方案的经济性外，还必须研究各项目方案之间的相互关系。

1. 备选方案的类型

（1）根据方案之间存在资源约束关系分类

根据多方案之间是否存在资源约束，多方案可分为有资源限制的结构类型和无资源限制的结构类型。有资源限制结构类型是指多方案之间存在资金、劳动力、材料、设备或其他资源的限制，在工程经济分析中最常见的是投资资金的约束，无资源限制结构类型是指多方案之间不存在上述的资源限制问题，当然这并不是指资源是无限多的，而只是有能力得到足够的资源。

（2）根据方案之间的经济关系分类

通常，按多方案之间的经济关系，一组多方案又可划分为互斥型多方案、独立型多方案、相关型多方案和混合型多方案等。

① 互斥型多方案。在没有资源约束的条件下，在一组方案中选择其中的一个方案则排除了接受其他任何一个方案的可能性，则这一组方案称为互斥型多方案。

② 独立型多方案。在没有资源约束的条件下，在一组方案中选择其中的一个方案并不排斥接受其他的方案，即一个方案是否采用与其他方案是否采用无关，则这一组方案称为独立型多方案，简称独立多方案或独立方案。例如想投资开发几个项目时，这些方案之间的关系就是独立的。

更严格地讲，独立方案的定义是：若方案间加法法则成立，则这方案是彼此独立的。例如．现有 A、B 两个方案（假设投资期为一年），仅向 A 方案投资时，其投资额 200 万元，收益为 260 万元；仅向 B 方案投资时，投资额为 300 万元，收益为 375 万元；以 500 万元同时向两个方案投资时，收益正好为 635 万元，则说明这两个方案间加法法则成立，即 A、B 两个方案是相互独立的。

③ 相关型多方案。在一组方案中，方案之间不完全存在排斥关系，也不完全是独立关系，但一个方案的取舍会导致其他方案现金流量的变化，则这一组方案称为相关型多方案。

④ 混合型多方案。在一组方案中，方案之间有些具有互斥关系，有些具有独立关系，则这一组方称为混合方案。混合方案在结构上又可组合成两种形式。

在一组独立多方案中，每个独立方案下又有若干个互斥方案的形式，这组方案的层次结构如图 5-1 所示。在一组互斥多方案中，每个互斥方案下又有若干个独立方案的类型，这组

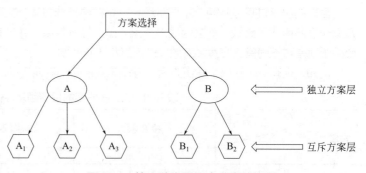

图 5-1 第一种类型混合方案结构图

方案的层次结构如图 5-2 所示。

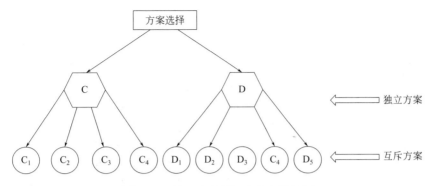

图 5-2　第二种类型混合方案结构图

 学学做做

在若干备选方案中，选择其中一个方案，则其他方案就必然被排斥，这种投资方案类型属于（　　）。

A. 独立方案　　　　B. 互斥方案　　　　C. 相互关系方案　　　　D. 互补方案

参考答案：B

2. 多方案之间的可比性

各项工程在规划、设计、施工和运行管理的各个阶段，往往都会有若干个方案可供比较和选择，那么这些方案是否具有可比性，要满足一些条件。

一般情况下，技术方案都是以自己产品的数量、品种、质量、功能等指标来满足国民经济需要的，所以不同技术方案若要满足需要上的可比条件，必须保证在产量、品种、质量、功能等指标上的可比性。

① 产量的可比条件。两个技术方案对比，如果其产量相同，则其他指标才有可比基础。这里的产量是指不同方案的净产量，而不应以额定产量为标准。因为各种技术方案具有不同的技术特点和条件，这些技术方案所利用的机器设备的额定产量与满足实际需要所必需的机器设备产量是不相等的，它们之间相差一个数量，所以尽管两个技术方案产量相等，但由于在生产流通和消耗过程中损失不同，即真正达到满足社会需要的数量不等，因此不可比。

例如，假定社会需要发电容量 10 万千瓦，发电量 4 亿千瓦时，我们既可以建一个水电站，也可以建一个火电站（比较两个技术方案的优劣）。如果我们就按 10 万千瓦装机容量和 4 亿千瓦时发电量来设计方案，并比较方案的话，则不具有可比条件。因为水电站和火电站本身都需要一部分的电量，同时为保证运转还需要一定的事故用电、抢修用电和负荷备用电，而两种电站的各种用电又不相同。因此，两种电站实际向社会能够提供的电量就不相等了。必须设计一个 11 万千瓦以上发电容量 4.04 亿千瓦时发电量的水电站和一个 12.1 万千瓦以上的发电容量 4.28 亿千瓦时发电量的火电站，这两个技术方案才有相同的净产出，才符合产量的可比性。

② 质量的可比条件。为了满足人民生活的需要，要根据满足需要的使用效果的大小进行对比。对能定量分析的质量（功能）指标则用定量分析方案比较。满足质量方面的可比条件具体来讲有以下几个方面。

第一，两个方案的使用价值有差别。例如，有两个建厂方案，A 是建一个黑白电视机厂，B 是建一个彩色电视机厂。由于这两个方案的使用价值不同，因此，在方案比较时，不能将一台彩电和一台黑白电视机直接相比较。如果一台彩电收视效果相当于三台黑白电视机的使用价值，则应和三台黑白电视机的生产方案相比较。

第二，两个方案的生产规模不同。例如，两个自行车厂，一个年产 300 万辆，一个年产 100 万辆，则这两个建厂方案就不能直接相比。只有用一个年产 300 万辆的方案和三个年产 100 万辆的方案相比较才具备可比性。

第三，两个方案中若某方案能够满足多方面需要，则属于综合利用方案。例如，水电站既能满足电能需要，又能满足农田灌溉的需要，还能满足航行、防洪的需要，如果我们拿这种综合利用的方案与只能满足单一方面需要的火电站方案相比，则不具有直接可比性。必须把这种综合利用的方案和能够满足相同需要的联合方案进行比较；或者把综合利用方案分成若干个单独方案，将总费用进行分摊，然后按单一方案进行比较。

第四，两种方案中某方案除有正效益外，有时还带有负效益。例如，利用农田建立一个工厂，除了工厂未来生产产品外，还会带来农业减产。这时如果将该方案与不会带来农业减产的方案相比，就不具有可比性。必须采取办法使对比方案各方面产量相等，才能相比较。

第五，两种方案中某方案的采用能够提高设备的生产能力。例如，A 方案是对原有设备进行现代化改装，B 方案是对原有方案进行常规修理。由于 A 方案使原有设备的生产效率提高了，提高了设备的生产能力，因此这时两个方案就不能直接比较，必须首先把 B 方案的生产量调整到与 A 方案相同的数量上，才能够进行比较。

③ 满足费用的可比性。所谓费用，包括工程的一次性造价和经常性运行费两部分，且应包括主体工程和配套工程等全部费用。在进行不同的方案比较时，各个方案的费用都应考虑在内，而不应有遗漏。例如，在电力建设工程中，无论考虑水电站方案或火电站方案，其费用都应从一次能源开发工程计算起，至第二次能源转变完成并输电至负荷中心地区为止。因此，水电、火电方案的费用应包括如图 5-3 所示的费用，这样水电、火电开发方案的总费用才具有可比性。

图 5-3　水电、火电方案的费用

关于消耗费用的可比性问题，首要的是对比方案的费用范围，也就是对比方案所采用的费用指标是处于同一范围之内。具体来说，消耗费用的可比性有以下几个方面的问题。

第一，要从社会总体范围考虑消耗费用。每个技术方案的特性和经济特性是不同的，它们在各个方面所消耗的劳动或费用也不相同。为了使各个技术方案能够进行经济效果比较，各个技术方案的消耗费用必须从整个社会或整个国民经济角度出发，即要考虑技术方案的社会全部消耗费用。

第二，要从部门间横向关系的范围考虑消耗费用。在现代化生产中，由于分工愈来愈细，因此国民经济各部门生产之间的关系也愈来愈密切。各部门的生产往往互相依赖，彼此协作。因此，在考虑某方案的消耗费用时，不但要考虑技术方案本部门的各种耗费，而且要考虑与技术有密切横向关系的邻近部门的各种消耗费用。

第三，既要考虑直接费用又要考虑间接费用。有时一个技术方案的实施，除了自身消耗费用以外，还会带来一些间接费用，如技术方案对劳动力、运力和自然资源的占用和物资的消耗所引起的国民经济损失费用，技术方案实施引起的其他部门治理污染的费用等，对这些间接费用也要加以考虑。

第四，消耗费用的范围应统一。前面介绍的消耗费用的几个方面的可比性问题，对于对比方案来说，当然是与其有关的费用考虑得越全面越好。但是，由于在实际工作中，不可能做到将所有相关费用都考虑在内，因此在两个方案比较时，常常是比较其中部分费用，而对于基本相同的部分可以略去。这就要求被比较的费用，其发生的范围必须一致，否则就不能相比。

④ 满足价值的可比性。所谓价值的可比性，是指在进行国民经济评价时，进行效益和费用的计算所采用的价格要能反映其价值。

⑤ 满足时间价值的可比性。不同的方案可能会有不同的建设期，而各年投资的比例也可能不相同；生产期各年的效益和运行费也会不同，为了便于比较，必须把各年的投资、运行费支出和效益收入，根据规定的社会折现率或利率统一折现到计算基准年，求出各方案的总现值，或者折算为平均年值，然后进行方案比较。一般来说，实际工作中所遇到的互斥方案通常具有相同的寿命期，这时两个互斥方案必须具备一个基本的可比性条件。由于资金具有时间价值，不同时间的同样数量的资金是不等值的，因此对方案的比较，必须在时间上具有可比性。

⑥ 满足环境保护、生态平衡等要求的可比性。修建水利工程，应同等程度满足国民经济对环境保护、生态平衡各方面的要求，或者采取补偿措施，使各比较方案都能满足国家规定的要求。例如，修建水库，要考虑工程移民问题，应及时考虑各种补偿投资费用，以便安置库区移民，使他们搬迁后的生活水平不低于原来的水平，对淹没对象应考虑防护工程费或恢复改建费。

任务 2 互斥方案的比较与选择

互斥方案是指方案之间存在互不相容、互相排斥的关系。在对多个互斥方案进行比选时，最多只能选取其中一种。例如某企业欲购买一台设备，有四家生产厂可以提供，因为只能从一家购入，因此它们属于互斥方案。

在方案互斥的决策结构形式下，经济效果评价包含两部分内容：一是考察各方案的自身的经济效果检验；二是考察哪个方案相对最优，即进行相对经济效果检验。两种检验的目的和作用不同，缺一不可。

对于互斥方案决策，要求选择方案组中的最优方案，且最优方案应达到标准的收益率，这就需要进行方案的比选。比选的方案应具有可比性，主要包括计算时间具有可比性，计算的收益与费用的范围、口径一致，计算的价格可比。

学学做做

互斥方案比选的备选方案应满足的条件有（ ）。
A. 备选方案的整体功能应达到目标要求　　B. 备选方案的目的及作用应符合国标需求
C. 备选方案包含的范围和时间应一致　　　D. 备选方案效益和费用的计算口径应一致
E. 备选方案的盈利性应达到可以被接受的水平
参考答案：ACDE

技能点 1 互斥方案比较的静态指标分析

1. 差额投资回收期（P_a）
（1）差额投资回收期（P_a）含义
差额投资回收期是指在比较两个方案时，投资大的方案用每年净收益的增加额或用年经营成本的节约额（假定两方案的销售收入相同）来回收增加的投资所需要的时间。
（2）差额投资回收期计算
计算公式如下：

$$P_a = \frac{K_2 - K_1}{NB_1 - NB_2} = \frac{\Delta K}{\Delta NB} \tag{5-1}$$

或

$$P_a = \frac{K_2 - K_1}{C_1 - C_2} = \frac{\Delta K}{\Delta C} \tag{5-2}$$

式中 K_1，K_2——方案1和方案2的投资额，$\Delta K = K_2 - K_1$；

NB_1，NB_2——方案1和方案2的净现金流量，即净收益额，有 $\Delta NB = NB_1 - NB_2$；

C_1，C_2——方案1和方案2的经营成本额，$\Delta C = C_2 - C_1$。

（3）判断准则

若 $P_a \leq P_c$，应选择投资大的方案，说明在规定的投资回收期限内，多增加的投资能够用净收益的增加额或成本的节约额加以回收；反之，若 $P_a > P_c$，应选取投资额较小的方案。

例题 5-1：某工程项目有甲、乙两个方案，数据如表5-2所示，试比较方案优劣（假设 $P_c = 6$ 年）。

表5-2 甲、乙两方案的数据　　　　　　　　　　　　　　　　　单位：万元

指标 方案	总投资	年销售收入	年经营成本	年税金	年净收益
甲方案	1000	850	400	100	350
乙方案	500	600	350	50	200

解：甲、乙方案的投资回收期分别为

$$P_{a甲} = \frac{1000}{350} \approx 2.86 \text{（年）}$$

$$P_{a乙} = \frac{500}{200} = 2.5 \text{（年）}$$

$P_{a甲}$，$P_{a乙}$ 均小于基准投资回收期 $P_c = 6$ 年，说明两方案都是可行的。

甲、乙两个方案的 $P_{a甲-乙}$ 为

$$P_{a甲-乙} = \frac{K_2 - K_1}{NB_1 - NB_2} = \frac{\Delta K}{\Delta NB} = \frac{1000 - 500}{350 - 200} \approx 3.33 \text{（年）}$$

$P_a \leq P_c$，应选取投资额大的方案，其经济意义是甲方案比乙方案多投资的500万元能够利用每年多增加的净收益在3.33年内回收。

本例是两个方案的比较问题，在进行多方案比较时就有一个比较顺序的问题，一般先选择"环比法"。计算的步骤在前面的章节已经讲过。

 学学做做

现有四个方案，产品产量完全相同，他们的投资和年经营费用如表5-3所示，假设每个方案都是可行的，若 $P_c = 5$ 年，试选取最优方案。

表5-3 四个方案的指标参数　　　　　　　　　　　　　　　　　单位：万元

指标	方案1	方案2	方案3	方案4
投资	28	30	36	42
年经营费用	14	12	11	10

参考答案：方案2是最优方案。

2. 差额投资收益率（R_a）

差额投资收益率是指两个方案比较时，投资大的方案年经营成本节约额与差额投资的比值。也就是单位差额投资所能增加的净收益。其公式为：

$$R_a = \frac{C_1' - C_2'}{I_2 - I_1} \tag{5-3}$$

显然，R_a 与差额投资回收期 P_a 互为倒数。

式中符号与 P_a 中符号相同。当两个方案产量不同时，要化为单位产量的总投资与单位产量的经营成本，然后进行计算。

技能点 2　互斥方案比较的动态指标分析

对互斥方案进行检验主要是依据方案寿命期相等、方案寿命期不等两种情况来进行，采用的经济评价方法主要有净现值法、年值法和内部收益率法。其中，通过计算增量净现金流量评价增量投资经济效果，是互斥方案比选的基本方法。下面就两种不同的情况分别进行讨论。

1. 寿命期相同的互斥方案的比选

寿命期相同的互斥方案的比选方法一般有净现值法、差额内部收益率法、最小费用法等。

学学做做

寿命期相同的互斥方案的比较与选择可采用（　　）法。
A. 年值　　　　B. 最小公倍数　　　　C. 研究期　　　　D. 最小费用
参考答案：D

（1）净现值法

净现值法就是通过计算各个备选方案的净现值并比较其大小而判断方案的优劣，是寿命期相同的多方案比选中最常用的一种方法。净现值法的基本步骤如下：

第一步，分别计算各个方案的净现值，并用判别准则加以检验，剔除 $NPV<0$ 的方案；

第二步，对所有 $NPV\geqslant 0$ 的方案比较其净现值；

第三步，根据净现值最大原则，选择净现值最大的方案为最佳方案。

学学做做

对寿命期相同的互斥方案，比选方法正确的有（　　）。
A. 各备选方案的净现值大于等于零，并且净现值越大，方案越优
B. 各备选方案的净年值大于等于零，并且净年值越大，方案越优
C. 各备选方案的内部收益率大于等于基准收益率，并且内部收益率越大，方案越优
D. 各备选方案产生的效果相同或基本相同，可用最小费用法比选，费用越小，方案越优
E. 各备选方案的净现值率大于等于1，并且净现值率越大，方案越优
参考答案：ABD

例题 5-2：现有 A、B 两个互斥方案，寿命期相同，各年的现金流量如表 5-4 所示，试评价选择方案（i_0=12%）。

解：分别计算 A、B 两个方案和增量投资的 NPV 和 IRR，计算结果列于表 5-4 中。

表 5-4　互斥方案 A、B 的净现金流量及评价指标

项目	年份		NPV/万元	IRR/%
	0 年	1～10 年		
方案 A 的净现金流量/万元	-20	5.8	12.8	26
方案 B 的净现金流量/万元	-30	7.8	14.1	23
增量净现金流量（B-A）	-10	2	1.3	15

$$NPV_A = -20 + 5.8(P/A, 12\%, 10) = 12.8 \text{（万元）}$$
$$NPV_B = -30 + 7.8(P/A, 12\%, 10) = 14.1 \text{（万元）}$$
$$-20 + 5.8(P/A, IRR_A, 10) = 0$$
$$-30 + 5.8(P/A, IRR_B, 10) = 0$$

求得 $IRR_A = 26\%, IRR_B = 23\%$

由于 NPV_A，NPV_B 均大于零，IRR_A，IRR_B 均大于基准收益率12%，所以方案A、B都达到了标准要求，就单个方案评价而言，都是可行的。

问题在于A与B是互斥方案，只能选择其中的一个，按照NPV最大准则，由于 $NPV_A < NPV_B$，则B优于A。但如果按照IRR最大准则 $IRR_A > IRR_B$，则A优于B。两种指标评价的结论是矛盾的。

实际上，投资额不等的互斥方案比选的实质是判断增量投资的经济效果，即投资大的方案相对于投资小的方案多投入的资金能否带来满意的增量收益。

如果投资额小的方案达到了标准的要求，增量投资又能带来满意的增量收益（也达到标准的要求），那么增加投资是有利的，投资额大的方案（可以看做投资额小的方案与增量投资方案的组合）为优；反之，增量投资没有达到标准的要求，则投资额小的方案优于投资额大的方案。

表5-4也给出了B相对于A方案的增量现金流量，同时计算了相应的增量净现值 ΔNPV 和增量内部收益 ΔIRR。

$$\Delta IRR_{B-A} = -10 + 2(P/A, \Delta IRR, 10) = 1.3 \text{（万元）}$$

由方程式有
$$-10 + 2(P/A, \Delta IRR, 10) = 0$$

可解得
$$\Delta IRR = 15\%$$

从表5-4中可以看出，$\Delta NPV > 0$，$\Delta IRR > 12\%$，因此，增加投资有利，投资额大的B方案优于A方案。

上例表明了互斥方案比选的基本方法，即采用增量分析法，计算增量现金流量的增量评价指标，通过增量指标的判别准则，分析增量投资有利与否，从而确定两方案的优劣。净现值、内部收益率、投资回收期等评价指标都可以用于增量分析。

学学做做

某企业现有3个互斥的投资方案，寿命期均为6年，基准收益率为10%，各方案的初始投资和年净收益如表5-5所示，试运用净现值法从3个方案中选择最优方案。

表5-5 投资收益表

方案	初始投资/万元	年净收益/万元
A	45	11
B	50	12
C	56	14

参考答案：C方案是最优方案

（2）差额内部收益率法

内部收益率是衡量项目综合能力的重要指标，也是项目经济评价中经常用到的指标之一。在进行互斥方案的比选时，如果直接用各个方案内部收益率的高低作为衡量方案优劣的标准，往往会导致错误的结论。

互斥方案的比选，实质上是分析投资大的方案所增加的投资能否用其增量收益来补偿，也就是对增量的现金流量的经济合理性做出判断。因此，可以通过计算增量净现金流量的内部收益率（即差额内部收益率）来比选方案，这样就能够保证方案比选结论的正确性。

采用差额内部收益率指标对互斥方案进行比选的基本步骤如下：

第一步，计算各备选方案的 IRR。

第二步，将 $IRR \geq i_0$ 的方案按投资额由小到大依次排列。

第三步，计算排在最前面的两个方案的差额内部收益率 ΔIRR，若 $\Delta IRR \geq i_0$，则说明投资大的方案优于投资小的方案，保留投资大的方案。

第四步，将保留的较优方案依次与相邻方案逐一比较，直至全部方案比较完毕，则最后保留的方案就是最优方案。

例题 5-3：设某经理考虑在 A、B、C 三台设备中选择其中之一。A、B、C 的初始投资和每年年末的收益（未扣除折旧和利息的收入）列在表 5-6 中。这三个设备均可用 10 年，10 年后残值为 0。若基准收益率为 12%，试问选择哪一台设备最有利？设有足够的资金可用。

表 5-6 互斥方案 A、B、C 的现金流量　　　　　　　　　　　　单位：元

设备	初始投资	年收益	设备	初始投资	年收益
A	200000	60000	C	400000	92000
B	300000	80000			

解：若直接用现值法和年金法均可以得出一致的结论，B 方案最好。如果采用内部收益率作为衡量标准来分析该问题，应首先计算各方案的内部收益率。

A 方案：$200000 \times (A/P, IRR, 10) = 60000$，$IRR = 28\%$

B 方案：$300000 \times (A/P, IRR, 10) = 80000$，$IRR = 23\%$

C 方案：$400000 \times (A/P, IRR, 10) = 92000$，$IRR = 19\%$

根据上述的计算结果，A 方案为最优方案，那与用现值法和年金法均可以得出的结论相抵触。问题在于，对于互斥型方案，正确的分析准则是投资增量的报酬率。

由于这三个特定的方案是相互排斥的，因此应求出这些方案的投资增量报酬率，计算如下。

$$200000 \times (A/P, IRR, 10) = 60000, IRR_A = 28\%$$

$$100000 \times (A/P, \Delta IRR_{B-A}, 10) = 20000, \Delta IRR_{B-A} = 15\%$$

$$100000 \times (A/P, \Delta IRR_{C-B}, 10) = 12000, \Delta IRR_{C-B} = 3.5\%$$

把结果绘于图 5-4，并标出基准收益率线 $i = 12\%$。

由于任何一个投资增量内部收益率大于基准收益率的方案都具有经济效益，故本题应该选择该内部收益率为 15% 的 B 方案而舍弃 C 方案。因为 C 方案的投资增量内部收益率仅为 3.5%，远小于 12%。如果某方案的投资增量使内部收益率增量的值大于基准收益率变成小于基准收益率，那么，该方案就没有经济效益，选择过程就应停止。也就是说，前一个方案为最优方案。在投资增量内部收益率非单调减少的情况下，应该先舍去不合格方案，再用投资增量内部收益率法来判别。

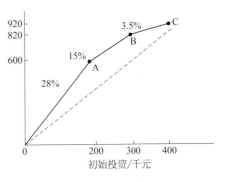

图 5-4 投资增量的内部收益率

当从几个相互排斥的方案中选择一个最优方案时，一般来说，利用现值法或年值法比利用投资增量法要简单一些，但是，若资本成本不能肯定，要制订灵活的决策，投资增量内部收益率就很有用处。

学学做做

已知两个方案 A、B 具体情况如表 5-7 所示，基准收益率为 10%，试用差额内部收益率法进行方案比较。

表 5-7 A、B 两个方案净现金流量　　　　　　　　　　　　　　　　单位：万元

年份	0	1~10
方案 A 的净现金流量	-200	39
方案 B 的净现金流量	-100	20

参考答案：投资大的方案 A 优于投资小的方案 B。

（3）最小费用法

通过假定各方案的收益是相等的，对各方案的费用进行比较，根据效益极大化目标的要求及费用较小的项目比费用较大的项目更为可取的原则来选择最佳方案，这种方法称为最小费用法。最小费用法包括费用现值比较法和年费用比较法。

① 费用现值（PC）比较法。费用现值的含义是指利用此方法所计算出的净现值只包括费用部分。由于无法估算各个方案的收益情况，只能计算各备选方案的费用现值并进行对比，以费用现值较低的方案为最佳，其计算公式为：

$$PC = \sum_{t=0}^{n} CO_t(1+i_0)^{-t} = \sum_{t=0}^{n} CO_t(P/F,i_0,t) \tag{5-4}$$

式中　PC——费用现值；
　　　CO_t——现金流出。
其他字母及符号含义同前。

例题 5-4：某项目有 A、B 两种不同的工艺设计方案，均能满足同样的生产技术需要，其有关费用支出如表 5-8 所示，试用费用现值比较法选择最佳方案。已知 $i=10\%$。

表 5-8 A、B 两方案费用支出表　　　　　　　　　　　　　　　　单位：万元

项目 费用	投资（第1年末）	年经营成本（第2~10年末）	寿命期/年
A	600	280	10
B	785	245	10

解：根据费用现值的计算公式可分别计算出 A、B 两方案的费用现值为

$$PC_A = 600(P/F,10\%,1) + 280(P/A,10\%,9)(P/F,10\%,1)$$
$$= 2011.4（元）$$
$$PC_B = 785(P/F,10\%,1) + 245(P/A,10\%,9)(P/F,10\%,1)$$
$$= 1996.34（元）$$

由于 $PC_A > PC_B$，故方案 B 为最佳方案。

② 年费用（AC）比较法。年费用比较法是通过计算各备选方案的等额年费用进行比较，以年费用较低的方案为最佳方案的一种方法。

其计算公式为

$$AC = \sum_{t=0}^{n} CO_t(P/F,i_0,t)(A/P,i_0,n) \tag{5-5}$$

采用年费用比较法与费用现值比较法对方案进行比选的结论是完全一致的。实际上费用现值（PC）和等额年费用（AC）之间可以很容易进行转换。即

$$AC = PC(A/P, i_0, n) \quad (5\text{-}6)$$

或

$$PC = AC(P/A, i_0, n) \quad (5\text{-}7)$$

根据费用最小的选择原则，两种方法的结果是一致的，因此在实际应用中对于效益相同或基本相同但又难以进行具体估算的互斥方案进行比选时，若方案的寿命期相同，则任意选择其中一种方法即可，若方案的寿命期不同，则一般使用年费用比较法。

  学学做做

有 A、B 两个方案，有关费用支出如表 5-9 所示，试用年费用比较法选择方案。已知基准收益率为 10%。

表5-9　A、B两种方案的费用支出　　　　　　　　　　　　　　　　　　　　　　单位：万元

项目＼费用	投资（第1年末）	年经营成本（2～10年末）	寿命期
A	600	280	10
B	785	245	10

参考答案：B 方案优于 A 方案

2. 寿命期不同的互斥方案的比选

对于寿命期不同的互斥方案，不能直接采用净现值等评价方法对方案进行比选，因为此时寿命期长的方案与寿命期短的方案的净现值不具有可比性。为满足时间可比的要求，必须对各备选方案进行适当的处理，使各个方案在相同的条件下进行比较，才能得出合理的结论。

对寿命期不同的互斥方案进行处理的方法很多，常见的有年值法、最小公倍数法和研究期法。

（1）年值（AW）法

年值法是对寿命期不相等的互斥方案进行比选时用到的一种最简明的方法。它是通过分别计算各备选方案净现金流量的等额年值并进行比较，以 $AW \geq 0$ 且 AW 最大者为最优方案。

年值的计算公式为：

$$AW = \left[\sum_{t=0}^{n}(CI-CO)_t(1+i_0)^{-t}\right](A/P, i_0, n) = NPV(A/P, i_0, n) \quad (5\text{-}8)$$

例题 5-5：某建设项目有 A、B 两个方案，其净现金流量情况如表 5-10 所示，若 $i_0=10\%$，试用年值法对方案进行比选。

表5-10　A、B两方案的净现金流量　　　　　　　　　　　　　　　　　　　　　单位：万元

项目＼年份/年	1	2～5	6～9	10
A	-300	80	80	100
B	-100	50		

解：先求出 A、B 两个方案的净现值。根据公式（5-8），求出 A、B 两方案的等额年值 AW。

$$AW_A = 2504（万元）$$

$$AW_B = 14.03（万元）$$

由于 $AW_A > AW_B$，且 AW_A、AW_B 均大于零，故方案 A 为最佳方案。

 学学做做

有 A、B、C 三个方案的净现金流量如表 5-11 所示，若已知基准收益率 10%，试运用年值法对方案进行比较。

表 5-11　A、B、C 三个方案的净现金流量　　　　　　　　　　　　单位：万元

方案 \ 寿命/年	1	2	3~7	8	9	10
A	−650	−450	480	540		
B	−500	−700	370	370	450	
C	−1300	−950	850	850	850	1000

参考答案：C 方案为最优方案

（2）最小公倍数法

最小公倍数法是以各备选方案计算期的最小公倍数作为进行方案比选的共同的计算期，并假设各个方案均在这样一个共同的计算期内重复进行，即各备选方案在计算期结束后，均可按照与其原方案计算期完全相同的现金流量系列周而复始地循环下去直到共同的计算期。在此基础上计算出各个方案的净现值，以净现值最大的方案为最佳方案。

利用最小公倍数法有效地解决了寿命期不同的方案之间净现值的可比性问题。但这种方法所依赖的方案可重复实施的假定不是在任何情况下都适用的。对于某些不可再生资源开发型项目，在进行计算期不等的互斥方案比选时，方案可重复实施的假定不再成立，这种情况下就不能用最小公倍数法确定计算期。有的时候最小公倍数法求得的计算期过长，甚至远远超过所需的项目寿命期上限，这就降低了所计算方案经济效果指标的可靠性和真实性，故也不适合用最小公倍数法。

例题 5-6：试对表 5-12 中的三项寿命期不等的互斥方案作出取舍。设基准收益率为 15%，各方案的现金流量图见图 5-5。

表 5-12　寿命期不等互斥方案的现金流量　　　　　　　　　　　　单位：万元

方案	初始投资	残值	年度支出	年度收入	寿命期/年
A	6000	0	1000	3000	3
B	7000	200	1000	4000	4
C	9000	300	1500	4500	6

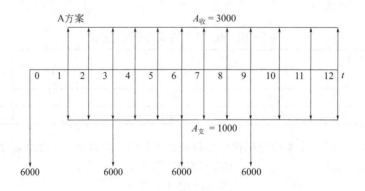

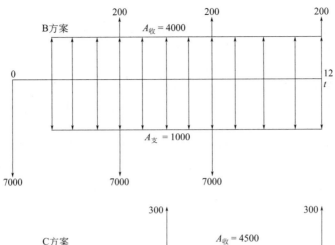

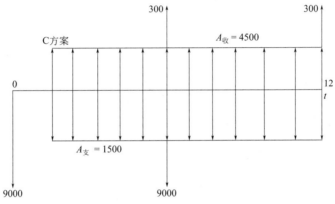

图 5-5 现金流量图

解：用最小公倍数法对方案进行评价，计算期为 12 年。

$NPV_A = -6000 - 6000(P/F,15\%,3) - 6000(P/F,15\%,6)$
$\quad -6000(P/F,15\%,9) + (3000-1000)(P/A,15\%,12) = -3402.6$（万元）

$NPV_B = -7000 - 7000(P/F,15\%,4) - 7000(P/F,15\%,8)$
$\quad + (4000-1000)(P/F,15\%,12) + 200(P/F,15\%,4) + 200(P/F,15\%,8)$
$\quad +200(P/F,15\%,12) = 3189.22$（万元）

$NPV_C = -9000(P/F,15\%,6) - 90000 + (4500-1500)(P/A,15\%,12)$
$\quad +300(P/F,15\%,6) + 300(P/F,15\%,12) = 3558.06$（万元）

由于 $NPV_C > NPV_B > NPV_A$，故选择 C 方案。

 学学做做

有两个年生产能力相同的方案，有关数据如表 5-13 所示，若基准收益率为 10%，试用最小公倍数法进行方案的选择。

表 5-13 方案选择有关数据　　　　　　　　　　　　　　　　　　单位：万元

方案	初始投资	年经营成本	寿命期/年	残值
A	2300	400	3	200
B	3200	250	4	400

参考答案：B

（3）研究期法

针对上述最小公倍数法的不足，对计算期不相等的互斥方案，可采用另一种确定共同计算期的方法——研究期法。这种方法是根据对市场前景的预测，直接选取一个合适的分析期作为各个方案共同的计算期，这样不同期限的方案就转化为相同期限的方案了。

研究期的确定一般以互斥方案中年限最短或最长方案的计算期作为互斥方案评价的共同研究期，也可以将所期望的计算期作为共同研究期。通过比较各个方案在该研究期内的净现值来对方案进行比选，以净现值最大的方案为最佳方案。

对于计算期短于共同研究期的方案，仍可假定其计算期完全相同地重复延续，也可以按新的不同现金流量序列延续。需要注意的是，对于计算期（或者是计算期加其延续）比共同研究期长的方案，要对其在研究期以后的现金流量余值进行估算，并回收余值。该项余值估算的合理性与准确性，对方案比选结论有重要的影响。

课后训练

一、单选题

1. 在互斥方案比较时，应按（　　）的大小直接进行比较来选择最优方案。
   A. 内部收益率　　B. 基准收益率　　C. 社会折现率　　D. 投资增额收益率

2. 在资金限制条件下进行独立方案比选时，常用独立方案组合互斥化法或净现值率排序法，实际评价时（　　）。
   A. 两种方法均能保证获得最佳组合方案
   B. 净现值率排序法不一定能保证获得最佳组合方案
   C. 独立方案组合互斥化法不一定能保证获得最佳组合方案
   D. 两种方法均不能保证获得最佳组合方案

3. 若 A、B 方案互斥，则应选择 A 方案，因为（　　）。注：NPVR 为净现值率
   A. $NPVR_A > NPVR_B > 0$
   B. $P_{t(A)} < P_{t(B)} < P_c$
   C. $NPV_A > NPV_B > 0$
   D. $IRR_A > IRR_B > i_c$

4. 已知两个互斥投资方案，则下面结论正确的有（　　）。
   A. $NPV_1 > NPV_2$，则 $IRR_1 > IRR_2$
   B. $NPV_1 > NPV_2$，则 $IRR_1 = IRR_2$
   C. $NPV_1 > NPV_2 \geq 0$，则方案 1 优于方案 2
   D. $IRR_1 > IRR_2 \geq i_c$，则方案 1 优于方案 2

5. 若 A、B 两个具有常规现金流量的方案互斥，其财务净现值 $NPV_A > NPV_B$，则（　　）。
   A. $IRR_A = IRR_B$
   B. $IRR_A < IRR_B$
   C. $IRR_A > IRR_B$
   D. IRR_A 与 IRR_B 的关系不确定

6. 关于内部收益率的说法，正确的是（　　）。
   A. 内部收益率是一个事先确定的基准折现率
   B. 内部收益率大于基准收益率时，技术方案在经济上可以接受
   C. 独立方案用财务内部收益率评价与财务净现值评价，结论通常不一致
   D. 财务内部收益率受项目外部参数的影响较大

7. 在互斥方案比选方法中，有时会得出相反的结论的是（　　）。
   A. 净现值法　　B. 净现值率法
   C. 投资差额内部收益率法　　D. 差额净现值法

二、多选题

1. 计算期不同的互斥方案动态评价方法有（　　）等几种。
   A. 研究期法　　B. 净现值率法
   C. 增量内部收益率法　　D. 动态投资回收期法
   E. 净年值法

2. 有甲乙丙丁四个计算期相同的互斥方案，投资额依次增大，内部收益率 IRR 依次为 9%、11%、13%、12%，基准收益率为 10%，采用增量投资内部收益率 ΔIRR 进行方案比选，正确的做法有（　　）。

A. 乙与甲比较，若 $\Delta IRR > 10\%$，则选乙　　B. 丙与甲比较，若 $\Delta IRR < 10\%$，则选甲

C. 丙与乙比较，若 $\Delta IRR > 10\%$，则选丙　　D. 丁与丙比价，若 $\Delta IRR < 10\%$，则选丙

E. 直接选丙，因其 IRR 超过其他方案的 IRR

三、计算题

1. A、B、C 为三个寿命期不等的互斥方案，其净现金流量如表 5-14 所示，设基准收益率为 15%，试运用年值法对三个方案进行取舍。

表 5-14　A、B、C 三个方案的净现金流量　　　　　　　　　　　单位：万元

方案	初始投资	残值	年度支出	年度收益	寿命/年
A	6000	0	1000	3000	3
B	7000	200	1000	4000	4
C	9000	300	1500	4500	6

2. A、B、C 为三个寿命期不等的互斥方案，其净现金流量如表 5-15 所示，设基准收益率为 15%，试运用最小公倍数法对三个方案进行取舍。

表 5-15　A、B、C 三个方案的净现金流量　　　　　　　　　　　单位：万元

方案	初始投资	残值	年度支出	年度收益	寿命/年
A	6000	0	1000	3000	3
B	7000	200	1000	4000	4
C	9000	300	1500	4500	6

3. 有两个年生产能力相同的方案，有关数据如表 5-16 所示。若基准收益率为 10%，试运用费用现值比较法、年费用比较法进行方案的选择。

表 5-16　方案选择有关数据　　　　　　　　　　　　　　　　单位：万元

方案	初始投资	年经营成本	寿命/年	残值
A	2300	400	3	200
B	3200	250	4	400

4. A、B、C 为三个互斥方案，净现金流量如表 5-17 所示，三个方案的寿命期为 10 年，基准收益率为 10%，试用差额内部收益率法选择方案。

表 5-17　A、B、C、D 方案净现金流量　　　　　　　　　　　单位：万元

年末/年	A	B	C
0	−5000	−8000	−10000
1~10	1400	1900	2500

参考答案

一、单选题

1. A　2. B　3. A　4. C　5. D　6. B　7. B

二、多选题

1. ACE　2. CD

三、计算题

1. C 为最优方案
2. C 为最优方案

3. 方案 B 为最优方案
4. C 方案为最优方案

任务 3　独立方案的比较与选择

独立方案是指在经济上互不相关的方案，即接受或放弃某个方案，并不影响其他方案的取舍。因此独立方案也称为彼此相容的方案。从多项独立方案中，我们可以选择一项以上的方案付诸实施。例如，在一条河的几个支流上，只要资金足够，可以同时建造几个大坝，它们相互不排斥。如果决策的对象是单一方案，则可以认为是独立方案的特例。

根据独立方案的特性可知，独立方案的采用与否，只取决于方案自身的经济性，因此，多个独立方案的评价判别标准应与单一项目（方案）一致，而不同于多个方案比选时的评价标准。通常前面讲过的各种评价方法均适用于独立方案的检验。

用经济效果的评价标准（如 $NPV \geq 0$，$AW \geq 0$，$IRR \geq i_0$）检验方案自身的经济性，叫"绝对效果的检验"。凡通过绝对效果检验的方案，就认为经济效果是可以接受的，否则应予以拒绝。

在一般情况下，独立方案选择有下面两种情况。

第一，无资金限制的情况。如果独立方案之间共享的资源足够多，那么其比选的方法与单个项目的检验方法是基本一致的，即只要项目本身的 $NPV \geq 0$ 或 $IRR \geq i_0$，则项目就可采纳并实施。

第二，有资金限制的情况。如果独立方案之间共享的资源是有限的，不能满足所有方案的需要，则在这种不超出资源限额的条件下，独立方案的选择有两种方法，即独立方案互斥化法和净现值率排序法。

技能点 1　独立方案互斥化法

独立方案互斥化法是指在有资金限制的情况下，将相互独立的方案组合成总投资额不超过投资限额的组合方案，这样各个组合方案之间的关系就变成了互斥的关系，然后利用互斥方案的比选方法。

采用独立方案互斥化法来进行投资决策，其步骤如下：

首先，列出不超过总投资限额的所有组合投资方案，则这些组合方案之间具有互斥的关系；其次，将各组合方案按投资额从小到大依次排列，分别计算各组合方案的净现值，以净现值最大的组合方案为最佳方案。

例题 5-7：有 A、B、C 三个独立方案，其净现金流量如表 5-18 所示，已知总投资限额为 800 万元，基准收益率为 10%，试作出最佳投资决策。

表 5-18　A、B、C 三个方案的净现金流量　　　　　单位：万元

年份 / 年 项目	1	2～10	11
A	-350	62	80
B	-200	39	51
C	-420	760	97

解：首先计算三个方案的净现值。

$$NPV_A = 34.46（万元）$$
$$NPV_B = 40.24（万元）$$
$$NPV_C = 50.08（万元）$$

A、B、C 三个方案的净现值均大于零，从单方案检验的角度看 A、B、C 三个方案均可行，但是由于总投资额要限制在 800 万元以内，而 A、B、C 三个方案加在一起的总投资额为 970 万元，

超过了投资限额，因而不能同时实施。将各组合方案的投资额依次从小到大排列，分别计算各组合方案的净现值，以净现值最大的组合方案为最佳方案，如表 5-19 所示。

表 5-19　用净现值法必选最佳组合方案　　　　　　　　　　　　　　　　　　　　单位：万元

序号	组合方案	总投资额	净现值	结论
1	B	200	40.24	
2	A	350	34.46	
3	C	420	50.08	
4	A+B	550	74.7	
5	B+C	620	90.32	最佳
6	A+C	770	84.54	

独立方案互斥化法的优点是在各种情况下均能保证获得最佳组合方案；缺点是在方案数目较多时，其计算比较烦琐。

　学学做做

某企业有三个独立投资项目 A、B、C，初始投资、年净收益和净现值如表 5-20 所示，若企业可用于投资的金额为 300 万元，应如何选取项目组合？

表 5-20　独立项目 A、B、C 的有关数据　　　　　　　　　　　　　　　　　　　　单位：万元

项目	初始投资	年净收益	寿命期/年	净现值
A	100	25	8	24.19
B	200	46	8	28.51
C	150	38	8	38.77

参考答案：项目 A 和项目 C。

技能点 2　净现值率排序法

所谓净现值率排序法是指将净现值率大于或等于零的各个方案按净现值率由大到小依次排序，并依次序选取方案，直至所选取的组合方案的投资总额最大限度地接近或等于投资限额为止。

例题 5-8：根据例题 5-7 的资料，试利用净现值率排序法选出最佳投资方案。

解：首先计算 A、B、C 三个方案的净现值率，各方案投资现值（K_p）分别为

$$KP_A = -350(P/F,10\%,1) = 318.19（万元）$$
$$KP_B = -200(P/F,10\%,1) = 181.82（万元）$$
$$KP_C = -200(P/F,10\%,1) = 381.82（万元）$$

各方案的净现值率为：

$$NPVR_A = NPV_A / KP_A \approx 0.1083 = 10.83\%$$
$$NPVR_B = NPV_B / KP_B \approx 0.2213 = 22.13\%$$
$$NPVR_C = NPV_C / KP_C \approx 0.1312 = 13.12\%$$

然后，将各方案按净现值率从大到小依次排序，结果如表 5-21 所示。

表 5-21　A、B、C 三个方案的净现值率排序　　　　　　　　　　　　　　　　　　单位：万元

方案	净现值率/%	投资额	累计投资额
B	22.13	200	200
C	13.12	420	620
A	10.83	350	970

根据表 5-21 可知，方案的选择顺序是 B → C → A。由于资金限额为 800 万元，故最佳投资决策方案为 B、C 组合。

净现值率排序法的优点是计算简便，选择方案简明扼要；缺点是由于投资方案的不可分性，经常会出现资金没有被充分利用的情况，因而不一定能保证获得最佳组合方案。

 学学做做

资金预算限额为 60 万元，有 A～H 八个产品投资方案，各方案的净现值和净现值率如表 5-22 所示，问在投资限额内，应优先投资哪几个方案？

表 5-22　方案组合有关数据　　　　　　　　　　　　单位：万元

方案	投资	净现值	净现值率
A	20	12.0	60%
B	12	5.4	45%
C	4	0.50	13%
D	9	2.25	25%
E	13	2.86	22%
F	36	6.48	18%
G	3	0.42	14%
H	15	5.70	38%

参考答案：A、B、H、E，总投资为 60 万元，总净现值为 25.96 万元

 课后训练

1. 有三个相互独立方案 A、B、C，其寿命期均为 10 年，现金流量如表 5-23 所示，设基准收益率为 15%。

（1）当资金无限制时，试判断各方案的经济可行性；

（2）当资金限额为 18000 万元时，应如何选择方案？

表 5-23　各方案的净现金流量　　　　　　　　　　　单位：万元

方案	初始投资	年收入	年支出	年净收入
A	5000	2400	1000	1400
B	8000	3100	1200	1900
C	10000	4000	1500	2500

2. 现有 6 个独立投资项目，其初始投资、净现值、净现值率的计算结果见表 5-24，投资限额为 15000 万元，试按净现值率排序法进行投资项目的最佳组合。

表 5-24　有关数据

项目	A	B	C	D	E	F
投资/万元	6000	4000	1200	1800	800	3000
NPV/万元	2520	2400	180	430	140	1150
NPVR	42%	60%	15%	24%	18%	38%

 参考答案

1.（1）三个方案均可行

（2）选择 A、C 两个方案

2. 项目的最佳组合为：B、A、F、D

单元六　不确定性分析

学习目标

（一）知识目标

- （1）掌握工程项目中不确定性含义、影响因素；
- （2）掌握盈亏平衡分析含义、种类以及线性盈亏平衡分析的计算；
- （3）掌握敏感性分析的含义、种类、单因素敏感性分析的步骤以及计算；
- （4）了解并掌握决策含义、决策过程、决策的种类以及决策树作图。

（二）能力目标

- （1）能够分析主要经济因素对工程项目经济效果的影响程度，运用盈亏平衡法分析出成本、收入、利润之间的关系，找出盈亏平衡点；
- （2）运用敏感性方法分析影响工程项目各种经济因素对经济效果的影响程度，找出敏感性因素；
- （3）能够正确画出决策树。

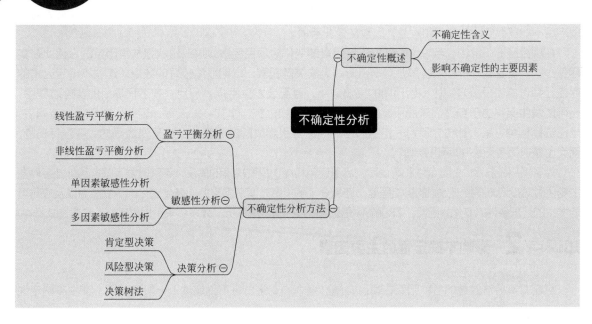

任务 1　不确定性概述

任何一项工程项目，无论在前期论证阶段做了多么详尽的调查与研究工作，其实际运行的情况往往会与人们所预测的结果产生偏差，这种偏差产生的原因是客观条件的复杂性和主观条件的局限性，使建设项目的技术经济分析处于一种不确定性之中。在进行投资项目的经济效果评价中，投资、成本、产量、售价等是经济评价的主要指标，这些经济要素取值的变化会引起经济评价指标的变化。在前面所介绍的经济分析和经济评价中，投资、成本、产量、售价等经济要素的取值均为确定值，由此计算出来的经济评价指标的数值也为确定值，这种经济分析和经济评价属于确定性分析。然而，在实际的经济评价中，除了对已建成项目的事后评价外，绝大多数是对新建、扩建、改建项目的评价，这些项目经济评价所用的基础数据，如投资、成本、产量、售价等经济要素的取值，均来自预测或估计，而这些预测值或估计值与未来的实际情况不可能完全相符，这些经济要素会随着经济、社会环境的变化而变化，具有不确定性。

这里所说的不确定性主要包括两个方面的内容：一是指影响方案经济效果的各种经济要素的未来变化带有不确定性，这是由于科学技术的进步，经济、政治形势的变化都会使生产成本、销售价格、销售量等发生变化；二是指在预测方案中各种经济要素的取值由于缺乏足够的准确信息或预测方法的误差，使得方案经济效果评价指标值带有不确定性。

不确定性的直接后果使方案经济效果的实际值与评价值偏离，从而使得评价值作出的决策带有不确定性，甚至造成决策的失误。为了提高经济效果，评价的可靠性和经济决策的科学性，就需要在确定性评价的基础上，进一步分析各种外部条件的变化或预测数据的误差对经济效果的影响程度以及方案本身对这些变化和误差的承受能力。

知识点 1　不确定性分析含义

不确定性分析是指研究和分析当影响项目经济效益的各项主要因素发生变化时，对方案经济效益的影响程度，以便为正确的投资决策提供服务的一项工作。

不确定性分析是对决策方案受到各种事前无法控制的外部因素变化与影响所进行的研究和估计。它是决策分析中常用的一种方法。通过该分析可以尽量弄清和减少不确定性因素对经济效益的影响，预测项目投资对某些不可预见的政治与经济风险的抗冲击能力，从而证明项目投资的可靠性和稳定性，避免投产后不能获得预期的利润和收益，以致使企业亏损。

在项目经济评价中，若想全面分析这些因素的变化对项目经济效果的影响是非常困难的，因此在实际工作中，要着重分析和把握那些对项目影响大的关键因素，以期取得较好的效果。这些不确定因素的存在，都可能使投资方案达不到预期的经济效果，甚至会发生亏损，况且，在工程项目的实施过程中，还可能发生某种由于自然因素而引起的灾难性事件，如火灾、水灾、地震等。因此，对于决策者而言，无论选择何种方案，都将会承担一定的风险，而这些引起风险的因素的变化又是随机的、客观存在的，因而也是决策者无法判断和控制的。

为了提高经济评价的准确性和可信度，尽量避免和减少投资决策的失误，不仅需要了解各种外部条件发生变化时对投资方案经济效果的影响程度，还需要了解投资方案对各种外部条件变化的承受能力以及应对可能发生的外部条件的变化。因此，有必要对投资方案做不确定性分析，为投资决策提供客观、科学的依据。

知识点 2　影响不确定性的主要因素

影响方案经济效益的各种因素在项目实施过程中的变化具有不确定性。一般情况下，产生不确定性的主要因素有以下几个。

① 物价的变化。由于通货膨胀、供求关系的变化及其他原因会引起大部分项目投入物、产出物价格的变化，如原材料费用的上涨、劳务费用的增加、产品价格的波动。

② 工艺技术的进步。在项目评价论证时，项目所需投入物或获得产出物的数量及它们的质量、价格是根据当时的工艺技术水平确定的。然而在相当长的项目寿命期内，工艺技术水平不可能一成不变，新技术、新替代材料的产生及采用会影响项目的经济效益。

③ 投资超支、建设工期延长。这些使项目的投入增大并降低项目的经济效益。

④ 项目产出达不到正常的生产能力。这些会使项目的产出减少并降低项目的经济效益。

⑤ 未来经济形势的变化。由于通货膨胀的存在，会产生物价的波动，从而会影响项目经济评价中所用的价格，使一些基础数据与实际发生偏差。另外，由于市场供求关系的变化，会影响到产品的市场供求状况，进而对产品产量或价格等产生影响。

⑥ 项目数据的统计偏差。这是由于原始统计上的误差，如项目固定资产投资与流动资金是项目经济评价中重要的基础数据，但在实际中，往往会由于各种原因而高估或低估它们的数额，从而影响到项目评价结果。

⑦ 预测方法的局限，预测的假设不准确。

⑧ 项目有关的政策及国内外环境的变化也会影响项目的经济效益。例如项目评价论证阶段国家可能对该项目持扶持态度，在财务税收方面予以减免税收、低息贷款等优惠政策。但过了若干年，国家可能对该项目持限制态度，取消了优惠政策甚至提高了税收和贷款利率，致使项目的经济效益由好变坏。

 学学做做

产生不确定性因素的原因很多，一般情况下，产生不确定性的主要原因有（　　）等。
A. 所依据的基本数据的不足或者统计偏差
B. 预测方法的局限，预测的假设不准确
C. 无法以定性来表示的定量因素的影响
D. 未来经济形势的变化
E. 技术进步

参考答案：ABDE

知识点 3　不确定性分析的类型

不确定性分析包括盈亏平衡分析、敏感性分析和风险分析三种，这里重点介绍前两种类型。盈亏平衡分析一般只用于财务评价，敏感性分析可同时用于财务评价和国民经济评价。两种方法如何选择使用，要根据项目的性质、决策者的需要，以及相应的财力、人力等因素来决定。

 课后训练

一、单选题

下列哪项一般不属于不确定性产生的主要原因。（　　）
A. 通货膨胀的影响　　　　　　　　B. 生产能力的变化
C. 技术进步的影响　　　　　　　　D. 天气变化

二、多选题

不确定性分析方法的应用范围是（　　）。

A. 盈亏平衡分析既可用于财务评价，又可用于国民经济评价
B. 敏感性分析可用于国民经济评价
C. 敏感性分析可用于财务评价
D. 盈亏平衡分析只能用于财务评价

参考答案：
单选题：D
多选题：BCD

任务 2　盈亏平衡分析

知识点 1　盈亏平衡分析含义

盈亏平衡分析是通过分析产品产量、成本和盈利之间的关系，找出方案盈利和亏损在产量、单价、成本方面的临界点，以判断不确定性因素对方案经济效果的影响程度，以此说明方案实施的风险大小。

知识点 2　盈亏平衡分析相关概念

（1）产品成本费用的构成

产品成本费用按其与产量变化的关系，一般分为固定成本与可变成本两类。固定成本和可变成本构成生产产品的总成本。

① 固定成本（C_f）。固定成本是指在一定时期内不随企业产量的增减而变化的成本，如工资及福利费（计件工资除外）、折旧费、修理费、无形资产及其他资产摊销费、利息费用、长期借款利息等。

② 可变成本（C_v）。可变成本是指随着企业产量增减而变化的成本，如原材料费用、直接人工工资及附加费、燃料动力费、废品损失费等。

企业的总成本费用 C 为：

$$C = C_f + C_v Q \tag{6-1}$$

式中　C——总成本费用；
　　　C_f——固定成本；
　　　C_v——单位产品可变成本；
　　　Q——产品产量。

③ 半可变成本。半可变成本是指介于固定成本和可变成本之间，随产量增长而增长，但不成正比例变化的成本。如消耗性材料费用、工模具费及运输费、流动资金借款和短期借款利息等。

学学做做

下列费用中属于半可变成本的是（　　）。
A. 直接原材料费　　　　　　　　　B. 直接燃料和动力费
C. 产品包装费　　　　　　　　　　D. 制造费用中的运输费
参考答案：D

(2) 产品销售收入（S）

产品销售收入（S）是指企业产品销售总量与产品价格的乘积减去所支付的销售税金及附加。

$$S = pQ - T_u Q \quad (6\text{-}2)$$

式中　S——产品销售收入；

　　　p——单位产品销售价格；

　　　Q——产品销售量（或工程量）；

　　　T_u——单位产品销售税金及附加（当投入产出都按不含税价格时，T_u 不包括增值税）。

(3) 产品销售利润（B）

产品销售利润是指产品销售收入扣除产品成本后的余额。

$$B = S - C \quad (6\text{-}3)$$

式中　B——销售利润。

由于项目的收益与成本都是产品产量的函数，一般又可根据它们之间的函数关系将盈亏平衡分析分为两种：线性盈亏平衡分析与非线性盈亏平衡分析。线性盈亏平衡分析是指项目的生产销售活动不会明显地影响市场供求状况，假定其他市场条件不变的情况下，产品价格不会随该项目的销售量的变化而变化，收益与成本都是产量的线性关系；非线性盈亏平衡分析是指项目的生产销售活动将明显地影响市场供求状况，随着该项目产品销售量的增加，产品价格有所下降，收益、成本与产量呈非线性关系。

技能点 1　线性盈亏平衡分析

(1) 线性盈亏平衡分析含义

当产品销售收入、产品成本与销售量（产量）成线性关系时，称为线性盈亏平衡分析。

线性盈亏平衡分析是通过分析产品产量、成本与方案盈利能力之间的关系，找出投资项目盈利与亏损在产量、产品价格、单位产品成本等方面的界限，以判断生产经营状况的盈亏及投资项目对不确定因素变化的承受能力，为决策提供依据。

线性盈亏平衡分析一般基于以下的假设进行。

① 市场处于卖方市场（供小于求），生产量与销售量一致，即产品不积压；

② 产品价格稳定，销售收入与产量成线性关系；

③ 产量在其相关范围内，即可变成本与产量成线性关系，固定成本在一定生产限度内与产量无关。

(2) 盈亏平衡点及其确定

盈亏平衡点（Break Even Point，BEP）是指项目盈利与亏损的分界点，它标志着项目不亏不盈的生产经营临界水平，反映了在达到一定的生产经营水平时该项目的收益与成本的平衡关系。

盈亏平衡点的表达形式有多种，它可以用实物产量、单位产品售价、单位产品可变成本以及年固定成本总量表示，也可以用生产能力利用率等相对量表示。其中产量与生产能力利用率是进行项目不确定性分析中应用较广泛的。

① 盈亏平衡时产品产量。当盈亏平衡时

$$S = C \quad (6\text{-}4)$$

$$pQ^* - T_u Q^* = C_f + C_v Q^* \quad (6\text{-}5)$$

平衡时的产量：

$$Q^* = \frac{C_f}{p - C_v - T_u} \quad (6\text{-}6)$$

式中，Q^* 为盈亏平衡点对应的产量，其他字母及符号意义同前。

② 如果按设计能力进行生产和销售，则盈亏平衡的售价为：

$$p^* = \frac{C_f}{Q_c} + C_v + T_u \tag{6-7}$$

式中，Q_c 为设计年产量，其他字母及符号意义同前。

③ 如果按设计能力进行生产和销售，且销售价格已定，要实现盈亏平衡，则单位产品可变成本的上限为：

$$C_v = p - T_u - \frac{C_f}{Q_c} \tag{6-8}$$

④ 如果按照设计生产能力进行生产与销售，即盈亏平衡时生产能力利用率（即开工率）为：

$$E = \frac{Q^*}{Q_c} \times 100\% \tag{6-9}$$

式中，E 为盈亏平衡时生产能力利用率。E 越小，项目的风险越小，盈利可能性越大。盈亏平衡点的生产能力利用率一般不应大于 75%。其他字母及符号意义同前。

⑤ 经营安全率，计算公式为

$$BEP(S) = \left(1 - \frac{Q^*}{Q_c}\right) \times 100\% \tag{6-10}$$

式中，$BEP(S)$ 为经营安全率，盈亏平衡点的经营安全率一般不应小于 25%；其他字母及符号意义同前。

将式（6-1）~式（6-5）在同一坐标上表达，如图 6-1（c）所示。

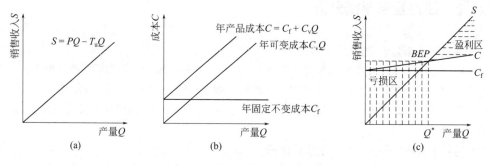

图 6-1 盈亏平衡分析示意图

在图 6-1 中，图 6-1（a）表示产品产量与销售收入的关系；图 6-1（b）表示总成本和年固定成本和年可变成本的关系；图 6-1（c）表示销售收入与总成本之间的关系。销售收入线与总成本线的交点称盈亏平衡点 BEP，也就是项目盈利与亏损的临界点。当企业在小于 Q^* 的产量下组织生产时，项目是亏损的；在大于 Q^* 的产量下组织生产时，项目是盈利的。显然 Q^* 是 BEP 的一个重要的表达。

盈亏平衡点反映了项目对市场变化的适应能力和抗风险能力，项目的盈亏平衡点越低，表明其适应市场变化的能力越强，抗风险能力越强；反之，其适应市场变化的能力越弱，抗风险能力越弱。由此可见，盈亏平衡点的高低反映了项目抗风险能力的强弱。

在式（6-9）中，$p - C_v - T_u$ 表示每销售一个单位产品补偿了可变成本后的剩余，被称为单位产品的边际贡献。

例题 6-1： 某建设项目年设计生产能力为 10 万台，年固定成本为 1200 万元，产品单台销售价格为 900 元，单台产品可变成本为 560 元，单台产品销售税金及附加为 120 元。试求盈亏平衡点的产销量。

解： 根据公式（6-6）可以得出

$$Q^* = \frac{C_f}{p - C_v - T_u} = \frac{12000000}{900 - 560 - 120} \approx 54545 \text{（台）}$$

计算结果表明，当项目产销量低于 54545 台时，项目亏损；当项目产销量大于 54545 台时，项目盈利。

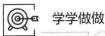 学学做做

某公司生产单一产品，设计年生产能力为 3 万件，单位产品的售价为 380 元，单位产品可变成本为 120 元，单位产品销售税金及附加为 70 元，年固定成本为 285 万元。该公司盈亏平衡点的产销量为（　　）。

A. 20000　　　　　　B. 19000　　　　　　C. 15000　　　　　　D. 7500

解：代入盈亏平衡点产销量的公式计算可得

$$Q^* = \frac{C_f}{p - C_v - T_u} = \frac{2850000}{380 - 120 - 70} = 15000（台）$$

故正确选项为 C。

例题 6-2：某混凝土预制构件厂生产某种构件，设计年产销量为 3 万件，每件的售价为 300 元，单位产品的可变成本 120 元，单位产品销售税金及附加 40 元，年固定成本 280 万元。问题：

① 该厂不亏不盈利时的最低年产销量是多少？
② 达到设计能力时盈利是多少？
③ 年利润为 100 万元时的年销售量是多少？

解：① 根据公式可以得盈亏平衡点上的最低年销售量为：

$$Q^* = \frac{C_f}{p - C_v - T_u} = \frac{2800000}{300 - 120 - 40} = 20000（件）$$

计算结果表明，当混凝土预制构件厂生产某种构件产销量低于 20000 件时，构件厂亏损；当构件厂产销量高于 20000 件时，构件厂盈利。

② 达到设计能力时的盈利为：

$$B = pQ_c - C_v Q_c - C_f - T_u Q_c = 300 \times 30000 - 120 \times 30000 - 2800000 - 40 \times 30000$$
$$= 1400000（元）$$

③ 计算年利润为 100 万元时的年产销量：

$$Q = \frac{B + C_f}{p - C_v - T_u} = \frac{1000000 + 2800000}{300 - 120 - 40} = 27143（件）$$

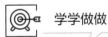 学学做做

某技术方案，年设计生产能力为 8 万件，年固定成本为 100 万元，单位产品售价为 50 元，单位产品可变成本为售价的 55%，单位产品销售税金及附加为售价的 5%，则达到盈亏平衡点时的生产能力利用率为（　　）。

A. 55.50%　　　　　　B. 62.50%　　　　　　C. 60.00%　　　　　　D. 41.67%

解法一：首先，需要求出盈亏平衡点时的产销量。

$$Q^* = \frac{C_f}{p - C_v - T_u} = \frac{1000000}{50 - 50 \times 55\% - 50 \times 5\%} = 50000（件）$$

然后代入生产能力利用率的公式求得

$$E = \frac{Q^*}{Q_c} \times 100\% = \frac{50000}{80000} \times 100\% = 62.5\%$$

故正确选项为 B。

解法二：代入生产能力利用率公式求得

$$E^* = \frac{C_f}{(p - C_v - T_u)Q_c} \times 100\% = \frac{1000000}{(50 - 50 \times 55\% - 50 \times 5\%) \times 80000} \times 100\% = 62.5\%$$

故正确选项为 B。

技能点 2　非线性盈亏平衡分析

在生产实践中，由于产量扩大到一定水平，原材料、燃料、动力供应价格会引起上涨使得项目生产成本并非与产品产量存在线性关系，由于市场容量的制约，当产量增加后，也会引起产品售价下降，价格与产品产量之间存在某种函数关系，因此，销售收入与产量就存在一种非线性关系。

非线性盈亏平衡分析的假设条件如下：
① 销售量等于产量；
② 固定成本和单位可变成本是产量的函数；
③ 销售价格是销售量的函数；
④ 多种产品可以换算成单一产品。

技能点 3　盈亏平衡分析的应用

盈亏平衡分析是对项目进行不确定性分析时最常采用的一种方法。通过盈亏平衡分析能够预先估计项目对市场变化情况的适应能力，有助于了解项目可承受的风险程度，同时可以对决策者确定项目的合理经济规模以及对项目工艺技术方案的投资决策起到一定的参考与帮助作用，因而其应用范围是广泛的。下面我们从企业经营的最低线和成本控制方面来分析。

① 指出企业不亏损的最低年产量、单价、单位产品可变成本，分析、判断项目经营安全率。

例题 6-3：某企业目前年生产产品 20 万件，设计年产量为 30 万件，每件售价 10.4 元，单位生产费用为 7.4 元，预计年销售收入为 312 万元，年固定费用 42 万元，可变费用为 22.2 万元，计算用产量、单位产品可变成本、生产能力利用率和销售价格表示的盈亏平衡点，并判断该项目经营安全性。

解：用产量表示 BEP。

$$Q^* = \frac{C_f}{p - C_v} = \frac{420000}{10.4 - 7.4} = 140000 \text{（件）}$$

用生产能力利用率表示 BEP。

$$E = \frac{Q^*}{Q_c} \times 100\% = \frac{140000}{300000} \times 100\% = 46.7\%$$

用单位产品可变成本表示 BEP。

$$C_v^* = p - \frac{C_f}{Q_c} = 10.4 - \frac{420000}{200000} = 8.3 \text{（元/件）}$$

用销售单价表示 BEP。

$$p = \frac{C_f}{Q_c} + C_v = \frac{420000}{200000} + 7.4 = 9.5 \text{（元/件）}$$

经营安全率为：

$$BEP(S) = \left(1 - \frac{Q^*}{Q_c}\right) \times 100\% = \left(1 - \frac{Q^*}{Q_c}\right) \times 100\% = \left(1 - \frac{140000}{300000}\right) \times 100\% = 53.3\%$$

$BEP(S) > 25\%$，说明该项目经营是安全的。

② 通过分析固定成本占总成本的比例对盈亏平衡点的影响，指出企业改善经营管理的方向。设预期的年销售量为 Q，固定成本占总成本比例为 s，则

$$C_\mathrm{f} = sC \quad (6-11)$$

$$= \frac{sC}{p-C} = \frac{sC}{C(1-s)} \quad (6-12)$$

$$C_\mathrm{v}^* = p - \frac{C_\mathrm{f}}{Q_\mathrm{c}} = p - \frac{sC}{Q_\mathrm{c}} \quad (6-13)$$

由式（6-12）和式（6-13）可见，固定成本占总成本的比例 s 变大时，必然造成盈亏平衡产量增加和盈亏平衡时的单位变动成本变低，这样一来，当项目面临诸如原材料涨价、销售量降低等不确定因素时，发生亏损的可能性就会增加。因此，控制固定成本对降低盈亏平衡点极为重要。

在工程项目建设中分析成本的构成对于企业的经营有着至关重要的作用，其作用表现为以下两个方面。

① 销售量、产品价格及单位产品可变成本等不确定因素发生变动所引起的项目盈利额的波动，这种波动称为项目的经营风险。

② 当销售量发生变动时，固定成本占总成本费用的比例越大，年净收益的变化率就越大，也就是说，固定成本的存在扩大了项目的经营风险，固定成本占总成本的比例越大，这种扩大作用越强，这种现象称为运营杠杆作用。

分析可见，固定成本占总成本的比例越大，盈亏平衡产量越高，盈亏平衡时单位产品变动成本越低。因此，高的盈亏平衡产量和低的盈亏平衡单位变动成本会导致项目在面临不确定因素的变动时发生亏损的可能性增大。

技能点 4　多方案盈亏平衡分析

多方案盈亏平衡分析是盈亏平衡分析方法的运用，它是将同时影响各方案经济效果指标的共有的不确定因素作为自变量，将各方案的经济效果作为因变量，建立各方案的经济效果指标与不确定因素之间的函数关系。

由于各方案的经济效果函数的斜率不同，因此各函数曲线必然会发生交叉，即在不确定因素的不同取值区间内，各方案的经济效果指标高低的排序会不同。决策者可以据此来确定方案的取舍。通过盈亏平衡分析，能够预先估计项目对市场变化情况的适应能力，有助于了解项目可承受的风险程度，还有助于决策者确定项目的合理经济规模及项目工艺技术方案，把盈亏平衡分析的方法用于不同方案的比较，其结果就不是不亏不盈的问题，而是哪一个方案更优的问题。这里的更优是指达到相同质量、产量的前提下，哪一个方案更好。

若两个方案中 $C_{\mathrm{f}2} > C_{\mathrm{f}1}$，$C_{\mathrm{v}2} > C_{\mathrm{v}1}$，则肯定第 2 个方案的成本高，因此，肯定第 1 个方案较第 2 个方案好。

若两个方案中 $C_{\mathrm{f}2} > C_{\mathrm{f}1}$，$C_{\mathrm{v}2} < C_{\mathrm{v}1}$，则要具体讨论。这两种情况分别见图 6-2。

则

$$Q_\mathrm{c} = \frac{C_{\mathrm{f}2} - C_{\mathrm{f}1}}{C_{\mathrm{v}2} - C_{\mathrm{v}1}}$$

若以盈亏多少作为选择方案的基准，但设计产量 $Q_\mathrm{c} > Q^*$ 时，应选择方案 2；当设计产量 $Q_\mathrm{c} < Q^*$ 时，应选择方案 1。

若是多个方案的盈亏平衡分析，则要求每两个方案进行求解，分别求出两个方案的平衡点数量，再进行比较，选择其中最经济的方案。

例题6-4： 某施工队承接一挖土工程，可以采用两个施工方案，一个是人工挖土，单价为12元/m^3；另一个是机械挖土，单价为10元/m^3，但需要机械的购置费是20000元，试用绘图的方式说明这两个方案的适用情况。

解： 设两个方案应该共同完成的挖土工程量为Q，则人工挖土成本为$C_1=12Q$，机械挖土成本为$C_2=10Q+20000$。

令$C_1=C_2$，得$Q=10000$。故当$Q>10000$时，采用机械挖土合算；当$Q<10000$时，采用人工挖土合算。

根据题意，以挖土方为横坐标，以成本为纵坐标，分别画出人工挖土和机械挖土的直线，两条直线交叉点的横坐标为1000m^3，此为人工挖土和机械挖土的转折点，如图6-3所示。

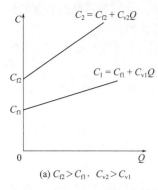
(a) $C_{f2}>C_{f1}$，$C_{v2}>C_{v1}$

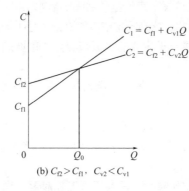
(b) $C_{f2}>C_{f1}$，$C_{v2}<C_{v1}$

图6-2 两种情况分析

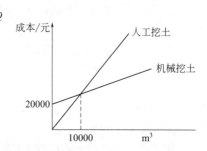

图6-3 人工挖土和机械挖土盈亏平衡分析

 学学做做

某建筑工地需抽除积水保证施工顺利进行，现有A、B两个方案可供选择。

A方案：新建一条动力线，需购置一台2.5kW电动机并线运转，其投资为1400元，第四年末残值为200元，电动机每小时运行成本为0.84元，每年预计的维护费用120元，因设备完全自动化无需专人看管。

B方案：购置一台3.86kW的柴油机，其购置费用为550元，使用寿命为4年，设备无残值。运行每小时燃料费为0.42元，平均每小时维护费为0.15元，每小时的人工成本为0.8元。

若寿命都为4年，基准折现率为10%，试比较A、B方案的优劣。

参考答案：两方案的总费用都与年开机小时数t有关，故两方案的年成本均可表示t的函数。

$$C_A = 1400(A/P,10\%,4) - 200(A/F,10\%,4) + 120 + 0.84t = 518.56 + 0.84t$$

$$C_B = 550(A/P,10\%,4) + (0.42 + 0.15 + 0.8)t$$
$$= 175.51 + 1.37t$$

令$C_A=C_B$，即$518.56+0.84t=173.51+1.37t$

可解出：$t≈651h$，所以在$t=651h$这一点上，$C_A=C_B=1065.4$（元）

A、B两方案的年成本函数如图6-4所示。从图中可见，当年开机小时数低于651h时，选B方案有利；当年开机小时数高于651h时，选A方案有利。

盈亏平衡分析的优点：简便易行，可用产品销售量、单位可变成本、单位售价、生产能力利用率表示，因而它在项目评估的不确定性中具有多种用途。

盈亏平衡分析的缺点：静态分析，假设条件过多，无法确定在各

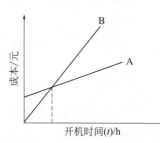

图6-4 人工挖土和机械挖土盈亏平衡分析

种情况下项目的盈利大小,只能用于财务评价。

课后训练

一、单选题

1. 下列哪项不属于线性盈亏平衡分析的前提条件。( )
   A. 产量等于销售量   B. 可变成本费用是产量的线性函数
   C. 销售收入是销售量的线性函数   D. 生产多种产品

2. 盈亏平衡点位置与项目抗风险能力的关系,正确的是( )。
   A. 盈亏平衡点越高,项目抗风险能力越强
   B. 盈亏平衡点越高,项目适应市场变化能力越强
   C. 盈亏平衡点越高,项目适应市场变化能力越强,抗风险能力越弱
   D. 盈亏平衡点越低,项目抗风险能力越强

3. 盈亏平衡分析分为线性盈亏平衡分析和非线性盈亏平衡分析。其中,线性盈亏平衡分析的前提条件之一是( )。
   A. 只生产单一产品,且生产量等于销售量   B. 单位可变成本随生产量的增加成比例降低
   C. 生产量等于销售量   D. 销售收入是销售量的线性函数

4. 某项目设计生产能力为年产 60 万件产品,预计单位产品价格为 100 元,单位产品可变成本为 75 元,年固定成本为 380 万元。若该产品的销售税金及附加的合并税率为 5%,则用生产能力利用率表示的项目盈亏平衡点为( )。
   A. 31.67%   B. 30.16%   C. 26.60%   D. 25.33%

5. 盈亏平衡点越低,表明项目( )。
   A. 适应市场变化能力越弱   B. 适应市场变化能力一般
   C. 适应市场变化能力较弱   D. 适应市场变化能力越强

6. 保本产量是指年销售收入等于下列( )时的产品产量。
   A. 年总成本费用   B. 年经营成本
   C. 单位产品总成本费用   D. 单位产品经营成本

7. 进行盈亏平衡分析时,不属于总成本费用的是( )。
   A. 生产成本   B. 固定成本   C. 可变成本   D. 半可变成本

8. 某技术方案设计年生产能力为 100 万件,每件售价 90 元,固定成本每年 800 万元,可变成本为 50 元/件,销售税金及附加为 5 元/件,按量本利模型计算该技术方案每年可获得的利润为( )万元。
   A. 2000   B. 2700   C. 3200   D. 3500

9. 在基本的量本利图中,销售收入线与总成本线的交点是盈亏平衡点,这个点也称为( )。
   A. 盈利点   B. 临界点   C. 亏损点   D. 保本点

10. 技术方案盈亏平衡点的表达式有多种,可以用相对值表示盈亏平衡点的是( )。
    A. 生产能力利用率   B. 实物产销量   C. 单位产品售价   D. 年销售收入

11. 某项目设计生产能力为年产 60 万件产品,预计单位产品价格为 100 元,单位产品可变成本为 75 元,年固定成本为 380 万元。若该产品的销售税金及附加的合并税率为 5%,则用生产能力利用率表示的项目盈亏平衡点为( )。
    A. 31.67%   B. 30.16%   C. 26.60%   D. 25.33%

12. 下列属于可变成本的是( )。
    A. 工资及福利费   B. 折旧费   C. 燃料动力费   D. 修理费

13. 可变成本是随产品产量的增减而成正比例变化的各项成本。下列不属于可变成本费用的是

( )。

A. 原材料消耗　　B. 燃料动力费　　C. 计件工资　　D. 管理人员工资

14. 某技术方案年设计生产能力为15万台，年固定成本为1500万元，产品单台销售价格为800元，单台产品可变成本为500元，单台产品销售税金及附加为80元，该技术方案盈亏平衡点的产销量$BEP(Q)$为( )。

A. 58010 台　　B. 60000 台　　C. 60100 台　　D. 68181 台

15. 某公司生产单一产品，设计年生产能力为3万件，单位产品的售价为380元/件，单位产品可变成本为120元/件，单位产品税金及附加为70元/件，年固定成本为285万元。该公司盈亏平衡点的产销量为( )。

A. 20000　　B. 19000　　C. 15000　　D. 7500

16. 某技术方案，年设计生产能力为8万台，年固定成本为100万元，单位产品售价为50元，单位产品变动成本为售价的55%，单位产品销售税金及附加为售价的5%，则达到盈亏平衡点时的生产能力利用率为( )。

A. 55.50%　　B. 62.50%　　C. 60.00%　　D. 41.67%

二、多选题

1. 关于盈亏平衡分析的论述，下列说法中正确的是( )。
A. 盈亏平衡点的含义是指企业的固定成本等于可变成本
B. 当实际产量小于盈亏平衡产量时，企业亏损
C. 经营安全度越高，抗风险能力就越强
D. 生产能力利用率大于盈亏平衡点就可盈利
E. 盈亏平衡产量越大，抗风险能力就越强

2. 下面( )可以用来表示盈亏平衡点。
A. 销售收入　　B. 产量　　C. 销售价格
D. 单位产品可变成本　　E. 生产能力

3. 下列关于盈亏平衡分析的说法中，正确的是( )。
A. 产量盈亏平衡点越低说明项目的抗风险能力越弱
B. 盈亏平衡分析不能揭示产生风险的根源
C. 盈亏平衡点既可以用绝对值表示也可以用相对值表示
D. 当实际产量低于盈亏平衡点产量的时候项目亏损
E. 盈亏平衡分析的假定之一是产量等于销量

4. 线性盈亏平衡分析方法基于的假设包括( )。
A. 产量等于销量　　B. 一定范围内，价格不随产销量变化
C. 一定范围内，可变成本不随产销量变化　　D. 一定范围内，固定成本不随产销量变化
E. 单一产品或者可以转化为单一产品

5. 在技术方案的经济效果分析中，盈亏平衡分析的固定成本有( )。
A. 固定资产折旧费　　B. 无形资产摊销费　　C. 计时工资　　D. 计件工资
E. 原材料费用

6. 项目盈亏平衡分析中，若其他条件不变，可以降低盈亏平衡点产量的途径有( )。
A. 提高设计生产能力　　B. 降低产品销售价　　C. 提高税金及附加率　　D. 降低固定成本
E. 降低单位产品可变成本

7. 下列关于盈亏平衡分析的说法正确的有( )。
A. 盈亏平衡点越低，项目投产后盈利的可能性越大，抗风险能力越强
B. 当企业在接近盈亏平衡点的产量下组织生产时，企业风险很大

C. 盈亏平衡分析包括线性和非线性盈亏平衡分析
D. 盈亏平衡分析所使用的指标均为绝对量指标
E. 盈亏平衡分析能反映产生项目风险的根源

8. 下列有关盈亏平衡分析的说法，正确的是（　　）。
A. 投资项目决策分析与评价中一般仅进行线性盈亏平衡分析
B. 盈亏平衡点是企业的盈利与亏损交汇的转折点
C. 盈亏平衡分析只适宜在财务分析中应用
D. 用产品售价表示的盈亏平衡点越低，表明企业适应市场价格下降的能力越弱
E. 用产量和生产能力利用率表示的盈亏平衡点越低，表明企业适应市场需求变化的能力越强

9. 在盈亏平衡分析中，若计算出的盈亏平衡点越低，则（　　）。
A. 达到此点的盈亏平衡产销量就越小　　B. 项目亏损区也越大
C. 项目适应市场变化的能力就越强　　　D. 项目抗风险性越强
E. 项目投资后的盈利可能性就越大

三、计算题

某技术方案，年设计生产能力为 8 万台，年固定成本为 100 万元，单位产品售价为 50 元，单位产品可变成本为售价的 55%，单位产品销售税金及附加为售价的 5%，则达到盈亏平衡点时的生产能力利用率为多少？

参考答案

一、单选题
1. D　2. D　3. D　4. A　5. D　6. A　7. A　8. B　9. D　10. A　11. A　12. C
13. D　14. D　15. C　16. B

二、多选题
1. BD　2. ABCD　3. BCDE　4. ABE　5. ABC　6. CD　7. ABC　8. ABCE
9. ACDE

三、计算题
首先，需要求出盈亏平衡点时的产销量，代入公式计算

$$BEP(Q) = \frac{C_f}{P - C_v - T_u} = \frac{1000000}{50 - 50 \times 55\% - 50 \times 5\%} = 50000 \text{（台）}$$

然后，代入生产能力利用率的公式求得

$$BEP(\%) = \frac{BEP(Q)}{Q_d} \times 100\% = \frac{50000}{80000} \times 100\% = 62.50\%$$

任务 3　敏感性分析

知识点 1　敏感性分析含义

一个项目在其建设与生产经营的过程中，其经济效益会受到许多不确定因素的影响，如投资、成本、价格、产量、工期等都会由于项目内外部环境的变化而发生变化，而其中有些因素稍有变化，就会

对经济评价指标产生较大的影响，这些因素称为项目的敏感因素，而有些不确定因素，对经济评价指标的影响则较小，不会引起指标较大幅度的变化，这些因素被称为项目的非敏感因素。投资者有必要把握敏感因素，分析方案的风险大小，从而为采取必要的风险防范措施提供依据。

敏感性分析就是通过分析和预测项目主要不确定因素的变化对项目评价指标的影响，从中找出敏感因素，并确定评价指标对该因素的敏感程度，以预测项目所承担的风险。

知识点 2　敏感性分析的作用

因素的不确定性将给项目的经济效果带来变动，而敏感因素的不确定性会给投资项目带来较大的潜在风险，因此，敏感性分析的核心问题就是要从若干不确定因素中找出敏感因素，提出相应的对策，供决策者参考。在经济评价中，敏感性分析的主要作用有以下几个。

① 通过分析投资经济效益对不同参数的敏感性的比较，从中发现对经济效益的不确定性影响最大的参数。

② 在做方案比较时，风险和不确定性大小是取舍方案的重要依据之一，通过敏感性分析可大体揭示投资经济效益的变动范围或幅度，可以在一定程度上反映投资经济效益的风险和不确定程度。

③ 在项目建设初期，可通过对各方案敏感性大小的分析，以选取敏感性小即风险性小的投资方案。

④ 通过对可能出现的最有利和最不利的经济效益变动范围的分析，为投资方案生产要素的合理组合提供可靠的决策依据。

知识点 3　敏感性分析的种类

根据所考虑的变动因素的数目不同，敏感性分析分为单因素敏感性分析与多因素敏感性分析。

① 单因素敏感性分析：是指单一不确定因素变化对方案经济效果的影响进行分析，即假设各个不确定因素之间相互独立，每次只考察一个因素，其他因素保持不变，以分析这个可变因素对经济评价指标的影响程度和敏感程度。

② 多因素敏感性分析：是指假设两个或两个以上相互独立的不确定因素同时变化时，分析这些变化的因素对经济评价指标的影响程度和敏感程度。

技能点 1　单因素敏感性分析

1. 单因素敏感性分析步骤

单因素敏感性分析是分析一个不确定因素变化（其他不确定因素按预期值不变）对项目方案经济效果的影响程度，单因素敏感性分析的步骤如下。

① 确定分析指标。建设项目的各种经济指标，如净现值、内部收益率、投资回收期等，都可以作为敏感性分析指标。

分析指标的确定与进行分析的目标和任务有关，一般是根据项目的特点、不同的研究阶段、实际需求情况和指标的重要程度来进行选择。

若主要是分析方案状态和参数变化对投资回收快慢的影响，则可选用投资回收期作为分析指标；如果是分析产品价格波动对方案净收益的影响，则可选用净现值作为分析指标；如果是分析投资大小对方案资金回收能力的影响，则可选用内部收益率指标。

在机会研究阶段，主要是项目的设想和鉴别，以确定投资方向和投资机会，此时各种经济数据不完整，可信程度低，对深度要求也不高，可选用静态的分析指标，常采用的是投资收益率和投资回收期。

在初步可行性研究和可行性研究阶段，项目进入了可行性研究的实质性阶段，则需选用动态的分析指标，常用净现值、内部收益率，也可以辅之以投资回收期。

由于敏感性分析是在确定性经济分析的基础上进行的，一般而言，敏感性分析的指标应与确定性经济评价指标一致，不应超出确定性经济指标范围而另立新的分析指标。当确定性经济指标评价比较多时，敏感性分析可以围绕其中一个或若干个最重要的指标进行。

② 选择需要分析的不确定因素。影响项目经济评价指标的不确定因素很多，但事实上没有必要对所有的不确定因素都进行敏感性分析，而只需选择一些主要的影响因素。在选择需要分析的不确定因素时主要依据以下两条原则：

第一，预计这些因素在其可能变动的范围内对经济评价指标的影响较大；

第二，对在确定性经济分析中采用该因素的数据准确性把握不大。

选定不确定因素时应当把这两条原则结合起来进行。对于一般项目来说，通常从以下几方面选择项目敏感性分析中的影响因素。

a. 从收益方面来看，主要包括产销量与销售价格、汇率等。许多产品，其生产和销售受国内外市场供求关系变化的影响较大，市场供求难以预测，价格波动也较大，而这种变化不是项目本身所能控制的，因此销售量与销售价格、汇率是主要的不确定因素。

b. 从费用方面来看，包括成本（特别是与人工费，原材料、燃料、动力费及技术水平有关的变动成本）、建设投资费用、流动资金占用率、折现率、汇率等。

c. 从时间方面来看，包括项目建设期、生产期，生产期又可考虑投产期和正常生产期。

此外，选择的因素要与选定的分析指标相联系。否则，当不确定性因素变化一定幅度时，并不能反映评价指标的相应变化，达不到敏感性分析的目的，比如折现率因素对静态评价指标就不起作用。

③ 分析每个不确定因素的波动程度。首先，对所选定的不确定因素，应根据实际情况设定这些因素的变动幅度。因素可以按照一定的变化幅度变化，如 ±5%、±10%、±15%、±20% 等变化幅度，对于建设工期可采用延长或压缩时间表示改变它的数值；其次，计算不确定性因素每次变动对经济评价指标的影响，对每个因素的变动均重复计算，把因素变动及相应指标变动结果用敏感性分析表和敏感性分析图形式表示出来，以便于测定敏感因素。

④ 确定敏感因素。敏感因素是指对经济评价指标产生较大影响的因素，根据分析问题的目的不同一般可通过两种方法来确定。

第一种方法为相对测定法。即设定要分析的因素均从初始值开始变动，且假设各个因素每次变动的幅度均相同，分别计算在同一变动幅度下各个因素的变动对经济评价指标的影响程度，即灵敏度，一般用敏感度系数表示。然后按照灵敏度的高低对各个因素进行排序，灵敏度高的因素就是敏感因素。

敏感度系数是表示项目评价指标对不确定因素的敏感程度，其计算公式如下。

$$S_{AF} = \frac{|\text{评价指标变化幅度}|}{|\text{变量因素变化幅度}|} = \frac{\Delta A/A}{\Delta F/F} \quad (6-14)$$

式中　S_{AF}——敏感度系数；

$\Delta F/F$——不确定因素 F 的变化率，%；

$\Delta A/A$——不确定因素 F 发生 ΔF 变化时，评价指标 A 的相应变化率，%。

计算敏感度系数判别敏感因素的方法是一种相对测定法，即根据不同因素相对变化经济评价指标影响的大小，可以得到各个因素的敏感性程度排序。

判别标准：$S_{AF}>0$，表示评价指标与不确定因素同方向变化；$S_{AF}<0$，表示评价指标与不确定因素反方向变化。

$|S_{AF}|$ 越大，表明评价指标 A 对于不确定因素 F 越敏感；反之，则不敏感。据此可以找出哪些因素是最关键因素。

敏感度系数提供了各不确定因素变动率与评价指标变动率之间的比例，但不能直接显示变化后评价指标的值。为了弥补这种不足，有时需要编制敏感分析表，列示各因素变动率及相应的评价指标。

第二种方法为绝对测定法。即假设各因素均向对于方案不利的方向变动，并取其有可能出现对方案最不利的数值,据此计算方案的经济效果指标,看其是否可达到使方案无法被接受的程度,一般用临界点来判断。如果某因素可能出现的最不利数值能使方案变得不可接受,则表明该因素是方案的敏感因素。

临界点是指项目允许不确定因素向不利方向变化的极限值。超过极限,项目的效益指标将不可行。例如当产品价格下降到某一值,内部收益率将刚好等于基准收益变量的变化达到一定的百分比后的一定数值时,项目的效益指标将从可行转变为不可行。临界点可用专用软件的财务函数计算,也可由敏感性分析图直接求得近似值。采用图解法时,每条直线与判断基准线的相交点所对应的横坐标上的不确定因素变化率即为该因素的临界点。利用临界点判别敏感因素的方法是一种绝对测定法,方案能否接受的判别依据是各经济评价指标能否达到临界值,如果某因素可能出现的变动幅度超过最大允许变动幅度,则表明该因素是方案的敏感因素。把临界点与未来实际可能发生的变化幅度相比较,就可大致分析该项目的风险情况。

⑤ 根据项目性质以及各种因素敏感度的次序,选择风险较小、较可靠的方案。

 学学做做

根据对项目不同方案的敏感性分析,投资者应选择(　　)的方案实施。
A. 项目盈亏平衡点高,抗风险能力适中　　B. 项目盈亏平衡点低,承受风险能力弱
C. 项目敏感程度大,抗风险能力强　　　　D. 项目敏感程度小,抗风险能力强
参考答案:D
【答案解析】本题的考核点是根据敏感性分析结果如何进行方案选择。如果进行敏感性分析的目的是对不同的技术方案进行选择,一般应选择敏感程度小、承受风险能力强、可靠性高的技术方案。

2. 单因素敏感性分析作图方法

敏感性分析图是通过在坐标图上做出各个不确定因素的敏感性曲线,进而确定各个因素的敏感程度的一种图解方法,其基本作图方法如下。

① 以纵坐标表示项目的经济评价指标(项目敏感性分析的对象);横坐标表示各个变量因素的变化幅度(以%表示)。

② 根据敏感性分析的计算结果绘出各个变量因素的变化曲线,其中与横坐标相交角度较大的变化曲线所对应的因素就是敏感因素。

③ 在坐标图上作出项目经济评价指标的临界曲线(如 $NPV=0$,$IRR=i_0$ 等),求出变量因素的变化曲线与临界曲线的交点,则交点处的横坐标就表示该变量因素允许变化的最大幅度。

 学学做做

1. 进行单因素敏感性分析,如果主要分析技术方案状态和参数变化对技术方案投资回收快慢的影响,则可选用的分析指标是(　　)。
A. 财务净现值　　B. 静态投资回收期　　C. 投资收益率　　D. 内部收益率
参考答案:B
【答案解析】可以作为敏感性分析的指标有净现值、内部收益率、静态投资回收期等。

2. 某项目单因素敏感性分析如图 6-5 所示,三个不确定因素Ⅰ、Ⅱ、Ⅲ按敏感性由大到小的顺序排列为(　　)。
A. Ⅰ-Ⅱ-Ⅲ　　B. Ⅱ-Ⅲ-Ⅰ　　C. Ⅲ-Ⅱ-Ⅰ　　D. Ⅲ-Ⅱ-Ⅰ
参考答案:B

3. 单因素敏感性分析的应用

例题6-5：某投资方案设计年生产能力为10万台，计划项目投产时总投资为1200万元，其中建设投资为1150万元，流动资金为50万元；预计产品价格为39元/台；税金及附加为销售收入的10%；年成本费用为140万元；方案寿命期为10年，基准折现率为10%。试就投资额、单位产品价格、成本等影响因素对该方案做敏感性分析。

解：所绘制的现金流量图如图6-6所示。

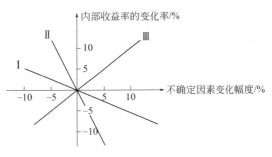

图6-5 单因素分析图

以净现值作为项目评价指标，则根据净现值的计算公式，可计算出项目在确定性条件下的净现值。

$NPV = -1200 + 211(P/A,10\%,10) + 50(P/F,10\%,10) = -1200 + 211 \times 6.1446 + 50 \times 0.3855 \approx 115.79$（元）

由于该项目确定性分析的结果 $NPV > 0$，故初步评价该项目在经济效果上可以接受。接下来对项目进行敏感性分析。

取定三个因素：投资额、产品价格和经营成本。然后令其逐一在初始值的基础上按±10%、±20%的变化幅度变动。分别计算相对应的净现值的变化情况，得出的结论如表6-1及图6-7所示。

以投资额为不确定因素为例，计算过程示意如下。

计算不确定因素变动后净现值。

投资额增加10%，则项目的净现值为

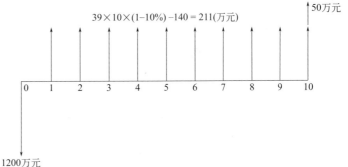

图6-6 现金流量图

$NPV = -1200(1+10\%) + 211(P/A,10\%,10) + 50(P/F,10\%,10)$
$= -4.21$（万元）

同理，可计算项目投资额增加20%、投资额减少10%和20%的净现值。

净现值对投资额的敏感度系数为

SAF（投资增加10%）$=(\Delta A/A)/(\Delta F/F)$
$=[(-4.21-115.79)/115.79]/10\%$
$\approx -103.6\%/10\%$
$=-10.36$

同理，也可计算项目净现值对经营成本、产品价格变动的敏感度系数。

投资变动的临界点：由敏感性分析图直接求得临界点百分比 x 的近似值。

$x = [115.79/(115.79+4.21)] \times 10\% \approx 9.65\%$

同理，也可以计算项目财务净现值对经营成本、产品价格变动的临界点百分比分别为13.46%、5.37%。

表6-1 单因素变化对净现值的影响 单位：万元

项目＼变化幅度	-20%	-10%	0	10%	20%	平均+1%	平均-1%
投资额	355.79	235.79	115.79	-4.21	-124.21	-10.36%	10.36%
产品价格	-315.57	-99.89	115.79	331.46	547.14	18.63%	-18.63%
经营成本	287.83	201.81	115.79	26.76	-56.26	-7.43%	7.43%

由表 6-1 和图 6-7 可以看出，在各个变量因素变化率相同的情况下，产品价格每下降 1%，净现值下降 18.63%，且产品价格下降幅度超过 5.37% 时，净现值将由正变负，也即项目由可行变为不可行；投资额每增加 1%，净现值将下降 10.36%，当投资额增加的幅度超过 9.65% 时，净现值由正变负，项目变为不可行；经营成本每上升 1%，净现值下降 7.43%。当经营成本上升幅度超过 13.46% 时，净现值由正变负，项目变为不可行。由此可见，按净现值对各个因素的敏感程度来排序，依次是产品价格、投资额、经营成本，最敏感的因素是产品价格。因此，从方案决策的角度来讲，应该对产品价格进行进一步、更准确的测算，因为从项目风险的角度来讲，如果未来产品价格发生变化的可能性较大，则意味着这一项目的风险性也较大。

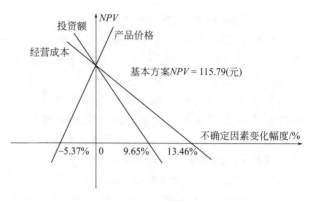

图 6-7　单因素敏感性分析图

技能点 2　多因素敏感性分析

单因素敏感性分析只考虑单个因素的变化，没有对多个因素同时变化进行综合分析。虽然对于项目分析中不确定因素的处理是一种简便易行、具有实用价值的方法，但它以假定其他因素不变为前提。这种假定条件，在实际经济活动中是很难实现的，因为各种因素的变动存在着相关性，一个因素的变动往往引起其他因素也随之变动。比如产品价格的变化可能引起需求量的变化，从而引起市场销售量的变化。所以，在分析经济效益受多种因素同时变化的影响时，要用多因素敏感分析，使之更接近于实际过程。

多因素敏感性分析由于要考虑可能发生的各种因素的不同变动情况的组合，因此计算起来要比单因素敏感性分析复杂得多，一般可采用解析法和作图法相结合的方法进行。当同时变化的因素不超过三个时，一般可采用作图法；当同时变化的因素超过三个时，就只能采用解析的方法。

例题 6-6：某项目预测的现金流量如表 6-2 所示。在确定性分析时，认为投资额、产品销售价格和经营成本可能会在 ±20% 的范围内变动。设基准折现率为 10%，不考虑所得税，试进行投资额和经营成本同时变动的双因素敏感性分析。

表 6-2　某项目现金流量　　　　　　　　　　单位：万元

年份/年	0	1	2~10	11
投资	600			
销售收入			792	792
经营成本			608	608
期末残值				80
净现金流量	−600	0	184	264

解：设投资额为 K，年销售收入为 B，年经营成本为 C，期末资产残值为 L，净现值为

$$NPV = -K(1+x) + [B - C(1+y)](P/A, 10\%, 10)(P/F, 10\%, 1) + L(P/F, 10\%, 11)$$

代入已知数据，整理得 $NPV = 455.86 - 600x - 3396.27y$

取临界点分析，令 $NPV=0$，有 $455.86 - 600x - 3396.27y = 0$

即临界线方程为 $y = -0.1767x + 0.1342$

如图 6-8 所示，当 (x, y) 刚好处在临界线上时，净现值为零；当 (x, y) 位于临界线上方时，净现值小于零；当 (x, y) 位于临界线下方时，净现值大于零。由此可见，只要将投资额和经营成本同时变动的范围控制在临界线的左下方区域，项目就会盈利。

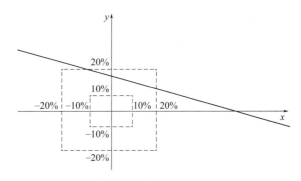

图 6-8　双因素敏感性分析

  课后训练

一、单选题

1. 在投资项目经济评价中进行敏感性分析时，首先应确定分析指标。如果要分析产品价格波动对投资方案超额净收益的影响，可选用的分析指标是（　　）。
　　A. 投资回收期　　　　B. 净现值　　　　C. 内部收益率　　　　D. 借款偿还期
2. 在敏感性分析中，下列因素最敏感的是（　　）。
　　A. 产品价格下降 30%，使 $NPV=0$　　　　B. 经营成本上升 50%，使 $NPV=0$
　　C. 寿命缩短 80%，使 $NPV=0$　　　　D. 投资增加 120%，使 $NPV=0$
3. 设定要分析的因素均从初始值开始以相同的幅度变动（相对于确定性分析中的取值），比较在同一变动幅度下各因素的变动对分析指标的影响程度，影响程度大者为敏感因素，该法称为（　　）。
　　A. 相对测定法　　　　B. 绝对测定法　　　　C. 盈亏平衡法　　　　D. 代数分析法
4. 在投资项目经济评价中进行敏感性分析时，如果要分析投资大小对方案资金回收能力的影响，可选用的分析指标是（　　）。
　　A. 投资回收期　　　　B. 净现值　　　　C. 内部收益率　　　　D. 借款偿还期
5. 有关单因素敏感性分析图，理解正确的是（　　）。
　　A. 一张图只能反映一个因素的敏感性分析结果
　　B. 临界点表明方案经济效果评价指标达到最高要求所允许的最大变化幅度
　　C. 不确定因素变化超过临界点越多，方案越好
　　D. 将临界点与未来实际可能发生的变化幅度相比，大致可分析项目的风险情况
6. 根据对项目不同方案的敏感性分析，投资者应选择（　　）的方案实施。
　　A. 项目盈亏平衡点高，抗风险能力适中
　　B. 项目盈亏平衡点低，抗风险能力弱
　　C. 项目敏感程度大，抗风险能力强
　　D. 项目敏感程度小，抗风险能力强
7. 投资项目敏感性分析是通过分析来确定评价指标对主要不确定因素的敏感程度和（　　）。
　　A. 项目的盈利能力　　　　B. 项目对其变化的承受能力
　　C. 项目风险的概率　　　　D. 项目的偿债能力
8. 进行单因素敏感性分析，如果主要分析技术方案状态和参数变化对技术方案投资回收快慢的影响，则可选用的分析指标是（　　）。
　　A. 净现值　　　　B. 静态投资回收期　　　　C. 投资收益率　　　　D. 内部收益率
9. 进行敏感性分析的目的是对不同的技术方案进行选择，一般选择的技术方案应符合（　　）。
　　A. 敏感程度大、抗风险能力强、可靠性大　　　　B. 敏感程度小、抗风险能力强、可靠性大
　　C. 敏感程度大、抗风险能力弱、可靠性大　　　　D. 敏感程度小、抗风险能力弱、可靠性大

10. 单因素敏感性分析中，设甲、乙、丙、丁四个因素分别发生 5%、10%、10%、15% 的变化，使评价指标相应地分别产生 10%、15%、25%、25% 的变化，则敏感因素是（　　）。
   A. 甲　　　　　　B. 乙　　　　　　C. 丙　　　　　　D. 丁
11. 建设项目敏感性分析中，确定敏感因素可以通过计算（　　）来判断。
   A. 盈亏平衡点　　B. 评价指标变动率　　C. 不确定因素变动率　　D. 敏感度系数
12. 关于技术方案敏感性分析的说法，正确的是（　　）。
   A. 敏感性分析只能分析单一不确定因素变化对技术方案经济效果的影响
   B. 敏感度系数越大，表明评价指标对不确定因素越不敏感
   C. 敏感性分析的局限性是依靠分析人员主观经验来分析判断，有可能存在片面性
   D. 敏感性分析必须考虑所有不确定因素对评价指标的影响
13. 某技术方案经济评价指标对甲、乙、丙三个不确定因素的敏感度系数分别为 -0.1、0.05、0.09，据此可以得出的结论有（　　）。
   A. 经济评价指标对于甲因素最敏感
   B. 甲因素下降 10%，方案达到盈亏平衡
   C. 经济评价指标与丙因素反方向变化
   D. 丙因素上升 9%，方案由可行转为不可行
14. 关于敏感度系数 SAF 的说法，正确的是（　　）。
   A. SAF 越大，表示评价指标 A 对于不确定因素 F 越敏感
   B. SAF 表示不确定因素 F 的变化额与评价指标 A 变化额之间的比例
   C. $SAF>0$ 表示评价指标 A 与不确定因素 F 同方向变化
   D. SAF 可以直接显示不确定因素 F 变化后评价指标 A 的值
15. 对某技术方案的财务净现值（$FNPV$）进行单因素敏感性分析，投资额、产品价格、经营成本以及汇率四个因素的敏感性分析如图6-9所示，则对财务净现值指标来说最敏感的因素是（　　）。

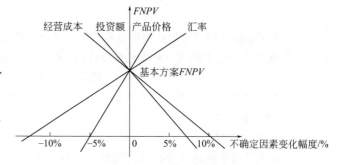

图6-9　单因素分析

   A. 投资额　　　　B. 产品价格　　　C. 经营成本　　　D. 汇率

二、多选题

1. 关于敏感性分析的论述，下列说法中错误的是（　　）。
   A. 敏感性分析对不确定因素的变动对项目投资效果的影响作了定量的描述
   B. 敏感性分析得到了维持投资方案在经济上可行所允许的不确定因素发生不利变动的最大幅度
   C. 敏感性分析不能说明不确定因素发生的情况的可能性
   D. 敏感性分析考虑了不确定因素在未来发生变动的概率
   E. 敏感性分析可以分为单因素敏感性分析和多因素敏感性分析
2. 判别敏感因素的方法包括（　　）。
   A. 代数分析法　　B. 相对测定法　　C. 公式法
   D. 图解法　　　　E. 绝对测定法
3. 建设项目敏感性分析中，确定敏感因素可以通过计算（　　）来判断。
   A. 盈亏平衡点　　B. 临界点　　　　C. 敏感度系数
   D. 评价指标变动率　　E. 不确定因素变动率

三、计算题

某市新建一座化工企业，计划投资 3000 万元，建设期 3 年，考虑设备有形损耗和无形损耗，

生产期定为 15 年，项目报废时，残值与清理费正好相等。投资者的要求是项目的投资收益率不低于 10%，基准收益率为 8%，其他数据见表 6-3。

表 6-3　某化工企业新建项目基本情况　　　　　　　　　　　　　　　　　单位：万元

年份/年	投资成本	销售收入	生产成本	净现金流量	10% 贴现率	净现值
1	500			−500	0.9091	−454.55
2	1500			−1500	0.8264	−1239.60
3	1000	200	140	−940	0.7513	−706.22
4		3000	2600	400	0.6830	273.20
5		5000	4500	500	0.6209	310.45
6～15		6000	5400	600	3.8153	2289.18
合计	3000	68200	61240	3960		472.46

问题：通过敏感性分析决定该项目是否可行以及应采取的措施。

参考答案

一、单选题
1. B　2. A　3. A　4. C　5. D　6. D　7. B　8. B　9. B　10. C　11. D　12. C
13. A　14. C　15. B

二、多选题
1. AD　2. BE　3. BC

三、计算题

第一步：预测正常年份的各项收入与支出，以目标收益率为基准收益率，计算出基本情况下的净现值和内部报酬率。

由表 6-3 可见基本情况下的净现值为 472.46 万元。

内部收益率有试算法和内推法两种，用内推法进行计算。当贴现率为 10% 时，由表 6-3 可知净现值为 472.46 万元；当贴现率为 15% 时，同理可计算出净现值为 −212.56 万元。由此可得内部收益率：

$$\text{内部收益率} = R_1 + (R_2 - R_1) \frac{NPV_1}{NPV_1 + |NPV_2|}$$

$$= 10\% + (15\% - 10\%) \times \frac{472.46}{472.46 + |-212.56|} = 13.45\%$$

即内部收益率为 13.45%。

第二步：进行投资成本增加的敏感性分析。

假定第一年投资成本上升了总成本的 15%，在此条件下计算净现值和内部收益率。

表 6-4　投资成本增加 15% 的敏感性分析　　　　　　　　　　　　　　　　单位：万元

年份/年	投资成本	销售收入	生产成本	净现金流量	10% 贴现率	净现值
1	950			−950	0.9091	−863.65
2	1500			−1500	0.8264	−1239.60
3	1000	200	140	−940	0.7513	−706.22
4		3000	2600	400	0.6830	273.20
5		5000	4500	500	0.6209	310.45
6～15		6000	5400	600	3.8153	2289.18
合计	3450	68200	61240	3510		63.36

由表 6-4 可见当投资成本上升了 15% 后,净现值变为 63.36 万元。

当贴现率为 12% 时,净现值为 −251.59 万元,由内推法可得内部收益率:

$$内部收益率 = R_1 + (R_2 - R_1)\frac{NPV_1}{NPV_1 + |NPV_2|}$$

$$= 10\% + (12\% - 10\%) \times \frac{63.36}{63.36 + |-251.59|} = 10.402\%$$

即内部收益率为 10.402%。

第三步:进行项目建设周期延长的敏感性分析。

现假定项目建设周期由于意外事故延长一年,并由此导致总投资增加 100 万元(第 1、2、3 和 4 年分别为 500 万元、1400 万元、900 万元和 300 万元),其余条件不变。在此条件下计算净现值和内部收益率。

由表 6-5 可见当工期延长一年后,净现值变为 85.94 万元。

当贴现率为 12% 时,净现值为 −205.05 万元,由内推法可得内部收益率:

$$内部收益率 = R_1 + (R_2 - R_1)\frac{NPV_1}{NPV_1 + |NPV_2|}$$

$$= 10\% + (12\% - 10\%) \times \frac{85.94}{85.94 + |-205.05|} = 10.59\%$$

即内部收益率为 10.59%。

表 6-5 建设周期延长一年的敏感性分析　　　　　　　　　　　　　　单位:万元

年份/年	投资成本	销售收入	生产成本	净现金流量	10% 贴现率	净现值
1	500			−500	0.9091	−454.55
2	1400			−1400	0.8264	−1156.96
3	900			−900	0.7513	−676.17
4	300	200	140	−240	0.6830	−163.92
5		3000	2600	400	0.6209	248.36
6～15		6000	5400	600	3.8153	2289.18
合计	3100	63200	65740	3360		85.94

第四步:进行生产成本增加的敏感性分析。

现假定项目投产后第 6～15 年生产成本上升 5%,其余条件不变。在此条件下计算净现值和内部收益率。

表 6-6 生产成本上升 5% 的敏感性分析　　　　　　　　　　　　　　单位:万元

年份/年	投资成本	销售收入	生产成本	净现金流量	10% 贴现率	净现值
1	500			−500	0.9091	−454.55
2	1500			−1500	0.8264	−1239.60
3	1000	200	140	−940	0.7513	−706.22
4		3000	2600	400	0.6830	273.20
5		5000	4500	500	0.6209	310.45
6～15		6000	5670	330	3.8153	1259.05
合计	3000	68200	63940	1260		−557.67

由表 6-6 可见当成本上升 5% 后,净现值变为 −557.67 万元。

当贴现率为 5% 时，净现值为 68.73 万元，由内推法可得内部收益率：

$$内部收益率 = R_1 + (R_2 - R_1)\frac{NPV_1}{NPV_1 + |NPV_2|}$$

$$= 5\% + (10\% - 5\%) \times \frac{68.73}{68.73 + |-557.67|} = 5.49\%$$

即内部收益率为 5.49%。

第五步：进行价格下降的敏感性分析。

现假定项目投产后第 6～15 年产品销售价格下降了 5%，其余条件不变。在此条件下计算净现值和内部收益率。

表 6-7　产品价格下降 5% 的敏感性分析　　　　　　　　　　　　　单位：万元

年份/年	投资成本	销售收入	生产成本	净现金流量	10%贴现率	净现值
1	500			-500	0.9091	-454.55
2	1500			-1500	0.8264	-1239.60
3	1000	200	140	-940	0.7513	-706.22
4		3000	2600	400	0.6830	273.20
5		5000	4500	500	0.6209	310.45
6～15		5700	5400	300	3.8153	1144.5
合计	3000	65200	61240	960		-672.22

由表 6-7 可见当价格下降 5% 后，净现值变为 -672.22 万元。

当贴现率为 5% 时，净现值为 129.23 万元，由内推法可得内部收益率：

$$内部收益率 = R_1 + (R_2 - R_1)\frac{NPV_1}{NPV_1 + |NPV_2|}$$

$$= 5\% + (10\% - 5\%) \times \frac{129.23}{129.23 + |-672.22|} = 5.81\%$$

即内部收益率为 5.81%。

第六步：对整个项目的敏感性分析进行汇总对比（见表 6-8）。

表 6-8　某化工厂四个主要因素敏感性分析汇总

序号	敏感因素	净现值/万元	与基本情况的差异/万元	内部收益率/%	与基本情况差异/百分点
0	基本情况	472.46	0	13.41	0
1	投资成本增加 15%	63.36	-409.10	10.40	-3.01
2	建设周期延长一年	85.94	-386.52	10.59	-2.82
3	生产成本增加 5%	-557.67	-1030.13	5.55	-7.86
4	销售价格下降 5%	-672.22	-1144.68	5.81	-7.6

结论：

当投资成本增加 15% 或建设周期延长一年时，净现值仍为正，仍能实现投资者期望的收益率；当未来生产成本增加 5% 或产品价格下降 5% 时，净现值变为负值，内部收益率低于基准收益率 8%，不能实现投资者的期望，也即项目效益对后两种因素更为敏感。

从总体上讲，该项目风险太大，应放弃。

任务 4　决策方法

知识点 1　决策含义

决策是人们在生产、工作和生活中经常进行的活动。人们为了达到某一目的或预期的目标，可能有多种可供选择的方案、途径和策略。为了获得最满意的结果，就需要从多种方案、途径和策略中经过比较、选择，最后作出如何行动的决定，这就是决策活动。

决策就是为了实现近期和长远的目标，对重大方案的选择或决定。也就是说，为了实现一定的目标从两个或两个以上的备选方案中选择一个合理方案的过程。

知识点 2　决策过程

一个科学的决策过程，一般包括四个基本步骤。

① 确定目标。决策就是要达到预期的目标，所以确定目标就是决策的前提。目标在时间上可分为近期目标、中期目标和长期目标，在经济活动中的目标按照内容可以分为产量、质量、成本、利润等目标。目标的确定与预测正确与否有直接的关系，而正确的预测又是科学决策的基础。

② 拟定备选方案。根据确定的目标，收集各种需要的信息，对其未来进行预测，拟定多个可行方案。

③ 评估备选方案。在拟定出了多个备选方案后，要对每一种方案的优点与缺点进行评估。要客观地评价这些备选方案，一般情况下，各方案经常要面对几种不同的自然状态。客观条件迫使人们要针对各种不同的自然状态，在不同方案中选择一个最优方案加以实施。

④ 选择最优方案。各种可行方案中哪一个为最优方案，取决于前几步分析的结果，但决策者本人的素质、判断能力、工作魄力和经验等因素也不容忽视。

技能点 1　决策分析方法

管理者在决策分析时可能会遇到不同的情况，即肯定型（确定型）和非肯定型（不确定型）决策。其中非肯定型决策根据掌握资料的程度不同，又分为风险型决策和完全非肯定型决策。肯定型决策就是一种方案只有一种结果，比较肯定，没有什么风险，比如企业确定盈亏平衡点的产量，当市场有把握销售，按盈亏平衡点的产量生产时，那么就是一种比较肯定的决策。不肯定型决策又叫做非肯定型决策，它对于将来可能发生的情况掌握不了，甚至连客观的概率都不知道，主要靠决策者的经验和想象去判断。其中风险型决策，即在不肯定的情况下的决策，这种决策能用概率来预测，虽然未来发生的自然状态不可知，但根据过去的经验和某些数据可以得知其发生的概率，而且可以知道对于每种状态下所采取的不同方案的损益值。

1. 肯定型决策

肯定型决策是指在已知情况下的决策。这是一种比较简单的决策方法，即在多个可行方案中，在已知的自然状态内选择一个最优方案。肯定型决策应具备以下四个条件：存在着决策者希望达到的一个目标；存在着两个或两个以上的可行方案；只存在一个确定的自然状态；不同方案在确定自然状态下的损益值（损失和收益值）可以计算出来。

例题 6-7：某建材企业根据市场需求增加产品的销售量，现有三个可行方案供选择，各方案的自然状态及收益值估算如表 6-9 所示，试用肯定型决策方法选择一个利润值最大的方案。

表 6-9　各方案的自然状态及收益值估算

方案 \ 收益值 \ 状态	销路好	销路一般	销路差	销路极差
扩建 / 万元	40	20	-25	-45
新建 / 万元	80	50	-40	-60
合同转包 / 万元	30	15	-5	-10

解：① 确定决策目标，满足社会对产品的需求，为国家提供利润。

② 拟定扩建、新建、合同转包三个可行方案，如表 6-9 所示。

③ 评价可行方案。根据市场预测和分析，产品销售情况有四种自然状态。三个可行方案在四种自然状态下估算的收益值如表 6-9 所示。表中的负值即为亏损值。

④ 选择最优方案。经市场调查，确定产品销路好，那么就可以从表内销路好一列选择收益值最大的新建方案，每年可获得 80 万元的利润。

肯定型决策看起来似乎很简单，但在实际工作中往往是很复杂的，若决策模型变量很多，组合起来备选方案数很多，从中选择最优方案就不那么简单了。

2. 风险型决策

风险型决策是指对于未来的决定因素，在对可能出现的结果不能作出充分肯定的情况下，根据各种可能结果的客观概率作出的决策。风险型问题具有决策者期望达到的明确标准，存在两个以上的可供选择方案和决策者无法控制的两种以上的自然状态，并且在不同自然状态下不同方案的损益值可以计算出来，对于未来发生何种自然状态，决策者虽然不能做出确定的回答，但能大致估计出其发生的概率值。对这类决策问题的方法有最大可能法、期望值法和决策树法。风险型决策问题具备以下五个条件：存在着决策者希望达到的目标；存在着两个或两个以上的可行方案；存在着两个或两个以上的自然状态；不同方案在不同自然状态下的相应损益值可以计算出来；几种不同自然状态出现的可能性（概率）可以预先估计或计算出来。

（1）最大可能法

最大可能法是从未来事件发生的可能性中，选择一个概率最大的自然状态进行决策。我们根据概率论的知识可知，一个事件，其概率值越大，发生的可能性就越大，所以，在风险型决策中选择一个最大概率值的自然状态进行决策。例如表 6-9 中，如果已知概率值中销路好为 0.5，销路一般为 0.3，销路差为 0.1，销路极差为 0.1。概率值中销路好为 0.5，是最大的，我们就选择销路好这种自然状态进行决策，再选择其中收益值最大的新建方案。这样，最大可能法决策实际上就变成了肯定型决策问题。

最大可能法适用于有几种自然状态且其中某一自然状态的概率特别大的情况。如果发生的概率值都很小，而且互相很接近，采用这种方法的效果是不好的，有时会造成决策失误。

（2）期望值法

以收益和损失矩阵为依据，分别计算各可行方案的期望值，选择其中期望收益值最大（或期望损失值最小）的方案作为最优方案。对于一个离散型的随机变量 X，它的数学期望为

$$E(X) = \sum_{i=1}^{n} x_i P_i \tag{6-15}$$

式中　x_i——随机变量 x 的各个取值（i=1, 2, ⋯, n）；

P_i——$x=x_i$ 的概率，即 $P_i=p(x_i)$。

随机变量的期望值代表了它在概率意义下的平均值。期望值决策法就是计算各方案的期望损益值，并以它为依据，选择平均收益最大或者平均损失最小的方案作为最佳决策方案。期望值决策法的计算、分析过程如下。

① 把每一个行动方案看成是一个随机变量，而它在不同自然状态下的损益值就是该随机变量的取值。

② 把每一个行动方案在不同的自然状态下的损益值与其对应的状态概率先相乘，再相加，计算该行

动方案在概率意义下的平均损益值。

③ 选择平均收益最大或平均损失最小的行动方案作为最佳决策方案。

例题6-8： 试用期望值决策法对表6-10所描述的风险型决策问题求解，风险型决策问题的期望值如表6-11所示。

表6-10 每一种天气类型发生的概率及种植农作物的收益

天气类型		极旱年（θ_1）	旱年（θ_2）	平年（θ_3）	湿润年（θ_4）	极湿年（θ_5）
发生概率		0.1	0.2	0.4	0.2	0.1
农作物的收益/（千元/亩）	水稻（B_1）	10	12.6	18	20	22
	小麦（B_2）	25	21	17	12	8
	大豆（B_3）	12	17	23	17	11
	燕麦（B_4）	11.8	13	17	19	21

解： ① 方案：水稻B_1，小麦B_2，大豆B_3，燕麦B_4；状态：极旱年θ_1，旱年θ_2，平年θ_3，湿润年θ_4，极湿年θ_5；方案B_i：在状态θ_i下的收益值a_{ij}看作该随机变量的取值。

② 计算各个行动方案的期望收益值。

$$E(B_1) = 10 \times 0.1 + 12.6 \times 0.2 + 18 \times 0.4 + 20 \times 0.2 + 22 \times 0.1 = 16.92 \text{（千元/亩）}$$

$$E(B_2) = 25 \times 0.1 + 21 \times 0.2 + 17 \times 0.4 + 12 \times 0.2 + 8 \times 0.1 = 16.7 \text{（千元/亩）}$$

$$E(B_3) = 12 \times 0.1 + 17 \times 0.2 + 23 \times 0.4 + 17 \times 0.2 + 11 \times 0.1 = 18.3 \text{（千元/亩）}$$

$$E(B_4) = 11.8 \times 0.1 + 13 \times 0.2 + 17 \times 0.4 + 19 \times 0.2 + 21 \times 0.1 = 16.48 \text{（千元/亩）}$$

选择最佳决策方案。

因为$E(B_3) = \max\{E(B_j)\} = 18.3$（千元/亩），所以种植大豆为最佳决策方案。

表6-11 风险型决策问题的期望值计算

天气类型		极旱年（θ_1）	旱年（θ_2）	平年（θ_3）	湿润年（θ_4）	极湿年（θ_5）	期望损益值$E(B_i)$
发生概率		0.1	0.2	0.4	0.2	0.1	
农作物的收益/（千元/亩）	水稻（B_1）	10	12.6	18	20	22	16.92
	小麦（B_2）	25	21	17	12	8	16.7
	大豆（B_3）	12	17	23	17	11	18.3
	燕麦（B_4）	11.8	13	17	19	21	16.48

（3）决策树法

决策树法是利用树型决策网络来描述与求解风险型决策问题的方法。它的优点是使决策问题形象直观，便于思考与集体讨论。特别是在多级决策活动中，能起到层次分明、一目了然、计算简便的作用。

决策树的结构与决策步骤如下。

决策树是以方框与圆圈为结点，由直线连接而成的一种树型图，如图6-10所示。

在决策树中，方框结点称为决策点；由决策点引出若干条直线，每一条直线代表一个方案，称为方案枝；在每条方案枝的末端有一个圆圈结点，称为状态点；由状态点引

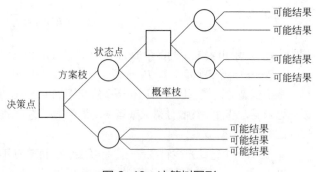

图6-10 决策树图形

出若干条直线，每一条直线代表一个客观状态及其可能出现的概率，称为概率枝；在每条概率枝的末端标有所在方案在该状态下的损益值，称为可能结果。

风险型决策问题一般都具有多个备选方案，每个方案又有多种客观状态，一般情况下决策树都是由左向右，由简入繁，形成一个树型的网络图。

决策树法的一般步骤如下。

a. 画出决策树。把一个具体的决策问题，由决策点逐渐展开为方案分支、状态结点，以及概率分支、结果点等。

b. 计算期望损益值。在决策树中，由树梢开始，经树枝、树干逐渐向树根，依次计算各个方案的期望损益值。

c. 剪枝。将各个方案的期望损益值分别标注在其对应的状态结点上，进行比较优选，将优胜者填入决策点，用"//"号剪掉舍弃方案，保留被选取的最优方案。

① 单级决策。单级决策是指只需要进行一次决策就可以选出最优方案的决策。

例题 6-9：某企业为了生产一种新产品，有3个方案可供决策者选择：一是改造原有生产线；二是从国外引进生产线；三是与国内其他企业协作生产。该种产品的市场需求状况大致有高、中、低3种可能，据估计，其发生的概率分别是0.3、0.5、0.2。表6-12给出了各种市场需求状况下每一个方案的效益值。试问该企业究竟应该选择哪一种方案？

表6-12 某企业在采用不同方案生产某种新产品的效益值

需求状态		高需求（θ_1）	中需求（θ_2）	低需求（θ_3）
状态概率		0.3	0.5	0.2
各方案的效益值/万元	改进生产线（V_1）	200	100	20
	引进生产线（V_2）	220	120	60
	协作生产线（V_3）	180	100	80

解：该问题是一个典型的单级风险型决策问题，现在用决策树法求解这一问题。

a. 画出该问题的决策树，如图6-11所示。

b. 计算各方案的期望效益值。

状态结点 V_1 的期望效益值为

$$E(V_1) = 200 \times 0.3 + 100 \times 0.5 + 20 \times 0.2 = 114 \text{（万元）}$$

状态结点 V_2 的期望效益值为

$$E(V_2) = 220 \times 0.3 + 120 \times 0.5 + 60 \times 0.2 = 138 \text{（万元）}$$

状态结点 V_3 的期望效益值为

$$E(V_3) = 180 \times 0.3 + 100 \times 0.5 + 80 \times 0.2 = 120 \text{（万元）}$$

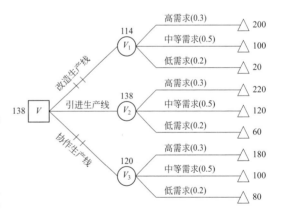

图6-11 单级风险型决策问题的决策树

c. 剪枝。因为 $E(V_2) > E(V_1)$，$E(V_2) > E(V_3)$，所以，剪掉状态结点 V_1 和 V_3 所对应的方案枝，保留状态结点 V_2 所对应的方案枝。即该问题的最优决策方案应该是从国外引进生产线。

② 多级决策。一个决策问题如果需要进行两次或两次以上的决策，才能选出最优方案，达到决策目的，称为多级决策。

例题 6-10：某企业由于生产工艺较落后，产品成本高，在价格保持中等水平的情况下无利可图，在价格低落时就要亏损，只有在价格较高时才能盈利。鉴于这种情况，企业管理者有意改进其生产工艺，即用新的工艺代替原来旧的生产工艺。

现在，取得新的生产工艺有两种途径：一是自行研制，但其成功的概率是0.6；二是购买专利，估计谈判成功的概率是0.8。如果自行研制成功或者谈判成功，生产规模都将考虑两种方案：一是产量不变;二是增加产量。如果自行研制或谈判都失败,则仍采用原工艺进行生产,并保持原生产规模不变。据市场预测,该企业的产品今后跌价的概率是 0.1,价格保持中等水平的概率是 0.5,涨价的概率是 0.4,见表 6-13。

表 6-13　各方案在不同价格状态下的效益值　　　　　　　　　　　　单位:万元

方案 效益值 状态	按原工艺生产	改进工艺成功			
		购买专利成功(0.8)		自行研制成功(0.6)	
		产量不变	增加产量	产量不变	增加产量
价格低落(0.1)	-100	-200	-300	-200	-300
价格中等(0.5)	0	50	50	0	-200
价格上涨(0.4)	100	150	250	200	600

解:a. 这个问题是一个典型的多级(二级)风险型决策问题,下面仍然用树型决策法解决该问题,见图 6-12。

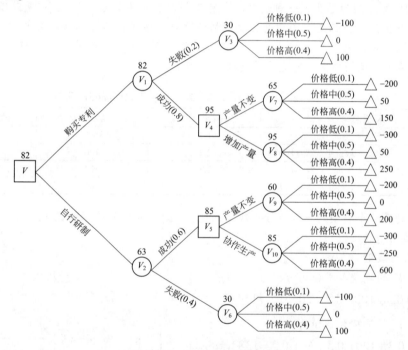

图 6-12　多级决策型决策树

b. 计算期望效益值,并进行剪枝。

状态结点 V_7 的期望效益值为

$$E(V_7) = (-200) \times 0.1 + 50 \times 0.5 + 150 \times 0.4 = 65（万元）$$

状态结点 V_8 的期望效益值为

$$E(V_8) = (-300) \times 0.1 + 50 \times 0.5 + 250 \times 0.4 = 95（万元）$$

由于 $E(V_8)>E(V_7)$,故剪掉状态结点 V_7 对应的方案分枝,并将 $E(V_8)$ 的数据填入决策点 V_4,即令 $E(V_4)=E(V_8)=95$(万元)。

状态结点 V_3 的期望效益值为

$$E(V_3) = (-100) \times 0.1 + 0 \times 0.5 + 100 \times 0.4 = 30（万元）$$

所以,状态结点 V_1 的期望效益值为

$$E(V_1) = 30 \times 0.2 + 95 \times 0.8 = 82（万元）$$

状态结点 V_9 的期望效益值为
$$E(V_9)=(-200)\times 0.1+0\times 0.5+200\times 0.4=60 \text{（万元）}$$

状态结点 V_{10} 的期望效益值为
$$E(V_{10})=(-300)\times 0.1+(-250)\times 0.5+600\times 0.4=85 \text{（万元）}$$

由于 $E(V_{10})>E(V_9)$，故剪掉状态结点 V_9 对应的方案分枝，将 $E(V_{10})$ 的数据填入决策点 V_5。即令 $E(V_5)=E(V_{10})=85$（万元）。

状态结点 V_6 的期望效益值为
$$E(V_6)=(-100)\times 0.1+0\times 0.5+100\times 0.4=30 \text{（万元）}$$

所以，状态结点 V_2 期望效益值为：
$$E(V_2)=30\times 0.4+85\times 0.6=63 \text{（万元）}$$

c. 由于 $E(V_1)>E(V_2)$，故剪掉状态结点 V_2 对应的方案分枝，将 $E(V_1)$ 的数据填入决策点 V，即令
$$E(V)=E(V_1)=82 \text{（万元）}$$

综合以上期望效益值计算与剪枝过程可知，该问题的决策方案应该是：首先采用购买专利方案进行工艺改造，当购买专利改造工艺成功后，再采用扩大生产规模（即增加产量）方案进行生产。

课后训练

计算题

某建筑公司拟建一预制构件厂，一个方案是建大厂，需投资 300 万元，建成后如销路好每年可获利 100 万元，如销路差，每年要亏损 20 万元，该方案的使用期均为 10 年；另一个方案是建小厂，需投资 170 万元，建成后如销路好，每年可获利 40 万元，如销路差每年可获利 30 万元；若建小厂，则考虑在销路好的情况下 3 年以后再扩建，扩建投资 130 万元，可使用 7 年，每年盈利 85 万元。假设前 3 年销路好的概率是 0.7，销路差的概率是 0.3，后 7 年的销路情况完全取决于前 3 年；试用决策树法选择方案。

参考答案

这个问题可以分前 3 年和后 7 年两期考虑，属于多级决策类型，如图 6-13 所示。

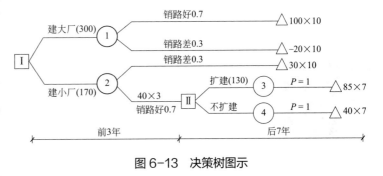

图 6-13 决策树图示

考虑资金的时间价值，各点损益期望值计算如下：

点①：净收益 $=[100\times(P/A,10\%,10)\times 0.7+(-20)\times(P/A,10\%,10)\times 0.3]-300=93.35$（万元）

点③：净收益 $=85\times(P/A,10\%,7)\times 1.0-130=283.84$（万元）

点④：净收益 $=40\times(P/A,10\%,7)\times 1.0=194.74$（万元）

可知决策点Ⅱ的决策结果为扩建，决策点Ⅱ的期望值为 283.84+194.74=478.58（万元）点②：净收益 $=(283.84+194.74)\times 0.7+40\times(P/A,10\%,3)\times 0.7+30\times(P/A,10\%,10)\times 0.3-170=345.62$（万元）

由上可知，最合理的方案是先建小厂，如果销路好，再进行扩建。在本例中，有两个决策点Ⅰ和Ⅱ，在多级决策中，期望值计算先从最小的分枝决策开始，逐级决定取舍到决策能选定为止。

单元七　工程项目投融资

学习目标

（一）知识目标

- （1）掌握工程项目资本金含义；
- （2）了解工程项目资本金来源；
- （3）掌握工程项目资本金的比例；
- （4）了解既有法人工程项目资本金筹措渠道与方式；
- （5）掌握新设法人工程项目资本金筹措渠道与方式；
- （6）掌握资金成本含义、构成；
- （7）掌握各种资金成本的计算方法；
- （8）掌握资本结构含义与构成；
- （9）掌握工程项目融资含义；
- （10）掌握过程项目融资的主要方式。

（二）能力目标

- （1）能够运用资金成本的计算方法进行方案选择；
- （2）能够正确选择工程项目融资方式。

思维导图

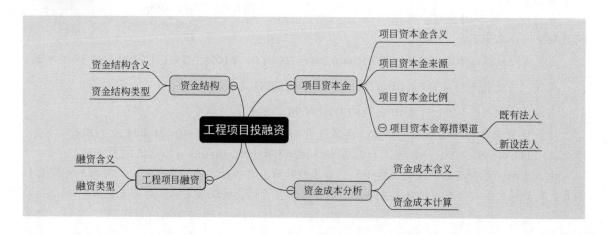

任务1　工程项目资本金来源

知识点 1　项目资本金含义

项目资本金是指在投资项目总投资中，由投资者认缴的出资额，对投资项目来说是非债务性资金，项目法人不承担这部分资金的任何利息和债务；投资者可按其出资的比例依法享有所有者权益。

资本金属于自有资金，目前在我国，对于各种经营性投资项目，包括国有单位的基本建设、技术改造、房地产开发项目和集体投资项目，都实行资本金制度（公益性投资项目不实行资本金制度）。对投资项目来说是非债务性资金，项目法人不承担这部分资金的任何利息和债务；投资者可按其出资的比例依法享有所有者权益，也可转让其出资，但不得以任何方式抽回。对于提供债务融资的债权人而言，项目的资本金可以看作负债融资的信用基础，项目资本金用于负债受偿，可以降低债权人的回收风险。

知识点 2　项目资本金来源

项目资本金可以用货币出资，也可以用实物、工业产权、非专利技术、土地使用权作价出资。作为资本金的实物、工业产权、非专利技术、土地使用权，必须经过有资格的资产评估机构依据法律、法规评估作价，不得高估或低估。以工业产权、非专利技术作出资的比例不得超过投资项目资本金总额的20%。

投资者以货币方式认缴的资本金，其资金来源有：

① 各级人民政府的财政预算内资金、国家批准的各种专项建设基金、经营性基本建设基金回收的本息、土地批租收入、国有企业产权转让收入、地方人民政府按国家有关规定收取的各种规费及其他预算外资金；

② 国家授权的投资机构及企业法人的所有者权益（包括资本金、资本公积金、盈余公积金和未分配利润、股票上市收益资金等）、企业折旧资金以及投资者按照国家规定从资本市场上筹措的资金；

③ 社会个人合法所有的资金；

④ 国家规定的其他可以用作投资项目资本金的资金。

学学做做

1. 固定资产投资项目实行资本金制度，以工业产权、非专利技术作价出资的比例不得超过投资项目资本总金额的（　　）。

　　A. 20%　　　　　　B. 25%　　　　　　C. 30　　　　　　D. 35%

参考答案：A

2. 投资者以货币方式认缴的资本金，其资金来源有（　　）。

A. 各级人民政府的财政预算内资金

B. 社会个人合法所有的资金

C. 国家规定的其他可以用做投资项目资本金的资金

D. 国家授权的投资机构及企业法人的所有者权益、企业折旧资金以及投资者按照国家规定从资本市场上筹措的资金

E. 国内外证券市场发行的股票或债券
参考答案：ABCD

知识点 3　项目资本金的比例

2015年，为了扩大有效投资需求，促进投资结构调整，保持经济平稳健康发展，国务院《关于决定调整和完善固定资产投资项目资本金制度的通知》中调整了固定资产项目的资本金比例。对于城市地下综合管廊、城市停车场，以及国务院批准的核电站等重大建设项目，可以在规定的最低资本金比例基础上适当下调，文件要求如下：

① 城市和交通基础设施项目：城市轨道交通项目由25%调整为20%，港口、沿海及内河航运、机场项目由30%调整为25%，铁路、公路项目由25%调整为20%；

② 房地产开发项目：保障性住房和普通商品住房项目维持20%不变，其他项目由30%调整为25%；

③ 产能过剩行业项目：钢铁、电解铝项目维持40%不变，水泥项目维持35%不变，煤炭、电石、铁合金、烧碱、焦炭、黄磷、多晶硅项目维持30%不变；

④ 其他工业项目：玉米深加工项目由30%调整为20%，化肥（钾肥除外）项目维持25%不变；

⑤ 电力等其他项目维持20%不变。

作为计算资本金基数的总投资，是指投资项目的固定资产投资与铺底流动资金之和，核算时以批准的动态概算为依据。

课后训练

一、单选题

项目资本金是指（　　）。

A. 项目建设单位的注册资金　　B. 项目总投资中的固定资产投资部分
C. 项目总投资中由投资者认缴的出资额　　D. 项目开工时已经到位的资金

二、多选题

项目资本金可以用货币出资，也可以用（　　）作价出资。

A. 实物　　B. 工业产权
C. 专利技术　　D. 企业商誉
E. 土地所有权

参考答案：
单选题：C
多选题：AB

任务2　项目资本金筹措的渠道与方式

项目资本金筹措的渠道与方式既有区别又有联系，同一渠道的资金可以采用不同的筹资方式，而同一筹资方式下往往又可筹集到不同渠道的资金，因此，应认真分析研究各种筹资渠道与方式的特点以及适应性，将二者结合起来，以确定最佳的资金结构。

从总体上看，项目的资金来源可以分为投入资金和借入资金，前者形成项目的资本金，后者形成项目的负债。按照融资主体不同，项目的融资方式可分为既有法人融资和新设法人融资两种融资方式。

知识点 1 既有法人项目资本金筹措渠道与方式

既有法人作为项目法人进行项目资本金筹措，不组建新的独立法人，筹资方案应与既有法人公司（包括企业、事业单位等）的总体财务安排相协调，既有法人可用于项目资本金的资金来源可以分为内、外两个方面。

（1）内部资金来源

内部资金来源主要包括以下几个方面：

① 企业的现金。企业库存现金和银行存款可由企业的资产负债表得以体现，其中可能有一部分可以投入项目。即扣除保持必要的日常经营所需要的货币资金额外，多余的资金可以用于项目的投资。

② 未来生产经营中获得的可用于项目的资金。在未来的项目建设期间，企业可以从生产经营中获得新的资金，扣除生产经营开支及其必要开支之后，剩余部分可以用于项目投资。未来企业经营后的净现金流量，需要通过对企业未来现金流量的预测来估算。实践中常采用经营收益间接估算企业未来的经营净现金流量，其计算公式如下：

$$经营净现金流量 = 经营净收益 - 流动资金占有的增加 \qquad (7-1)$$
$$经营净收益 = 净利润 + 折旧 + 无形及其他资产摊销 + 财务费用 \qquad (7-2)$$

企业未来经营净现金流量中，财务费用及流动资金占用的增加部分将不能用于固定资产投资，折旧、无形及其他资产摊销通常认为可用于再投资或偿还债务，净利润中有一部分可能需要用于分红或用作盈余公积金或公益金留存，其余部分可用于再投资或偿还债务。因此，可用于再投资及偿还债务的企业经营净现金可按以下公式估算：

$$可用于再投资及偿还债务的企业经营净现金 = 净利润 + 折旧 + 无形及其他资产摊销 - 流动资金占用的增加 - 利润分红 - 用作盈余公积金或公益金留存 \qquad (7-3)$$

③ 企业资产变现。既有法人可将流动资产、长期投资或固定资产变现，取得现金用于新项目投资。企业资产变现通常包括：短期投资、长期投资、固定投资、无形资产的变现。降低流动资产中的应收款项和存货，可以增加企业能使用的现金，这类流动资产的变现体现在企业外来净现金流量估算中，企业也可以通过加强财务管理，提高流动资金周转率，减少存货、应收账款等流动资产占用而取得现金，或出让有价证券取得现金。企业的长期投资包括长期股权投资和长期债权投资，一般都可以通过转让而变现。企业的固定资产中，有些由于产品方案的改变而被闲置，有些由于技术更新而被替换，这些都可以出售变现。

④ 企业产权转让。企业可以将原来拥有的产权部分或全部转让给他人，换取资金用作新项目的资本金。

资产变现表现为一个企业资产总额构成的变化，即非现金货币资产的减少，现金货币资产的增加，而资产总额并没有发生变化。产权转让则是企业资产控制权或产权结构发生变化，对于原有的产权人，经转让后其控制的企业原有资产总量会减少。

既有法人应分析其财务和经营状况，预测企业未来的现金流，判断现有企业是否具备足够的自有资金投资于拟建项目。如果不具备足够的资金能力，或者不愿意失掉原有的资产权益，或者不愿意使其自身的资金运用过于紧张，就应该设计外部资金来源的资金筹集方案。

（2）外部资金来源

既有法人通过在资本市场发行股票和企业增资扩股，以及一些准资本金手段，如发行优先股来获取外部投资人的权益资金投入，同时也包括接受国家预算内资金为来源的融资方式。

① 企业增资扩股。增资扩股指企业向社会募集股份、发行股票、新股东投资入股或原股东增加投资扩大股权，从而增加企业的资本金。

② 优先股。优先股是享有优先权的股票。优先股的股东对公司资产、利润分配等享有优先权，其风险较小。但是优先股股东对公司事务无表决权。优先股股东没有选举及被选举权，一般来说对公司的经营没有参与权，优先股股东不能退股，股份只能通过优先股的赎回条款被公司赎回，但是能稳定分红。

③ 国家预算内投资。国家预算内投资是我国以国家预算资金为来源，通过国家计划进行的固定资产

投资。包括：以国家预算中基本建设支出为来源，并由国家直接安排的投资，是国家投资的主要部分；以国家预算中其他专项资金为来源安排的固定资产投资。自新中国成立以来一段较长时期内，国家预算内投资是国家固定资产投资的主要资金来源。从 1950 年到 1978 年，在财政统收统支体制下，国家预算内投资占全民所有制企业投资的比例平均为 75%，高的年份达 85% 以上，其中基本建设投资高的年份达 90% 以上。从 1979 年开始，随着经济体制改革的不断深入，逐步形成投资主体由国家单一主体变为多种主体，投资来源由国家预算单一渠道变为多种渠道。目前包括国家预算、地方财政、主管部门和国家专项投资拨给或委托银行贷款给建设单位的基本建设拨款中用于基本建设的资金。

 学学做做

1. 既有法人作为项目法人进行项目资本金筹措的资金来源方式有（　　）。
A. 企业资产变现 B. 未来生产经营中获得的可用于项目的资金
C. 企业增资扩股 D. 融资租赁
E. 国家预算内投资

参考答案：ABCE

2. 外部资金来源主要是既有法人通过在资本市场发行股票和企业增资扩股，以及一些准资本金手段（如优先股）来获取外部投资人的权益资金投入，用于新上项目的资本金，下列关于优先股的说法，错误的有（　　）。
A. 优先股股东不参与公司的经营管理，没有公司的控制权
B. 优先股是一种介于股本资金与补偿之间的融资方式
C. 发行优先股通常不需要还本，但要支付固定股息，固定的股息通常要高于银行贷款利息
D. 对大股东来说，优先股通常要优先受偿，是一种清偿能力
E. 优先股相对于其他借款融资通常处于较后的受偿顺序，对于项目公司的其他债权人来说可以视为项目的资本金

参考答案：BD

知识点 2　新设法人项目资本金筹措渠道与方式

新设法人项目资本金的形成分为两种形式：一种是在新法人设立时由发起人和投资人按项目资本金额度要求提供足额的资金；另一种是由新设法人在资本市场上进行融资来形成项目资本金。

新设项目法人项目资本金通常以注册资本的方式投入。有限责任公司及股份有限公司注册资本由公司的股东按股权比例认缴，合作制公司的注册资本由合作投资方按预先约定金额投入。如果公司注册资本的额度要求低于项目资本金额度的要求，股东按项目资本金额度要求投入企业的资金超过注册资本的部分，通常以资本公积的形式记账。有些情况下，投资者还可以准资本金方式投入资金，包括优先股、股东借款等。

由初期设立的项目法人进行的资本金筹措形式主要有：

① 在资本市场募集股本资金。在基本市场募集股本资金可以采取两种基本方式：私募与公开募集。

a. 私募：是指将股票直接出售给少数特定的投资者，不通过公开市场销售。私募程序可相对简化，但在信息披露方面仍必须满足投资者的要求。

b. 公开募集：是指证券市场上公开向社会发行销售。在证券市场上公开发行股票，需要取得证券监管机关的批准，需要通过证券公司后投资银行向社会推销，需要提供详细的文件，保证公司的信息披露，保证公司的经营及财务透明度，筹资费用较高，筹资时间较长。

② 合资合作。通过在资本投资市场上寻求新的投资者，由初期设立的项目法人与新的投资者以合资

合作等多种形式，重新组建新的法人，或者由设立初期项目法人和投资人与新的投资者进行资本整合，重新设立新的法人，使重新设立的新法人拥有的资本达到或满足项目资本金投资的额度要求，采用这一方式，新法人往往需要重新进行公司注册或变更登记。

 学学做做

1. 由初期设立的项目法人进行的资本金筹措形式主要有（　　）。
   A. 合资合作和优先股　　　　　　　　B. 合资合作和国家预算内投资
   C. 国家预算内投资和合资合作　　　　D. 在资本市场募集股本资金和合资合作
   参考答案：D
   由初期设立的项目法人进行的资本金筹措形式主要有：在资本市场募集股本资金和合资合作。
2. 下列不属于新设法人融资项目资本金筹措方式的是（　　）。
   A. 股东直接投资　　　　　　　　　　B. 政府投资
   C. 发行股票　　　　　　　　　　　　D. 发行债券
   参考答案：B

知识点 3　债务资金筹措的渠道与方式

债务资金是指项目投资中除项目资本金外，以负债方式取得的资金。债务资金是项目建设一项重要的资金来源。债务融资的优点是速度快、成本较低；缺点是融资风险较大，有还本付息的压力。

筹资债务资金应考虑债务期限、债务偿还、债务序列、债权保证、违约风险利率结构、货币结构与国家风险等主要因素。债务资金主要通过信贷、债券、租赁等方式进行筹措。

1. 信贷方式融资

信贷方式融资是项目负债融资的重要组成部分，是公司融资和项目融资中最基本和最简单，也是比重最大的债务融资形式。国内信贷资金主要有商业银行和政策性银行等提供的贷款。国外信贷资金主要有商业银行的贷款，以及世界银行、亚洲开发银行等国际金融机构贷款。信贷融资方案应说明拟提供贷款的机构及其贷款的条件，包括支付方式、贷款期限、贷款利率、还本付息方式及附加条件等。

（1）商业银行贷款

按照贷款期限，商业银行的贷款可以分为短期贷款、中期贷款和长期贷款。贷款期限在1年以内的为短期贷款；1～3年的为中期贷款；3年以上期限的为长期贷款。

按照资金使用用途分，商业银行贷款在银行内部管理中分为固定资产贷款、流动资金贷款、房地产开发贷款等。

项目投资使用中长期银行贷款，银行要进行独立的项目评估，评估内容主要包括项目建设的内容、必要性、产品市场需求、项目建设及生产条件、工艺技术及主要设备、投资估算与筹资方案、财务盈利性、偿债能力、贷款风险、保证措施等。

除了商业银行可以提供贷款，一些城市或农村信用社、信托投资公司等非银行金融机构也可以提供商业贷款，条件与商业银行类似。

国外商业银行贷款的利率有浮动利率和固定利率两种形式。浮动利率通常以某种国际金融市场的利率为基础，加上一个固定的加成率构成。固定利率则是在贷款合同中约定。国外商业银行的贷款利率由市场决定，各国政府的中央银行对于本国的金融市场利率通过一定的手段进行调控。

（2）政策性银行贷款

为了支持一些特殊的生产、贸易、基础设施建设项目，国家政策性银行可以提供政策性银行贷款。政策性银行贷款利率通常比商业银行贷款利率低，我国的政策性银行有中国进出口银行、中国农业发展银行。

（3）出口信贷

项目建设需要进口设备的，可以使用设备出口国的出口信贷。按照获得贷款资金的借款人，出口信贷分为买方信贷、卖方信贷和福费廷（FORFAITING）等。

① 买方信贷：是指出口商所在地银行为促进本国商品的出口，而对国外进口商（或其银行）所发放的一种贷款。买方信贷可以通过进口国的商业银行转贷款，也可以不通过本国商业银行转贷。

② 卖方信贷：是指出口商所在地有关银行，为便于该国出口商以延期付款形式出口商品而给予本国出口商的一种贷款。出口商向银行借取卖方信贷后，其资金得以通融，便可以允许进口商延期付款。

③ 福费廷：是指专门的代理融资技术。一些大型资本货物，如在大型水轮机组、发电机组等设备的采购中，由于从设备的制造、安装到投产需要多年的时间，进口商往往要求延期付款，按项目的建设周期分期偿还。为了鼓励设备出口，几家出口商所在银行专门开设了针对大型设备出口的特殊融资。

（4）银团贷款

随着工程项目规模的扩大，所需建设资金也越来越多，出于风险控制或银行资金实力方面的考虑，一家商业银行的贷款往往无法满足项目债务资金的需求，于是就出现了银团贷款，也称为"辛迪加贷款"，它是指由一家银行牵头，多家银行参与的贷款。贷款银团中还需要有一家或数家代理银行，负债监管借款人的账户，监控借款人的资金，划收及划转贷款本息。

（5）国际金融机构贷款

国际金融组织贷款是指国际金融组织按照章程向其成员国提供的各种贷款。提供项目贷款的主要国际金融机构有世界银行、国际金融公司、欧洲复兴与开发银行、亚洲开发银行、美洲开发银行等全球性或地区性金融机构。目前与我国关系最为密切的国际金融组织是国际货币基金组织、世界银行和亚洲开发银行。

2. 债券方式融资

债券是债务人为筹集资金而发行的、约定在一定期限内还本付息的一种有价证券。企业证券融资是一种直接融资。发行债券融资可以从资本市场直接获得资金，资金成本（利率）一般应低于银行借款。由于有较为严格的证券监管，只有实力很强并且有很好资信的企业才能有能力发行企业债券。发行债券融资，大多数需要第三方担保，获得债券信用等级，以使债券发行成功，并可降低债券发行成本。在国内发行企业债券需要通过国家证券监管机构及金融监管机构的审批。国内证券由国内评级机构评级，国外发行债券需要由一些知名度很高的评级机构评级。债券评级较高的，可以较低的利率发行，而较低评级的债券，则利率较高。债券发行与股票发行相似，可在资本市场上公开发行，也可以私募方式发行。

（1）债券筹资的优点

① 资本成本较低。与股票的股利相比，债券的利息允许在所得税前支付，公司可享受税收上的利益，故公司实际负担的债券成本一般低于股票成本。

② 可利用财务杠杆。无论发行公司的盈利多少，持券者一般只收取固定的利息，若公司用资后收益丰厚，增加的收益大于支付的债息额，则会增加股东财富和公司价值。

③ 保障公司控制权。持券者一般无权参与发行公司的管理决策，因此发行债券一般不会分散公司控制权。

④ 便于调整资本结构。在公司发行可转换债券以及可提前赎回债券的情况下，便于公司主动地合理调整资本结构。

（2）债券筹资的缺点

① 财务风险较高。债券通常有固定的到期日，需要定期还本付息，财务上始终有压力。在公司不景气时，还本付息将成为公司严重的财务负担，有可能导致公司破产。

② 限制条件多。发行债券的限制条件较长期借款、融资租赁的限制条件多且严格，从而限制了公司

对债券融资的使用，甚至会影响公司以后的筹资能力。

③ 筹资规模受制约。公司利用债券筹资一般受一定额度的限制。我国《公司法》规定，发行公司流通在外的债券累计总额不得超过公司净产值的40%。

3. 租赁方式融资

租赁方式融资是指当企业需要筹措资金、增添必要的设备时，可以通过租赁公司代其购入所选择设备，并以租赁的方式将设备租给企业使用。在大多数情况下，出租人在租赁期间内向承租人分期回收设备的全部成本、利息和利润。租赁期满后，将租赁设备的所有权转移给承租人，通常为长期租赁。根据租赁所体现的经济实质不同，租赁分为经营性租赁和融资性租赁两种类型。

（1）经营租赁

经营租赁是为满足承租人临时或季节性使用资产的需要而安排的"不完全支付"式租赁。它是一种纯粹的、传统意义上的租赁。承租人租赁资产只是为了满足经营上短期的、临时的或季节性的需要，并没有添置资产上的企图。其主要特点是：

① 可撤销性。这种租赁是一种可解约的租赁，在合理的条件下，承租人预先通知出租人即可解除租赁合同，或要求更换租赁物。

② 经营租赁的期限一般比较短，远低于租赁物的经济寿命。

③ 不完全付清性。经营租赁的租金总额一般不足以弥补出租人的租赁物成本并使其获得正常收益，出租人在租赁期满时将其再出租或在市场上出售才能收回成本，因此，经营租赁不是全额清偿的租赁。

④ 出租人不仅负责提供租金信贷，而且要提供各种专门的技术设备。经营租赁中租赁物所有权引起的成本和风险全部由出租人承担。其租金一般较融资租赁为高。经营租赁的对象主要是那些技术进步快、用途较广泛或使用具有季节性的物品。

小知识：融资租赁发展历程

（2）融资租赁

融资租赁是指出租人根据承租人对租赁物件的特定要求和对供货人的选择，出资向供货人购买租赁物件，并租给承租人使用，承租人则分期向出租人支付租金，在租赁期内租赁物件的所有权属于出租人所有，承租人拥有租赁物件的使用权。租期届满，租金支付完毕并且承租人根据融资租赁合同的规定履行完全义务后，对租赁物的归属没有约定的或者约定不明的，可以协议补充；不能达成补充协议的，按照合同有关条款或者交易习惯确定，仍然不能确定的，租赁物件所有权归出租人所有。其主要特点是：

① 不可撤销。这时一种不可解约的租赁，在基本租期内双方均无权撤销合同。

② 完全付清。在基本租期内，设备只租给一个用户使用，承租人支付租金的累计总额为设备价款、利息及租赁公司的手续费之和。承租人付清全部租金后，设备的所有权即归于承租人。

③ 租期较长。基本租期一般相当于设备的有效寿命。

④ 承租人负责设备的选择、保险、保养和维修等；出资人仅负责垫付贷款，购进承租人所需的设备，按期出租，以及享有设备的期末残值。

 课后训练

一、单选题

1. 既有法人可用于项目资本金的资金来源分为内、外两个方面，其中内部资金来源有（　　）。
   A. 企业资产变现、企业增资扩股　　B. 企业产权转让、企业的现金
   C. 企业增资扩股、企业资产变现　　D. 优先股、企业产权转让

2. 有法人作为项目法人的，下列项目资本金来源中，属于既有法人外部资金来源的是（　　）。
   A. 企业增资扩股　　B. 企业银行存款　　C. 企业资产变现　　D. 企业产权转让

3. 债务资金筹措应考虑的主要因素不包括（　　）。

A. 债务期限　　　B. 债务大小　　　C. 债务序列　　　D. 违约风险

二、多选题

1. 下列资金来源中，属于既有法人项目资本金外部来源的有（　　）。
   A. 企业资产变现　　B. 企业增资扩股　　C. 商业银行贷款
   D. 优先股　　　　　E. 企业产权转让
2. 债务资金筹措应考虑的主要因素包括（　　）。
   A. 合资合作　　　　B. 银行贷款　　　　C. 债务偿还
   D. 违约风险　　　　E. 债务期限
3. 债券融资的优点主要有（　　）。
   A. 融资成本低　　　　　　　　B. 融资的无限性
   C. 不影响企业的控制权　　　　D. 可以发挥财务杠杆的作用
   E. 限制条款少
4. 新设法人融资项目的资本金筹措方式有（　　）。
   A. 股东直接投资　　B. 发行股票　　　　C. 政府投资
   D. 股东增资扩股　　E. 发行债券

参考答案

一、单选题
1. B　2. A　3. B

二、多选题
1. BD　2. CDE　3. ACD　4. ABC

任务3　资金成本分析

知识点 1　资金成本概述

1. 资金成本含义

资金成本是指企业为筹集和使用资金而付出的代价。

广义地讲，企业筹集和使用任何资金，不论是短期的还是长期的，都要付出代价。狭义的资金成本是指筹集和使用长期资金（包括自有资金和借入长期资金）的成本。由于长期资金也称为资本，因此长期资金的成本也称为资本成本。这里所说的资金成本主要是指狭义的资金成本，即资本成本。

2. 资金成本构成

资金成本一般包括资金筹集成本和资金使用成本两个部分。

① 资金筹集成本：是指在资金筹集过程中所支付的各项费用。如发行股票或债券支付的印刷费、发行手续费、律师费、资信评估费、公证费、担保费、广告费等，资金筹集成本一般属于一次性费用，筹集次数越多，资金筹集成本就越高。

② 资金使用成本：又称为资金占用费，是指资金使用人支付给资金所有者的资金使用报酬，如支付给股东的股利、支付给银行的贷款利息，以及支付给其他债权人的各种利息费用，它构成了资本成本的主要内容。除了资金占用费、利息、股利以外，在筹资的过程中发生的委托金融机构代理发行的债券、股票需要支付的代办费和注册费，向银行借款支付的手续费等，都属于资金使用成本的一部分，在资金

使用成本分析中，也应予以考虑。资金使用成本一般与所筹集的资金多少以及使用时间长短有关，资金使用成本具有经常性、定期性的特征，是资金成本的主要内容。

3. 资金成本的性质

① 资金成本是资金使用者向资金所有者和中介机构支付的占用费和筹资费。作为资金的所有者，它绝不会将资金无偿让渡给资金使用者去使用。而作为资金使用者，也不能无偿地占用他人的资金。因此，企业筹集资金以后，暂时地取得了这些资金的使用价值，就要为资金所有者暂时丧失其使用价值而付出代价，即承担资金成本。

② 资金成本与资金的时间价值既有联系，又有区别。资金的时间价值与资金成本都基于同一个前提，即资金或成本参与任何交易活动都是有代价的。资金的时间价值是资本所有者在一定时期内从资本使用者那里获得的报酬，资金成本则是资金的使用者由于使用他人的资金而付出的代价。它们都是以利息、股利等作为表现形式。两者的区别主要表现在：一是资金的时间价值表现为资金所有者的利息收入，而资金成本是资金使用者的筹集费用和使用费用；二是资金的时间价值一般表现为时间的函数，而资金成本则表现为资金占用额的函数。

③ 资金成本具有一般产品成本的基本属性。资金成本是企业的消耗，企业要为占有资金而付出代价、支付费用，而且这些代价或费用最终也要作为收益的扣除额来得到补偿，但是资金成本只有一部分具有产品成本的性质，即这一部分消耗计入产品成本，而另外一部分则作为利润的分配，不能列入产品成本。

 学学做做

下列关于资金成本的理解正确的是（ ）。
A. 项目的股本资金成本是相对意义上的成本概念
B. 采用固定利率是降低债务资金利息成本的有效手段
C. 股本资金成本是机会成本，只需要考虑投资者获取该股本时的实际成本
D. 项目的债务资金成本是绝对意义上的成本

参考答案：A D

技能点 1　资金成本计算

1. 资金成本计算的一般形式

资金成本的表示方法有两种形式：绝对数表示方法和相对数表示方法。绝对数表示方法是指为筹集和使用资本到底付出了多少费用。相对数表示方法是通过资金成本率来表示，即每年用资金费用与筹得的资金净额（筹资金额与筹资费用之差）之间的比率来定义。由于在不同条件下筹集资金的数额不相同，成本便不相同，因此，资金成本通常以相对数表示，其公式如下：

$$K = \frac{D}{P - F} \tag{7-4}$$

或

$$K = \frac{D}{P(1-f)} \tag{7-5}$$

式中　K——资金成本率（一般也称为资金成本）；
　　　P——筹集资金总额；
　　　D——使用费；
　　　F——筹集费；
　　　f——筹资费费率（即筹资费占资金总额的比率）。

2. 个别资金成本

个别资金成本是指各种资金来源的成本。项目公司从不同渠道、以不同的方式取得资本所付出的代价和承担的风险是不同的，因此，个别资金成本是不同的，企业长期资金一般有优先股、普通股、留存收益、长期借款、债券、租赁等，其中前三者称为权益资金，后三者称为债务资金。根据资金来源可以分为优先股成本、普通股成本、留存收益成本、长期借款成本、债券成本、租赁成本等，前三种统称为权益资金成本，后三者称为债务资金成本。

（1）权益资金成本

权益资金主要有优先股、普通股和留存利润三种形式。权益资金成本包含两大内容：投资者的预期投资报酬和筹资费用。

权益资金的成本计算具有较大的不确定性，这是由于投资报酬不是事先规定的（优先股除外），它完全由企业的经济效益所决定。另外，与债务利息不同，权益资金报酬（也就是股利）是以税后利润支付的，因此不会减少企业的所得税上缴。通常在各种资金来源中，权益资金成本要高于债务资金成本。

① 优先股资金成本。优先股最大的一个特点就是每年的股利不是固定不变的，当项目运营过程中出现资金紧张时可以暂时不予支付，由于优先股股利在税后支付，不减少企业所得税，而且在企业破产时，优先股的求偿权位于债券持有人之后，优先股股东的风险比债券持有人的风险要大。因此，优先股成本明显高于债券成本。这对企业来说是必须支付的固定成本。

优先股的资金成本率计算公式如下：

$$K_\text{p} = \frac{D_\text{p}}{P_0(1-f)} \tag{7-6}$$

或

$$K_\text{p} = \frac{P_0 i}{P_0(1-f)} = \frac{i}{1-f} \tag{7-7}$$

式中　K_p——优先股成本率；

P_0——优先股票面值；

D_p——优先股每股股息；

i——股息率；

f——筹资费费率（即筹资费占筹集资金总额的比率）。

例题 7-1： 某企业发行优先股总面额为 300 万元，总价为 340 万元。筹资费费率为 5%，预定年股利率为 12%，试计算其资金成本率。

解：根据公式可以得出

$$K_\text{p} = \frac{300 \times 12\%}{340 \times (1-5\%)} \approx 11.15\%$$

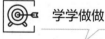
学学做做

某公司发行优先股股票，票面额按正常市价计算为 200 万元，筹资费费率为 4%，股息年利率为 14%，试计算其资金成本率。

参考答案：

解：$K_\text{p} = \dfrac{P_0 i}{P_0(1-f)} = \dfrac{i}{1-f} = \dfrac{200 \times 14\%}{200 \times (1-4\%)} = \dfrac{14\%}{1-4\%} \approx 14.58\%$

② 普通股资金成本。由于普通股股东的收益是随着项目公司税后收益额的大小而变动的，每年股利可能不同，而且这种变化深受项目公司融资意向与投资意向及股票市场估价变动的因素的影响，因此，确定普通股成本通常比确定债务成本及优先股成本更为困难。

普通股的资金成本率计算公式如下：

$$K_s = \frac{D_c}{P_c(1-f)} + g = \frac{i_c}{1-f} + g \quad (7-8)$$

式中　K_s——普通股成本率；

　　　P_c——普通股票面值；

　　　D_c——普通股预计年股利额；

　　　g——普通股股利年增长率；

　　　f——筹资费费率（即筹资费占筹集资金总额的比率）；

　　　i_c——普通股预计年股利率。

例题 7-2：某企业发行普通股股票市价为 2600 万元，筹资费费率为 4%，预计第一年股利率为 14%，以后每年按 3% 递增，试计算其资金成本率。

解：根据公式可以得出

$$K_s = \frac{D_c}{P_c(1-f)} + g = \frac{2600 \times 14\%}{2600 \times (1-4\%)} + 3\% \approx 17.58\%$$

　**学学做做**

某公司发行普通股正常市价为 56 元，估计年增长率为 12%，第一年预计发放股利 2 元，筹集费用率为股票市价的 10%，试计算新发行普通股的成本是多少？

参考答案：

解：　$K_s = \dfrac{D_c}{P_c(1-f)} + g = \dfrac{2}{56 \times (1-10\%)} + 12\% \approx 15.97\%$

③ 留用利润资金成本。企业的留用利润是由企业税后净利润扣除派发股利后形成的，包括提取的盈余公积和未分配利润，它属于普通股股东。从表面上看，企业使用留用利润好像不需要付出任何代价，但实际上，股东愿意将其留用于企业而不作为股利取出后投资于别处，总会要求与普通股等价的报酬。因此，留用利润的使用也有成本，不过是一种机会成本。其确定方法与普通股相同，只是不考虑筹资费用。留用利润成本率计算公式如下：

$$K_R = \frac{D_c}{P_c} + g = i + g \quad (7-9)$$

例题 7-3：某企业留用利润 120 万元，第一年股利为 12%，以后每年递增 3%，试计算留用利润成本率。

解：根据公式可以得出

$$K_R = \frac{D_c}{P_c} + g = i + g = 12\% + 3\% = 15\%$$

（2）债务资金成本

① 长期贷款成本。长期贷款成本一般由借款利息与借款手续费两部分组成。按照国际惯例和各国税法的规定，借款利息可以计入税前成本费用，起到抵税的作用，因而使企业的实际支出相应减少。

对每年年末支付的利息、贷款期末一次全部还款的借款，其借款成本率为：

$$K_g = \frac{I_t(1-T)}{G-F} = i_g \frac{1-T}{1-f} \quad (7-10)$$

式中　K_g——借款成本率；

　　　T——公司所得税税率；

G——贷款总额；
I_t——贷款年利息；
F——贷款费用；
f——筹资费费率（即筹资费占筹集资金总额的比率）；
i_g——贷款年利率。

② 债券成本。债券成本主要是指债券利息和筹资费用。债券利息的处理和长期借款利息的处理相同，应以税后的债务成本为计算依据。债券的筹资费用一般比较高，不可以在计算资金成本时省略。因此，债券成本率可以按照以下公式计算：

$$K_B = \frac{I_t(1-T)}{B(1-f)} = i_b \frac{1-T}{1-f} \quad (7-11)$$

式中 K_B——债券成本率；
B——债券筹资额；
I_t——债券年利息；
T——公司所得税税率；
f——筹资费费率（即筹资费占筹集资金总额的比率）；
i_b——债券年利息利率。

例题 7-4： 某公司为新建项目发行总面额为 1000 万元的 10 年期债券，票面利率为 13%，发行费用为 5%，公司所得税率为 25%，试计算该债券成本率。

解： $K_B = \dfrac{I_t(1-T)}{B(1-f)} = \dfrac{1000 \times 13\% \times (1-25\%)}{1000 \times (1-5\%)} \approx 10.26\%$

③ 租赁成本。租赁成本是指企业租入某项资产，获得其使用权，要定期支付租金，并且租金列入企业成本，可以减少应付所得税，因此，租赁成本率为：

$$K_L = \frac{E}{P_L}(1-T) \quad (7-12)$$

式中 K_L——租赁成本率；
P_L——租赁资产价值；
E——年租金额；
T——公司所得税税率。

3. 加权平均资金成本

从一个企业的全部资金来源看，其不可能是采用单一的筹资方式取得的，而是各种筹资方式的组合。因此企业总的资金成本也就不能由单一资金成本决定，而是需要计算综合资金成本。加权平均资金成本率一般是以各种资本占全部资本的比重为权重，对各类资金成本进行加权平均确定的。加权平均资金成本率计算公式如下：

$$K_W = \sum_{i=1}^{n} W_i K_i$$

式中 K_W——加权平均资金成本；
W_i——债券筹资额；
K_i——第 i 类资金成本。

例题 7-5： 某公司共有资金 1000 万元，其中长期借款 300 万元，普通股 500 万元，留存收益 200 万元，各种资金的成本率分别为 6%、13% 与 12%，计算该公司加权平均资金成本率。

解：根据公式可以得出

$$K_W = \sum_{i=1}^{n} W_i K_i = \frac{300}{1000} \times 6\% + \frac{500}{1000} \times 13\% + \frac{200}{1000} \times 12\% = 10.7\%$$

 学学做做

某企业账面反映的长期资金共 1000 万元，其中长期借款 300 万元，应付长期债券 200 万元，普通股 400 万元，保留盈余 100 万元；其中资金成本率分别为 5.64%、6.25%、15.7%、15%，试求该企业的加权平均资金成本率。

参考答案：

$$K_W = \sum_{i=1}^{n} W_i K_i = \frac{300}{1000} \times 5.64\% + \frac{200}{1000} \times 6.25\% + \frac{400}{1000} \times 15.7\% + \frac{100}{1000} \times 15\% = 10.722\%$$

计算上述中的个别资金成本的比重，是按账面价值确定的，其资料容易取得。但是当资本的账面价值与市场价值差别较大时，如股票、债券的市场价格发生较大变动时，计算结果会与实际有较大的差距，从而贻误筹资决策。为了克服这一缺陷，个别资金成本的比重还可以按市场价值或目标价值确定。

知识点 2　资本结构

1. 资本结构含义

资本结构是指项目融资方案中各种资金来源的构成及其比例关系，又称为资金结构。

在项目融资活动中，资本结构有广义与狭义之分。广义的资本结构是指项目公司全部资本的构成，不但包括长期资本，还包括短期资本，主要是短期债务资本。狭义的资本结构是指项目公司所拥有的各种长期资本的构成及其比例关系，尤其是指长期的股权资本与债务资本的构成及其比例关系。

项目的资金结构安排和资金来源选择在项目融资中起着非常关键的作用，巧妙地安排项目的资金结构比例，选择合适资金形式，可以达到既能减少项目投资者自有资金直接投入，又能提高项目综合经济效益的双重目的。

资本结构的分析应包括项目筹集资金中股本资金、债务资金的形式，各种资金所占比例，以及资金的来源，包括项目资本金与负债资金的比例、资本金结构和债务资金结构。

2. 项目资本金与债务资金的比例

项目建设资金的权益资金和债务资金结构是融资方案制订中必须考虑的一个重要方面。在项目总投资和投资风险一定的条件下，项目资本金越高，权益投资人投入项目的资金越多，承担的风险就越高，而提供债务资金的债权人的风险就越低。从权益投资人的角度考虑，项目融资的资金结构应追求以较低的资本金投资争取较多的债务资金，同时要争取尽可能低的股东的追索。另外，由于债务资本的利息在所得税前列支，在考虑公司所得税的基础上，债务资本要比项目资本金的资金成本低很多，由于财务杠杆作用，适当的债务资本比例能够提高项目资本金财务的内部收益率。而提供债务资金的债权人则希望债权得到有效的风险控制，项目有较高的资本金比例可以承担较高的市场风险，有利于债权得到有效的控制，同时，项目资本金比例越高，贷款的风险就越低，贷款的利率可以越低，如果权益资本金过大，风险可能过于集中，财务杠杆作用下滑。但是如果资本金占的比重太少，会导致负债融资的难度提升和融资成本的提高。

因此，对于大多数项目，资本安排中实际的资本结构必须在项目资本和债务资本金间达到一个合理的比例关系，它们之间的合理比例需要由各个参与方的利益平衡来决定。一般认为，在符合国家资本金的制度规定、金融机构信贷法规和债权人有关资产负债比例要求的前提下，既能满足权益投资者获得期望投资回报的要求，又能较好地防范财务风险的比例是较理想的资本金与债务资金比例。

3. 项目资本金结构

项目资本金内部结构的比例是指项目投资各方的出资比例。投资方对项目不同的出资比例决定了投资各方对项目的建设和经营的所享有的决策权、应承担的责任以及项目的收益的分配。采用新设法人筹资方式的项目，应根据投资各方在资本、技术、人力和市场开发等方面的优势，通过协商确定各方面的

出资比例、出资形式和出资时间。采用既有法人筹资方式的项目，在确定项目资本金结构时，要考虑既有法人的财务状况和筹资能力，合理确定既有法人内部筹资与新增资本金在项目筹资总额中所占的比例，分析既有法人内部筹资与新增资本金的可能性与合理性。因为既有法人将自身所拥有的现金和非现金资产投资于拟建项目，一方面，在其投资额度上受到公司自身财务资源的限制；另一方面，投资的这一部分资产将被拟建项目长期占用，势必会降低自身的财务流动性。

小知识：国务院关于调整和完善固定资产投资项目资本金制度的通知

4. 项目债务资金结构

在一般情况下，项目融资中债务融资占较大的比例，因此，项目债务资金的筹资是解决项目融资的资金结构问题的核心。项目债务结构比例反映债权各方为项目提供债务资本的数额比例、债务期限比例、内债和外债的比例，以及外债中各币种债务的比例等。不同类型的债务资本融资成本不同，融资的风险也不一样，如增加短期债务资本能降低总的融资成本，但会增大公司的财务风险；而增加长期债务虽然能降低公司的财务风险，但会增加公司的融资成本。因此在确定项目债务资本结构时，需要在融资成本和融资风险之间取得平衡，既要降低融资成本，又要控制融资风险。

 课后训练

计算题

1. ABC 公司欲从银行取得一笔长期借款 1000 万元，手续费 0.1%，年利率 5%，期限 3 年，每年结息一次，到期一次还本。公司所得税率 25%。计算该笔银行借款的资金成本。

2. 某企业发行一笔期限为 10 年的债券，债券面值为 1000 万元，票面利率为 12%，每年付息一次，发行费率为 3%，所得税率为 25%，请分别计算债券按 1200 元、1000 元、800 元价格发行时的成本。

3. 某企业按面值发行 100 万元的优先股，筹资费率为 4%，每年支付 12% 的现金股利，计算该优先股的成本。

4. 东方公司拟发行一批普通股，发行价格 12 元，每股筹资费用 2 元，预定每年分派现金股利每股 1.2 元，计算其资金成本率。

5. 宏达公司准备增发普通股，每股发行价格 15 元，筹资费率 20%。预定第一年分派现金股利每股 1.5 元，以后每年股利增长 2.5%，计算其资金成本率。

6. 假定强生股份公司普通股股票的 β 值为 1.2，无风险利率为 5%，市场投资组合的期望收益率为 10%，计算该公司按资本资产定价模型计算的普通股资金成本。

7. 某企业共有资金 100 万元，其中债券 30 万元，优先股 10 万元，普通股 40 万元，留存收益 20 万元，各种资金成本分别为 6%、12%、15.5% 和 15%。试计算该企业加权平均资金成本。

 参考答案

1. 解：银行借款资金成本 $= \dfrac{1000 \times 5\% \times (1-25\%)}{1000 \times (1-0.1\%)} \times 100\% \approx 3.75\%$

2. 解：债券成本（1200 元）$= \dfrac{1000 \times 12\% \times (1-25\%)}{1200 \times (1-3\%)} \times 100\% \approx 7.73\%$

债券成本（1000 元）$= \dfrac{1000 \times 12\% \times (1-25\%)}{1000 \times (1-3\%)} \times 100\% \approx 9.28\%$

债券成本（800 元）$= \dfrac{1000 \times 12\% \times (1-25\%)}{800 \times (1-3\%)} \times 100\% \approx 11.60\%$

3. 解：优先股成本 = $\dfrac{100 \times 12\%}{100 \times (1-4\%)} \times 100\% = 12.5\%$

4. 解：普通股资金成本率 = $\dfrac{1.2}{12-2} \times 100\% = 12\%$

5. 解：普通股资金成本率 = $\dfrac{1.5}{15 \times (1-20\%)} \times 100\% + 2.5\% = 15\%$

6. 解：普通股资金成本 =5%+1.2×（10%-5%）=11%
7. 解：(1) 计算各种资金所占的比重
债券占资金总额的比重 =30/100=30%
优先股占资金总额的比重 =10/100=10%
普通股占资金总额的比重 =40/100=40%
留存收益占资金总额的比重 =20/100=20%
（2）计算加权平均资本成本
加权平均资本成本 =30%×6%+10%×12%+40%×15.5%+20%×15%=12.2%

任务4　工程项目融资

知识点 1　项目融资的含义

项目融资有广义和狭义两种含义。广义的项目融资是指"为项目而融资"，包括新建项目、收购现有项目或对现有项目进行债务重组等。狭义的项目融资是指一种有限追索（极端情况下为无限追索）的融资活动，是以项目的资产、预期收益、预期现金流量等作为偿还贷款的资金来源。

小知识：什么是无追索权项目融资？

知识点 2　项目融资的特点

与传统的贷款方式相比，项目融资有其自身的特点，在融资出发点、资金使用的关注点等方面均有所不同。项目融资主要具有项目导向、有限追索、风险分担、非公司负债型融资，信用结构多样化、融资成本高、可利用税务优势等特点。

（1）项目导向

与其他融资过程相比，项目融资主要以项目的资产、预期收益、预期现金流等来安排融资，而不是以项目的投资者或发起人的资信为依据。债权人在项目融资过程中主要关注的是项目在贷款期间能够新产生多少现金流量用于还款、能够获得的贷款数量、融资成本的高低以及融资结构的设计等都是与项目的预期现金流量和资产价值紧密结合在一起。

（2）有限追索

追索是指在借款人未按期偿还债务时贷款人要求借款人有以除抵押资产之外的其他资产偿还债务的权利。在某种意义上，贷款人对项目借款人的追索形式和程度是区分融资是属于项目融资还是属于传统形式融资的重要标志。对于后者，贷款人为项目借款人提供的是完全追索形式的贷款，即贷款人更主要依赖的是借款人自身的资信情况，而不是项目的预期收益；而前者，作为有限追索的项目融资，贷款人可以在贷款的某个特定阶段（如项目的建设期或试生产期）对项目借款人实行追索，或者在一个规定的范围内（这种范围包括金额和形式的限制）对项目借款人实行追索，除此之外，无论项目出现任何问题，贷款人均不能追索到项目借款人除该项目资产、现金流量以及所承担的义务之外的任何形式的资产。

（3）风险分担

项目融资在风险分担方面具有投资大、风险大、风险种类多的特点。此外，由于建设项目的参与方较多，可以通过严格的法律合同实现风险的分担。为了实现项目融资的有限追索，对于与项目有关的各种风险要素，需要以某种形式在项目投资者（借款人）与项目开发有直接或间接利益关系的其他参与者和借款人之间进行分担。一个成功的项目融资结构应该是在项目中没有任何一方单独承担起全部项目债务的风险责任。在组织项目融资过程中，项目借款人应该学会如何去识别和分析项目的各种风险因素，确定自己、借款人以及其他参与者所能承担风险的最大能力及可能性，充分利用关于项目有关的一切可以利用的优势，最后设计出对投资者具有最低追索的融资结构。一旦融资结构建立之后，任何一方都要准备承担任何未能预料到的风险。

（4）非公司负债型融资

项目融资通过对其投资结构和融资结构的设计，可以帮助投资者（借款人）将贷款安排成为一种非公司负债型的融资。

公司的资产负债表是反映一个公司在特定日期财务状况的会计报表，所提供的主要财务信息包括：公司所掌握的资源、所承担的债务、偿债能力、股东在公司里所持有的权益以及公司未来的财务状况变化趋势。非公司债务型融资，也称为资产负债表之外的融资，是指项目的债务不表现在项目投资者（即实际借款人）的公司资产负债表中负债栏的一种融资形式。这种债务最多只以某种说明的形式反映在公司负债表的注释中。

根据项目融资风险分担原则，贷款人对于项目的债务追索权主要被限制在项目公司的资产和现金流量中，项目投资者（借款人）所承担的是有限责任，因而有条件使融资被安排成为一种不需要进入项目投资者（借款人）资产负债表的贷款形式。

非公司负债型融资对于项目投资者的价值在于使得这些公司有可能以有限的财力从事更多的投资，同时将投资的风险分散和限制在更多的项目之中。一个公司在从事超过自身资产规模的项目投资，或者同时进行几个较大的项目开发时，这种融资方式的价值就会充分体现出来。如一个大型的项目，一般建设周期和投资回收周期都比较长，对于项目的投资者而言，如果这种项目的贷款安排全部反映在公司的资产负债表上，很有可能造成公司的资产负债表失衡，超出银行通常所能接受的安全警戒线，并且这种状况在很长的一段时间内可能无法获得改善，公司将无法筹措新的资金，影响未来的发展能力。采用非公司负债型的项目融资则可以避免这一问题。项目融资这一特点的重要性，过去并没有被我国企业所完全理解和接受。

（5）信用结构多样化

在项目融资中，用于支持贷款的信用结构的安排是灵活的和多样化的，一个成功的项目融资，可以将贷款的信用支持分配到与项目有关的各个关键方面。具体的做法如下：

① 在市场方面，可以要求对项目产品感兴趣的购买者提供一种长期购买合作作为融资的信用支持（这种信用支持所能起到的作用取决于合同形式和购买者的资信）。资源性项目的开发受到国际市场的需求、价格变动的影响很大，能否获得一个稳定的、合乎贷款银行要求的项目产品长期销售合同往往成为能否成功组织项目融资的关键。

② 在工程建设方面，为了减少风险，可以要求工程承包公司提供固定价格、固定工期的合同，或"交钥匙"工程合同，可以要求项目设计者提供工程技术保证等。

③ 在原材料和能源供应方面，可以要求供应方在保证供应的同时，在定价上根据项目产品的价格变化设计一定的浮动价格公式，保证项目的最低收益。

上述这些做法，都可以成为项目融资强有力的信用支持，提高项目的债务承受能力，降低融资对投资者（借款人）资信和其他资产的依赖程度。

（6）融资成本较高

与传统的融资方式相比，项目融资的一个主要问题，是相对筹资成本较高，组织融资所需要的时间较长。项目融资涉及面广，结构复杂，需要做好大量有关风险分担、税收结构、资产抵押等一系列技术性的工作，筹资文件比一般公司融资往往要多出几倍，需要几十个甚至上百个法律文件才能解决问题。

（7）可以利用税务优势

追求充分利用税务优势降低融资成本，提高项目的综合收益率和偿债能力，是项目融资的一个重要特点，这一问题贯穿于项目融资的各个阶段、各个组成部分的设计之中。

所谓充分利用税务优势，是指在项目所在国法律允许的范围内，通过精心设计的投资结构、融资模式，将所在国政府对投资的税务鼓励政策在项目参与各方中最大限度地加以分配和利用，以此降低筹资成本，提高项目的偿债能力。这些税务政策随国家不同、地区不同而变化，通常包括加速折旧、利息成本、投资优惠以及其他费用的抵税法规等。

知识点 3　项目融资程序

从项目投资决策开始，至选择项目融资方式为项目建设筹措资金，一直到最后完成该项目融资为止，项目融资可以分为五个阶段：投资决策分析、融资决策分析、融资结构设计、融资谈判及融资执行。具体的工作内容见图7-1。

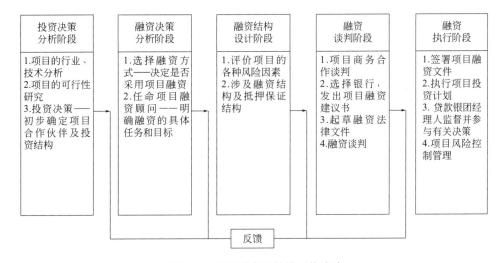

图7-1　项目融资具体的工作内容

（1）投资决策分析

在进行项目投资决策之前，投资者需要对一个项目进行相当周密的投资决策分析，投资决策分析的结论是投资决策的主要依据，这些分析包括宏观经济形势的趋势判断，项目的行业、技术和市场分析，以及项目的可行性研究等标准内容。一旦投资者作出投资决策，随后首要工作就是确定项目的投资结构，项目的投资结构与将要选择的融资结构以及如何融资密切联系。投资者在决定项目投资结构时需要考虑的因素很多，主要包括项目的产权形式、产品分配形式、债务责任、决策程序、现金流量控制、会计处理和税务结构等方面的内容。投资结构的选择将影响到项目融资的结构和资金来源的选择；反过来，项目融资结构的设计也会对投资结构的安排作出调整。

（2）融资决策分析

这一阶段的主要内容是项目投资者将决定采用何种融资方式为项目开发筹集资金。项目建设是否采用项目融资方式主要取决于项目的贷款数量、时间、融资费用、债务责任分担以及债务会计处理等方面的要求。如果决定项目融资作为筹资手段，投资者就需要聘请融资顾问，如投资银行、财务公司或者商业银行中的项目融资部门。融资顾问在明确投资的具体任务和目标要求后，开始研究和设计项目的融资结构。

（3）融资结构设计

这一阶段的一个重要步骤是对与项目有关的风险因素进行全面分析、判断和评估，确定项目的债务承受能力和风险，设计出切实可行的融资方案和抵押保证结构。项目融资的信用结构的基础是由项目本身的经济强度以及与之有关的各个利益主体与项目的契约关系和信用保证构成的。项目融资结构以及相应的资金结构的设计和选择，必须全面地反映投资者的融资战略要求和考虑。

（4）融资谈判

在项目融资方案初步确定以后，项目融资进入谈判阶段。首先，融资顾问将选择性地向商业银行或其他一些金融机构发出参加项目融资的建议书，组织银团贷款，并起草项目融资的有关文件，随后就可以与银行谈判。在谈判中，法律顾问、融资顾问和税务顾问将发挥很重要的作用：他们一方面可以使投资者在谈判中处于有利地位，保护投资者利益；另一方面又可以在谈判陷于僵局时，及时、灵活地采取有效措施，使谈判沿着有利于投资者利益的方向进行。

（5）融资执行

当正式签署了项目融资的法律文件以后，项目融资就进入了执行阶段。在项目建设阶段，贷款银团通常将委派融资顾问为经理人，经常性地监督项目的进展情况，根据资金预算和项目建设进度表安排贷款。在项目试生产阶段，贷款银团的经理人将监督项目的试生产（运行）情况，将项目的实际生产成本数据及有关技术指标与融资文件上规定的相应数据与指标对比，确认项目是否达到了融资文件规定的有关标准。在项目的项目资产运行阶段，贷款银团的经理人将根据融资文件的规定，参与部分项目的决策程序，管理和控制项目的贷款投放和部分现金流量，除此之外，贷款银团的经理人也会参与一部分的生产经营决策，并经常帮助投资者加强项目风险的控制与管理。

 学学做做

任命项目融资顾问属于（　　）。
A. 融资决策阶段　　B. 融资谈判阶段　　C. 融资结构设计阶段　　D. 融资执行阶段
参考答案：A

知识点 4　项目融资的主要方式

项目融资的方式是指对于某类具有共同特征的投资项目，项目发起人或投资者在进行投融资设计时可以仿效并重复运用的操作方案。传统的项目融资主要包括直接融资、项目公司融资、杠杆租赁融资、设施使用协议融资、产品支付融资等，随着项目融资理论研究与实践应用的不断发展，出现了一系列新型项目融资方式，如 BOT、PPP、ABS、TOT、PFI 等。

（1）BOT 模式（Build-Operate-Transfer）

BOT 是指建设－经营－转让，实质是一种债务与股权相混合的产权。它是由项目构成的有关单位（承建商、经营商及用户等）组成的财团所成立的一个股份组织，对项目的设计、咨询、供货和施工实行一揽子总承包。项目竣工后，在特许权规定的期限内进行经营，向用户收取费用，以回收投资、偿还债务、赚取利润。特许权期满后，财团无偿将项目交给政府。BOT 项目是一种特许权经营，只有经过政府颁布特许的具有相关资格的中小企业才能通过 BOT 项目进行投资和融资。

BOT 融资方式主要适用于竞争性不强的行业或有稳定收入的项目，包括公路、桥梁、自来水厂、发电厂等在内的公共基础设施。

（2）PPP 模式（Public-Private-Partnership）

它是指政府与私人组织之间为了合作城市基础设施项目，以特许权协议为基础，彼此之间形成一种伙伴式的合作关系，通过签署合同来明确双方的权利和义务，最终使合作各方达到比预期单独行动更为有利的结果。

PPP 模式是以其政府参与全过程经营的特点受到国内外广泛关注。PPP 模式将部分政府责任以特许经营权方式转移给社会主体（企业），政府与社会主体建立起"利益共享、风险共担、全程合作"的共同体关系，政府的财政负担减轻，社会主体的投资风险减小。

PPP模式在于将市场机制引进了基础设施的投融资。不是所有城市基础设施项目都是可以商业化的，应该说大多数基础设施是不能商业化的。政府不能认为，通过市场机制运作基础设施项目等于政府全部退出投资领域。在基础设施市场化过程中，政府将不得不继续向基础设施投入一定的资金。对政府来说，在PPP项目中的投入要小于传统方式的投入，两者之间的差值是政府采用PPP方式的收益，采用这种融资模式的优点如下：

① 消除费用的超支。公共部门和私人企业在初始阶段，私人企业与政府共同参与项目的识别、可行性研究、设施和融资等项目建设过程，保证了项目在技术和经济上的可行性，缩短了前期工作周期，使项目费用降低。PPP模式只有当项目已经完成并得到政府批准使用后，私营部门才能开始获得收益，因此PPP模式有利于提高效率和降低工程造价，能够消除项目完工风险和资金风险。研究表明，与传统的融资模式相比，PPP项目平均为政府部门节约17%的费用，并且建设工程都能按期完成。

② 有利于转换政府职能，减轻财政负担。政府可以从繁重的事务中脱身出来，从过去的基础设施公共服务的提供者变成一个监管的角色，从而保证质量，也可以在财政预算方面减轻政府压力。

③ 促进了投资主体的多元化。利用私营部门来提供资产和服务能为政府部门提供更多的资金和技能，促进了投融资体制改革。同时，私营部门参与项目还能推动在项目设计、施工、设施管理过程等方面的革新，提高办事效率。

④ 政府部门和民间部门可以取长补短，发挥政府公共机构和民营机构各自的优势，弥补对方身上的不足。双方可以形成互利的长期目标，可以以最有效的成本为公众提供高质量的服务。

⑤ 使项目参与各方整合组成战略联盟，对协调各方不同的利益目标起关键作用。

⑥ 风险分配合理。与BOT等模式不同，PPP在项目初期就可以实现风险分配，同时由于政府分担一部分风险，使风险分配更合理，减少了承建商与投资商风险，从而降低了融资难度，提高了项目融资成功的可能性。政府在分担风险的同时也拥有一定的控制权。

⑦ 应用范围广泛，该模式突破了引入私人企业参与公共基础设施项目组织机构的多种限制，可适用于城市供热等各类市政公用事业及道路、铁路、机场、医院、学校等。

（3）TOT模式（Transfer-Operate-Transfer）

TOT模式是国际上较为流行的一种项目融资方式，通常是指政府部门或国有企业将建设好的项目的一定期限的产权或经营权有偿转让给投资人，由其进行运营管理，投资人在约定的期限内通过经营收回全部投资并得到合理的回报，双方合约期满之后，投资人再将该项目交还政府部门或原企业的一种融资方式。

TOT模式的运用一般是为了BOT模式的顺利进行，通常情况下，政府会将TOT和BOT两个项目打包，一起运作。

开展TOT项目融资，其主要好处有：

① 盘活城市基础设施存量资产，开辟经营城市新途径。随着城市扩容速度加快，迫切需要大量资金用于基础设施建设，面对巨大资金需求，地方财政投入可以说是"杯水车薪、囊中羞涩"。另一方面，通过几十年的城市建设，城市基础设施中部分经营性资产的融资功能一直闲置，没有得到充分利用，甚至出现资产沉淀现象。如何盘活这部分存量资产，以发挥其最大的社会和经济效益，是每个城市经营者必须面对的问题。TOT项目融资方式，正是针对这种现象设计的一种经营模式。

② 增加了社会投资总量，以基础行业发展带动相关产业的发展，促进整个社会经济稳步增长。TOT项目融资方式的实施，盘活了城市基础设施存量资产，同时也引导更多的社会资金投向城市基础设施建设，从"投资"角度拉动了整个相关产业迅速发展，促进社会经济平稳增长。

③ 促进社会资源的合理配置，提高了资源使用效率。在计划经济模式下，公共设施领域经营一直是沿用垄断经营模式，其他社会主体很难进入基础产业行业。由于垄断经营本身一些"痼疾"，使得公共设施长期经营水平低下，效率难以提高。引入TOT项目融资方式后，由于市场竞争机制的作用，给所

有基础设施经营单位增加了无形压力,促使其改善管理,提高生产效率。同时,一般介入 TOT 项目融资的经营单位,都是一些专业性的公司,在接手项目经营权后,能充分发挥专业分工的优势,利用其成功的管理经验,使项目资源的使用效率和经济效益迅速提高。

④ 促使政府转变观念和转变职能。实行 TOT 项目融资后,首先,政府可以真正体会到"经营城市"不仅仅是一句口号,更重要的是一项严谨、细致、科学的工作;其次,政府对增加城市基础设施投入增添了一项新的融资方法。政府决策思维模式将不仅紧盯"增量投入",而且时刻注意到"存量盘活";再次,基础设施引入社会其他经营主体后,政府可以真正履行"裁判员"角色,把工作重点放在加强对城市建设规划,引导社会资金投入方向,更好地服务企业,监督企业经济行为等方面工作上来。

学学做做

下列属于 TOT 项目融资方式的是(   )。
A. 以一条高速公路 20 年的经营权为抵押发行债券筹集资金建设该条高速公路
B. 将一条已修建好的公路的经营权拍卖筹集资金建设其他基础设施
C. 私人部门修建基础设施向公共部门收费补偿其投资
D. 修建一条公路,并将这条公路 50 年的经营权交给投资者
参考答案:B

(4) ABS 模式(Asset-Backed-Securities)

"ABS"模式的汉译全称是"资产支持证券化"融资模式,是指以目标项目所拥有的资产为基础,以该项目资产的未来预期收益为保证,在资本市场上发行高级债券来筹集资金的一种融资方式。

这种模式的特点如下:

① ABS 融资模式的最大优势是通过在国际市场上发行债券筹集资金,债券利率一般较低,从而降低了筹资成本。

② 通过证券市场发行债券筹集资金,是 ABS 不同于其他项目融资方式的一个显著特点。

③ ABS 融资模式隔断了项目原始权益人自身的风险,使其清偿债券本息的资金仅与项目资产的未来现金收入有关,加之在国际市场上发行债券是由众多的投资者购买,从而分散了投资风险。

④ ABS 融资模式是通过 SPV 发行高档债券筹集资金,这种负债不反映在原始权益人自身的资产负债表上,从而避免了原始权益人资产质量的限制。

⑤ 作为证券化项目融资方式的 ABS,由于采取了利用 SPV 增加信用等级的措施,从而能够进入国际高档证券市场,发行那些易于销售、转让以及贴现能力强的高档债券。

⑥ ABS 融资模式是在证券市场或指定银行间进行筹资,其接触的多为国际一流的证券机构,有利于培养东道国在国际项目融资方面的专门人才,也有利于国内证券市场的规范。

(5) 几种模式的比较

BOT、PPP、ABS、TOT 在项目所有权、经营权归属、融资成本、融资所需时间等方面存在差异性,见表 7-1。

表 7-1　融资模式的比较

比较对象	PPP	BOT	TOT	ABS
短期间资金获得的难易程度	较易	难	易	难
项目的所有权	部分拥有	拥有	可能部分或全部失去	不完全拥有
项目经营权	部分拥有	失去(转交之前)	可能部分或全部失去	拥有
融资成本	一般	最高	一般	最低
融资需要的时间	较短	最长	一般	较长
政府风险	一般	最大	一般	最小

续表

比较对象	PPP	BOT	TOT	ABS
政策风险	一般	大	一般	小
对宏观经济的影响	有利	利弊兼具	有利	有利
适用范围	有长期稳定的现金流的项目	有长期稳定的现金流的项目	有长期稳定的现金流的已建成项目	有长期稳定的现金流的项目，在国际市场上筹集资金

课后训练

一、单选题

1. 重要项目的投资选址首先要考察项目所在地的（　　）。
   A. 投融资环境　　B. 法律环境　　C. 经济环境　　D. 投资政策
2. 两种基本的融资方式是按照形成项目的融资（　　）体系划分的。
   A. 保险　　B. 信用　　C. 周转　　D. 结构
3. 新设项目法人融资又称（　　）。
   A. 项目融资　　B. 新设法人融资　　C. 法人融资　　D. 新设融资
4. 项目融资以（　　）为基础。
   A. 投资研究　　B. 初步投资决策　　C. 融资谈判　　D. 融资研究
5. 公司融资是以已经存在的公司本身的（　　）对外进行融资，取得资金用于投资与经营。
   A. 资产　　B. 收益　　C. 权益　　D. 资信
6. 投资人以资本金形式向项目或企业投入的资金称为（　　）。
   A. 注册资金　　B. 资本公积　　C. 权益投资　　D. 企业留存利润
7. 在（　　）这种投资结构下，按照法律规定设立的公司是一个独立的法人，公司对其财产拥有产权，公司的股东依照股权比例来分配对于公司的控制权及收益。公司对其债务承担偿还的义务，公司的股东对于公司承担的责任以注册资金额为限。
   A. 股权式合资结构　　B. 有限责任公司　　C. 契约式合资结构　　D. 合伙制结构
8. （　　）是项目前期研究的核心内容。
   A. 投资产权结构　　B. 投资方案　　C. 融资方案　　D. 融资谈判
9. （　　）是指获得特许经营的投资人，在特许经营期内，投资建造、运营所特许的基础设施，从中获得收益，在经营期末，无偿地将设施移交给政府。
   A. BOT　　B. PPP　　C. TOT　　D. MOP
10. 政府与民间投资人合作投资基础设施是（　　）。
    A. BOT　　B. PPP　　C. TOT　　D. MOP
11. （　　）方式可以积极盘活资产，只涉及经营权或收益转让，不存在产权、股权问题，可以为已经建成项目引进新的管理，为拟建的其他项目筹集资金。
    A. BOT　　B. PPP　　C. TOT　　D. MOP
12. （　　）是指由项目的发起人、股权投资人（以下称投资者）以获得项目财产权和控制权的方式投入的资金。
    A. 注册资金　　B. 资本公积　　C. 企业留存利润　　D. 项目资本金

二、多选题

1. 项目的投融资模式是指项目投资及融资所采取的基本方式，包括项目的（　　）。
   A. 投资组织形式　　B. 融资组织形式　　C. 融资结构
   D. 融资成本　　E. 融资风险

2. 研究项目的融资方案，首先要研究拟定项目的（　　）。
A. 投融资主体　　　　　　B. 投融资模式　　　　　　C. 资金来源渠道
D. 融资成本　　　　　　　E. 融资风险
3. 投融资环境调查主要包括（　　）。
A. 法律法规　　　　　　　B. 经济环境　　　　　　　C. 融资渠道
D. 税务条件　　　　　　　E. 自然环境
4. 下列说法正确的是（　　）。
A. 政府资金，包括财政预算内及预算外的资金，可能是无偿的
B. 非银行金融机构，包括信托投资公司、投资基金公司、风险投资公司、保险公司、租赁公司
C. 外国政府资金可能以贷款或赠款方式提供
D. 直接融资是指从银行及非银行金融机构借贷的信贷资金
E. 国内外企业、团体、个人的资金不属于融资渠道
5. 关于有限追索项目融资，下列正确的说法是（　　）。
A. 项目发起人对项目借款负有限担保责任
B. 追索的有限性表现在时间及金额两个方面
C. 项目建设期内项目公司的股东提供担保，建成后这种担保会被房产抵押代替
D. 金额方面的限制可能是股东只对事先约定金额的项目公司借款提供担保，其余部分不提供担保
E. 股东也可以只是保证在项目投资建设及经营的最初一段时间内提供事先约定金额的追加资金支持
6. 属于项目融资实施程序的是（　　）。
A. 项目投资研究　　　B. 初步投资决策　　　C. 融资谈判　　　D. 项目最终决策
E. 签订融资合同
7. 下面对公司融资的说法中正确的是（　　）。
A. 由发起人公司出面筹集资金，投资于新项目
B. 公司融资下，可以很容易地实现"无追索权"或"有限追索权"融资
C. 既有公司融资投资于项目有多种形式，其中主要的有：建立单一项目子公司，非子公司式投资、由多家公司以契约式合作结构投资
D. 公司作为投资者，要做出投资决策
E. 公司不承担债务偿还责任
8. 基础设施项目融资的特殊方式为下列（　　）。
A. 政府直接投资并管理　　　　　　B. 由政府控制的国有企业投资运营
C. BOT　　　　　　　　　　　　　D. PPP
E. TOT

 参考答案

一、单选题
1. A　2. B　3. A　4. A　5. D　6. C　7. A　8. A　9. A　10. B　11. C　12. D
二、多选题
1. ABC　2. AB　3. ABCD　4. AB　5. ABDE　6. ABCD　7. ACD　8. CDE

单元八　建设项目财务评价

学习目标

（一）知识目标

（1）掌握财务评价的含义、评价内容、程序；
（2）了解财务评价的基础报表的编制的方法和报表构成与功能；
（3）掌握财务评价指标体系与方法；
（4）掌握建设项目投资估算的计算。

（二）能力目标

（1）能够进行工程项目财务评价的盈利能力、偿债能力的计算；
（2）能够进行建设投资分类估算、建设期利息估算、流动资金估算的计算与选择；
（3）能够看懂财务评价基础报表。

思维导图

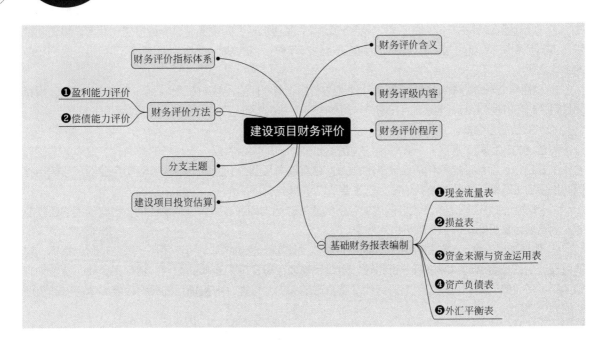

任务1　财务评价概述

建设项目的评价包括技术、经济、环境、政治及社会的评价。其中建设项目的经济评价是在做好市场需求预测及项目地址选择、工艺技术选择、工程技术研究的基础上，对拟建项目从财务和国民经济两个方面来考察投资项目在经济上是否可行，并进行多方面的比较和风险分析的一项工作，建设项目的经济评价是项目的可行性研究和评价的核心内容。

项目经济评价包括财务评价和国民经济评价两个层次。财务评价主要是从建设项目经济利益角度考察项目的财务可行性和盈利性；国民经济评价主要从整个国民经济的角度来考虑项目的经济合理性。

知识点1　财务评价的含义

财务评价是工程经济分析的重要组成部分，它是根据国家现行的财税制度和价格体系，分析、计算项目直接发生的财务效益和费用，编制财务报表、经济评价指标，考察项目的盈利能力、清偿能力和外汇平衡等财务状况，据以判断项目的财务可行性。

一般来讲，财务评价就是考虑项目财务上的收入和支出，计算出项目投入的资金所能带来的利润，从该项目的自身收入来衡量其是否可取，并为项目的投资规划和项目的经济评价提供依据。进行建设项目的财务评价，首先要估算或计算出项目的投资、成本、各项税金和利润等基础数据，然后据此编制必要的财务报表，计算出相应的技术经济指标，并与有关标准进行比较，判断项目是否可行或从中选择最佳的方案。

知识点2　财务评价内容

项目财务评价主要包括4个方面的内容。

（1）财务盈利能力分析

财务盈利能力分析的任务是：分析和预测项目在其计算期的财务盈利能力和盈利水平，以衡量项目的综合效益。项目盈利主要是指项目建设后能够实现的利润和税金，是企业进行投资决策时考虑的首要因素，一般从两个方面进行评价。

① 项目达到设计生产能力的正常年份可能获得的盈利水平，即主要通过计算投资利润率、投资利税率、资本金利润率等静态指标，考察项目在正常生产年份投资的盈利能力，据以判断项目是否达到行业的平均水平。

② 项目整个寿命期内的盈利水平，即主要通过计算财务净现值、财务内部收益率、财务净现值率、投资回收期等动态和静态指标，考察项目在整个计算期内的盈利能力及投资回收能力，判断项目投资的可行性。

（2）清偿能力分析

清偿能力包括两个层次：一是项目的财务清偿能力，即项目收回全部投资的能力；二是债务清偿能力。主要是指项目偿还借款和清偿债务的能力，它直接关系到企业面临的财务风险和企业的财务信用程度，是企业进行筹资决策的重要依据，它主要从以下两个方面评价。

① 考察项目偿还固定资产投资国内借款所需要的时间，即通过计算借款偿还期，考察项目的还款能力，判断项目是否能够达到贷款机构的要求。

② 考察项目资金流动性的水平。即通过计算流动比率、速动比率、资产负债率等各项财务指标，对项目投产后的资金流动情况进行分析比较，用以反映项目寿命期内各年的盈亏、资产和负债、资金来源和运用、资金的流动和负债运用等财务状况及资产结构的合理性，考察项目的风险程度和偿还流动负债的能力与速度。

（3）外汇效果分析

对涉及外资的项目或产品有出口的项目，应进行外汇效果分析，以衡量项目的创汇、节汇能力，以及产品在国际市场上的竞争能力。

（4）风险分析

风险分析的主要任务是分析项目在建设和生产中可能遇到的不确定因素，以及它们对项目经济效益的影响，以预测项目可能承担的风险，确定项目财务上的稳定性和抗风险能力。

知识点 3　财务评价的程序

项目财务评价是在产品试产研究、工程技术研究等工作的基础上进行的。其基本工作程序如下。

（1）准备工作

① 熟悉拟建项目的基本情况，收集整理有关基础数据资料。

② 编制辅助报表。工程项目财务评价辅助报告主要包括：建设投资估算表，流动资金估算表，建设进度计划表，固定资产折旧费估算表，无形资产及递延资产摊销费估算表，资金使用计划与资金筹措表，销售收入、销售税金及附加和增值税估算表，总成本费用估算表。

③ 编制基本财务报表。

a. 财务现金流量表：反映项目计算期内各年的现金收支，用以计算各项静态和动态评价指标，进行项目财务盈利能力分析。项目财务现金流量表分为：全部资金财务现金流量表，该表以项目为一个独立系统，从融资前的角度出发，不考虑投资来源，以全部投资作为计算基础，用以计算项目投入全部资金的财务内部收益率、财务净现值以及静态和动态投资回收期等指标，考察项目全部投资的盈利能力；资本金财务现金流量表，该表从项目法人（或投资者整体）的角度出发，以项目资本金作为计算基础，把借款还本付息作为现金流出，用于计算资本金内部收益率和净现值等指标；投资各方财务现金流量表，该表分别从各个投资者的角度出发，以投资者的出资额作为计算的基础，用于计算各方内部收益率和净现值等指标。

b. 损益和利润分配表：反映项目计算期内各年的利润总额、所得税及税后利润的分配情况，用以计算项目投资利润率等财务盈利能力指标。

c. 资金来源与运用表：反映项目计算期内各年的资金盈余平衡情况。

d. 借款偿还计划表：反映项目计算期内各年借款的使用、还本付息，以及偿债资金来源，计算借款偿还期或者偿债备付率、利息备付率等指标。

（2）计算财务评价指标，进行财务评价

利用财务基本报表，可直接计算出一系列财务评价指标，包括反映项目盈利能力的指标、反映清偿能力的指标及外汇平衡状况等静态指标和动态指标。

（3）进行不确定性分析

不确定性分析包括盈亏平衡分析、敏感性分析和概率分析三种方法，主要分析项目适应市场变化的能力和抗风险能力。

（4）提出财务评价结论

将计算出的有关指标与国家相关部门公布的基准值或与经验标准、历史标准、目标标准等加以比较，并从财务的角度提出项目是否可行的结论。

课后训练

一、单选题

1. 下列哪项关于财务评价的表述是错误的。（　　　　）

A. 评价依据是国家现行制度和价格体系

B. 能够反映项目的清偿能力
C. 编制财务报表
D. 分析、计算项目的直接和间接财务效益和费用

2. 下列哪项关于财务评价作用的表述是错误的。（   ）
A. 使投资主体了解项目能够给其带来的宏观效益的大小
B. 使投资主体了解项目在整个寿命周期内的现金流动情况
C. 可以作为国民经济评价的基础，为国家制定经济政策提供参考
D. 为决策提供科学依据

二、多选题

1. 在建设项目财务评价的主要内容，是在编制财务报表的基础上进行（   ）分析。
A. 盈利能力　　　　B. 偿债能力　　　　C. 融资能力　　　　D. 抗风险能力
E. 资金的回收能力

2. 下列哪项关于财务评价步骤的表述是错误的。（   ）
A. 汇集整理基础数据、编制财务报表、计算评价指标、进行财务分析
B. 汇集整理基础数据、计算评价指标、编制财务报表、进行财务分析
C. 汇集整理基础数据、进行财务分析、编制财务报表、计算评价指标
D. 汇集整理基础数据、编制财务报表、进行财务分析、计算评价指标

参考答案

一、单选题

1. D　2. A

二、多选题

1. ABD　2. BCD

任务 2　基础财务报表的编制

为了进行投资项目的经济效果分析，需编制的财务报表主要有：财务现金流量表、损益表、资金来源与资金运用表和资产负债表。对于大量使用外汇的项目，还要编制财务外汇平衡表。

技能点 1　现金流量表的编制

（1）现金流量及现金流量表的概念

在商品经济中，任何建设项目的效益和费用都可以抽象为现金流量系统。从项目财务评价角度看，在某一时点上流出项目的资金称为现金流出，流入项目的资金称为现金流入。现金流入与现金流出统称为现金流量，现金流入为正现金流量，现金流出为负现金流量。发生在同一时点上的现金流入量与现金流出量的代数和称为净现金流量。

（2）全部投资现金流量表的编制

全部投资现金流量表是站在项目全部投资的角度，或者是不分投资资金来源，在设定项目全部投资均为自有资金条件下的项目现金流量系统的表格式反映，见表 8-1。表中计算期的年序为 1，2，3，4，…，n，建设开始年作为计算期的第 1 年，年序为 1。当项目建设期以前所发生的费用占总费用的比

例不大时，为简化计算，这部分费用可列入年序1。若需单独列出，可在年序1以前另加一栏"建设起点"，年序填0，将建设期以前发生的现金流出填入该栏。

① 现金流入为产品销售（营业）收入、回收固定资产余值、回收流动资金三项之和。

② 现金流出包含有固定资产投资、流动资金、经营成本及税金。固定资产投资和流动资金的数额分别取自固定资产投资估算表及流动资金估算表。

③ 项目计算期各年的净现金流量为各年现金流入量减对应年份的现金流出量，各年累计净现金流量为本年及以前各年净现金流量之和。

④ 所得税前净现金流量为上述净现金流量加所得税之和，即在现金流出中不计入所得税时的净现金流量。

全部投资现金流量表用于计算全部投资所得税前与所得税后财务内部收益率，财务净现值及投资回收期等评价指标，考察项目全部投资的盈利能力，为各个投资方案（不论其资金来源及利息多少）进行比较建立共同基础。

（3）自有资金现金流量表的编制

自有资金现金流量表是站在项目投资主体角度考察项目的现金流入、流出情况，其报表格式见表8-2。从项目投资主体的角度看，一方面，建设项目投资借款是现金流入，但又同时将借款用于项目投资则构成同一时点、相同数额的现金流出，两者相抵，对净现金流量的计算无影响，因此表中投资只计自有资金；另一方面，现金流入又是因项目全部投资所获得，故应将借款本金的偿还及利息支付计入现金流出。

表 8-1　全部投资现金流量表

序号	项目	计算期								
		1	2	3	4	5	6	7	8	9
	生产负荷									
1	现金流入									
1.1	营业收入									
1.2	回收固定资产余值									
1.3	回收流动资金									
2	现金流出									
2.1	建设投资									
2.2	流动资金									
2.3	经营成本									
2.4	销售税金及附加									
2.5	调整所得税									
3	所得税后净现金流量									
4	累计税后净现金流量									
5	折现系数									
6	折现净现金流量									
7	累计折现净现金流量									

计算指标：项目投资回收期、净现值、内部收益率。

表 8-2　自有资金现金流量表

序号	项目	计算期								
		1	2	3	4	5	6	7	8	9
	生产负荷									
1	现金流入									
1.1	营业收入									

续表

序号	项目	计算期								
		1	2	3	4	5	6	7	8	9
1.2	回收固定资产余值									
1.3	回收流动资金									
2	现金流出									
2.1	固定资产投资中自有资金									
2.2	流动资金投资中自有资金									
2.3	经营成本									
2.4	销售税金及附加									
2.5	偿还贷款本金									
2.6	偿还贷款利息									
2.7	所得税									
3	净现金流量									
4	累计净现金流量									
5	净现金流量现值									
6	累计净现金流量现值									

计算指标：投资回收期、净现值、内部收益率。

① 现金流入各项的数据来源与全部投资现金流量表相同。

② 现金流出项目包括：自有资金、借款本金偿还、借款利息支出、经营成本及税金。借款本金偿还由两部分组成：一部分为借款还本付息计算表中本年还本额；另一部分为流动资金借款本金偿还，一般发生在计算期的最后一年。借款利息支付数额来自总成本费用估算表中的利息支出项。现金流出中其他各项与全部投资现金流量表中相同。

③ 项目计算期各年的净现金流量为各年现金流入量减对应年份的现金流出量。

表 8-2 从投资者的角度出发，以投资者的出资额及资本金作为计算基础，把借款本金偿还和利息支出作为现金流出，用以计算自有资金财务内部收益率、财务净现值等指标，考察项目自有资金的盈利能力。

 学习做做

施工总承包企业为扩大生产购买大型塔式起重机产生的现金流量属于（　　）。
A. 投资活动产生的现金流量　　　　B. 筹资活动产生的现金流量
C. 经营活动产生的现金流量　　　　D. 生产活动产生的现金流量
参考答案：A

技能点 2　损益表的编制

损益表是反映企业在一定时期内（月份、年度）经营成果（利润或亏损）的报表。利用损益表，可以评价一个企业的经营成果和投资效率，分析企业的盈利能力及未来一定时期的盈利趋势。损益表属动态报表。

损益表编制反映项目计算期内各年的利润总额、所得税及税后利润的分配情况，见表 8-3。损益表的编制以利润总额的计算过程为基础。利润总额的计算公式为

$$利润总额 = 营业利润 + 投资净收益 + 营业外收支净额 \tag{8-1}$$

其中：

$$营业利润 = 主营业务利润 + 其他业务利润 - 管理费 - 财务费 \tag{8-2}$$

主营业务利润＝主营业务收入－主营业务成本－销售费用－销售税金及附加　　（8-3）
营业外收支净额＝营业外收入－营业外支出　　（8-4）

表 8-3　损益表

序号	项目	计算期								
		1	2	3	4	5	6	7	8	9
	生产负荷									
1	产品销售收入									
2	销售税金及附加									
3	总成本									
4	利润总额（1-2-3）									
5	所得税（4×33%）									
6	税后利润（4-5）									
6.1	盈余公积金与公益金									
6.2	应付利润									
6.3	未分配利润									
7	累计未分配利润									

计算指标：总投资收益率、投资利润率、投资利税率、资本金净利润率。

在测算项目利润时，投资净收益一般属于项目建成投产后的对外再投资收益，这类活动在项目评价时难以估算，因此可以暂不计入。营业外收支净额，除非已有明确的来源和开支项目需单独列出，否则也暂不计入。

① 产品销售（营业）收入、销售税金及附加、总成本费用的各年度数据分别取自相应的辅助报表。

② 利润总额等于产品销售（营业）收入减销售税金及附加减总成本费用。

③ 所得税＝应纳税所得额×所得税税率。应纳税所得额为利润总额根据国家有关规定进行调整后的数额。在建设项目财务评价中，主要是按减免所得税及用税前利润弥补上年度亏损的有关规定进行的调整。按现行《工业企业财务制度》规定，企业发生的年度亏损，可以用下一年度的税前利润等弥补，下一年度利润不足以弥补的，可以在 5 年内延续弥补，5 年内不足以弥补的，用税后利润弥补。

④ 税后利润＝利润总额－所得税。

⑤ 弥补损失主要是指支付被没收的财物损失，支付各项税收的滞纳金及罚款，弥补以前年度亏损。

⑥ 税后利润按法定盈余公积金、公益金、应付利润及未分配利润等项进行分配。

a. 表 8-3 中法定盈余公积金按照税后利润扣除用于弥补损失的金额后的 10% 提取，盈余公积金已达注册资金 50% 时可以不再提取，公益金主要用于企业的职工集体福利设施支出。

b. 应付利润为向投资者分配的利润。

c. 未分配利润主要指向投资者分配完利润后剩余的利润，可用于偿还固定资产投资借款及弥补以前年度亏损。

损益表反映项目计算期内各年的利润总额、所得税及税后利润的分配情况，用以计算总投资收益率、投资利润率、投资利税率和资本金净利润率等指标。

　学学做做

损益表是反映企业在一定会计期间（　　）的财务报表。
A. 现金流入　　　　　　　　　　　　B. 所有者权益变动总额

C. 经营成果   D. 现金和现金等价数额

参考答案：C

技能点 3　资金来源与资金运用表的编制

资金来源与资金运用表能全面反映项目资金活动全貌，见表 8-4。编制该表时，首先要计算项目计算期内各年的资金来源与资金运用，然后通过资金来源与资金运用的差额反映项目各年的资金盈余或短缺情况。项目资金来源包括利润、折旧、摊销、长期借款、短期借款、自有资金、回收固定资产余值、回收流动资金等；项目资金运用包括固定资产投资、建设期利息、流动资金、所得税、应付利润、长期借款本金偿还、短期借款本金偿还等。项目的资金筹措方案和借款及偿还计划应能使表中各年度的累计盈余资金额始终大于或等于零，否则，项目将因资金短缺而不能按计划顺利运行。

表 8-4　资金来源与资金运用表

序号	项目	计算期								
		1	2	3	4	5	6	7	8	9
	生产负荷									
1	资金来源									
1.1	利润总额									
1.2	折旧与摊销费									
1.3	长期借款									
1.4	短期借款									
1.5	自有资金									
1.6	回收固定资产余值									
1.7	回收流动资金									
1.8	其他									
2	资金运用									
2.1	固定投资									
2.2	建设期利息									
2.3	流动资金									
2.4	所得税									
2.5	应付利润									
2.6	长期借款本金偿还									
2.7	短期借款本金偿还									
3	盈余资金（1-2）									
4	累计盈余资金									

资金来源与资金运用表反映项目计算期内各年的资金盈余或短缺情况，用于选择资金筹措方案，制订适宜的借款及偿还计划，并为编制资产负债表提供依据。

① 利润总额、折旧费、摊销费数据分别取自损益表、固定资产折旧费估算表、无形及递延资产摊销费估算表。

② 长期借款、流动资金借款、其他短期借款、自有资金及"其他"项的数据均取自资金使用计划与资金筹措表。

③ 回收固定资产余值及回收流动资金见全部投资现金流量表编制中的有关说明。

④ 固定资产投资、建设期利息及流动资金数据取自资金使用计划与资金筹措表。

⑤ 所得税及应付利润数据取自损益表。

⑥ 长期借款本金偿还额为借款还本付息计算表中本年还本数；流动资金借款本金一般在项目计算期末一次偿还；其他短期借款本金偿还额为上年度其他短期借款额。

⑦ 盈余资金等于资金来源减去资金运用。
⑧ 累计盈余资金各年数额为当年及以前各年盈余资金之和。

 学学做做

企业在下列活动中，属于经营活动产业的现金流量有（　　）。
A. 承包工程收到的现金　　　　　　B. 处置固定资产收回的现金
C. 投资支付的现金　　　　　　　　D. 收到的税费返还
E. 发包工程支付的现金
参考答案：ADE

技能点 4　资产负债表的编制

资产负债表也称财务状况表，表示企业在一定日期（通常为各会计期末）的财务状况（即资产、负债和业主权益的状况）的主要会计报表，是企业经营活动的静态体现，资产负债表综合反映项目计算期内各年末资产、负债和所有者权益的增减变化及对应关系，用以考察项目资产、负债、所有者权益的结构是否合理，进行清偿能力分析，见表 8-5。资产负债表的编制依据是"资产 = 负债 + 所有者权益"。

表 8-5　资产负债表

序号	项目	计算期								
		1	2	3	4	5	6	7	8	9
	生产负荷									
1	资产									
1.1	流动资产总额									
1.1.1	现金									
1.1.2	累计盈余资金									
1.1.3	应收账款									
1.1.4	存货									
1.2	在建工程									
1.3	固定资产净值									
2	负债									
2.1	流动负债总额									
2.2	应付账款									
2.3	流动资金借款									
3	长期借款负债小计									
4	所有者权益									
5	资本金									
6	资本公积金									
	累计盈余公积金									
	累计未分配利润									

计算指标：资产负债率、流动比率、速动比率。

（1）资产

资产由流动资产、在建工程、固定资产净值、无形及递延资产净值四项组成。

① 流动资产总额为应收账款、存货、现金、累计盈余资金之和。前三项数据来自流动资金估算表；累计盈余资金数额则取自资金来源与运用表，但应扣除其中包含的回收固定资产余值及自有流动资金。

② 在建工程是指投资计划与资产筹措表中的固定资产投资额，其中包括固定资产投资方向调节税和

建设期利息。

③ 固定资产净值和无形及递延资产净值分别从固定资产折旧费估算表和无形及递延资产摊销费估算表取得。

（2）负债

负债包括流动负债和长期负债。流动负债中的应付账款数据可由流动资金估算表直接取得。流动资金借款和其他短期借款两项流动负债及长期借款均指借款余额，需根据资金来源与运用表中的对应项及相应的本金偿还项进行计算。

① 长期借款及其他短期借款余额的计算按下式进行：

$$第 t 年借款余额 = \Sigma（借款 - 本金偿还），\qquad(8-5)$$

式中，（借款－本金偿还），为资金来源与运用表中第 t 年借款与同一年度本金偿还之差。

② 按照流动资金借款本金在项目计算期末用回收流动资金一次偿还的一般假设，流动资金借款余额的计算按下式进行。

$$第 t 年借款余额 = \Sigma（借款），\qquad(8-6)$$

式中，（借款），为资金来源与运用表中第 t 年流动资金借款额。若为其他情况，可参照长期借款的计算方法计算。

（3）所有者权益

所有者权益包括资本金、资本公积金、累计盈余公积金及累计未分配利润。其中，累计未分配利润可直接来自损益表；累计盈余公积金也可由损益表中盈余公积金项计算各年份的累计值，但应根据有无用盈余公积金弥补亏损或转增资本金的情况进行相应调整。资本金为项目投资中累计自有资金（扣除资本溢价），当存在由资本公积金或盈余公积金转增资本金的情况时应进行相应调整。资本公积金为累计资本溢价及赠款，转增资本金时进行相应调整资产负债表，使其满足等式：资产 = 负债 + 所有者权益。

  学习做做

资产负债表是反映企业在某一特定日期（　　）的报表。
A. 财务状况　　　B. 现金流量　　　C. 经营成果　　　D. 利润分配
参考答案：A

技能点 5　财务外汇平衡表的编制

财务外汇平衡表主要适用于有外汇收支的项目，用以反映项目计算期内各年外汇余缺程度，进行外汇平衡分析。

财务外汇平衡表格式见表 8-6。"外汇余缺"可由表中其他各项数据按照外汇来源等于外汇运用的等式直接推算。其他各项数据分别来自与收入、投资、资金筹措、成本费用、借款偿还等相关的估算报表或估算资料。

表 8-6　外汇平衡表

序号	项目	计算期								
		1	2	3	4	5	6	7	8	9
	生产负荷									
1	外汇流入									
1.1	进口设备外汇贷款									
1.2	产品出口									
2	外汇流出									

续表

序号	项目	计算期								
		1	2	3	4	5	6	7	8	9
2.1	进口设备									
2.2	进口原材料									
2.3	偿还外币贷款本息									
3	净外汇流量									
4	折现系数									
5	外汇现值									

 课后训练

一、单选题

1. 下列各项中，不属于现金流量表的作用的是（　　）。
A. 预测企业未来的发展状况
B. 有助于评价企业的支付能力、偿债能力和周转能力
C. 提供企业的现金流量信息，有助于使用者对企业整体财务状况作出客观评价
D. 反映企业在一定期间的收入和支出费用情况以及获得利润或发生亏损的数额

2. 编制资产负债表时不应该归类为流动资产的有（　　）。
A. 预计在一个正常营业周期中变现、出售或耗用的资产
B. 预计在资产负债表日起一年内变现的资产
C. 自资产负债表起一年内，交换其他资产的能力不受限制的现金等价物
D. 主要为投资目的而持有的资产

3. 企业利润表中的净利润为利润总额减去（　　）的余额。
A. 资产减值准备　　B. 销售税金及附加　　C. 所得税费用　　D. 每股收益

4. 在建设项目财务评价工作中涉及的财务报表不包括（　　）。
A. 盈亏平衡表　　B. 现金流量表　　C. 利润表　　D. 资产负债表

二、多选题

1. 关于资产负债表作用，正确的是（　　）。
A. 能够反映构成净利润的各种要素
B. 能够反映企业在某一特定日期所拥有的各种资源总量及其分布
C. 能够反映企业在一定会计期间现金和现金等价物流入和流出的情况
D. 能够反映企业的偿债能力
E. 能够反映企业在某一特定日期企业所有权者权益的构成情况

2. 某施工企业 2013 年 12 月 31 日资产负债表部分项目如下：货币资金 30 万元，存货 150 万元，长期股权投资 300 万元，固定资产 400 万元，应收账款 100 万元。根据企业会计准则及相关规定，下列各项中属于企业流动资金的有（　　）。
A. 货币资金　　　　　　　　　　B. 存货
C. 固定资产　　　　　　　　　　D. 应收账款
E. 长期股权投资

3. 财务报表至少应当包括（　　）。
A. 资产负债表　　　　　　　　　B. 损益表
C. 现金流量表　　　　　　　　　D. 所有者权益变动表

E. 成本分析表
4. 所有者权益变动表应当包括的单列项目有（   ）等。
A. 净利润
B. 税前利润总额
C. 会计政策变更和差错更正的累积影响金额
D. 按照规定提取的盈余公积
E. 直接计入所有者权益的利得和损失项目及其总额

参考答案

一、单选题
1. D   2. D   3. C   4. A
二、多选题
1. BDE   2. ABD   3. ABCD   4. ACDE

任务 3　财务评价指标体系与方法

知识点 1　建设项目财务评价指标体系

工程项目评价的内容总是要通过具体的指标及相应的指标体系表现出来的。评价指标是指用于衡量和比较投资项目优劣，以便据以进行方案与决策的定量化标准与尺度，是由一系列综合反映投资效益、投入产出关系的量化指标构成的。

财务评价结果的好坏一方面取决于基础数据的可靠性，另一方面取决于所选取的指标体系的合理性。只有选取正确的指标体系，财务评价结果才能与客观实际情况相符，才有实际意义。

财务评价指标体系根据不同的标准，可作不同形式的分类。

① 按是否考虑资金的时间价值因素，分为静态指标和动态指标。这是最常用的分类方法之一，见图 8-1。

② 按指标的性质，分为时间型指标、价值型指标和效率型指标，见图 8-2。

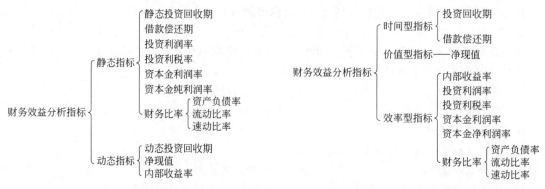

图 8-1　账务评价指标分类（1）　　　　图 8-2　账务评价指标分类（2）

③ 按财务评价的目标，分为反映盈利能力的指标、清偿能力的指标和反映外汇平衡能力的指标，见图 8-3。

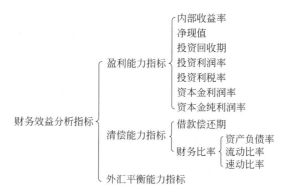

图 8-3 账务评价指标分类（3）

技能点 1　投资项目盈利能力分析

财务盈利能力评价主要考察投资项目投资的盈利水平。为此目的，需编制全部投资现金流量表、自有资金现金流量表和损益表三个基本财务报表。计算投资回收期、财务内部收益率、财务净现值、投资收益率等指标。

（1）财务净现值（FNPV）

财务净现值是指把项目计算期内各年的财务净现金流量，按照一个给定的标准折现率（基准收益率）折算到建设期初（项目计算期第一年年初）的现值之和。财务净现值是考察项目在其计算期内盈利能力的主要动态评价指标，其表达式为：

$$FNPV = \sum_{t=0}^{n}(CI-CO)_t(1+i_0)^{-t} \qquad (8-7)$$

式中，$FNPV$ 为财务净现值；i_0 为标准折现率；其他字母及符号意义同前。

如果项目建成投产后，各年净现金流量不相等，则财务净现值只能按照公式计算。财务净现值表示建设项目的收益水平超过基准收益的额外收益。该指标在用于投资方案的经济评价时，财务净现值大于等于零，项目可行。

（2）财务内部收益率（FIRR）

财务内部收益率是指项目在整个计算期内各年财务净现金流量的现值之和等于零时的折现率，也就是使项目的财务净现值等于零时的折现率，其表达式为：

$$\sum_{t=0}^{n}(CI-CO)_t(1+FIRR)^{-t}=0 \qquad (8-8)$$

财务内部收益率是反映项目实际收益率的一个动态指标，该指标越大越好。一般情况下，财务内部收益率大于等于基准收益率时，项目可行。财务内部收益率的计算过程是解一元 n 次方程的过程，只有常规现金流量才能保证方程式有唯一解。

（3）投资回收期

投资回收期按照是否考虑资金时间价值可以分为静态投资回收期和动态投资回收期。

① 静态投资回收期（P_t）。静态投资回收期是指以项目每年的净收益回收项目全部投资所需要的时间，是考察项目财务上投资回收能力的重要指标。这里所说的全部投资既包括固定资产投资，又包括流动资金投资。项目每年的净收益是指税后利润加折旧。静态投资回收期的表达式如下：

$$\sum_{t=0}^{P_s}(CI-CO)_t = 0 \qquad (8-9)$$

当静态投资回收期小于等于基准投资回收期时，项目可行。

② 动态投资回收期（P_D）。动态投资回收期是指在考虑了资金时间价值的情况下，以项目每年的净收益回收项目全部投资所需要的时间。这个指标主要是为了克服静态投资回收期指标没有考虑资金时间价值的缺点而提出的。动态投资回收期的表达式如下。

$$\sum_{t=0}^{P_D}(CI-CO)_t(1+i_0)^{-t} = 0 \qquad (8-10)$$

$$P_D = [\text{累计净现值开始出现正值的年份数}] - 1 + |\text{上年累计净现值}|/\text{当年净现值} \qquad (8-11)$$

动态投资回收期是在考虑了项目合理收益的基础上收回投资的时间，只要在项目寿命期结束之前能够收回投资，就表示项目已经获得了合理的收益。因此，只要动态投资回收期不大于项目寿命期，项目就可行。

（4）投资收益率

投资收益率又称投资效果系数，是指在项目达到设计能力后，其每年的净收益与项目全部投资的比率，是考察项目单位投资盈利能力的静态指标。

当项目在正常生产年份内各年的收益情况变化幅度较大时，可用年平均净收益替代年净收益，计算投资收益率。在采用投资收益率对项目进行经济评价时，投资收益率不小于行业平均的投资收益率（或投资者要求的最低收益率），项目即可行。投资收益率指标由于计算口径不同，又可分为投资利润率、投资利税率、资本金利润率等指标。其公式为

$$\text{投资利润率} = (\text{年利润总额或年平均利润总额}/\text{项目总投资}) \times 100\% \qquad (8-12)$$

$$\text{投资利税率} = (\text{年利税总额或年平均利税总额}/\text{项目总投资}) \times 100\% \qquad (8-13)$$

$$\text{资本金利润率} = (\text{年利润总额或年平均利税总额}/\text{资本金}) \times 100\% \qquad (8-14)$$

技能点 2　投资项目清偿能力分析

投资项目的资金构成一般可分为借入资金和自有资金。自有资金可长期使用，而借入资金必须按期偿还。项目的投资者自然要关心项目偿债能力；借入资金的所有者债权人也非常关心贷出资金能否按期收回本息。因此，偿债分析是财务分析中的一项重要内容。

（1）贷款偿还期分析

项目偿债能力分析可在编制贷款偿还表的基础上进行。为了表明项目的偿债能力，可按尽早还款的方法计算。在计算中，贷款利息一般作如下假设：长期借款当年贷款按半年计息，当年还款按全年计息。假设在建设期借入资金，生产期逐期归还，其公式为：

$$\text{建设期年利息} = (\text{年初借款累计} + \text{本年借款}/2) \times \text{年利率} \qquad (8-15)$$

$$\text{生产期年利息} = \text{年初借款累计} \times \text{年利率} \qquad (8-16)$$

流动资金借款及其他短期借款按全年计息。贷款偿还期的计算公式与投资回收期公式相似，其公式为

$$\text{贷款偿还期} = [\text{偿清债务年份数} - 1] + \text{偿清债务当年应付的本息}/\text{当年可用于偿清的资金总额} \qquad (8-17)$$

贷款偿还期小于等于借款合同规定的期限时，项目可行。

（2）资产负债率

计算公式为：

$$\text{资产负债率} = \text{负债总额}/\text{资产总额} \qquad (8-18)$$

资产负债率反映项目总体偿债能力。这一比率越低，则偿债能力越强。但是资产负债率的高低还反映了项目利用负债资金的程度，因此该指标水平应适当。

(3）流动比率

计算公式为

$$流动比率 = 流动资产总额 / 流动负债总额 \qquad (8-19)$$

该指标反映企业偿还短期债务的能力。该比率越高，单位流动负债将有更多的流动资产作保障，短期偿债能力就越强。但是可能会导致流动资产利用效率低下，影响项目效益。因此，流动比率一般为 2∶1 较好。

(4）速动比率

计算公式为：

$$速动比率 = 速动资产总额 / 流动负债总额 \qquad (8-20)$$

该指标反映了企业在很短的时间内偿还短期债务的能力。速动资产 = 流动资产 − 存货，是流动资产中变现最快的部分，速动比率越高，短期偿债能力越强。同样，速动比率过高也会影响资产利用效率，进而影响企业经济效益。因此，速动比率一般为 1 左右较好。

(5）利息备付率金和偿债备付率

通常，项目的债务融资其贷款期限已预选约定，这时可以根据年利率、还款方式等融资条件，计算利息备付率和偿债备付率，以考察项目偿还利息或债务的保障能力，并根据不同的还款方式，计算约定期内各年应偿还的本金和利息数额。

① 利息备付率。

$$利息备付率 = \frac{息税前利润}{应付利息} = \frac{利润总额 + 应付利息}{应付利息}$$

式中，应付利息是指计入总成本费用的全部利息。

利息备付率可以分年计算，也可以按整个借款期计算，分年计算的结果更能反映项目的偿债能力。利息备付率至少应大于 1，一般不低于 2；若低于 1 则表示没有足够的资金支付利息，偿债风险很大。

② 偿债备付率。

$$偿债备付率 = \frac{可用于还本付息的资金}{应还本付息额}$$

式中，可用于还本付息的资金是指息税折旧摊销前利润（息税前利润加上折旧和摊销）减去所得税后的余额，即包括可用于还款的利润、折旧和摊销，以及在成本中列支的利息费用；应还本付息额包括还本金额以及计入成本的利息额。

偿债备付率应分年计算。偿债备付率至少应大于 1，一般不低于 1.3；若低于 1 则表示没有足够的资金偿付当期债务，偿债风险很大。

(6）借款偿还期

借款偿还期是指在有关财税规定及企业具体财务条件下，项目投产后可以用作还款的利润、折旧及其他收益偿还建设投资借款本金和利息所需要的时间，一般以年为单位表示。

借款偿还期的表达式为：

$$I_\mathrm{d} = \sum_{t=1}^{P_\mathrm{d}} R_t$$

式中　I_d——建设投资借款本金和（未付）建设期利息之和；

P_d——借款偿还期（从借款开始年计算，若从投产年算起则应予注明）；

R_t——第 t 年可用于还款的最大资金额。

实际应用中，借款偿还期可由借款还本付息计划表直接推算，以年表示，其计算式为：

借款偿还期 =「借款偿还开始出现盈余年份 −1」+ 盈余当年应偿还借款额 / 盈余当年可用于还款的余额

需要指出的是，借款偿还期指标不应与利息备付率和偿债备付率指标并列。

例题 8-1： 某项目在第 14 年有了盈余资金，在第 14 年中，未分配利润为 7262.76 万元，则可作为归还借款的折旧和摊销为 1942.29 万元，还款期间的企业留利为 98.91 万元。当年归还国内借款本金为 1473.86 万元，归还国内借款利息为 33.90 万元。项目开始借款年份为第 1 年。求借款偿还期。

解：根据公式可得

$$P_d = 14 - 1 + \frac{1473.86}{7262.76 - 98.91 + 1942.29} \approx 13.16 \text{（年）}，从借款开始年算起。$$

（7）财务评价的内容、基本财务报表与评价指标的对应关系

财务评价的内容、财务报表、评价指标的关系见表 8-7。

表 8-7 三者关系表

分析内容	基本报表	静态指标	动态指标
盈利能力分析	现金流量表（全部投资）	投资回收期	内部收益率
			净现值
			动态投资回收期
	现金流量表（自有资金）		内部收益率
			净现值
	损益表	投资利润率	
		投资利税率	
		资本金利润率	
		资本金净利润率	
清偿能力分析	借款还本付息估算表 资金来源与运用表 资金负债表	借款偿还期	
		资产负债率	
		流动比率	
		速动比率	
外汇平衡	财务外汇平衡表		
其他		价值指标或实物指标	

课后训练

一、单选题

1. 反映企业盈利能力的核心指标为（　　）。
   A. 净资产收益率 B. 总资产周转率 C. 销售增长率 D. 资本积累率

2. 一般经验认为，速动比率为（　　）就说明企业有偿债能力。
   A. 0.5 B. 0.8 C. 1 D. 2

3. 某企业资产总额 1000 万元，其中负债总额 500 万元，流动负债 200 万元，流动资产 400 万元，存货 100 万元，则其流动比率为（　　）。
   A. 25% B. 50% C. 100% D. 200%

4. 一般来说，生产企业合理的流动比率是（　　）。
   A. 1 B. 2 C. 1.5 D. 3

二、多选题

1. 下列属于反映偿债能力比率的有（　　）。
   A. 存货周转率 B. 应收账款周转率
   C. 资产负债率 D. 速动比率

E. 流动比率
2. 对资产负债率指标，下列表述正确的有（　　）。
A. 从债权人角度看，指标越高越好
B. 企业负债总额对资产总额的比率关系
C. 反映企业经营风险的程度
D. 综合反映企业偿债能力的重要指标
E. 从所有者经营角度看越低越好
3. 对速动比率指标，下列表述正确的有（　　）。
A. 指标值大于1，说明企业偿债能力越差
B. 企业速动资产与流动负债之间的比率关系
C. 经验理想值为1说明企业有偿债能力
D. 衡量企业流动资产中可以立即用于偿还流动负债的能力
E. 反映企业短期偿债能力比较敏感的指标

参考答案

一、单选题
1. A　2. C　3. D　4. B
二、多选题
1. CDE　2. BCD　3. BCDE

任务4　建设项目投资估算

根据国家发改委对建设投资实行静态控制、动态管理的要求，可将建设投资分为静态投资和动态投资两个部分。其中静态投资部分包括建筑安装工程费、设备及工器具购置费、工程建设其他费用及基本预备费等内容；而动态投资部分包括建设期差价预备费、固定资产投资方向调节税和建设期贷款利息。

静态投资是建设项目投资估算的基础，所以必须全面、准确地进行分析计算，既要避免少算漏项，又要防止高估冒算，力求切合实际。在一般情况下，对于工业固定资产投资估算多数以设备费基础进行，而民用固定资产投资估算则以建设工程投资为基础，根据静态投资费用项目内容的不同，投资估算采用的方法和深度也不尽相同，下面分别予以介绍。

固定资产投资估算方法取决于要求达到的精度，而精度又取决于项目研究和设计所处的不同阶段以及资料数据的可得性。固定资产投资估算有两种基本方法，即概略估算和详细估算。

技能点 1　概略估算

概略估算是一种简便而粗略的扩大指标估算方法，它是套用已有类似企业的实际投资指标进行估算。这种方法所需的投资数据应经过科学、系统地整理分析后使用。

（1）单位生产能力估算法

计算公式为：

$$C_2 = Q_2 (C_1/Q_1)^n f \quad (8\text{-}21)$$

式中　C_1——已建类似项目的投资额；

　　　C_2——拟建项目投资额；

Q_1——已建类似项目的生产能力；

Q_2——拟建项目的生产能力；

f——不同时期、不同地点的定额、单价、费用变更等的综合调整系数。

单位生产能力估算法估算误差较大，可达 ±30%。此法只能是粗略地快速估算，由于误差大，应用该估算法时需要小心，应注意以下几点。

① 地方性。建设地点不同，地方性差异主要表现为：两地经济情况差异；土壤、地质、水文情况不同；气候、自然条件的差异；材料、设备的来源、运输状况差异等。

② 配套性。一个工程项目或装置，均有许多配套装置和设施，有可能产生差异，如公用工程、辅助工程、厂外工程和生活福利工程等，这些工程随地方差异和工程规模的变化均各不相同，它们并不与主体工程的变化成线性关系。

③ 时间性。工程建设项目的兴建，不一定是在同一时间建设，或多或少存在时间差异，在这段时间内可能在技术、标准、价格等方面发生变化。

（2）生产能力指数法

这种方法即根据已建成项目的投资额或其设备投资额，估算同类而不同生产规模的项目投资或其设备投资的方法。计算公式为

$$C_2 = C_1 (Q_2/Q_1)^n f \tag{8-22}$$

式中　C_1——已建类似项目或装置的投资额；

C_2——拟建项目或装置的投资额；

Q_1——已建类似项目或装置的生产能力；

Q_2——拟建项目或装置的生产能力；

f——不同时期、不同地点的定额、单价、费用变更等的综合调整系数；

n——生产规模指数（$0 \leq n \leq 1$）。

若已建类似项目或装置的规模和拟建项目或装置的规模相差不大，生产规模比值在 0.5～2，则指数 n 的取值近似为 1。

若已建类似项目或装置与拟建项目或装置的规模相差不大于 50 倍，且拟建项目规模的扩大仅靠扩大设备规模来达到，则 n 取值在 0.6～0.7。

若是靠增加相同规格设备的数量达到，n 的取值在 0.8～0.9。

生产能力指数法与单位生产能力估算法相比精确度略高，其误差可控制在 ±20% 以内，尽管估价误差仍较大，但有它独特的好处。首先，这种估价方法不需要详细的工程设计资料，只知道工艺流程及规模就可以；其次，对于总承包工程而言，可作为估价的旁证，在总承包工程报价时，承包商大都采用这种方法估价。

例题 8-2：已知某钢铁厂年产 200 万吨钢，投资为 15 亿元，现要新建一年产量为 400 万吨的钢铁厂，估计投资为多少？

解：根据公式可得

$$C_2 = C_1 (Q_2/Q_1)^n f = 15 \times (400/200)^{0.8} \approx 26.12 \text{（亿元）}$$

（3）比例估算法

比例估算法是从某一时期、某一地区或某一企业的实际统计信息中的一定比例数，来推算另一时期、另一地区或另一企业的有关统计指标的方法。在经济活动分析中经常应用比例估算法推算各种指标。

① 以拟建项目或装置的设备费为基数，根据已建成的同类项目或装置的建筑安装费和其他工程费用等占设备价值的百分比，求出相应的建筑安装费及其他工程费用等，再加上拟建项目的其他有关费用，其总和即为项目或装置的投资。公式如下。

$$C = E(1 + f_1p_1 + f_2p_2 + f_3p_3 + \cdots) + I \tag{8-23}$$

式中　　C——拟建项目或装置的投资额；

　　　　E——根据拟建项目或装置的设备清单按当时当地价格计算的设备费（包括运杂费）的总和；

p_1，p_2，p_3，…——已建项目中建筑、安装及其他工程费用等占设备费的百分比；

f_1，f_2，f_3，…——由于时间因素引起的定额、价格、费用标准等变化的综合调整系数；

　　　　I——拟建项目的其他费用。

② 以拟建项目中的最主要、投资比重较大并与生产能力直接相关的工艺设备的投资（包括运杂费及安装费）为基数。根据同类型的已建项目的有关统计资料，计算出拟建项目的各专业工程占工艺设备投资的百分比，据以求出各专业的投资，然后将各部分投资费用（包括工艺设备费）求和，再加上工程其他有关费用，即为项目的总投资，其表达式为：

$$C = E(1 + f_1p_1 + f_2p_2 + f_3p_3 + \cdots) + I \tag{8-24}$$

式中，p_1，p_2，p_3，…为各专业工程费用占工艺设备费用百分比；其他各字母及符号意义同式（8-23）。

（4）指标估算法

根据编制的各种具体的投资估算指标，进行单位工程投资的估算。利用此投资估算指标，乘以所需的长度、面积、体积、质量、容量等，就可以求出相应的各单位工程的投资。在此基础上，可汇总成某一单项工程的投资，再估算工程建设其他费用等，即求得投资总额。该法简便易行，节约时间和费用。但由于项目相关数据的确定性较差，故投资估算的精度较低。

（5）分项类比估算法

这种估算方法将工程项目的固定资产投资分为三项，即机器、设备投资，建筑物及构筑物投资和其他投资。使用该方法时，首先估算出机器、设备部分的投资额，然后根据其他两部分与它的比例关系分别逐项估算。这种方法需要有大量同类工程实际投资额的资料，并要求估算人员有丰富的经验，它一般运用于设备投资比例大的项目。

固定资产总投资公式为

$$C = (C_m + C_b + C_w)(1 + h) \tag{8-25}$$

其中，机器设备的投资公式为

$$C_m = \sum_{i=1}^{n}[Q_{mi}P_{mi}(1 + l_{mi})] \tag{8-26}$$

建筑物、构筑物投资公式为

$$C_b = C_m L_b \tag{8-27}$$

其他投资公式为

$$C_w = C_m L_m \tag{8-28}$$

式中　C——固定资产总投资估算值；

　　　C_m——机器设备投资估算值；

　　　C_b——建筑物、构筑物投资估算值；

　　　C_w——其他投资估算值；

　　　h——不可预见费用系数，单位 %，一般取 10%～15%；

　　　Q_{mi}——第 i 种设备数量的估算值；

　　　P_{mi}——第 i 种设备的出厂价格；

　　　l_{mi}——某类机器设备的运输安装费用系数，国外一般采用 0.43；

　　　n——机器设备的种数；

　　　L_b——同类工程项目建筑物、构筑物备份投资占机器设备部分投资的比例。

技能点 2　建设投资动态部分估算

建设投资动态部分主要包括价格变动可能增加的投资额、建设期利息两部分内容，如果是涉外项目，还应该计算汇率的影响。动态部分的估算应以基准年静态投资的资金使用计划为基础来计算，而不是以编制的年静态投资为基础计算。

（1）涨价预备费的估算

涨价预备费又称为价格变动不可预见费，是对建设周期较长的项目，在建设期内可能发生材料、设备、人工等价格上涨引起投资增加，需要事先预留的费用。涨价预备费以每年的工程费用为计算基数，计算公式为：

$$PC = \sum_{t=1}^{n} I_t [(1+f)^t - 1] \qquad (8-29)$$

式中　PC——涨价预备费；

　　　I_t——第 t 年的工程费用；

　　　f——建设期价格上涨指数；

　　　n——建设期；

　　　t——年份。

建设期价格上涨指数，政府主管部门有规定的按规定执行，没有规定的由工程咨询人员合理预测。

例题 8-3：某建设工程项目在建设期初的建安工程费和设备工器具购置费为 45000 万元，按本项目实施进度计划，建设期为 3 年，投资分年使用比例为第 1 年为 25%，第 2 年为 55%，第 3 年为 20%，投资在每年平均支出，建设期内预计年平均价格总水平上涨率为 5%。建设期借款利息为 1395 万元，建设工程其他费用为 3860 万元，基本预备费率为 10%，试估算该项目的建设投资。

解：① 计算项目的涨价预备费。

第一年年末的涨价预备费 = $45000 \times 25\% \times [(1+0.05)^{1/2} - 1] \approx 277.82$（万元）

第二年年末的涨价预备费 = $45000 \times 55\% \times [(1+0.05)^{1/2+1} - 1] \approx 1879.26$（万元）

第三年年末的涨价预备费 = $45000 \times 20\% \times [(1+0.05)^{1/2+2} - 1] \approx 1167.54$（万元）

该项目建设期的涨价预备费 = 277.82 + 1879.26 + 1167.54 = 3324.62（万元）

② 计算项目的建设投资。

建设投资 = 静态投资 + 建设期借款利息 + 涨价预备费

　　　　= (45000 + 3860) × (1 + 10%) + 1395 + 3324.62 = 58465.62（万元）

（2）汇率变化对涉外建设项目动态投资的影响及计算方法

① 外币对人民币升值。项目从国外市场购买设备材料所支付的外币金额不变，但换算成人民币的金额增加；从国外借款，本息所支付的外币金额不变，但换算成人民币的金额增加。

② 外币对人民币贬值。项目从国外市场购买设备材料所支付的外币金额不变，但换算成人民币的金额减少；从国外借款，本息所支付的外币金额不变，但换算成人民币的金额减少。

估计汇率变化对建设项目投资的影响，是通过预测汇率在项目建设期内的变动程度，以估算年份的投资额为基数计算求得。

（3）建设期利息的估算

建设期利息是指项目借款在建设期内发生并计入固定资产投资的利息。计算建设期利息时，为了简化计算，通常假定当年借款按半年计息，以上年度借款按全年计息，计算公式为

$$\text{各年应计利息} = (\text{年初借款本息累计} + \text{本年借款额}/2) \times \text{年利率} \qquad (8-30)$$

$$\text{年初借款本息累计} = \text{上一年年初借款本息累计} + \text{上年借款} + \text{上年应计利息} \qquad (8-31)$$

$$\text{本年借款} = \text{本年度固定资产投资} - \text{本年自有资金投入} \qquad (8-32)$$

对于有多种借款资金来源，每笔借款的年利率各不相同的项目，既可分别计算每笔借款的利息，也

可先计算出各笔借款加权平均的年利率,并以此利率计算全部借款的利息。

技能点 3　流动资金估算方法

流动资金估算方法包括扩大指标估算法和分项详细估算法,应依据行业或前期研究的不同阶段分别选用。

(1)扩大指标估算

扩大指标估算法是参照同类企业流动资金占营业收入的比例(营业收入资金率),或流动资金占经营成本的比例(经营成本资金率),或单位产量占流动资金的数额来估算流动资金。

计算公式如下:

$$流动资金 = 年营业收入额 \times 营业收入资金率 \quad (8-33)$$

$$流动资金 = 年经营成本 \times 经营成本资金率 \quad (8-34)$$

$$流动资金 = 年产量 \times 单位产量占用流动资金额 \quad (8-35)$$

扩大指标估算法简便易行,准确度不高,多在项目初步可行性研究阶段采用,某些流动资金需要量小的项目在可行性研究阶段也可采用扩大指标估算法。

(2)分项详细估算

分项详细估算法是对流动资产和流动负债主要构成要素,即存货、现金、应收账款、预付账款、应付账款、预收账款等项内容分项进行估算,最后得出项目所需的流动资金数额。

流动资金的显著特点是在生产过程中不断周转,其周转额的大小与生产规模及周转速度直接相关。分项详细估算法是根据周转额与周转速度之间的关系,对构成流动资金的各项流动资产和流动负债分别进行估算。在可行性研究中,为简化计算,仅对存货、现金、应收账款和应付账款四项内容进行估算,计算公式为:

$$流动资金 = 流动资产 + 流动负债 \quad (8-36)$$

$$流动资产 = 应收账款 + 存货 + 现金 \quad (8-37)$$

$$流动负债 = 应付账款 \quad (8-38)$$

$$流动资金本年增加额 = 本年流动资金 - 上年流动资金 \quad (8-39)$$

估算的具体步骤,首先计算各类流动资产和流动负债的年周转次数,然后分项估算占用资金额。

① 周转次数计算。周转次数是指流动资金的各个构成项目在一年内完成多少个生产过程。

$$周转次数 = 360 / 最低周转次数 \quad (8-40)$$

存货、现金、应收账款和应付账款的最低周转天数,可参照同类企业的平均周转天数并结合项目特点确定。又因为

$$周转次数 = 周转额 / 各项流动资金平均占用额 \quad (8-41)$$

如果周转次数已知,则

$$各项流动资金平均占用额 = 周转额 / 周转次数 \quad (8-42)$$

② 应收账款估算。应收账款是指企业对外赊销商品、劳务而占用的资金。应收账款的周转额应为全年赊销销售收入。在可行性研究时,用销售收入代替赊销收入。计算公式为

$$应收账款 = 年销售收入 / 应收账款周转次数 \quad (8-43)$$

③ 存货估算。存货是企业为销售或者生产耗用而储备的各种物资,主要有原材料、辅助材料、燃料、低值易耗品、维修备件、包装物、在产品、自制半成品和产成品等。为简化计算,仅考虑外购原材料、外购燃料、在产品和产成品,并分项进行计算。计算公式为

$$存货 = 外购原材料 + 外购燃料 + 在产品 + 产成品 \quad (8-44)$$

$$外购原材料占用资金 = 年外购原材料总成本 / 原材料周转次数 \quad (8-45)$$

$$外购燃料 = 年外购燃料 / 按种类分项周转次数 \quad (8-46)$$

$$在产品 = (年外购材料、燃料 + 年工资及福利费年修理费 + 年其他制造费) / 在成品周转次数 \quad (8-47)$$

产成品 = 年经营成本 / 产成品周转次数 　　　　　　　　　　(8-48)

④ 现金需要量估算。项目流动资金中的现金是指货币资金，即企业生产运营活动中停留于货币形态的那部分资金，包括企业库存现金和银行存款，计算公式为：

现金需要量 =（年工资及福利费 + 年其他费用）/ 现金周转次数 　　(8-49)

年其他费用 = 制造费用 + 管理费用 + 销售费用 −

（以上三项费用中所含的工资及福利费、折旧费、维简费、摊销费、修理费）　(8-50)

⑤ 流动负债估算。流动负债是指在一年或者超过一年的一个营业周期内需要偿还的各种债务。在可行性研究中，流动负债的估算只考虑应付账款一项，计算公式为：

应付账款 =（年外购原材料 + 年外购燃料）/ 应付账款周转次数 　　(8-51)

根据流动资金各项估算结果，编制流动资金估算表。

估算流动资金应注意：在采用分项详细估算法时，应根据项目实际情况分别确定现金、应收账款、存货和应付账款的最低周转天数，并考虑一定的保险系数；在不同生产负荷下的流动资金，应按不同生产负荷所需的各项费用金额，分别按照上述的计算公式进行估算，而不能直接按照100% 生产负荷下的流动资金乘以生产负荷百分比求得；流动资金属于长期性（永久性）流动资产，流动资金的筹措可通过长期负债和资本金（一般要求占30%）的方式解决。

 学学做做

计算题

某项目工程费用为500万元，按投资进度计划建设期为3年，分年工程费用投资比例为第一年50%，第二年30%，第三年20%，预计建设期内年平均价格上涨指数为5%，试估算该项目的涨价预备费。

参考答案：建设期涨价预备费为43.64万元。

任务5　某新建工业项目财务评价案例

（1）项目概况

某新建项目，其可行性研究已完成市场需求预测、生产规模、工艺技术方案、建厂条件和厂址方案、环境保护、工厂组织和劳动定员以及项目实施规划诸方面的研究论证和多方案比较。项目财务评价在此基础上进行。项目基准折现率为12%，基准投资回收期为8.3年。

（2）基础数据

① 生产规模和产品方案。生产规模为年产1.2万吨某工业原料。产品方案为A型及B型两种，以A型为主。

② 实施进度。项目拟两年建成，第三年投产，当年生产负荷达到设计能力的70%，第四年达到90%，第五年达到100%。生产期按8年计算，计算期为10年。

③ 建设投资估算。建设投资估算见表8-8。其中外汇按1美元兑换8.30元人民币计算。

④ 流动资金估算采用分项详细估算法进行估算，估算总额为3111.02万元。流动资金借款为2302.7万元。流动资金估算见表8-9。

⑤ 资金来源。项目资本金为7121.43万元，其中用于流动的资金808.32万元，其余为借款。资本金由甲、乙两个投资方出资，其中甲方出资3000万元，从还完建设投资长期借款年开始，每年分红按出资额的20%进行，经营期末收回投资。外汇全部通过中国银行向国外借款，年利率为9%；人民币建设投资部分由中国建设银行提供贷款，年利率为6.2%；流动资金由中国工商银行提

供贷款，年利率 5.94%。投资分年使用计划按第一年 60%，第二年 40% 的比例分配。资金使用计划与资金筹措表见表 8-10。

表 8-8　建设投资估算表　　　　　　　　　　　　　　　　　　　　　　　单位：万元

序号	工程或费用名称	估算价值					其中外汇/万美元	占总值比
		建筑工程	设备费用	安装工程	其他费用	总值		
1	建设投资（不含建设期利息）	1559.25	10048.95	3892.95	3642.30	19143.45	976.25	100%
1.1	第一部分 工程费用	1559.25	10048.95	3892.95	0.00	15501.15		81%
1.1.1	主要生产项目	463.50	7849.35	3294.00		11606.85		
	其中：外汇		639.00	179.25		818.25	818.25	
1.1.2	辅助生产车间	172.35	473.40	22.95		668.70		
1.1.3	公用工程	202.05	1119.60	457.65		1779.30		
1.1.4	环境保护工程	83.25	495.00	101.25		679.50		
1.1.5	总图运输	23.40	111.60			135.00		
1.1.6	厂区服务性工程	117.90				117.90		
1.1.7	生活福利工程	496.80				496.80		
1.1.8	厂外工程			17.10		17.10		
1.2	第二部分 其他费用				1368.90	1368.90	158.00	7%
	其中：土地费用				600.00	600.00		
	第一、第二部分合计	1559.25	10048.95	3892.95	1368.90	16870.05		
1.3	预备费用				2273.40	2273.40		12%
2	建设期利息					1149.74	99.02	
	合计（1-2）	1559.25	10048.95	3892.95	3642.30	20293.19	1075.27	

表 8-9　流动资金估算表　　　　　　　　　　　　　　　　　　　　　　　单位：万元

序号	项目	最低周转天数	周转次数	投产期		达到设计生产能力期	
				3	4	5	6
1	流动资产			2925.50	3645.15	4001.22	4001.22
1.1	应收账款	30	12	769.17	951.03	1040.03	1040.03
1.2	存货			2117.99	2655.78	2922.85	2922.85
1.3	现金	15	24	38.34	38.34	38.34	38.34
2	流动负债			622.80	800.93	890.20	890.20
2.1	应付账款	30	12	622.80	800.93	890.20	890.20
3	流动资金（1-2）			2302.70	2844.22	3111.02	3111.02
4	流动资金增加额			2302.70	541.52	266.80	0.00

表 8-10　资金使用计划与资金筹措表　　　　　　　　　　　　　　　　　　单位：万元

序号	项目	合计人民币	1				2			
			外币	折人民币	人民币	小计	外币	折人民币	人民币	小计
1	总投资	23404.21	612.11	5080.50	6712.28	11792.78	463.16	3844.25	4656.16	8500.41
1.1	建设投资（未含利息）	19143.45	585.75	4861.73	6624.35	11486.07	390.50	3241.15	4416.23	7657.38
1.2	建设期利息	1149.74	26.36	218.78	87.93	306.71	72.66	603.10	239.93	843.03
1.3	流动资金	3111.02								
2	资金筹措	23404.21								
2.1	自有资金	7121.43			3787.87	3787.87			2525.24	2525.24
	其中：用于流动资金	0.00								
2.1.1	资本金	7121.43			3787.87	3787.87			2525.24	2525.24
2.1.2	资本溢价	0.00			0.00					0.00
2.2	借款	16282.78	612.11	5080.50	2924.41	8004.91	463.16	3844.25	2130.92	5975.17
2.2.1	长期借款	12830.34	585.75	4861.73	2836.48	7698.20	390.50	3241.15	1890.99	5132.14
2.2.2	流动资金借款	2302.70								
2.2.3	建设期利息	1149.74	26.36	218.78	87.93	306.71	72.66	603.10	239.93	843.03
2.3	其他									

续表

序号	项目	3				4				5			
		外币	折人民币	人民币	小计	外币	折人民币	人民币	小计	外币	折人民币	人民币	小计
1	总投资	0.00	0.00	2302.70	2302.70	0.00	0.00	541.52	541.52	0.00	0.00	266.80	266.80
1.1	建设投资（未含利息）												
1.2	建设期利息												
1.3	流动资金			2302.70	2302.70			541.52	541.52			266.80	266.80
2	资金筹措												
2.1	自有资金			808.32	808.32								
	其中：用于流动资金			808.32	808.32								
2.1.1	资本金			808.32	808.32								
2.1.2	资本溢价				0.00								
2.2	借款	0.00	0.00	1494.38	1494.38	0.00	0.00	541.52	541.52	0.00	0.00	266.80	266.80
2.2.1	长期借款												
2.2.2	流动资金借款			1494.38	1494.38			541.52	541.52			266.80	266.80
2.2.3	建设期利息	0.00	0.00	0.00	0.000								
2.3	其他												

注：各年流动资金在年初投入。

⑥ 工资及福利费估算。全厂定员 500 人，工资及福利费按每人每年 8000 元估算，全年工资及福利费估算为 400 万元（其中福利费按工资总额的 14% 计算）。

⑦ 年销售收入和年销售税金及附加。产品售价以市场价格为基础，预测到生产期初的市场价格，每吨出厂价按 15850 元计算（不含增值税）。产品增值税税率为 17%。本项目采用价外计税方式考虑增值税。城市维护和建设税按增值税的 7% 计算，教育费附加按增值税的 3% 计算。年销售收入、年销售税金及附加和增值税估算见表 8-11。

表 8-11 年销售收入、年销售税金及附加和增值税估算表

1	产品销售收入	15850.00	8400	13314.00	10800.00	17118.00	12000.00	19020.00
2	销售税金及附加			99.25		127.60		141.78
	增值税销项			2263.38		2910.06		3233.40
	增值税进项			1270.92		1634.04		1815.60
	增值税			992.46		1276.02		1417.80
2.1	城市维护建设税（增值税 7%）			69.47		89.32		99.25
2.2	教育费附加（增值税 3%）			29.77		38.28		42.53

注：增值税仅为计算城市维护建设税和教育费附加的依据；本报表税金的计算方法采用不含增值税的计算方法。

⑧ 产品成本估算。总成本费用估算见表 8-12。成本估算说明如下。

a. 固定资产原值中除工程费用外还包括建设期利息、预备费用以及其他费用中的土地费用。固定资产原值为 19524.29 万元，按年限平均法计算折旧，折旧年限为 8 年，残值率为 5%，折旧率为 11.88%，年折旧额为 2318.51 万元。固定资产折旧费估算见表 8-13。

表 8-12 总成本费用估算表　　　　　　　　　　　　　　　　　　　　　　　　单位：万元

序号	项目	合计	投产值		达到设计生产能力期					
			3	4	5	6	7	8	9	10
	生产负荷		70%	90%	100%	100%	100%	100%	100%	100%
1	外购原材料	71811.00	6614.40	8503.80	9448.80	9448.80	9448.80	9448.80	9448.80	9448.80
2	外购燃料、动力	957.00	861.60	1108.20	1231.20	1231.20	1231.20	1231.20	1231.20	1231.20
3	工资及福利	3200.00	400.00	400.00	400.00	400.00	400.00	400.00	400.00	400.00
4	修理费	9274.04	1159.25	1159.25	1159.25	1159.25	1159.25	1159.25	1159.25	1159.25
5	折旧费	18548.07	2318.51	2318.51	2318.51	2318.51	2318.51	2318.51	2318.51	2318.51
6	摊销费	768.90	126.11	126.11	126.11	126.11	126.11	126.11	126.11	126.11
7	财务费用（利息、汇率折损）	3820.30	1205.42	1017.02	702.06	702.06	702.06	702.06	702.06	702.06
7.1	其中：利息支出	3820.30	1205.42	1017.02	702.06	702.06	702.06	702.06	702.06	702.06
8	其他费用	4161.60	520.20	520.20	520.20	520.20	520.20	520.20	520.20	520.20
9	总成本费用（1+2+3+4+5+6+7+8）	120940.91	13205.5	15153.09	15906.14	15906.14	15906.14	15906.14	15906.14	15906.14
	其中：固定成本	35952.61	0	4524.08	4524.08	4524.08	4524.08	4524.08	4524.08	4524.08
	可变成本	84988.30	4524.08	10629.02	11382.06	11382.06	11382.06	11382.06	11382.06	11382.06
10	经营成本（9-5-6-7.1）	7803.64	8681.42 9555.45	11691.45	12759.45	12759.45	12759.45	12759.45	12759.45	12759.45

表 8-13 固定资产折旧费估算表　　　　　　　　　　　　　　　　　　　　　　单位：万元

序号	项目	合计	折旧率	投产期		达到设计生产能力期					
				3	4	5	6	7	8	9	10
1	固定资产合计		11.88%								
1.1	原值	19524.29									
1.2	折旧费	18548.07		2318.51	2318.51	2318.51	2318.51	2318.51	2318.51	2318.51	2319.51
	净值			17205.78	14887.27	12568.76	10250.25	7931.74	5613.23	3294.72	976.21

b. 其他费用中其余部分均作为无形资产及递延资产。无形资产为 368.90 万元，按 8 年摊销，年摊销额为 46.11 万元。递延资产为 400 万元，按 5 年摊销，年摊销额为 80 万元。无形及递延资产摊销费估算见表 8-14。

表 8-14 无形及递延资产摊销费估算表　　　　　　　　　　　　　　　　　　　单位：万元

序号	项目	摊销年限	原值	投产期		达到设计生产能力期					
				3	4	5	6	7	8	9	10
1	无形资产			46.11	46.11	46.11	46.11	46.11	46.11	46.11	46.11
1.1	摊销		368.90	322.79	276.68	230.56	184.45	138.34	92.22	46.11	0.00
1.2	净值	8									
2	递延资产（开办费）			80.00	80.00	80.00	80.00	80.00			
2.1	摊销		400.00	320.00	240.00	160.00	80.00	0.00			
2.2	净值	5									
3	无形及递延资产合计			126.11	126.11	126.11	126.11	126.11	46.11	46.11	46.00
3.1	摊销		768.90	642.79	516.68	390.56	264.45	138.34	92.22	46.11	0.00
3.2	净值										

c. 修理费计算。修理费按年折旧额的 50% 提取，每年 1159.25 万元。

d. 借款利息计算。流动资金年应计利息为 136.78 万元，长期借款利息计算见表 8-21。生产经营期间应将利息计入财务费用。

e. 固定成本和可变成本。可变成本包含外购原材料、外购燃料、动力费以及流动资金借款利息。固定成本包含总成本费用中除可变成本外的费用。

f. 损益和利润分配。损益和利润分配见表 8-18。利润总额正常年为 3617.36 万元。所得税按利润总额的 33% 计取,盈余公积金按税后利润的 10% 计取。

(3) 财务评价

① 全部资金财务现金流量表,见表 8-15。根据该表计算的评价指标为:全部资金财务内部收益率(FIRR)为 17.62%,全部资金财务净现值(i_c=12% 时)为 4781.34 万元。全部资金财务内部收益率大于基准收益率,说明盈利能力满足了行业最低要求,全部资金财务净现值大于零,该项目在财务上是可以接受的。全部资金静态投资回收期为 6.17 年(含建设期),小于行业基准投资回收期 8.3 年,表明项目投资能按时收回。

表 8-15 全部资金财务现金流量表　　　　　　　　　　　　　　　　　单位:万元

序号	项目	合计	建设期		投产期		达到设计生产能力期					
			1	2	3	4	5	6	7	8	9	10
	生产负荷 /%				70	90	100	100	100	100	100	100
1	现金流入	148639.23	0.00	0.00	13314.00	17118.00	19020.00	19020.00	19020.00	19020.00	19020.00	19020.00
1.1	产品销售收入	144552.00			13314.00	17118.00	19020.00	19020.00	19020.00	19020.00	19020.00	19020.00
1.2	回收固定资产余值	976.21										
1.3	回收固定资金	3111.02										
2	现金流出	121135.64	11486.07	7657.38	11957.40	12360.58	13168.03	12901.23	12901.23	12901.23	12901.23	12901.23
2.1	建设投资(不含建设期借款利息)	19143.45	11486.07	7657.38								
2.2	流动资金	3111.02			2302.70	541.52	266.80					
2.3	经营成本	97803.64			9555.45	11691.45	12759.45	12759.45	12759.45	12759.45	12759.45	12759.45
2.4	销售税金及附加	1077.53			99.25	127.60	141.78	141.78	141.78	141.78	141.78	141.78
3	净现金流量	27503.60	-11486.07	-7657.38	1356.60	4757.42	5851.97	6118.77	6118.77	6118.77	6118.77	10206.00
4	累计净现金流量		-11486.07	-19143.45	-17786.65	-13029.43	-7177.46	-1058.70	-1058.70	5060.07	11178.83	27503.60

② 资本金财务现金流量表(表 8-16),根据该表计算资本金内部收益率为 18.22%。

表 8-16 资本金财务现金流量表　　　　　　　　　　　　　　　　　单位:万元

序号	项目	合计	建设期		投产期		达到设计生产能力期					
			1	2	3	4	5	6	7	8	9	10
	生产负荷 /%				70.00	90.00	100.00	100.00	100.00	100.00	100.00	100.00
1	现金流入	148639.23	0.00	0.00	13314.00	17118.00	19020.00	19020.00	19020.00	19020.00	19020.00	23107.23
1.1	产品销售收入	144552.00			13314.00	17118.00	19020.00	19020.00	19020.00	19020.00	19020.00	19020.00
1.2	回收固定资产余值	976.21										976.21
1.3	回收流动资金	3111.02										3111.02
2	现金流出	133541.75	3787.87	2525.24	14122.32	17118.00	19020.00	17765.04	14205.34	14231.74	14231.74	14231.74
2.1	资本金	7121.43	3787.87	2525.24	808.32							
2.2	借款本金偿还	16252.78			2450.82	3675.62	4435.92	3417.72				2302.70
2.3	借款利息支付	3820.30			1202.42	1017.02	702.06	348.68	136.78	136.78	136.78	136.78
2.4	经营成本	97803.64			9555.45	11691.45	12759.55	12759.45	12759.45	12759.45	12759.45	12759.45
2.5	销售税金及附加	1077.53			99.25	127.60	141.78	141.78	141.78	141.78	141.78	141.78
2.6	所得税	7436.07			3.05	606.31	980.79	1097.40	1167.33	1193.73	1193.73	1193.73
3	净现金流量	15097.48	-3787.87	-2525.24	-808.32	0.00	0.00	1254.96	4814.66	4788.26	4788.26	6572.79

注:计算指标为资本金内部收益率为 18.22%。

③ 甲方投资财务现金流量表（表8-17），根据该表计算甲方投资内部收益率为9.80%。

表8-17 甲方投资财务现金流量表　　　　　　　　　　　　　　　单位：万元

序号	项目	合计	建设期		投产期		达到设计生产能力期				
			1	2	3	4	5	6	7	8	9	10
	生产负荷/%				70	90	100	100	100	100	100
1	现金流入	6000						600	600	600	600	3600
1.1	股利分配	6000						600	600	600	600	3600
1.2	资产处置收益分配											
1.3	租赁费收入											
1.4	技术转让收入											
1.5	其他现金流入											
2	现金流入	3000	1500	1500								
2.1	股权投资	3000	1500	1500								
2.2	组贷资产流入											
2.3	其他现金流出											
3	净现金流量	1800	-1500	-1500				600	600	600	600	3600

注：计算指标为甲方投资内部收益率为9.80%。

④ 根据损益和利润分配表（表8-18）、建设投资估算表（表8-8）计算以下指标。
投资利润率=（年利润总额/总投资）×100%=（3617.36/20293.19）×100%≈17.83%
该项目投资利润率大于行业平均利润率8%，说明单位投资收益水平达到行业标准。

表8-18 损益和利润分配表　　　　　　　　　　　　　　　　　　单位：万元

序号	项目	合计	投产期		达到设计生产能力期					
			3	4	5	6	7	8	9	10
	生产负荷/%		70	90	100	100	100	100	100	100
1	产品销售收入	144552.00	13314.00	17118.00	19020.00	19020.00	119020.00	19020.00	19020.00	19020.00
2	销售税金及附加	1077.53	99.25	127.60	141.78	141.78	141.78	141.78	141.78	141.78
3	总成本费用	120940.91	13205.50	15153.09	15906.14	15552.76	15340.86	15260.86	15260.86	15260.86
4	利润总额（1-2-3）	22533.56	9.25	1837.31	2972.08	3325.46	3537.36	3617.36	3617.36	3617.36
5	所得税（33%）	7436.07	3.05	606.31	980.79	1097.40	1167.33	1193.73	1193.73	1193.73
6	税后利润（4-5）	15097.48	6.20	1230.99	1991.30	2228.06	2370.03	2423.63	2423.63	2423.63
7	可供分配利润	15097.48	6.20	1230.99	1991.30	2228.06	2370.03	2423.63	2423.63	2423.63
7.1	盈余公积金（10%）	964.09					237.00	242.36	242.36	242.36
7.2	应付利润	0.00								
7.3	未分配利润	14133.39	6.20	1230.99	1991.30	2228.06	2133.03	2181.27	2181.27	2181.27
	累计未分配利润		6.20	1237.19	3228.49	5456.55	7589.58	9770.85	11952.12	14133.39

⑤ 根据损益和利润分配表（表8-18）、资金来源与运用表（表8-19）、长期借款偿还计划表（表8-20）、固定资产折旧费估算表（表8-13）、无形及递延资产摊销费估算表（表8-14）计算以下指标。

利息备付率（按整个借款期考虑）=税息前利润/当期应付利息费用
=（借款利息支付+利润总额）/借款利息支付
=（3820.30+22533.56）/3820.30
≈6.90＞2.0

计算指标：全部资金财务内部收益率$FIRR$=17.62%，全部资金财务净现值$FNPV$=4781.34万元，i_0=12%，全部资金静态投资回收期（从建设期算起）=6.17年。

表 8-19 资金来源与运用表 单位：万元

序号	项目	合计	建设期		投产期		达到设计生产能力期				
			1	2	3	4	5	6	7	8	9	10
	生产负荷 /%					70	90	100	100	100	100	100
1	资金来源	69341.98	11792.78	8500.41	4756.58	4823.45	5683.51	5770.09	5981.98	5981.98	5981.98	10069.22
1.1	利润总额	22533.56			9.25	1837.31	2927.08	3325.46	3537.36	3617.36	3617.36	3617.36
1.2	折旧费	18548.07			2318.51	2318.51	2318.51	2318.51	2318.51	2318.51	2318.51	2318.51
1.3	摊销费	768.90			126.11	126.11	126.11	126.11	126.11	46.11	46.11	46.11
1.4	长期借款	13980.08	800491	5975.17	0.00							
1.5	流动资金借款	2302.70			1494.38	541.52	266.80					
1.6	其他短期借款	0.00										
1.7	自有资金	7121.43	3787.87	2525.24	808.32							
1.8	其他	0.00										
1.9	回收固定资产余值	976.21										976.21
1.10	回收流动资金	3111.02										3111.02
2	资金运用	47123.06	11792.78	8500.41	4756.58	4823.45	5683.51	4515.13	1167.33	1193.73	1193.73	3496.43
2.1	固定资产投资	19143.45	11486.07	7657.38								
2.2	建设期利息	1149.74	306.71	843.03	2302.70	541.52	266.80					
2.3	流动资金	3111.02			3.05	606.31	980.79	1097.40	1167.33	1193.73	1193.73	1193.73
2.4	所得税	7439.07			2450.82	3675.62	4435.92	3417.72				
2.5	应付利润	0.00										
2.6	长期借款本金偿还	13980.08										2300.70
2.7	流动资金借款本金偿还	2302.70										
2.8	短期借款本金偿还	0.00										
3	盈余资金	22218.31	0.00	0.00	0.00	0.00	0.00	1254.96	4814.66	4788.26	4788.26	6572.79
4	累计盈余资金		0.00	0.00	0.00	0.00	0.00	1254.96	6069.61	10857.87	15646.13	22218.91

表 8-20 长期借款偿还计划表 单位：万元

序号	项目	利润 /%	建设期		投产期		达到设计生产能力期	
			1	2	3	4	5	6
1	外汇借款（折成人民币）	9						
1.1	年初借款本息累计			5080.50	8924.75	6473.93	2798.31	
1.1.1	本金			4861.73	8102.88	6473.93	2798.31	
1.1.2	建设期利息			218.78	821.87			
1.2	本年借款		4861.73	3241.15				
1.3	本年应计利息		218.78	603.10	803.23	582.65	251.85	
1.4	本年偿还本金				2450.82	3675.62	2798.31	
1.5	本年支付利息				803.23	582.65	251.85	
2	人民币借款	6.20						
2.1	年初借款本息累计			2924.41	5055.33	5055.33	5055.33	3417.72
2.1.1	本金			2836.48	4727.47	5055.33	5055.33	3417.72
2.1.2	建设期利息			87.93	327.86			
2.2	本年借款		2836.48	1890.99				
2.3	本年累计利息		87.93	239.93	313.43	313.43	313.43	211.90
2.4	本年偿还利息						1637.61	3417.72
2.5	本年支付利息				313.43	313.43	313.43	211.90
3	偿还借款本金的资金来源							
3.1	利润				6.20	1230.99	1991.30	2228.06
3.2	折旧费				2318.51	2318.51	2318.51	2318.51
3.3	摊销费				126.11	126.11	126.11	126.11
3.4	偿还本金来源合计（3.1+3.2+3.3）				2450.82	3675.62	4435.92	4672.68
3.4.1	偿还外汇本金				2450.82	3675.62	2798.31	
3.4.2	偿还人民币本金					0.00	1637.61	3417.72
3.4.3	偿还本金后余额（3.4-3.4.1-3.4.2）							1254.96

注：人民币借款偿还期（从借款开始年算起），5+3417.72/4672.68=5.73（年）。

偿债备付率 = 当期用于还本付息资金 / 当期应还本付息金额（按整个借款期考虑）
         =（固定资产折旧费 + 无形及递延资产摊销 + 税后利税 + 应付利息）/
           （借款利息支付 + 借款本金偿还）
         =（18548.07+768.90+15097.48+3820.30）/（3820.30+13980.08）
         =2.15＞1.0

式中，利息支付的计算如表 8-21 所示。

表 8-21 利息支付计算表   单位：万元

项目	合计	3	4	5	6	7	8	9	10
外汇长期借款利息支付（利率9%）	1637.73	803.23	582.65	251.85					
人民币长期借款利息支付（利率6.2%）	1152.19	313.43	313.43	313.43	211.90				
流动资金中的借款数额			1494.38	2035.9	2302.7				
流动资金借款利息支付（利率5.94%）	1030.37	88.76	120.93	136.78	136.78	136.78	136.78	136.78	136.78
各种借款利息支付总和	3820.30	1205.42	1017.02	702.06	248.68	136.78	136.78	136.78	136.78

式中，借款本金偿还 = 建设投资 − 建设投资中的资本金
              =20293.19−7121.43+808.32=13980.08（万元）

该项目利息备付率大于 2.0，偿债备付率大于 1.0，说明项目偿债能力较强。

（4）财务评价说明

本项目采用量入偿付法归还长期借款本金。总成本费用估算表（表 8-12）、损益和利润分配表（表 8-18）及长期借款偿还计划表（表 8-20）通过利息支出、当年还本和税后利润互相联系，通过三表联算得出借款偿还计划；在全部借款偿还后，再计提盈余公积金和确定利润分配方案。三表联算的关系如图 8-4 所示。

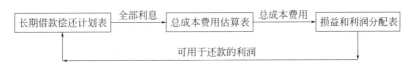

图 8-4 三表联算的关系

（5）评价结论

财务评价结论详见财务评价结论汇总表（表 8-22）。

从主要指标上看，财务评价效益均可行，而且生产的产品是国家急需的，所以项目是可以接受的。

表 8-22 评价结论汇总表

财务评价指标	计算结果	评价标准	是否可行
全部资金财务内部收益率	17.62%	＞12%	是
全部资金静态投资回收期	6.17 年	＜8.3 年	是
国内借款偿还期	5.73 年		是
全部资金财务净现值	4781.34 万元	＞0	是

单元九　投资项目国民经济分析与评价

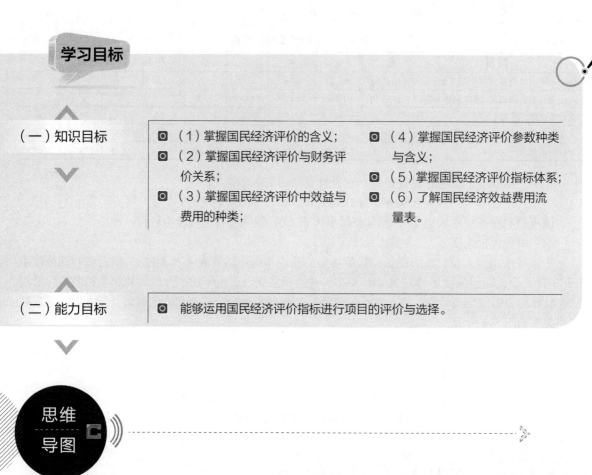

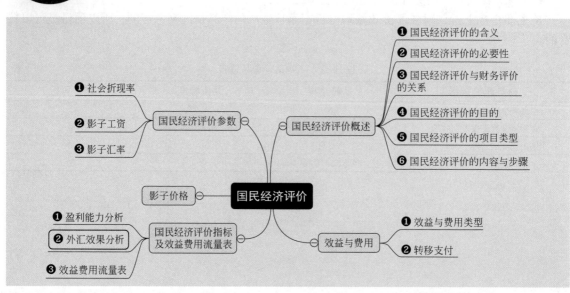

任务 1　国民经济评价概述

知识点 1　国民经济评价的含义

在市场经济条件下，大部分工程项目财务评价结论可以满足投资决策的要求，但由于存在市场失灵情况，项目还需要进行国民经济评价，站在全社会的角度评判项目配置资源的经济合理性。

国民经济评价是项目经济评价的重要组成部分，它是按照资源合理配置的原则，从国家整体角度考察和确定项目的效益和费用，用影子价格、影子汇率和社会折现率等国民经济评价参数，分析计算项目对国民经济带来的净贡献，以评价项目在经济上的合理性。

需要进行国民经济评价的项目主要是铁路、公路等交通运输项目，较大的水利、电力项目，国家控制的战略性资源开发项目，动用社会资源和自然资源较多的中外合资项目以及主要产出物和投入物的市场价格不能反映其真实价值的项目。例如，某拟建项目的主要原料之一是氯碱厂提供的氯气，假定根据市场价格，财务评价的结论表明此项目是不可行的，但是从宏观上考虑，由于国内氯气不仅供大于求，而且已成为增加烧碱产量的一个主要制约因素（氯气是作为烧碱的副产品按比例相伴而生的，不能随意排入空气以防对环境造成污染），因而国家只好每年花大量的外汇进口烧碱，以满足国内需求。实际上，如果该项目上马，使用氯气，则客观上提高了烧碱产量，节省了外汇，对我国资源的整体利用会更加合理，因而该项目是可行的，项目决策的依据是后者，这一准则就是本单元所要讨论的问题。

知识点 2　国民经济评价的必要性

① 由于企业和国家是两个不同的评价角度，企业利益并不总是与国家利益完全一致，因此一个项目对国家和企业的费用和效益的范围不完全一致。财务盈利效果仅是项目内部的直接经济效果，不包括对外部的影响。

② 财务分析采用的是预测价格。由于种种原因，项目的投入品和产出品财务价格会失真，不能正确反映其对国民经济的真实价值。

③ 不同项目的财务分析包括了不尽相同的税收、补贴和贷款条件，使不同项目的财务盈利失去了公正的效果。

因此，在市场经济条件下，企业财务评价可以反映出建设项目给企业带来的直接效果，但由于市场失灵现象的存在，财务评价不可能将建设项目产生的效果全部反映出来，因此正是因为国民经济评价关系到国家经济的持续健康发展和国民经济结构布局的合理性，所以说进行国民经济评价是非常必要的。

知识点 3　国民经济评价与财务评价的关系

国民经济评价与财务评价是项目经济评价的两个层次，它们既有相似之处，也有本质区别。

（1）国民经济评价与财务评价相同点

① 评价方法相同。它们都是经济效果评价，都使用基本的经济评价理论，即效益与费用比较的理论方法，都采用现金流量、报表分析方法，都采用 IRR、NPV 等指标。

② 评价的基础工作相同，两种分析都要在完成产品需求预测、工艺技术选择、投资估算、资金筹措方案等可行性研究内容的基础上进行。

③ 评价的目的相同。主要寻求以最小投入获取最大的产出。

（2）国民经济评价与财务评价不同点

① 评价的角度不同和基本出发点不同。财务评价是站在项目的微观层面上，从项目的经营者、投资者、未来的债权人的角度，分析项目财务上能够生存的可能性，分析各方的实际收益与损失，分析投资或贷款的风险及收益。国民经济评价则是从国家和地区的层面，从全社会的角度考察项目需要国家付出的代价和对国家的贡献，进而确定其经济上的合理性。

② 费用和效益的含义及划分范围不同。财务评价只根据项目直接发生的实际收支确定项目的费用和效益，凡是项目的货币支出都视为费用，税金、利息等也均记为费用。国民经济评价从项目所耗费的全社会的资源来考察项目费用，而根据项目对社会提供的有用产品（服务）来考察项目的收益，税金、国内借款利息和财政补贴等一般并不发生资源的实际增加和耗用，多是国民经济内部的"转移支付"，因此不列为项目的费用和效益。另外，国民经济评价还需要考虑间接费用和间接效益。

③ 采用的价格体系不同。在计算项目的各项效益与费用时，财务评价用市场预测价格；国民经济评价则是能够反映资源真实经济价值的影子价格。

④ 使用的参数不同。财务评价采用的主要判别依据是行业基准收益率或达到的收益率；国民经济评价采用社会折现率。财务基准收益率依分析问题角度的不同而不同，而社会折现率则在全国各行业各地区都是一致的。

⑤ 评价的内容不同。财务评价主要包括盈利能力评价和清偿能力分析；国民经济评价主要包括盈利能力分析，没有清偿能力分析。

⑥ 应用的不确定性分析方法不同。盈亏平衡分析只适用于财务评价；敏感性分析和风险分析可同时用于财务评价和国民经济评价。

知识点 4　国民经济评价的目的

国民经济评价的目的或作用主要表现在以下几个方面：

① 国民经济评价可保证拟建项目符合社会主义生产目的的要求，拟建项目的产品符合社会的需要。这是因为国民经济评价是以社会需求作为项目取舍的依据，而不是单纯地看项目是否盈利。

② 进行国民经济分析与评价可避免拟建项目的重复和盲目建设，并有利于避免投资决策的失误。这是因为，国民经济评价是从国家的角度（即宏观角度）出发，而不是从地区或企业的角度（即微观角度）出发考察项目的效益和费用，可避免地方保护主义和企业的片面性、局限性。

③ 进行国民经济分析可以全面评价项目的综合效益。因为它既分析项目的直接经济效益，也分析项目的间接经济效益和辅助经济效益。

④ 进行国民经济评价可以确定项目消耗社会资源的真实价值。有些项目的投入物和产出物的国内市场价格，往往不能反映真实的经济价值，从而会导致项目财务效益的虚假性。国民经济评价则可以通过影子价格对财务价格进行修正，可以真实地反映出项目消耗社会资源的价值量。

知识点 5　国民经济评价的项目类型

财务评价是从项目角度考察项目的盈利能力和偿债能力。在市场经济条件下，大部分项目财务评价结论可以满足投资决策的要求，但有些项目需要进行国民经济评价，从国民经济角度评价项目是否可行，需要进行国民经济评价的项目主要有以下几种：

① 国家及地方政府参与投资的项目；

② 国家给予财政补贴或者减免税费的项目；

③ 主要的基础设施项目，包括铁路、公路、航道整治疏浚等交通基础设施建设项目；

④ 较大的水利水电项目；
⑤ 国家控制的战略性资源开发项目；
⑥ 动用社会资源和自然资源较大的中外合资项目；
⑦ 主要产出物和投入物的市场价格不能反映其真实价值的项目。

知识点 6　国民经济评价的内容与步骤

国民经济评价主要包括费用和效益的识别、计量和比较以及国民经济盈利能力分析、外汇效果分析。此外，还应对难以量化的外部效果进行定性分析。具体内容与程序如下。

（1）国民经济效益与费用的识别

对投资项目的经济效益和费用的划分、识别进行鉴定分析与评价在这一部分，应重点注意对转移支付的处理和对外部效果的计算。

（2）影子价格的确定

对计算费用和效益所采用的影子价格及其国家参数进行鉴定分析与评价投资项目的费用和效益的计算是否正确，关系到项目在经济上是否合理可行，而费用和效益的计算则涉及所采用的有关评价参数（影子价格、影子汇率、影子工资等）是否合理。因此，对有关评价参数的分析与评估是国民经济评价的主要内容。

（3）基础数据的调整

影子价格确定以后，对投资项目的经济效益和费用数值的调整进行分析与评价可按照已经选定的评价参数，计算项目的销售收入、投资和生产成本的支出，并分析与评估调整的内容是否齐全、合理，调整的方法是否正确，是否符合有关规定。

（4）编制报表

对投资项目的国民经济评价报表进行分析与评价，主要是对所编制的有关报表进行核对，保证其正确并符合规定。

（5）国民经济效益分析

对国民经济效益指标的评价就是从国民经济整体角度出发，考察项目给国民经济带来的净贡献，即对项目国民经济盈利能力、外汇效果等进行评价。

在对国民经济的评价中，经济效益方案比选一般采用净现值法和差额收益率法，而对于效益相同和效益基本相同又难以具体估算的方案，可采用最小费用法（总费用现值比较和年费用现值比较）。

（6）进行不确定性分析

从国民经济角度对投资项目不确定性分析的评价应包括对盈亏平衡分析、敏感性分析及风险分析所做出的分析与评价，以确定投资项目在经济上的可靠性。

（7）做出评价结论与建议

综合评估与结论建议在对主要评估指标进行综合分析后，作出评估结论，并对在评估中所出现和反映的问题、对投资项目需要说明的问题以及有关建议作简要的说明。

课后训练

一、单选题

1. 下列关于项目国民经济评价的表述错误的是（　　）。
A. 国民经济评价采用费用-效益分析方法
B. 国民经济评价结论不可行的项目，一般应予以否定
C. 国民经济评价应从资源优化配置的角度考虑

D. 国民经济评价应同时进行盈利能力分析与清偿能力分析
2. 国民经济盈利能力的评价指标是（　　）。
A. 经济内部收益率
B. 经济净现值
C. 经济内部收益率和经济净现值
D. 投资回收期
3. 某项目的财务评价可行，而国民经济评价不可行，则该项目（　　）。
A. 应予通过
B. 应予否定
C. 应采取经济优惠措施
D. 视项目财务效益高低决定
4. 国民经济评价与财务评价的根本区别在于（　　）。
A. 财务评价与国民经济评价使用的参数不同
B. 财务评价与国民经济评价的方法不同
C. 财务评价与国民经济评价的费用与效益不同
D. 财务评价与国民经济评价的角度不同，财务评价立足于企业自身的角度，而国民经济评价是从国家整体的角度

二、多选题

1. 国民经济评价与财务经济评价的相同之处是（　　）。
A. 费用与效益的划分相同
B. 评价目的相同
C. 采用的价格相同
D. 评价基础相同
E. 计算期相同
2. 下列需要进行国民经济评价的项目有（　　）。
A. 国家及地方政府参与投资的项目
B. 主要的基础设施项目
C. 较大的水利水电项目
D. 证券交易项目
E. 动用社会资源和自然资源较多的大型外商投资项目
3. 下列不属于国民经济评价参数的是（　　）。
A. 影子价格
B. 影子工资
C. 社会折现率
D. 经济净现值
E. 经济内部收益率

参考答案

一、单选题
1. D　2. C　3. B　4. D
二、多选题
1. BDE　2. ABCE　3. DE

任务2　效益和费用的识别

知识点1　识别效益和费用的原则

（1）基本原则

国民经济分析以实现社会资源的最优配置从而使国民收入最大化为目标，凡是增加国民收入的就是

国民经济效益，凡是减少国民收入的就是国民经济费用。

（2）边界原则

财务分析从项目自身的利益出发，其系统分析的边界是项目。凡是流入项目的资金，就是财务效益，如销售收入；凡是流出项目的资金，就是财务费用，如投资支出、经营成本和税金。国民经济分析则从国民经济的整体利益出发，其系统分析的边界是整个国家。国民经济分析不仅要识别项目自身的内部效果，而且需要识别项目对国民经济其他部门和单位产生的外部效果，两者之间的关系见图9-1。

图9-1 财务评价与国民经济评价关系

（3）资源变动原则

在计算财务收益和费用时，依据的是货币的变动。凡是流入项目的货币就是直接效益，凡是流出项目的货币就是直接费用。国民经济分析以实现资源最优配置从而保证国民收入最大增长为目标。由于经济资源的稀缺性，就意味着一个项目的资源投入会减少这些资源在国民经济其他方面的可用量，从而减少了其他方面的国民收入，从这种意义上说，该项目对资源的使用产生了国民经济费用。同理，项目的产出是国民经济收益，是由于项目的产出能够增加社会资源——最终产品的缘故。因此不难理解，在考察国民经济费用和效益的过程中，依据不是货币，而是社会资源真实的变动量。凡是减少社会资源的项目投入都产生国民经济费用，凡是增加社会资源的项目产出都产生国民经济效益。

知识点 2　国民经济效益与费用

国民经济效益分为直接效益和间接效益；国民经济费用分为直接费用和间接费用。直接效益和直接费用可称为内部效果；间接效益和间接费用可称为外部效果。

（1）直接效益与直接费用

直接效益是指由项目产出直接经济价值，并在项目范围内计算的经济效益。一般表现为增加项目产出物或者服务的数量以满足国内需求的效益；替代效益较低的相同或类似企业的产出物或者服务，使被替代企业减产（停产）从而减少国家有用资源耗费或者损失的效益；增加出口或者减少进口从而增加或者节约的外汇等。

直接费用是指项目使用投入物所形成的并在项目范围内计算的费用。一般表现为其他部门为本项目提供投入物，需要扩大生产规模所耗费的资源占用，减少对其他项目或者最终消费投入物的供应而放弃的效益，增加进口或者减少出口从而耗用或者减少的外汇等。

（2）间接效益与间接费用

外部效果是指项目对国民经济做出的贡献与国民经济为项目付出的代价中，在直接效益与直接费用中未得到反映的那部分效益（间接效益）与费用（间接费用）。外部效果应包括以下几个方面：

① 产业关联效果。例如，建设一座水电站，一般除发电、防洪灌溉和供水等直接效果外，还必然带来养殖业和水上运动的发展，以及旅游业的发展等间接效益。此外，农牧业还会因土地淹没而遭受一定的损失（间接费用）。

② 环境和生态效果。例如，发电厂排放的烟尘可使附近田园的农作物产量减少，质量下降，化工厂排放的污水可使附近江河的鱼类资源骤减。

③ 技术扩散效果。技术扩散和示范效果是由于建设技术先进的项目会培养和造就大量的技术人员和管理人员。他们除了为本项目服务外，人员流动、技术交流对整个社会经济发展也会带来好处。

例如，化工项目显著的间接效益主要有：化肥项目增加国内化肥供应量，促使农业增产的效益；原材料工业带动下游行业乃至地区经济发展的效益等。但是，如果项目产品化肥按替代进口处理，国内供应没有增加，就不应另计间接效益。原材料工业带动下游产业乃至地区经济发展效益一般在产出物影子价格中已有所反映，则应对未能得以反映的部分予以考虑。化工项目显著的间接费用主要是指项目排放的废水、废气和废渣等引起的环境污染。

知识点 3　转移支付

项目与各种社会实体之间的货币转移，如缴纳税金、国内贷款利息和补贴等一般并不发生资源的实际增加和耗用，称为国民经济内部的"转移支付"，不计作项目效益与费用。转移支付的主要内容包括以下几项：

（1）税金

在财务分析中，税金包括销售税和所得税，对企业来说，这些税金都是财务支出。但是，对国民经济整体而言，企业纳税并未减少国民收入，只不过是将企业的这笔货币收入转移到政府手中而已，是收入的再分配。前面谈到，考察项目的国民经济评价系统，是从资源增减的角度区别收益和费用的，税金既然是国民收入的再分配，并不伴随资源的变动，所以，在国民经济评价中既不能把税金列为收益，也不能把税金列为费用。

土地税、城市维护建设税和资源税等是政府为了补偿社会耗费而代为征收的费用，这些税种包含了很多政策因素，并不代表社会为项目付出的代价。因此，原则上这些税种也视为项目与政府间的转移支付，不列为项目的费用或效益。

（2）补贴

补贴是一种货币流动方向与税金相反的转移支付。政府如果对某些产品实行价格补贴，可能会降低项目投入的支付费用，或者会增加项目的收入，从而增加项目的净效益。但是这种收益的增加仍然是国民收入从政府向企业的一种转移，它使资源的支配权发生变动，但是既未增加社会资源，也未减少社会资源，因而补贴不被视作国民经济评价中的费用和收益。

（3）国内贷款的还本付息

项目的国内贷款及其还本付息也是一种转移支付，在项目投资人的财务评价中被视作财务支出。但从国民经济角度看，情况则不同。还本付息并没有减少国民收入，这种货币流动过程仅仅代表资源支配权力的转移，社会实际资源并未增加或减少，因而在国民经济评价中，不被视为费用。

（4）国外贷款的还本付息

国外贷款还本付息处理分以下三种情况。

① 评价国内投资经济效益的处理办法。在分析时，由于还本付息意味着国内资源流向国外，因而应当视作费用。

② 国外贷款不指定用途时的处理办法。在这种情况下，与贷款对应的实际资源虽然来自国外，但受贷国在如何有效利用这些资源的问题上，面临着与国内资源同样的优化配置任务，因而应当对包括国外贷款在内的全部资源的利用效果作出评价。在这种评价中，国外贷款还本付息不视作收益，也不视作费用。

③ 国外贷款指定用途的处理办法。如果不上马拟建项目，就不能得到国外贷款，这时便无需进行全投资的经济效益评价，可只进行国内投资资金的经济评价。这是因为，全投资经济效益评价的目的在于对包括国外贷款在内的全部资源多种用途进行比较选优，既然国外贷款的用途已经唯一限定，别无其他选择，也就没有必要对其利用效果作出评价了。

为了考察国内投资对国民经济的实际贡献，应以国内投资作为计算的基础，因此在国内投资国民经济效益费用流量表中，把国外贷款还本付息作为费用。

课后训练

一、单选题

1. 在国民经济评价中，以下不属于转移支付的是（　　）。

A. 税金　　　　　B. 国内银行借款利息　C. 政府补贴　　　　D. 国外银行借款利息

2. 国民经济费用中的直接费用是指（　　）。

A. 由项目产出物直接生成，并在项目范围内计算的经济效益

B. 项目使用投入物所形成，并在项目范围内计算的费用

C. 项目对国民经济作出的贡献

D. 国民经济为项目付出的代价

3. 下列不属于转移支付的项目有（　　）。

A. 劳动力资源的税费　　　　　　　B. 项目向政府缴纳的税费

C. 向国内银行支付利息　　　　　　D. 政府给项目的补贴

二、多选题

1. 费用和效益的识别应坚持的原则有（　　）。

A. 增量分析的原则　　　　　　　　B. 考虑关联效果原则

C. 剔除转移支付的原则　　　　　　D. 协调平衡原则

E. 以本国居民作为分析对象的原则

2. 在项目的国民经济评价中，属于转移支付的有（　　）。

A. 税金　　　　　　　　　　　　　B. 国内银行贷款利息

C. 外国银行贷款利息　　　　　　　D. 劳动力工资

E. 劳动力影子工资

3. 国民经济评价采用了（　　）经济评价理论。

A. 费用 - 效益分析方法　　　　　　B. "有无对比"方法

C. 影子价格　　　　　　　　　　　D. 资本金流量分析方法

E. 总量效益最大化

 参考答案

一、单选题

1. D　2. B　3. A

二、多选题

1. ABCE　2. AB　3. ABCE

任务 3　国民经济评价参数

知识点 1　社会折现率

社会折现率是由政府部门统一规定的，在国民经济评价中用以衡量资金时间价值的参数，代表资金占用应获得的最低动态收益率。

社会折现率也称经济净现值、经济外汇净现值、经济换汇成本、经济节汇成本等。它是经济内部收益率的基准值，用以衡量项目的经济效益。其值取决于国内一定时期的投资收益水平、资金供求、机会成本、合理投资规模及实际的项目评价经营。例如，2019 年国家发展与改革委员会、建设部发布的《建设项目经济评价方法与参数》中将社会折现率规定为 8%。

社会折现率是项目经济评价的重要通用参数，在项目国民经济评价中作为计算经济净现值的折现率，并作为经济内部收益率的判别依据，只有经济内部收益率大于或等于社会折现率的项目才可行。社会折现率也是项目和方案相互比较选择的判别依据，因此它同时兼有判别标准参数与计算参数两种职能，适当的社会折现率有助于合理分配资金，引导资金投向对国民经济贡献大的项目，调整资金供需关系，促进资金在短期和长期项目间合理分配。

 学学做做

社会折现率是（　　）的判别标准。
A. 财务内部收益率　　　　　　　　B. 财务净现值
C. 项目经济内部收益率　　　　　　D. 经济净现值
参考答案：C

知识点 2　影子工资

影子工资是指项目增加一名劳动力，社会为此付出的代价。它与财务上的工资有一定区别。财务工资是项目的财务成本，并非劳动力的真实价值，工资由劳动力得到用于其消费及储蓄。财务工资要根据项目所处地区、行业、劳动力的种类等计算。影子工资则要按劳动力时间的潜在社会价值计算，而其潜在价值则要从分析项目使用劳动力会给国家和社会带来的影响入手。项目在使用劳动力时会给国家和社会带来以下影响：

① 项目的实施给社会提供了新的就业机会；
② 项目使用劳动力，社会损失了劳动力的边际产出或机会成本；
③ 劳动力转移会发生新增的社会资源消耗（学校、医院、水电、粮食）；
④ 使用劳动力增加就业人数和就业时间，也使劳动力减少了闲暇时间，增加体力消耗和生活资料消耗。

影子工资主要是通过影子工资换算系数计算。影子工资换算系数是影子工资与项目财务评价中劳动力的工资与福利费的比值。根据目前我国劳动力市场状况，技术性工种劳动力的工资与福利费系数换算取值为1。非技术性工种劳动力的工资与福利费系数换算取值为0.8。影子工资的计算公式为：

$$影子工资 = 财务工资 \times 影子工资换算系数 \tag{9-1}$$

 学学做做

影子工资包括（　　）。
A. 劳动力的机会成本
B. 劳动力转移引起的新增资源消耗
C. 劳动力的机会成本和劳动力转移而引起的新增资源消耗
D. 以上都不对
参考答案：C

知识点 3　影子汇率

影子汇率（SER）是指能反映外汇真实价值的汇率。在国民经济评价中，影子汇率通过影子汇率换算系数计算，影子汇率换算系数是影子汇率与国家外汇牌价的比值。工程项目投入物和产出物涉及进出口的，应采用影子汇率换算系数计算影子汇率。目前我国的影子汇率换算系数取值为 1.08。

作为建设项目国民经济评价中的通用参数，影子汇率取值的高低，会影响项目评价中的进出口的选择。国家可以利用影子汇率作为杠杆，对进出口项目施加影响。影子汇率越高，外汇的影子价格就越高，产品是外贸货物的项目经济效益就越好，项目就容易通过。反之，项目就不容易通过。影子价格较高时，引进方案的费用较高，评价的结论将不利于引进项目。

学学做做

下列关于影子汇率的说法正确的是（　　）。
A. 影子汇率是指用于对外贸货物和服务进行经济费用效益分析的外币的经济价格，反映了外汇的经济价值
B. 影子汇率 = 外汇牌价 × 影子汇率换算系数
C. 影子汇率换算系数由国家相关部门不定期测算发布
D. 影子汇率反映了外汇的实际价值
E. 影子汇率换算系数由国家相关部门定期测算发布
参考答案：ABE

课后训练

单选题
1. 关于社会折现率的说法，正确的是（　　）。
A. 社会折现率是财务内部收益率的判别基准
B. 社会折现率是项目经济效益要求的最低经济收益
C. 社会折现率是不可用作不同年份之间资金价值转换的折现率
D. 社会折现率可根据项目的具体情况酌情确定
2. 关于社会折现率的说法正确的是（　　）。
A. 社会折现率是指代表社会资金被占用应获得的最高收益率
B. 经济内部收益率大于社会折现率时项目才可行
C. 社会折现率是衡量项目财务内部收益率的基准值，是项目财务可行性的主要判据
D. 社会折现率是从个人角度对资金时间价值的估量
3. 影子工资换算系数是指（　　）。
A. 影子工资与市场劳动力工资的比值
B. 市场劳动力工资与影子工资的比值
C. 影子工资与财务分析中劳动力工资的比值
D. 财务分析中劳动力工资与影子工资的比值
4. 劳动力的（　　）是影子工资的主要组成部分。
A. 机会成本　　　　B. 可变成本　　　　C. 社会成本　　　　D. 不变成本

参考答案

单选题
1. B　2. B　3. C　4. A

任务 4　影子价格

知识点 1　影子价格的含义

财务评价是确定投资项目在财务上的现实可行性，所以对投入物和产出物都采用现行的市场价格，而不管这种价格是否合理。国民经济评价是要确定投资项目对国民经济的贡献，所以要准确地计量项目的费用和效益，从而要求价格能准确地反映其实际价格。然而，在我国现实经济生活中，由于经济机制、经济政策、社会和经济环境以及历史原因等，市场价格与实际价格常常出现严重脱节甚至背离的现象。

近几年，虽然政府在不断调整、改革，但现行价格仍不能正确地反映其经济价值。一般原材料、燃料价格偏低，加工产品价格偏高，各行各业的盈利水平差距悬殊。此外，政府对某些行业还有大量补贴，其价格也不能如实地反映价值。因此，国民经济评价不能直接用现行的市场价格计算项目的效益与费用，而需要一种能够准确反映项目对国民经济的贡献和国民经济为此项目所付出代价的合理价格，这就是影子价格。

影子价格是 20 世纪 30 年代末 40 年代初由荷兰数理经济学家、计量经济学创始人詹恩·丁伯根和前苏联数学家、经济学家、诺贝尔经济学奖获得者康特罗维奇最先提出的。

影子价格是指资源处于最佳分配状态时的边际产出价值。也就说是社会经济处于某种最优状态下，能够反映社会劳动消耗、资源稀缺程度和对最终产品需求情况的价格。影子价格是人为确定的比交换价格更合理的价格。

在费用和收益的衡量阶段，作为衡量尺度的价格成为问题的关键。财务评价采用的是市场预测价格，在较完善的市场机制下，这样的价格能够真实地反映各种资源的经济价值。然而，由于市场缺陷的存在，市场价格往往不能真实地反映项目的实际效益，不能作为资源配置的正确信号和计量依据。因此，项目的国民经济评价应采用计算国民经济效益与费用时的专用价格影子价格。

影子价格是指依据一定原则确定的，能够反映投入物和产出物真实经济价值，反映市场供求状况，反映资源稀缺程度，使资源得到合理配置的价格。

影子价格是根据国家经济增长的目标和资源的可获性来确定的。如果某种资源数量稀缺，同时有许多用途完全依靠于它，那么它的影子价格就高。如果这种资源的供应量增多，那么它的影子价格就会下降。进行国民经济评价时，项目的主要投入物和产出物价格，原则上都应采用影子价格。

确定影子价格时，对于投入物和产出物，首先要区分为市场定价货物、政府调控价格货物和特殊投入物三大类别，然后根据投入物和产出物对国民经济的影响分别处理。

　学学做做

影子价格是进行项目（　　）专用的计算价格。
A．资源分析　　　　B．财务分析　　　　C．经济分析　　　　D．风险分析
参考答案：C

知识点 2　影子价格的确定

1．市场定价货物的影子价格
（1）外贸货物影子价格和非外贸货物影子价格
外贸货物是指其生产或使用会直接或间接地影响国家出口或进口的货物，原则上石油、金属材料、金属矿物、木材及可出口的商品煤，一般都划为外贸货物。

外贸货物影子价格的定价基础是国际市场价格。尽管国际市场价格并非完全理想的价格，但在国际市场上起主导作用的还是市场机制，各种商品的价格主要由供需规律所决定，在多数情况下不受个别国家和集团的控制，一般比较接近物品的真实价值。

外贸货物中的进口品应满足以下条件。

$$国内生产成本 \geq 到岸价格（CIF）$$

外贸货物中的出口品应满足以下条件。

$$国内生产成本 \leq 离岸价格（FOB）$$

到岸价格与离岸价格统称口岸价格。

在国民经济评价中，口岸价格应按本国货币计算，故口岸价格的实际计算公式如下。

$$到岸价格（人民币）= 美元结算的到岸价格 \times 影子汇率 \quad (9-2)$$

$$离岸价格（人民币）= 美元结算的离岸价格 \times 影子汇率 \quad (9-3)$$

外贸货物影子价格的确定基础是国际市场价格。

非外贸货物是指其生产或使用不影响国家出口或进口的货物，非外贸货物分为天然非外贸货物和非天然的非外贸货物。

天然非外贸货物指使用和服务限于国内的天然的货物，包括国内施工和商业以及国内运输和其他国内服务。非天然的非外贸货物是指由于经济原因或政策原因不能外贸的货物，包括由于国家的政策和法令限制不能外贸的货物，还包括这样的货物：其国内生产成本加上到口岸的运输、贸易费用后的总费用高于离岸价格，致使出口得不偿失而不能出口，同时，国外商品的到岸价格又高于国内生产同样商品的经济成本，致使该商品也不能从国外进口。在忽略国内运输费用和贸易费用的前提下，由于经济性原因造成的非外贸货物满足以下条件：

$$离岸价格 < 国内生产成本 < 到岸价格$$

随着我国市场经济发展和贸易范围的扩大，大部分货物的价格由市场形成，价格可以近似地反映其真实价值。进行国民经济评价可将这些货物的市场价格加上或者减去国内运杂费作为影子价格。工程项目非外贸货物的影子价格按下列公式计算。

$$产出物的影子价格（产出物的出厂价格）= 市场价格 - 国内运杂费 \quad (9-4)$$

$$投入物的影子价格（投入物的到厂价格）= 市场价格 - 国内运杂费 \quad (9-5)$$

（2）产出物的影子价格和投入物的影子价格

① 产出物的影子价格（项目产出物的出厂价格）。

a. 直接出口（外销）产品的影子价格（SP）。其构成见图9-2。

$$SP = CIF \times SER + (T_1 + T_{r1}) \quad (9-6)$$

式中　T_1——国内运费；

　　　T_{r1}——国内贸易费用。

b. 间接出口（内销、替代其他货物使其增加出口）产品的影子价格（SP）。其构成见图9-3。

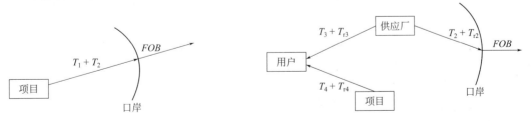

图9-2　直接出口（外销）　　　　图9-3　间接出口产品的影子价格构成

$$SP = FOB \times SER + (T_2 + T_{r2}) + (T_3 + T_{r3}) - (T_4 + T_{r4}) \quad (9-7)$$

式中　T_2，T_{r2}——原供应厂到口岸的运费及贸易费用；

T_3，T_{r3}——原供应厂到用户的运费及贸易费用；

T_4，T_{r4}——项目到用户的运费及贸易费用。

当原供应厂和用户难以确定时，可按直接出口考虑。

c. 替代进口（内销、以产顶进、减少进口）产品的影子价格（SP）。其构成见图9-4。

$$SP = CIF \times SER + (T_5 + T_{r5}) - (T_4 + T_{r4}) \tag{9-8}$$

式中　T_5，T_{r5}——口岸到用户的运费及贸易费用；

T_4，T_{r4}——项目到用户的运费及贸易费用。

当用户难以确定时，可按到岸价格考虑。

② 投入物的影子价格（项目投入物的到厂价格）。

a. 直接进口产品的影子价格（SP）。其构成见图9-5。

$$SP = CIF \times SER + (T_1 + T_{r1}) \tag{9-9}$$

式中　T_1——国内运费；

T_{r1}——国内贸易费用。

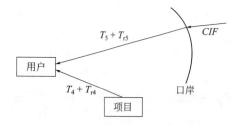

图9-4　替代进口产品的影子价格　　　图9-5　直接进口产品的影子价格构成

b. 间接进口产品的影子价格（SP）。其构成见图9-6。

$$SP = CIF \times SER + (T_5 + T_{r5}) - (T_3 + T_{r3}) + (T_6 + T_{r6}) \tag{9-10}$$

式中　T_5，T_{r5}——口岸到原用户的运费及贸易费用；

T_3，T_{r3}——供应厂到原用户的运费及贸易费用；

T_6，T_{r6}——供应厂到项目的运费及贸易费用。

当原供应厂和用户难以确定时，可按直接进口考虑。

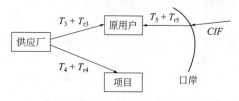 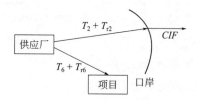

图9-6　间接进口产品的影子价格构成　　　图9-7　减少出口产品的影子价格构成

c. 减少出口产品的影子价格（SP）。其构成见图9-7。

$$SP = FOB \times SER - (T_2 + T_{r2}) + (T_6 + T_{r6}) \tag{9-11}$$

式中　T_2，T_{r2}——供应厂到口岸的运费及贸易费用；

T_6，T_{r6}——项目到用户的运费及贸易费用。

当供应厂难以确定时，可按离岸价格考虑。

2. 政府调控价格货物的影子价格

考虑到效率优先兼顾公平的原则，市场经济条件下有些货物或者服务不能完全由市场机制形成价格，而需由政府调控价格。例如政府为了帮助城市中低收入家庭，对经济适用房制定指导价和最高限价。政府调控的货物或者服务的价格不能完全反映其真实价值，确定这些货物或者服务的影子价格的原则是：投入物按机会成本分解定价，产出物按经济增长的边际贡献率或消费者支付意愿定价。下面是政府主要调控的水、电、铁路运输等作为投入物和产出物时的影子价格的确定方法。

① 水作为项目投入物的影子价格。按后备水源的边际成本分解定价，或者按恢复水资源存量的成本计算。水作为项目产出物的影子价格，按消费者支付意愿或者按消费者承受能力加政府补贴计算。

② 电力作为项目投入物时的影子价格。一般按完全成本分解定价，电力过剩时按可变成本分解定价。电力作为项目产出物的影子价格，可按电力对当地经济边际贡献率定价。

③ 铁路运输作为项目投入物的影子价格。一般按完全成本分解定价，对运能富余的地区，按可变成本分解定价。铁路运输作为产出物的影子价格，可按铁路运输对国民经济的边际贡献率定价。

3. 特殊投入物的影子价格

工程项目的特殊投入物是指项目在建设、生产运营中使用的劳动力、土地和自然资源等。项目使用这些特殊投入物发生的国民经济费用，应分别采用下列方法确定其影子价格。

① 影子工资。影子工资主要包括劳动力的机会成本和新增资源耗费。劳动力的机会成本指该劳动力不被拟建项目招用，而从事其他生产经营活动所创造的最大效益。新增资源耗费是指社会为劳动力就业而付出的但职工又未得到的其他代价，如为劳动力就业而支付的搬迁费、培训费、城市交通费等。影子工资与劳动力的技术熟练程度和供求状况（过剩与稀缺）有关，技术越熟练，稀缺程度越高，其机会成本越高；反之则越低。

$$影子工资 = 名义工资 \times 工资换算系数 \tag{9-12}$$

式中，名义工资为财务评价中的工资及职工福利费之和。

② 土地的影子价格。我国目前取得土地使用权的方式有行政划拨、协商议价、招标投标、拍卖等。采用不同的方式获得土地使用权，投资项目占用的土地可能具有不同的财务费用，甚至其财务费用为零，但是占用土地的经济费用几乎总是存在的，而且同一块地在一定时期其经济费用应是唯一的。项目占用土地致使这些土地对国民经济的其他潜在贡献不能实现，这种占用了土地而不能实现的最大潜在贡献就是项目占用土地的机会成本。因此，土地的影子价格也是建立在被放弃的最大收益这一机会成本概念上的。

土地影子价格确定的原则：若项目占用的土地是没有用处的荒山野岭，其机会成本可视为零；若项目占用的土地是农业用地，其机会成本为原来的农业净收益、拆迁费用和劳动力安置费；若项目占用的土地是城市用地，应以土地市场价格计算土地的影子价格，主要包括土地出让金、基础设施建设费、拆迁安置补偿费等。

（例题9-1）某建设单位准备以有偿方式取得某城区一宗土地的使用权。该宗土地占地面积15000m²，土地使用权出让金标准为每平方米4000元。根据调查，目前该区域尚有平房住户60户，建筑面积总计3500m²，试对该土地费用进行估价。

解：土地使用权出让金 =4000×15000=60000000（元）=6000（万元）

以同类地区征地拆迁补偿费作为参照，估计单价为每平方米1200元，则

土地拆迁补偿费 =1200×3500=4200000（元）=420（万元）

土地费用 =6000+420=6420（万元）

③ 自然资源影子价格。各种自然资源是一种特殊的投入物，项目使用的矿产资源、水资源、森林资源等都是对国家资源的占用和消耗。矿产等不可再生资源的影子价格按资源的机会成本计算，水和森林等可再生自然资源的影子价格按资源再生费用计算。

 课后训练

一、单选题

影子价格实质上是（　　）。

A. 市场价格　　　　　　　　　　　　B. 企业实际的货物交易价格

C. 货物的真实价值　　　　　　　　　D. 多次交易价格的平均值

二、多选题

影子价格是进行国民经济评价专用的价格,影子价格依据国民经济评价的定价原则确定,反映( )。

A. 政府调控意愿
B. 市场供求关系
C. 资源稀缺程度
D. 资源合理配置要求
E. 投入物和产出物真实经济价值

参考答案：

单选题：C

多选题：BCDE

任务 5　国民经济评价指标及效益费用流量表

国民经济评价包括国民经济盈利能力分析与外汇效果分析,以经济内部收益率为主要评价指标。根据项目特点和实际需要,也可以计算经济净现值等指标。产品出口创汇及替代进口节汇的项目,要计算经济外汇净现值、经济换汇成本和经济节汇等指标。此外,还可对难以量化的外部效果进行定性分析。

知识点 1　国民经济盈利能力分析

国民经济评价以盈利能力为主,评价指标包括经济内部收益率和经济净现值。

（1）经济内部收益率（EIRR）

经济内部收益率是指项目在计算期内各年经济净效益流量的现值累计等于零时的折现率。它反映项目对国民经济净贡献的相对指标,也表示项目占用资金所获得的动态收益率。其表达式为

$$\sum_{t=0}^{n}(B-C)_t(1+EIRR)^{-t}=0 \qquad (9-13)$$

式中　B——国民经济效益流量;

　　　C——国民经济费用流量;

　$(B-C)_t$——第 t 年国民经济净效益流量;

　　　n——计算期。

判别准则：经济内部收益率等于或大于社会折现率,表明项目对国民经济的净贡献达到或超过了要求的水平,这时应认为项目是可以接受的。

（2）经济净现值（ENPV）

经济净现值是指用社会折现率将项目计算期内各年的净收益流量折算到建设期初的现值之和,它是反映项目对国民经济净贡献的绝对指标。其表达式为：

$$ENPV=\sum_{t=0}^{n}(B-C)_t(1+i_s)^{-t} \qquad (9-14)$$

式中　B——国民经济效益流量;

　　　C——国民经济费用流量;

　$(B-C)_t$——第 t 年国民经济净效益流量;

　　　i_s——社会折现率;

n——计算期。

判别准则：工程项目经济净现值等于或大于零表示国家拟建项目付出代价后，可以得到符合社会折现率的社会盈余，或除了得到符合社会折现率的社会盈余外，还可以得到以现值计算的超额社会盈余，这时就认为项目是可以考虑接受的。

按分析效益费用的口径不同，可分为整个项目的经济内部收益率和经济净现值，国内投资经济内部收益率和经济净现值。如果项目没有国外投资和国外借款，全投资指标与国内投资指标相同；如果项目有国外资金流入与流出，应以国内投资的经济内部收益率和经济净现值作为项目国民经济评价的指标。

知识点 2　外汇效果分析

涉及产品创汇及替代进口节汇的项目，应进行外汇效果分析，计算经济外汇净现值、经济换汇成本、经济节汇成本指标。

（1）经济外汇净现值

经济外汇净现值（$ENPV_F$）是反映项目实施后对国家外汇收支直接或间接影响的重要指标，用以衡量项目对国家外汇真正的净贡献（创汇）或净消耗（用汇）。经济外汇净现值是将项目计算期内各年的外汇流入量和流出量折算为建设期初的现值之和，折现计算中以 i_s 作为折现率，而不使用外汇借款利率。其表达式为

$$ENPV_F = \sum_{t=1}^{n}(FI-FO)_t(1+i_s)^{-t} \tag{9-15}$$

式中　FI——外汇流入量；

　　　FO——外汇流出量；

$(FI-FO)_t$——第 t 年的净外汇流量。

经济外汇净现值一般应按项目的实际外汇净收支计算。有些项目有较大的产品以产定进，也可按净外汇效果计算经济外汇净现值。净外汇效果是指净外汇流量再加上产品替代进口而引起的节汇额。

（2）经济换汇成本和经济节汇成本

当项目有产品直接出口时，还要计算经济换汇成本，以分析这种产品出口对于国民经济是否真正有利可图。经济换汇成本是指每换取一单位的净外汇收入需要耗费多少价值的国内资源，国内资源的价值以人民币计价，要按照从国民经济评价角度考虑的影子价格、影子工资计算资源消耗价值。生产出口产品的净外汇收入是指产品出口的外汇收入扣除用于生产这些出口产品所投入的外汇后的净收入。所扣除的外汇投入包括进口所需的原材料、零部件以及应摊销的外汇投资。由于项目的外汇收入和支出时间并不总是同时发生的，特别是项目投资中的外汇投入时间与产品出口收入外汇的时间甚至可能相隔数年，因此在计算换汇成本时需要用现值比较的方法。经济换汇成本规定用货物影子价格、影子工资和社会折现率计算的为生产出口产品而投入的国内资源现值（以人民币表示）与生产出口产品的经济外汇净现值（通常以美元表示）之比，表达式为

$$经济换汇成本 = \frac{\sum_{t=1}^{n}DR_t(1+i_s)^{-t}}{\sum_{t=1}^{n}(FI'-FO')_t(1+i_s)^{-t}} \tag{9-16}$$

式中　DR_t——项目在第 t 年为生产出口产品投入的国内资源，以人民币表示，包括原材料、动力、影子工资、其他投入费用以及应分摊的费用；

　　　FI'——产品出口的外汇流入，以美元计；

　　　FO'——生产出口产品的外汇流出，以美元计，包括进口原材料、零部件以及应由出口产品分摊的固定资产以及经营费用中的外汇流出；

$(FI'-FO')_t$——第 t 年产品出口的净外汇收入；

i_s——折现率；

n——计算期。

经济换汇成本表示换取 1 美元的净外汇收入需要投入多少价值的国内资源，它是分析项目产品出口的国际竞争力，也是判断项目产品是否应当出口的指标。需要注意的是，经济换汇成本与我国有些外贸部门进行的出口换汇成本统计指标是不同的。

对于有产品替代进口的项目，应计算经济节汇成本，它与经济换汇成本相似，所不同的是它的外汇收入不是产品直接出口而是产品以产定进替代进口而为国家所节省下来的外汇支出。它等于项目计算期内生产替代进口产品所投入的国内资源的现值与生产替代进口产品的经济外汇净现值之比，即节约 1 美元外汇所需的人民币金额。其表达式为：

$$经济换汇成本 = \frac{\sum_{t=1}^{n} DR''_t (1+i_s)^{-t}}{\sum_{t=1}^{n} (FI'' - FO'')_t (1+i_s)^{-t}} \quad (9-17)$$

式中 DR''_t——项目在第 t 年为生产出口产品投入的国内资源，以人民币表示；

FI''——产品替代进口产品的外汇流入，以美元计；

FO''——生产替代进口产品的外汇流出；

$(FI''-FO'')_t$——第 t 年产品出口的净外汇收入。

经济节汇成本指标可以显示项目产品以产定进节汇是否在经济上合理。经济换汇成本或经济节汇成本小于或等于影子汇率，表明项目产品的出口或替代进口是有利的。

知识点 3　国民经济效益费用流量表

国民经济效益费用流量表有两种，一是项目国民经济效益费用流量表；二是国内投资国民经济效益费用流量表。前者以全部投资作为计算的基础，用以计算全部投资的经济内部收益率、经济净现值等指标；后者以国内投资作为计算的基础，将国外借款利息和本金的偿付作为费用流出，用以计算国内投资的经济内部收益率、经济净现值等指标，作为利用外资项目经济评价和方案比较取舍的依据。为了编制国民经济评价的基本报表，需要对投资、销售收入和经营进行调整，见表 9-1 和表 9-2。

表 9-1　国民经济效益费用流量表（全部投资）　　　　　单位：万元

序号	项目 \ 年份	建设期		投产期		达到设计能力生产期				合计
		1	2	3	4	5	6	…	n	
1	生产负荷 /% 效益流量									
1.1	产品销售（营业）收入									
1.2	回收固定资产余值									
1.3	回收流动资金									
1.4	项目间接效益									
2	费用流量									
2.1	固定资产投资									
2.2	流动资金									
2.3	经营费用									
2.4	项目间接费用									
3	净效益流量（1-2）									

计算指标：经济内部收益率：　　　　经济净现值（$i_s=$　　%）

注：生产期发生的更新改造投资作为费用流量单独列项或列入固定资产投资项中。

表 9-2　国民经济效益费用流量表（国内投资）　　　　　　　　单位：万元

序号	项目	建设期		投产期		达到设计能力生产期				合计
		1	2	3	4	5	6	…	n	
1	生产负荷/% 效益流量									
1.1	产品销售（营业）收入									
1.2	回收固定资产余值									
1.3	回收流动资金									
1.4	项目间接效益									
2	费用流量									
2.1	固定资产投资中国内资金									
2.2	流动资金中国内资金									
2.3	经营费用									
2.4	流至国外的资金									
2.4.1	国外借款本金偿还									
2.4.2	国外借款利息支付									
2.4.3	其他									
2.5	项目间接费用									
3	净效益流量（1−2）									

计算指标：经济内部收益率：　　　　　经济净现值（$i_s=$　　%）

注：生产期发生的更新改造投资作为费用流量单独列项或列入固定资产投资项中。

涉及产品出口创汇和替代进口节汇的项目，还应编制经济外汇流量表，见表 9-3。

国民经济效益费用流量表一般在项目财务评价基础上进行调整编制，有些项目也可以直接编制。

在财务评价基础上编制国民经济效益费用流量表应注意以下问题。

① 剔除转移支付，将财务现金流量表中列支的销售税金及附加、所得税、特种基金、国内借款利息作为转移支付剔除。

② 计算外部效益与外部费用，并保持效益费用计算口径的统一。

③ 用影子价格、影子汇率逐项调整建设投资中的各项费用，剔除涨价预备费、税金、国内借款建设期利息等转移支付项目。进口设备购置费通常要剔除进口关税、增值税等转移支付。建筑安装工程费按材料费、劳动力的影子价格进行调整；土地费用按土地影子价格进行调整。

表 9-3　经济外汇流量表　　　　　　　　　　　　　　　　单位：万元

序号	项目	建设期		投产期		达到设计能力生产期				合计
		1	2	3	4	5	6	…	n	
1	生产负荷/% 外汇流入									
1.1	产品销售外汇流入									
1.2	外汇借款									
1.3	其他外汇收入									
2	外汇流出									
2.1	固定资产投资中外汇支出									
2.2	进口原材料									
2.3	进口零部件									
2.4	技术转让费									
2.5	偿付外汇借款本息									
2.6	其他外汇支出									
3	净外汇流量（1−2）									
4	产品替代进口收入									
5	净外汇效果（3−4）									

计算指标：经济外汇净现值（$i_s=$　　%）：
经济换外汇成本或经济节汇成本：

④ 应收、应付款及现金并没有实际耗用国民经济资源，在国民经济评价中应将其从流动资金中剔除。

⑤ 用影子价格调整各项经营费用，主要原材料、燃料及动力费用影子价格进行调整；劳动工资及福利费用影子工资进行调整。

⑥ 用影子价格调整计算项目产出物的销售收入。

⑦ 国民经济评价各项销售收入和费用支出中的外汇部分，应用影子汇率进行调整，计算外汇价值。从国外引入的资金和向国外支付的投资收益、贷款本息，也应用影子汇率进行调整。

课后训练

一、单选题

国民经济盈利能力的评价指标是（　　）。

A. 经济内部收益率　　　　　　　　B. 经济净现值
C. 经济内部收益率和经济净现值　　D. 投资回收期

二、多选题

国民经济评价包括（　　）。

A. 国民经济盈利能力分析　　　　　B. 外汇效果分析
C. 财务分析　　　　　　　　　　　D. 以上各项

参考答案：

单选题：C

多选题：AB

单元十 价值工程分析

学习目标

（一）知识目标
- （1）掌握价值工程含义与工作步骤；
- （2）了解价值工程对象的选择；
- （3）掌握价值工程功能的分析与评价；
- （4）掌握价值工程方案创设与评价。

（二）能力目标
- （1）能够进行价值工程对象选择计算；
- （2）能够进行价值工程分析与评价：功能重要系数确定方法、成本系数确定、价值系数确定、功能评价值确定、改进对象的确定。

思维导图

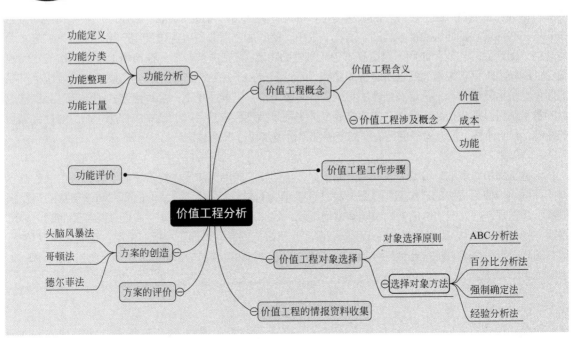

任务1 价值工程的基本概念

人们从事任何活动特别是经济活动，在客观上都存在两个基本问题：其一是活动的目的与效果；其二是达到目的或效果所付出的代价。而价值工程是将这两个方面紧密地连接起来的理论，简而言之，价值工程是以最低的费用，可靠地实现产品或作业的必要功能，着重于功能分析的有组织的活动。对于建筑产品，用户在技术性能、外观、价格、质量等方面会提出各种各样的要求；于是，技术人员总是努力做出技术方案再通过技术经济评价后付诸实施，在方案的实施过程中，还要继续改进与完善，以便使方案产生更好的经济效果。在这方面，价值工程和由它发展出来的建筑产品价值管理是一种有效的技术经济手段，建筑产品的价值观贯穿于建筑产品生产的全过程。

知识点1 价值工程含义

价值工程（Value Engineering，VE），也称价值分析（Value Analysis，VA），是指以产品或作业的功能分析为核心，以提高产品或作业的价值为目的，力求以最低寿命周期成本实现产品或作业使用所要求的必要功能的一项有组织的创造性活动，也称其为功能成本分析。

价值工程是一门工程技术理论，其基本思想是以最少的费用换取所需要的功能；这门学科以提高工业企业的经济效益为主要目标，以促进老产品的改进和新产品的开发为核心内容；价值工程涉及价值、功能和寿命周期成本等三个基本要素。

知识点2 价值工程涉及相关概念

1. 产品

产品是价值工程分析的主要对象。所谓产品是指根据社会和人们的需求，通过目的的生产劳动而创造出来的物质资料，通常又称为物品。对于市场而言它是商品，而对于使用者而言它是用品。产品按照生产过程的不同阶段分为单元产品（又叫原材料产品）、零部件产品和组合产品。三者中前者是后者的原材料或加工组合产品。按照产品层次理论，任何一类产品都可按其功能、质量以及服务特性划分为核心层、有形层、延伸层和扩张层四个层次。其中，核心层是指消费者通过使用产品可以获得的基本消费利益，即产品的功能和效用（包括基本功能和辅助功能），它决定着产品在市场上存在的价值，代表着企业的技术水平，也是消费者所需要的功能；有形层是指产品的外形结构和内在质量，主要包括产品的质量、价格及设计等，它是消费者决定购买的必要条件；延伸层是指产品销售方式和伴随产品销售提供的各种服务以及生产商或经销商的声誉等；扩张层是指产品在社会产业链中的作用，产品对社会福利的影响。综上所述，所有具有使用价值的产品都是价值工程分析的对象。

2. 价值

价值工程中所说的"价值"有其特定的含义，与哲学、政治经济学、经济学等学科关于价值的概念有所不同。价值工程中的"价值"就是一种"评价事物有益程度的尺度"。价值高说明该事物的有益程度高、效益好、好处多；价值低则说明有益程度低、效益差、好处少。例如，人们在购买商品时，总是希望"物美而价廉"，即花费最少的代价换取最多、最好的商品。价值工程把"价值"定义为："对象所具有的功能与获得该功能的全部费用之比"，它是对研究对象的功能与成本进行的一种综合评价。即

$$V = \frac{F}{C} \qquad (10\text{-}1)$$

式中 V——价值；

F——功能；
C——成本。

3. 功能

价值工程认为，功能对于不同的对象有着不同的含义：对于物品来说，功能就是它的用途或效用；对于作业或方法来说，功能就是它所起的作用或要达到的目的；对于人来说，功能就是它应该完成的任务；对于企业来说，功能就是它应为社会提供的产品和效用。总之，功能是对象满足某种需求的一种属性。认真分析一下价值工程所阐述的"功能"内涵，实际上等同于使用价值的内涵，也就是说，功能是使用价值的具体表现形式。任何功能无论是针对机器还是针对工程，最终都是针对人类主体的一定需求目的，最终都是为了人类主体的生存与发展服务，因而最终将体现为相应的使用价值。因此，价值工程所谓的"功能"实际上就是使用价值的产出量。

4. 成本

成本是指实现分析对象功能所需要的费用，是在满足功能要求条件下的制造生产技术和维持使用技术的耗费支出。"价值工程"中的成本包括以下三个方面：

① 功能现实成本。功能现实成本是指目前实现功能的实际成本。在计算功能现实成本时，需要将产品或零部件的现实成本转换成功能的现实成本。若产品的一项功能与一个零部件之间是一一对应的关系，即一项功能通过一个零部件得以实现，并且该零部件只有一项这样的功能，则功能成本就等于零部件成本；若一个零部件具有多项功能或者与多项功能有关，将零部件的成本分摊到相应的各个功能上；若一项功能是由多个零部件提供的，其功能成本应是各相关零部件分摊到本功能上的成本之和。

② 功能目标成本。功能目标成本是指可靠实现用户要求功能的最低成本。根据国内外先进水平或市场竞争价格，确定实现用户功能需求的产品最低成本（企业预期的成本或理想成本等）。再根据各功能的重要程度，将产品的成本分摊到各功能，则得到功能目标成本。

③ 寿命周期成本。一个产品被研究开发设计生产出来以后，会通过市场送达用户开始，其使用过程中，会有多次的维修和再使用的反复，最后到产品不能再维修和报废为止，这就是产品的自然寿命周期。从产品研究开发设计开始算起到用户停止使用该产品为止，这一周期叫做产品的经济寿命周期。价值工程中所指的寿命周期，就是它的经济寿命周期。随着技术与经济的飞速发展，产品的寿命周期越来越短。在产品的整个寿命周期内所发生的全部费用，就叫做产品寿命周期成本。

① 寿命周期成本（Life Cycle Cost）是指产品在其经济寿命周期中的全部费用，它包括生产成本和使用成本两部分，见图 10-1。

② 生产成本是指发生在生产企业内部的成本，包括研究开发、设计以及制造过程中支付的各种费用。

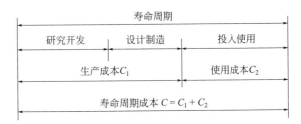

图 10-1 寿命周期成本构成

③ 使用成本是指用户在使用过程中支付的各种费用，包括运输、安装、调试、管理、维修和耗能等方面的费用。

计算寿命周期成本的公式为

$$寿命周期成本 = 生产成本 + 使用成本$$

即
$$C = C_1 + C_2 \tag{10-2}$$

式中 C_1——生产成本；
C_2——使用成本；
C——寿命周期成本。

价值工程中产品成本是指产品寿命周期的总成本。产品寿命周期从产品的研制开始算起，包括产品的生产、销售、使用等环节，直至报废的整个时期。在这个时期发生的所有费用与成本，就是价值工程的产品成本。

与一般意义上的成本相比，价值工程的成本最大的区别在于：将消费者或用户的使用成本也算在内。这使得企业在考虑产品成本时，不仅要考虑降低设计与制造成本，还要考虑降低使用成本，从而使消费者或用户既买得合算，又用得合算。

产品的寿命周期与产品的功能有关，这种关系的存在，决定了寿命周期费用存在最低值。

学学做做

在一定范围内，产品生产成本与使用及维护成本的关系是（　　）。
A. 随着产品功能水平的提高，产品的生产成本增加，使用及维护成本降低
B. 随着产品功能水平的提高，产品的生产成本减少，使用及维护成本降低
C. 随着产品功能水平的降低，产品的生产成本增加，使用及维护成本提高
D. 随着产品功能水平的降低，产品的生产成本减少，使用及维护成本提高
参考答案：C

知识点 3　价值工程的基本思路

一般产品或作业的功能，制造成本越高，用户在使用过程中所花费的使用成本则越低；产品作业的功能越差，制造成本越低，则使用成本越高。在整个寿命周期内，不同类型的产品寿命周期成本结构比例也不同。如日用消费品，只有购置费用，使用费用很少或没有。电冰箱的使用费用和购置费用不相上下；一台机器设备的购置费用占全部寿命周期费用的 30% 左右，使用费用则占整个寿命周期费用的 70% 左右。而在产品分类中单元产品使用费用最低，组合产品使用费用最高。价值工程的目的就是以最低的寿命周期成本，可靠地实现用户所要求的功能，即达到所需要的功能时，应满足寿命周期成本最小。

根据对产品功能与成本之间的关系分析可知，随着产品质量的提高，生产产品的成本呈上升趋势。而产品质量的提高，又使产品在使用中的维修费用呈下降趋势。价值工程就是努力寻找寿命周期成本的最低点。

寿命周期成本、生产成本和使用成本与产品功能之间的关系如图 10-2 所示。

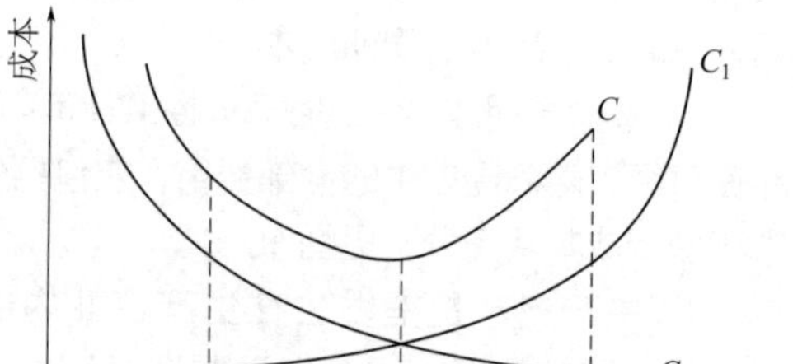

1. 提高产品价值的途径
① 功能不变，成本降低，价值提高；
② 成本不变，功能提高，价值提高；
③ 功能提高的幅度高于成本提高的幅度；
④ 功能降低的幅度小于成本降低的幅度；
⑤ 功能提高，成本降低，价值大大提高。

2. 功能分析是价值工程的核心

功能分析是通过分析对象资料，正确表达分析对象的功能，明确功能特性要求，从而弄清楚产品与部件功能之间的关系，去掉不合理的功能，使产品功能结构更合理。从成本－功能关系图可以看出，提高产品价值有两种思路：一是从功能出发；二是从成本出发。从成本出发，并不是成本管理中的降低成本的含义，而是通过功能分析，通过方案替代，在保证功能的基础上，实现成本的降低，所以，功能分析是价值工程的核心。

图 10-2　产品功能与成本的关系

学学做做

价值工程中，确定产品价值高的标准是（　　）。
A. 成本低，功能大　　B. 成本低，功能小　　C. 成本高，功能大　　D. 成本高，功能小
参考答案：C

知识点 4　价值工程分析的特点

价值工程分析在建筑工程中的应用比其他产业要晚得多，就连价值工程的发祥地美国直到 1970 年有关团体才召开会议，研究价值工程在建筑工程中的应用问题。日本也是在这一年首次召开"建筑工程 VE 讨论会"，之后才成立了本行业的价值分析的学术团体。

价值工程分析在建筑工程中的应用难度比较大，这是由建筑产品及其生产的技术经济特征所决定的。国外建筑工程的价值分析，一般是由设计部门组织价值分析小组，从分析各项功能入手，提出问题，设计出多种改进方案，最后经价值分析决定出最优方案。工程发包时，在合同中规定出由于改进原设计方案所获利润的分成方法，以利于推动建筑安装企业开展价值工程活动。

（1）设计和施工的一次性

建筑产品具有建造和使用地点固定性的特点，许多建筑工程项目，从设计到施工都是一次性的单件生产，设计图纸一般不再重复使用，因此本设计的改进不会为下一项目工程带来经济效益。由于每项建筑工程的费用一般数额较大，特别是大中型工程项目的建设耗资巨大，开展价值分析同样具有重要意义，虽然是一次设计施工，其节约额也是非常可观的。

随着建筑工业化的发展，传统的生产方式逐步被淘汰，工厂化大批量生产的建筑构件、配件以及成套的装配式建筑日益增多，施工现场机械化施工的工作量不断增加，其生产方式将逐渐接近制造业的大生产，为开展价值分析创造了条件；因此，要抓住建筑工程中按标准化、定型化、工厂化生产的构件和配件以及标准住宅等开展价值分析活动。从设计、材料、生产工艺、运输、安装、使用等各个环节，寻求降低成本的可能，经济效益就会从小到大，积少成多，价值分析活动就会不断地壮大起来，得到广泛应用和发展。

（2）寿命周期长和经营使用费比重大

凡是寿命周期长和使用费比重大的产品，要按产品的整个经济寿命周期（包括使用年限）来计算全部费用，既要降低一次性的生产成本，又要节约经常性的使用费，并尽可能延长其使用年限。一般来说非临时性建筑的使用寿命都是较长的，有的长达几百年甚至上千年。不过从经济效益来考虑，使用寿命一般都在百年以下，多数不超过 50 年。但即使是这样，计算出整个使用期中的各种费用也是非常困难的，因为在今后的几十年时间内，影响建筑工程费用的因素很多，如工程的拆迁、灾害的损失、未来的改建、维修的规模等。随着技术的进步，未来建筑材料、设备的发展水平都是无法估计的，而这项费用占总费用的比重又比较大，故有效地展开建筑工程价值分析工作具有重要的意义，因此，进行技术经济的科学研究就显得更为重要了。

（3）影响建筑物总费用的部门和因素多

一般工业品的价值分析，由生产该产品工厂的科研或设计部门负责就可以了，而建筑工程所涉及的部门和因素相对而言比较多，开展价值分析活动往往要组织各有关单位参加，运用各方面的经济技术知识才能取得理想的效果。

建筑物一般都由若干不同功能的单位工程组成，如土建工程、给排水、卫生、照明、暖气通风等。其中土建工程又包括基础、砖石、装饰等近十个分部分项工程。这些分部分项工程因采用的材料、施工工艺不同，其单位成本相差也很大。作为建筑物的直接费就是由以上各项费用组成的，其中土建工程所

占比例最大，特别是民用建筑，它决定着建筑物的使用性质、建筑标准、平面和空间布置等重大问题，其次是水、暖、电、卫和机械设备与安装工程，各单位工程之间既有联系又相互影响，其中主要是土建对其他工程的影响。但在研究功能、成本和价值的关系时，必须从全局出发，以节约总费用为目的，权衡各因素的利弊，统一考虑降低成本，改善功能的措施，切不可片面地为节省某项工程的费用而不顾其他工程的成本。

 课后训练

一、单选题

1. 价值工程的目标是（　　）。
   A. 以最低的生产成本实现最好的经济效益
   B. 以最低的生产成本实现使用者所需的功能
   C. 以最低的寿命周期成本实现使用者所需最高功能
   D. 以最低的寿命周期成本可靠地实现使用者所需的必要功能

2. 价值工程的核心是（　　）。
   A. 功能分析　　B. 成本分析　　C. 价值分析　　D. 寿命周期成本分析

3. 价值工程中，确定产品价值高的标准是（　　）。
   A. 成本低，功能大　　　　　　　　B. 成本低，功能小
   C. 成本高，功能大　　　　　　　　D. 成本高，功能小

4. 价值工程中（价值V、研究对象的功能F、寿命周期成本C），下列等式正确的是（　　）。
   A. $V=C/F$　　B. $V=F/C$　　C. $V=F+C$　　D. $V=F-C$

5. 在一定范围内，产品生产成本与使用及维护成本的关系是（　　）。
   A. 随着产品功能水平的提高，产品的生产成本增加，使用及维护成本降低
   B. 随着产品功能水平的提高，产品的生产成本减少，使用及维护成本降低
   C. 随着产品功能水平的降低，产品的生产成本增加，使用及维护成本提高
   D. 随着产品功能水平的降低，产品的生产成本减少，使用及维护成本提高

6. 价值工程中的功能一般是指产品的（　　）。
   A. 基本功能　　B. 使用功能　　C. 主要功能　　D. 必要功能

7. 在建筑产品生产中应用价值工程原理时，应（　　）。
   A. 在分析结构、材质等问题的同时，对产品的必要功能进行定义
   B. 首先确定建筑产品的设计方案，然后进行功能分析和评价
   C. 在分析功能的基础上，再去研究结构、材质等问题
   D. 在分析结构、施工工艺的基础上，确定建筑产品的功能

8. 价值工程中总成本是指（　　）。
   A. 生产成本　　　　　　　　　　　B. 产品寿命周期成本
   C. 使用成本　　　　　　　　　　　D. 使用和维修费用成本

9. 价值工程中寿命周期成本是指（　　）。
   A. 生产及销售成本＋使用及维修成本
   B. 试验、试制成本＋生产及销售成本＋使用及维修成本
   C. 科研、设计成本＋生产及销售成本＋使用及维修成本
   D. 科研、设计成本＋试验、试制成本＋生产及销售成本＋使用及维修成本

10. 下列关于价值工程的表述中，错误的是（　　）。
    A. 价值工程的核心是功能分析

B. 价值工程的目标表现为产品价值的提高
C. 价值工程是有组织的管理活动
D. 价值工程的重点是产品价值分析

11. 价值工程的目标是以最低的寿命周期成本，使产品具备所必须具备的功能，但在一定的范围内，产品的（ ）之间存在此消彼长的关系。

A. 使用成本与维护成本 B. 生产成本与使用成本
C. 生产成本与寿命周期成本 D. 寿命周期成本与维护成本

二、多选题

1. 下列属于价值工程特点的是（ ）。
A. 价值工程将产品价值、功能和成本作为一个整体同时来考虑
B. 价值工程是一个有计划、有组织的管理活动
C. 价值工程强调不断改革与创新
D. 价值工程的目标是以最低的寿命期成本，使产品具备它必须具备的功能
E. 价值工程强调的是产品的功能分析和质量改进

2. 在价值工程中，提高产品价值的途径有（ ）。
A. 产品成本不变，提高功能水平
B. 产品功能不变，降低成本
C. 降低产品成本，提高功能水平
D. 产品功能下降，成本提高
E. 功能小提高，成本大提高

3. 下列关于价值工程的说法中，正确的有（ ）。
A. 价值工程是将产品的价值、功能和成本作为一个整体同时考虑
B. 价值工程的核心是对产品进行功能分析
C. 价值工程的目标是以最低生产成本实现产品的基本功能
D. 提高价值最为理想的途径是降低产品成本
E. 价值工程中的功能是指对象能够满足某种要求的一种属性

参考答案

一、单选题
1. D 2. A 3. A 4. B 5. D 6. C 7. B 8. D 9. D 10. D 11. B

二、多选题
1. ABCD 2. ABC 3. ABE

任务 2　价值工程的产生与发展

知识点 1　价值工程的产生

价值工程是一种新兴的科学管理技术，是降低成本提高经济效益的一种有效方法。它于 20 世纪 40 年代起源于美国。第二次世界大战结束前不久，美国的军事工业发展很快，造成原材料供应紧缺，一些

重要的材料很难买到。当时在美国通用电气公司有位名叫麦尔斯（L.D.Miles）的工程师，他的任务是为该公司寻找和取得军工生产用材料。麦尔斯研究发现，采购某种材料的目的并不在于该材料的本身，而在于材料的功能。在一定条件下，虽然买不到某一种指定的材料，但可以找到具有同样功能的材料来代替，仍然可以满足其使用效果。当时轰动一时的所谓"石棉板事件"就是一个典型的例子。该公司汽车装配厂急需一种耐火材料——石棉板，当时，这种材料价格很高而且奇缺。迈尔斯想：只要材料的功能（作用）一样，能不能用一种价格较低的材料代替呢？他开始考虑为什么要用石棉板？其作用是什么？经过调查，原来汽车装配中的涂料容易漏洒在地板上，根据美国消防法规定，该类企业作业时地板上必须铺上一层石棉板，以防火灾。麦尔斯弄清这种材料的功能后，找到了一种价格便宜且能满足防火要求的防火纸来代替石棉板。经过试用和检验，美国消防部门通过了这一代用材料。

麦尔斯从研究代用材料开始，逐渐摸索出一套特殊的工作方法，把技术设计和经济分析结合起来考虑问题，用技术与经济价值统一对比的标准衡量问题，又进一步把这种分析思想和方法推广到研究产品开发、设计、制造及经营管理等方面，逐渐总结出一套比较系统和科学的方法。1947 年，麦尔斯以《价值分析程序》为题发表了研究成果，"价值工程"正式产生。

麦尔斯在长期实践过程中，总结了一套开展价值工程的原则，用于指导价值工程活动的各步骤的工作。这些原则是：①分析问题要避免一般化，概念化，要作具体分析；②收集一切可用的成本资料；③使用最好、最可靠的情报；④打破现有框框，进行创新和提高；⑤发挥真正的独创性；⑥找出障碍，克服障碍；⑦充分利用有关专家，扩大专业知识面；⑧对于重要的公差，要换算成加工费用来认真考虑；⑨尽量采用专业化工厂的现成产品；⑩利用和购买专业化工厂的生产技术；⑪采用专门生产工艺；⑫尽量采用标准；⑬以"我是否这样花自己的钱"作为判断标准。这 13 条原则中，第①~⑤条是属于思想方法和精神状态的要求，提出要实事求是，要有创新精神；第⑥~⑫条是组织方法和技术方法的要求，提出要重专家、重专业化、重标准化；第⑬条则提出了价值分析的判断标准。

从事产品设计、开发的工程师都希望他设计的产品技术先进、性能可靠、外观新颖、价格低廉，在市场竞争中获得成功，达到这一目标是要有一定条件的。产品要受用户欢迎必须具备两个条件：

第一，产品应具有一定的功能，可以满足用户的某种需求；

第二，产品价格便宜，低于消费者愿意支付的代价。消费者总是试图用较低的价格买到性能较好的产品。价值分析正是针对消费者的这种心理，围绕产品物美价廉进行分析以提高产品的价值。

知识点 2　价值工程的发展

价值工程产生后，立即引起了美国军工部门和大企业的浓厚兴趣，以后又逐步推广到民用部门。

1952 年麦尔斯举办了首批价值分析研究班，在他的领导下进行了有关 VA 的基础训练，这些专门从事价值分析的人员在后来工作中所创造的一系列重大成果，为在更多的产业界推行价值分析产生了重要影响。

1954 年，美国海军部首先制订了推行价值工程的计划。美国海军舰船局首先用这种方法指导新产品设计并把"价值分析"改名为"价值工程"。1956 年正式用于签订订货合同，即在合同中规定，承包厂商可以采取价值工程方法，在保证功能的前提下，改进产品或工程项目，把节约下来的费用的 20%~30% 归承包商，这种带有刺激性的条款有力地促进了价值工程的推广，美国海军部在应用价值工程的第一年就节约 3500 万美元。据报道，由于采用价值工程，美国国防部在 1963 年财政年度节约支出 7200 万美元，1964 年财政年度节约开支 2.5 亿美元，1965 年财政年度节约开支 3.27 亿美元，到了 1969 年，就连美国航天局这个最不考虑成本的部门也开始培训人员着手推行价值工程。

1961 年，麦尔斯在《价值分析》的基础上进一步加以系统化，出版了专著《价值分析与价值工程技术》（Techniques of Value Analysis and Engineering），1972 年又出了修订版并被译成十多种文字在国外出版。

由于国际市场的扩大和科学技术的发展，企业之间的竞争日益加强，价值工程的经济效果是十分明显的，因而价值工程在企业界得到迅速发展。20 世纪 50 年代，美国福特汽车公司竞争不过通用汽车公司，面临着倒闭的危险，麦克纳马拉组成一个班子，大力开展价值工程活动，使福特汽车公司很快就扭亏为盈，因而麦克纳马拉也就成为福特汽车公司第一个非福特家族成员的高层人士。在军工企业大力推广价值工程之时，民用产品也自发地应用价值工程，在美国内政部垦荒局系统、建筑施工系统、邮政科研工程系统、卫生系统等得到广泛应用。

价值工程不仅为工程技术有关部门所关心，也成为当时美国政府所关注的内容之一。1977 年美国参议院第 172 号决议案中大量列举了价值工程应用效果，说明这是节约能量、改善服务和节省资金的有效方法，并呼吁各部门尽可能采用价值工程。1979 年美国价值工程师协会（SAVE）举行年会，卡特总统在给年会的贺信中说："价值工程是工业和政府各部门降低成本、节约能源、改善服务和提高生产率的一种行之有效的分析方法。"

1955 年，日本派出一个成本管理考察团到美国，了解到价值工程十分有效，就引进采用，他们把价值工程与全面质量管理结合起来，形成具有日本特色的管理方法。1960 年，价值工程首先在日本的物资和采购部门得到应用，而后又发展到老产品更新、新产品设计、系统分析等方面。1965 年，日本成立了价值工程师协会（SJVE），价值工程得到了迅速推广。

价值工程在传入日本后，又传到了西欧、东欧等一些国家和地区，他们有的还制定了关于价值工程的国家标准，成立了价值工程或价值分析的学会或协会；在政府技术经济部门和企业界推广应用价值工程，也都得到不同程度的发展并收到显著成效。

知识点 3　价值工程迅速发展的背景与原因

价值工程从产生至今，仅仅几十年的时间，它之所以能够迅速推广和发展，不是偶然的，而是有它的客观背景和内在原因的。

价值工程首先在美国产生并迅速发展起来。"二战"中，美国政府向企业订购军火，所注重的是武器的性能和交货期，这种不顾成本、浪费资源的现象一直持续到战后。战后，无论政府还是其他用户都不会以成本补偿方式支付生产费用，价值工程在美国得到迅速发展，其历史背景和经济条件在于：一方面随着国际市场的扩大和科技的发展，企业之间的竞争日益加剧，促使企业必须运用价值工程来提高产品竞争能力；另一方面，美国由于扩军备战，发动战争，尖端武器和核竞赛要求增加军工生产，国内人民的反抗又不允许国防开支无限上升。

价值工程在其他国家也得到了飞速发展。一是在 20 世纪六七十年代各国工业有了新发展，使得材料供应日趋紧张，如何解决材料奇缺问题成为各国的重要课题，价值工程的应运而生，为研究材料代用、产品改型、设计改进等问题提供了系统方法；二是国际交通运输日益发达，竞争更为剧烈，产品要立足市场，不但要降低成本、售价，而且还要实现同样的功能，因而价值工程代替了以往的那种点滴节约，达到了竞争要求的新方法；三是科技飞速发展，新材料、新工艺不断涌现，为设计人员改进旧方法，采用新材料、新工艺提供了现实的可能性。

价值工程之所以能得到迅速推广，是因为它给企业带来了较好的经济效益，其内在的原因主要有两方面。一方面是传统的管理方式强调分系统，分工各搞一套，造成人为地割裂，管理人员注重经营效果，侧重产品产量和成本，而技术人员只管技术设计，侧重产品性能方面的考虑，加上设计者个人考虑，自然会提高设计标准，特别是诸如保险系数、安全系数等标准，这就形成了技术与经济脱节的状态，而价值工程则着眼于从两方面挖潜达到最佳经济效益，是符合现代化生产和现代科技发展规律的有效方法。另一方面，传统的人才培训方法也是分割的、孤立式的，而价值工程则是两者合理的结合，以求得最佳价值。

总之，价值工程是随着现代化工业产品和科学技术的发展，随着人类经营管理思想的进步而在实践中创立和发展起来的。

知识点 4　价值工程在我国的推广与应用

（1）我国价值工程的发展

我国自 1978 年引进价值工程至今已有 40 余年的历史。价值工程首先在机械工业部门得到应用，1981 年 8 月原国家第一机械工业部以"一机企字（81）1047 号"文件发出了《关于积极推行价值工程的通知》，要求机械工业企业和科研单位应努力学习和掌握价值工程的原理与方法，从实际出发，用实事求是的科学态度，积极推行价值工程，努力把价值工程贯穿到科研、设计、制造工艺和销售服务的全过程。1982 年 10 月，我国创办了唯一的价值工程专业性刊物《价值工程通讯》，后更名为《价值工程》杂志。1984 年国家经委将价值工程作为 18 种现代化管理方法之一向全国推广。1986 年由国家标准局组织制定了《中华人民共和国价值工程国家标准》（征求意见稿），1987 年国家标准局颁布了第一个价值工程标准《价值工程基本术语和一般工作程序》，1988 年 5 月，我国成立了价值工程的全国学术团体——中国企业管理协会价值工程研究会，并把《价值工程》杂志作为会刊。

政府及领导的重视与关注，使价值工程得以迅速发展。价值工程自 1978 年引入我国后，很快就引起了科技教育界的重视。通过宣传、培训进一步被一些工业企业所采用，均取得了明显的效果，从而引起了政府有关部门的重视。政府有关部门的关心与支持给价值工程在我国的应用注入了动力。特别是 1988 年，江泽民同志精辟的题词"价值工程常用常新"对价值工程的发展具有深远意义。1989 年 4 月，原国家经委副主任、中国企业管理协会会长袁宝华同志提出"要像推广全面质量管理一样推广应用价值工程！"，促进了价值工程的推广与应用。

几十年来，一些高等院校、学术团体通过教材、刊物、讲座、培训等方式陆续介绍价值工程的原理与方法及其在国内外有关行业的应用，许多部门、行业和地方以及企业、大专院校、行业协会和专业学会，纷纷成立价值工程学会、研究会，通过会议、学习班、讨论等方式组织宣传推广，同时还编著出版了数十种价值工程的专著，开展了国际间价值工程学术交流活动，有效地推动了价值工程在我国的推广应用。

（2）我国价值工程的应用成果

价值工程在我国首先应用于机械行业，而后又扩展到其他行业，通常被认为价值工程难以推行的采矿、冶金、化工、纺织等部门，也相继出现了好的势头。价值工程的应用领域逐步拓展，从开始阶段的工业产品开发到工程项目，从企业的工艺、技术，设备等硬件的改进，到企业的生产、经营、供销、成本等管理软件的开发；从工业领域应用进一步拓展到农业、商业、金融、服务、教育、行政事业领域；在国防军工领域的应用也获明显效果。如今，价值工程广泛应用于机械、电子、纺织、军工、轻工、化工、冶金、矿山、石油、煤炭、电力船舶、建筑以及物资、交通、邮电、水利、教育、商业和服务业等各个行业；分析的对象从产品的研究、设计、工艺等扩展到能源、工程、设备、技术引进、改造以及作业、采购、销售服务等领域，还应用到机构改革和优化劳动组合、人力资源开发等方面，此外在农业、林业、园林等方面几乎涉及各大门类和各行各业得到应用。

要提高经济效益和市场竞争力并获得持续发展，企业的经营管理离不开价值管理，离不开产品（包括劳务等）的价值创造，离不开各项生产要素及其投入的有效的价值转化。企业经营管理的本质就是价值经营、价值管理、价值创造，力求投入少而产出高，不断为社会需要创造出有更高价值的财富。我们面临的是一个丰富多彩、纷繁复杂的价值世界，任何有效管理和有效劳动都是在做有益于社会发展的价值转化工作，都在创造价值；反之，则既无效又无益，甚至起负面作用，形成一种"零价值"或"负价值"。树立正确的价值观念，应用价值工程原理和价值分析技术，对事物作出价值评论，并进行价值管理和开展价值创新，目的就在于为社会创造价值。

价值工程引进我国以后，它在降低产品成本、提高经济效益、扩大社会资源的利用效果等方面所具有的特定作用，在短短几年的实践中已经充分显示出来，一批企业在应用中取得了显著的实效，为价值工程在不同行业广泛地推广应用提供了重要经验。据不完全统计，1978～1985年，全国应用价值工程的收益达2亿元；到1987年达5亿元。开展应用价值工程较早的是上海市，他们在应用价值工程的深度与广度上都有一定经验，其他如辽宁、浙江、河北等地在推行价值工程中也取得了较好的经济效果。中国第一汽车制造厂应用推广价值工程的第一个10年，共进行270多项价值分析，取得效益3000万元。河北省石家庄拖拉机厂在改造小型拖拉机老产品和设计新产品中应用价值工程，提高产品功能，降低成本，据8种零部件统计，每台拖拉机节约成本170元。

实践证明，价值工程在我国现代化管理成果中占有较大的比重，为提高经济效益做出了积极贡献，它应用范围广，成效显著，在我国经济建设中大有可为。我国应用价值工程取得了巨大的经济效益，价值工程的应用和研究，从工业拓展到农业、商业、金融、国防、教育等领域，从产品、工艺、配方扩展到经营、管理、服务等对象。

据不完全统计，我国凡是采用价值工程取得的效益至少在20亿元，出版的价值工程书籍就达70余种。随着技术与经济发展的客观需要，以及价值工程本身的理论与方法日臻完善，它必将在更多国家中的更多行业得到广泛的应用与发展。但我们必须承认差距和潜力还很大：一是应用面还不很普及和不平衡，仍需广泛宣传和普及价值工程知识，大力开展培训活动；二是持久性不够，这与相当多的原来抓价值工程的领导和骨干、研究价值工程的学者和学术团体人员，以及大量参加过培训的员工已退离岗位有关，削弱了价值工程活动的开展，需要继续加大推广应用的力度，深入持久地坚持开展下去；三是与"常用常新"更有差距，尤其在价值管理、价值转化和价值创新方面，从理论到实践都在不断发展和深化，我们应当加以重视和关注，加强研究和开发应用。

价值工程是一种经济分析方法，也是一种现代管理技术，它研究的是如何使功能与费用之比最优化，以便使投入的资金产生最大的价值。在工程建设中，由于建设项目投资额大，优化设计和施工方案会给项目带来很大的效益。为此，需要将价值工程引入工程施工合同。

任务3　价值工程的工作步骤

由于价值工程的应用范围广泛，其活动形式也不尽相同，因此在实际应用中，可参照价值工程工作程序，根据对象的具体情况，应用价值工程的基本原理和思想方法，考虑具体的实施措施和方法步骤。但是在工作程序中对象选择、功能分析、功能评价和方案创新与评价是工作程序的关键内容，体现了价值工程的基本原理和思想，是不可缺少的。

开展价值工程活动的过程是一个发现问题、解决问题的过程，针对价值工程的研究对象，逐步深入提出一系列问题，通过回答问题、寻找答案，完成问题的解决，具体步骤见表10-1。

表10-1　价值工程的工作程序表

工作阶段	设计程序	工作步骤		应对问题
		基本步骤	详细步骤	
准备阶段	制订工作计划	确定目标	1. 工作对象选择 2. 信息资料收集	1. 价值工程的研究对象是什么
分析阶段	功能评价	功能分析	3. 功能定义 4. 功能整理	2. 这是干什么用的
		功能评价	5. 功能成本分析 6. 功能评价 7. 确定改进范围	3. 成本是多少 4. 价值是多少

工作阶段	设计程序	工作步骤		应对问题
		基本步骤	详细步骤	
创新阶段	初步设计	制订创新方案	8. 方案创造	5. 有无其他方法实现同样的功能
			9. 概略评价	
	评价各设计方案改进、优化方案		10. 调整完善	6. 新方案的成本是多少
			11. 详细评价	
	方案书面化		12. 提出方案	7. 新方案能满足功能的要求吗
实施阶段	检查实施情况并评价活动成果	方案实施与成果评价	13. 方案审批	8. 偏离目标了吗
			14. 方案实施与检查	
			15. 成果评价	

在一般的价值工程活动中，所提问题通常涉及以下七个方面。
① 价值工程的研究对象是什么？
② 它的用途是什么？
③ 它的成本是多少？
④ 它的价值是多少？
⑤ 有无其他方法可以实现同样的功能？
⑥ 新方案的成本是多少？
⑦ 新方案能满足要求吗？

围绕这七个问题，价值工程的一般工作步骤如表 10-1 所示。从本质上讲，价值工程活动实质上就是提出问题和解决问题的过程。

 学学做做

价值工程的工作步骤包括（　　）。
A. 对象选择
B. 信息资料的收集
C. 评价方法的选择
D. 功能系统分析与功能评价
E. 方案创新的技术方法
参考答案：ABDE

任务 4　价值工程对象的选择和情报资料收集

技能点 1　价值工程对象的选择

价值工程对象选择的过程就是收缩研究范围，明确分析研究的目标，确定主攻方向的过程。不可能把构成产品或服务的所有零部件和环节都作为价值工程的改善对象，为了节约资金，提高效率，只能选择其中一部分来实施价值工程。

1. 选择对象的原则

选择价值工程对象应遵循的一般原则：一是优先考虑在企业生产经营上迫切需要的或对国计民生有重大影响的项目；二是在改善价值上有较大潜力的产品或项目。

在实际工作中，一般可根据企业的具体情况，有侧重地从设计、生产、工艺、销售、成本诸方面的因素中，初步选择价值工程活动的对象。总的来讲，对象选择要遵循提高经济效益这一基本原则。对于建筑产品可以定性地考虑以下几个方面：

（1）从设计上看

结构复杂、重量大、尺寸大、材料贵，性能差、技术水平低的部分等。

（2）从生产上看

产量多、工艺复杂、原材料消耗高、成品率低、废品率高的部分等。

（3）从销售上看

用户意见多、竞争能力差、卖不出去、市场饱和状态、如不改进就要亏本等。

（4）从成本上看

成本比同类产品成本高、价值低于竞争的产品、在产品成本构成中高的构成部分等。

2. 选择对象的方法

① ABC分析法。这是一种运用数理统计的原理，按照局部成本占全部成本比重来选定价值工程对象的方法。

ABC分析法又称排列图法或帕莱托分析法，是价值工程对象选择的最常用的方法之一。其基本原理是分清主次、轻重，区别关键的少数和次要的多数，将关键的少数作为价值工程的研究对象。

具体做法：将某产品的全部部件按成本比例排队，将少数数量不多而占总成本比例相当大的部件作为分析的主要对象。例如，对于某产品进行成本分析时发现，占部件总数10%左右的部件其成本占总成本的60%~70%，则将其定为A类部件；占部件总数20%左右的部件其成本占总成本的20%，则将其定为B类；占部件总数70%左右的部件其成本占总成本的10%~20%，则将其定为C类（图10-3）。价值工程对象选择时按A、B、C的顺序依次选择，见表10-2。

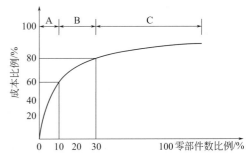

图10-3　ABC分析法

表10-2　ABC分析表

序号	零件代码（件数/件）	数量累计		零件成本/元	成本累计		分类
		件数/件	比例/%		成本/元	比例/%	
1	F（1）	1	5	84	84	42	A
2	A（1）	2	10	50	134	67	
3	G（1）	3	15	26	160	80	
4	B（2）	5	25	8	168	84	B
5	H（2）	7	35	6	174	87	
6	J（2）	9	45	6	180	90	
7	E（1）	10	50	4	184	92	C
8	I（1）	11	55	4	188	94	
9	D（1）	12	60	4	192	96	
10	K（2）	14	70	3	195	97.5	
11	L（2）	16	80	3	198	99	
12	C（4）	20	100	2	200	100	
合计		20			200		

ABC 分析法的优点是能抓住重点，把数量少而成本高的零部件或工序选为 VE 对象，集中精力，重点突破，取得较好的效果。

ABC 分析法的缺点是在实际工作中，由于成本分配不合理，常常会出现有的零部件功能比较次要，而成本却高；也会出现有的零部件功能比较重要而成本却很低。对于后一种零部件本应选为 VE 对象，提高其功能水平，但因其成本较低而划为 C 类，未被选上。解决的办法是结合其他方法综合分析，避免应入选的而未被选中，不应入选的却选中了。

 学学做做

在价值工程活动中，首先将产品各种部件成本由高到低排列，然后绘制成本累积分配图，最后将成本累积占总成本 70% 左右的部件作为价值工程主要研究对象的方法称为（　　）。

A. 因素分析法　　　B. 强制确定法　　　C. ABC 分析法　　　D. 百分比分析法

参考答案：C

② 百分比分析法。这是一种通过分析各对象对企业的某个技术经济指标的影响程度（百分比）来选择价值工程对象的方法。不同产品之间可以选择成本利润率或产值资源消耗率等指标，同一产品零部件之间可选择成本所占百分比等指标。

例题 10-1：某企业生产 4 种产品，其成本和利润所占百分比如表 10-3 所示。

表 10-3　成本和利润百分比

产品名称	A	B	C	D	合计
成本/万元	500	300	200	100	1100
成本占比/%	45.1	27.2	18.1	9.1	100
利润/万元	115	50	60	25	250
利润占比/%	46	20	24	10	100
成本利润率/%	23	16.7	30	25	

解：从表中的计算结果可知，B 产品成本利润率最低，应选为价值工程对象。

 学学做做

某企业生产 5 种产品，它们各自的年成本、年利润占公司年总成本和年利润总额的百分比如表 10-4 所示，公司目前急需提高利润水平，试确定可能的价值工程对象。

表 10-4　成本和利润百分比

产品种类	A	B	C	D	E	合计
产品年成本/万元	465	85	45	150	55	800
产品年成本占总成本百分比/%	58.13	10.63	5.63	18.75	6.88	100
产品年利润/万元	100	30	10	45	15	200
产品年利润占年利润总额百分比/%	54.05	16.22	5.41	24.32	8.11	100
年利润百分比/年成本百分比	0.93	1.53	0.96	1.30	1.18	
排序	5	1	4	2	3	

解：各个产品成本和利润如表 10-4 所示，从表中可得出，产品 A 的成本占年总成本的 58.13%，而其利润仅占利润总额的 54.05%，利润成本比处于最低水平，应作为价值工程的分析对象。

③ 强制确定性法。这是以功能重要程度作为选择价值工程对象的决策指标的一种分析方法。

强制确定法是根据价值系数的大小确定价值工程活动对象的方法。当一个产品或项目由多种部件或分部分项工程组成且其重要程度各不相同时常用该种方法。

应用这种方法时应先求出分析对象的功能评价系数和成本系数，然后求出二者的比值——价值系数，最后依据价值系数的大小确定价值工程活动的对象。其中功能评价系数是通过一对一的比较后，给各功能或零部件打分而求得的；具体做法将在后面予以说明。

例题 10-2：某开发商开发一个居住区，提出了几种类型的单体住宅的初步设计方案，各方案单体住宅的居住面积及相应概算造价如表 10-5 所示，试选择价值工程研究的对象。

表 10-5 方案数据

方案	A	B	C	D	E	F	G
功能：单位住宅居住面积 /m²	9900	3500	3200	5500	8000	7000	4500
成本：概算造价 / 万元	1100	330	326	610	1000	660	400
价值指数：$V=F/C$	9.00	10.61	9.82	9.02	8.00	10.61	11.25

解：根据价值计算结果，可知 A、D、E 方案价值系数明显偏低，应选为价值工程的研究对象。

④ 经验分析法。经验分析法又称因素分析法，是依靠价值工程人员、技术人员，管理人员、技术熟练人员和用户等，根据经验选择价值工程对象的方法。

采用该方法时，应注意分清产品在寿命期内处于哪个阶段，通常将处于导入期和成长期的新产品作为价值工程的对象，对于处在成熟期或衰退期，但通过价值工程活动可以延长寿命周期的老产品也可以作为价值工程活动的对象。该方法的优点是简便易行，节省费用，能够集思广益，考虑问题全面。其缺点是凭主观经验判断，缺乏定量分析，有时准确性差。在选择价值工程活动对象时，往往将该方法与其他方法结合使用。

技能点 2 价值工程的情报资料收集

价值工程情报是指与价值工程有关的记录，有利用价值的报道、消息、见闻、图表、图像、知识等。收集价值工程情报资料时应满足五个方面的要求：一是目的性，即收集的情报资料应满足价值工程活动的目的要求；二是时间性，即收集的情报资料是近期的、较新的资料；三是准确性，即所收集的情报资料必须是可靠的，能真实反映客观事物的实际；四是完整性，即能保证全面、充分和完善地评价研究对象；五是经济性，即尽量用最少的开支收集所需的情报资料。

情报资料的内容主要包括：用户要求方面的情报；销售方面的情报；成本方面的情报；科学技术方面的情报；生产与供应方面的情报；政策、法规、条例、规定等方面的情报。

一般在选择价值工程对象的同时，还应该收集有关的技术资料及经济信息，为进行功能分析、创新方案和评价方案等准备必要的资料。

对于产品分析来说，一般应收集以下几个方面的资料：

① 用户方面的资料。用户对产品的意见和要求，如产品的使用目的、使用条件、使用中故障情况及使用是否合理等。

② 技术方面的资料。企业内外、国内外同类产品的技术资料，如设计特点、加工工艺、设备、材料及优缺点和存在的问题等。

③ 经济方面的资料。同类产品的价格、成本、成本构成情况、指数和定额等。

④ 本企业的基本资料。企业的经营方针、生产能力及限制条件、销售情况等。

收集的资料及信息一般需加以分析、整理，剔除无效资料，使用有效资料，以利于价值工程活动的分析研究。

课后训练

一、单选题

1. 在建设工程项目中，采用价值工程提高建设工程项目经济效果的关键环节为（   ）。
   A. 设计阶段、施工阶段　　　　　　　B. 施工、竣工验收阶段
   C. 规划阶段与设计阶段　　　　　　　D. 规划、施工阶段

2. 一个产品从研制开始，经过设计、生产、销售、使用、维护全过程活动，价值工程的活动侧重于（   ）。
   A. 研制、设计阶段　　　　　　　　　B. 生产与销售阶段
   C. 使用与维护阶段　　　　　　　　　D. 研制、设计、生产、使用阶段

3. 价值工程是就某个具体对象开展的有针对性地分析评价和改进，可作为价值工程对象的是（   ）。
   A. 为获取销售利润而增加成本的　　　B. 为改善性能而进行各种研究的
   C. 为获得功能而发生各种费用的　　　D. 为扩大市场销售份额而进行的各种投入

4. 在价值工程活动中，首先将产品各种部件成本由高到低排列，然后绘制成本累积分配图，最后将成本累积占总成本 70% 左右的部件作为价值工程主要研究对象的方法称为（   ）。
   A. 因素分析法　　　　　　　　　　　B. 强制确定法
   C. ABC 分析法　　　　　　　　　　　D. 百分比分析法

5. 根据价值工程对象遵循的选择原则，从市场销售方面，应选（   ）。
   A. 用户意见多、竞争力强的产品　　　B. 系统配套差但寿命周期较长的产品
   C. 维修能力低、利润率高的产品　　　D. 市场上畅销但竞争激烈的产品

6. 下列价值工程对象选择方法中，以功能重要程度作为选择标准的是（   ）。
   A. 因素分析法　　B. 强制确定法　　C. 重点选择法　　D. 百分比分析法

7. 下列分析问题的方法中，可作为价值工程对象选择方法的是（   ）。
   A. 成本分析法　　B. ABC 分析法　　C. 头脑风暴法　　D. 德尔菲法

8. 在建筑产品生产中应用价值工程原理时，应（   ）。
   A. 在分析结构、材质等问题的同时，对产品的必要功能进行定义
   B. 首先确定建筑产品的设计方案，再进行功能分析和评价
   C. 在分析功能的基础上，再去研究结构材质等问题
   D. 在分析结构、施工工艺的基础上，确定建筑产品的功能

9. 在对价值工程的对象进行选择时，以下不应优先选择作为价值工程的对象的是（   ）。
   A. 造价低的组成部分　　　　　　　　B. 占产品成本比重大的组成部分
   C. 数量多的组成部分　　　　　　　　D. 加工程序多的组成部分

10. 在对工程甲、乙、丙、丁进行成本评价时，它们的成本改善期望值分别为：$\Delta C_甲 = -20$，$\Delta C_乙 = 10$，$\Delta C_丙 = 10$，$\Delta C_丁 = 20$，则优先改进的对象是（   ）。
    A. 工程甲　　　　B. 工程乙　　　　C. 工程丙　　　　D. 工程丁

11. 成本指数是指评价对象的某种成本在全部中所占的比重。该种成本是（   ）。
    A. 现实成本　　　B. 目标成本　　　C. 功能成本　　　D. 生产成本

12. 功能成本法求出评价对象的价值系数 $V_j = 1$，表明评价对象的功能现实成本与实现功能所必需的最低成本（   ）。
    A. 大致相当　　　B. 相等　　　　　C. 成正比　　　　D. 成反比

13. 某公司为了站稳市场，对占市场份额比较大的四种产品进行功能价值分析，得到相应的

价值系数分别是：$V_甲=0.5$，$V_乙=0.8$，$V_丙=1.1$，$V_丁=1.5$，该公司应重点研究改进的产品是（　　）。

  A. 产品甲   B. 产品乙   C. 产品丙   D. 产品丁

14. 通过计算产品功能价值对产品部件的价值分析，使每个部件的价值系数尽可能趋近于1，为此，确定的改进对象不包括（　　）。

  A. F/C 值低的功能   B. $AC=(C-F)$ 值小的功能
  C. 复杂的功能   D. 问题多的功能

15. 在利用价值工程的功能成本法 $V_i=F_i/C_i$ 进行方案分析时，功能价值分析的表述错误的是（　　）。

  A. 功能评价值与功能现实成本相等，评价对象的价值为最佳
  B. 当 $V_i<1$ 时，评价对象的现实成本偏高，而功能要求不高，存在过剩功能
  C. 当 $V_i>1$ 时，功能比较重要，分配的成本较少，功能的现实成本低于功能评价值
  D. 当 $V_i>1$ 时，功能的现实成本高于功能评价值

16. 原计划用煤渣打一地坪，造价50万元以上，后经分析用工程废料代替煤渣，既保持了原有的坚实功能，又能节省投资20万元，根据价值工程原理提高价值的途径是（　　）。

  A. 功能不变，成本降低   B. 功能提高，成本不变
  C. 功能提高，成本降低   D. 功能和成本都降低

二、多选题

1. 应选择（　　）作为价值工程的对象。

  A. 结构复杂的产品   B. 生产数量少的产品
  C. 用户意见少的产品   D. 市场竞争激烈的产品
  E. 技术性能差的产品

2. 下列产品中，根据价值工程对象选择的一般原则，在选择价值工程对象时，应优先选择（　　）。

  A. 对企业经营有重要影响的产品   B. 对国计民生有重大影响的产品
  C. 在改善价值方面有较大潜力的产品   D. 数量多的产品
  E. 需要更新换代的产品

3. 价值工程对象选择的方法有很多种，常用的方法包括（　　）。

  A. 因素分析法   B. ABC分析法   C. 强制确定法
  D. 百分比分析法   E. 问卷调查法

4. 下列关于价值工程准备阶段对象选择的说法中，正确的有（　　）。

  A. 选择结构复杂、性能和技术指标差的产品进行价值工程活动
  B. 选择量大面广、工序烦琐、原材料和能源消耗高的产品进行价值工程活动
  C. 选择用户意见多和竞争力差的产品进行价值工程活动
  D. 选择成本高或者成本比重大的产品进行价值工程活动
  E. 选择成本降低期望值大的进行价值工程活动

5. 价值工程准备阶段主要是工作对象的选择，明确分析研究的目标，从成本方面看，应选择的功能产品应该具有的特征是（　　）。

  A. 原材料消耗高   B. 成本高   C. 能源消耗高
  D. 成本比重大   E. 技术指标差

三、计算题

1. 某八层住宅工程，结构为钢筋混凝土框架，材料、机械、人工费总计为216357.83元，建筑面积为2091.73m²。各分部工程所占费用如表10-6所示，试用ABC分析法选择该住宅工程的研究对象。

表 10-6 各分部工程所占费用

分部名称	代号	费用/元	比例/%
基础	A	29113.01	13.46
墙体	B	41909.53	19.37
框架	C	75149.86	34.73
楼地面	D	10446.04	4.83
装饰	E	20571.49	9.51
门窗	F	33777.31	15.61
其他	G	5390.59	2.49
总计		216357.83	100

2. 某企业生产 5 种产品，它们各自的年成本、年利润占公司年总成本和年利润总额的百分比如表 10-7 所示，公司目前急需提高利润水平，试确定可能的价值工程对象。

表 10-7 成本和利润百分比

产品种类	A	B	C	D	E	合计
产品年成本/万元	465	85	45	150	55	800
产品年成本占总成本百分比/%	58.13	10.63	5.63	18.75	6.88	100
产品年利润/万元	100	30	10	45	15	200
产品年利润占年利润总额百分比/%	54.05	16.22	5.41	24.32	8.11	100
年利润百分比/年成本百分比	0.93	1.53	0.96	1.30	1.18	

参考答案

一、单选题

1. C 2. A 3. D 4. C 5. A 6. B 7. B 8. C 9. A 10. A 11. A 12. A
13. B 14. D 15. B 16. A

二、多选题

1. ADE 2. ABC 3. ABCD 4. ABCD 5. BD

三、计算题

1. 按费用（或其百分比）大小排序，如表 10-8 所示。

表 10-8 按费用（或其百分比）大小排序

分部名称	代号	费用/元	百分比/%	累计百分比/%
框架	C	75149.86	34.73	34.73
墙体	B	41909.53	19.37	54.1
门窗	F	33777.31	15.61	69.71
基础	A	29113.01	13.46	83.17
装饰	E	20571.49	9.51	92.68
楼地面	D	10446.04	4.83	97.51
其他	G	5390.59	2.49	100
总计		216357.83	100	—

由表 10-8 可知：应选框架、墙体、门窗或包含基础作为研究对象。

2. 经过计算得表 10-9。

表 10-9　成本和利润百分比排序

产品种类	A	B	C	D	E	合计
产品年成本 / 万元	465	85	45	150	55	800
产品年成本占总成本百分比 /%	58.13	10.63	5.63	18.75	6.88	100
产品年利润 / 万元	100	30	10	45	15	200
产品年利润占年利润总额百分比 /%	54.05	16.22	5.41	24.32	8.11	100
年利润百分比 / 年成本百分比	0.93	1.53	0.96	1.30	1.18	
排序	5	1	4	2	3	

解：各个产品成本和利润表如表 10-9 所示，从表中可知，产品 A 的成本占年总成本的 58.13%，而其利润仅占利润总额的 54.05%，利润成本比处于最低水平，应作为价值工程的分析对象。

任务 5　功能分析与评价

知识点 1　功能系统分析

通过分析对象资料，用几种不同的词组，简明、正确地表达对象的功能，明确功能特性要求，从而弄清楚产品各功能之间的关系，去掉不合理的功能，调整功能间的比重，使产品的功能结构更合理。

功能系统分析包括功能定义、功能整理和功能计量等内容，进行功能系统分析的基础是功能分类。

1. 功能分类

根据功能的不同特性，可以将功能分为以下几类：

① 使用功能与美学功能：这是从功能性质的角度进行的分类。使用功能从功能的内涵上反映其使用属性，是一种动态功能；美学功能是从产品外观反映功能的艺术属性，是一种静态的外观功能。

② 基本功能与辅助功能：这是从功能重要程度的角度进行的分类。基本功能是产品的主要功能，对实现产品的使用目的起着最主要和必不可少的作用；辅助功能是次要功能，是为了实现基本功能而附加的功能。

③ 必要功能和不必要功能及缺乏功能：这是从用户的立场出发进行的分类。必要功能是用户采用的功能，使用功能、美学功能、基本功能、辅助功能等均为必要功能，它既包括用户直接需要的基本功能，又包括实现基本功能必需的辅助功能。不必要功能是指用户不需要的或对基本功能实现没有任何作用的辅助功能。不必要功能有两种形式，一是多余功能，取消它对产品的基本功能无任何影响。例如，主要在柏油路上行驶的汽车，若设计成前后轮驱动，前轮驱动显然是多余功能。二是过剩功能，功能虽然必要，但在量上存在过剩。例如一台变压器功率储备过大，形成大马拉小车，浪费大量的基本电费和变压器铁损电力消耗，过大的功率就是过剩功能，应当减下来。用户需要而不具备的功能，称为缺乏功能，表现为产品整体功能或零部件功能水平在数量上低于标准功能水平，不能完全满足用户需要。

 学学做做

价值工程活动中不必要功能包括（　　　）。
A. 辅助功能　　　　　　B. 多余功能　　　　　　C. 重复功能
D. 过剩功能　　　　　　E. 不足功能
参考答案：C

2. 功能定义

功能定义是透过产品实物形象，运用简明扼要的语言将隐藏在产品结构背后的本质——功能揭示出来，从定性的角度解决"对象有哪些功能"这一问题。

功能定义是功能整理的先导性工作，也是进行功能评价的基本条件，因此在进行功能定义时，应该把握住既简明准确，便于测定，又要系统全面，一一对应，只有这样才能满足后续工作的需要。功能定义过程如图 10-4 所示。

图 10-4 功能定义过程

3. 功能整理

功能整理是把各个功能之间的相互关系加以系统化，并将各个功能按一定的逻辑关系排列成一个体系。目的是确认真正要求的功能，发现不必要的功能，确认功能定义的准确性，明确功能领域。

进行功能整理的步骤是：明确基本功能、辅助功能；明确各功能之间的相互关系。

产品的各个功能之间是相互配合、相互联系的，为实现产品的整体功能发挥各自的作用。各个功能之间存在着并列关系或者上下的位置关系，要通过功能整理予以确定。

（1）功能逻辑关系与功能系统图

功能之间的逻辑关系包括以下两种：

① 上下位关系。上位功能又称为目的功能，下位功能又称为手段功能。这种关系是功能之间存在的目的与手段关系。

例如，住宅的最基本功能是居住，为实现该项功能，住宅必须具有遮风避雨、御寒防暑、采光、通风、隔声、防潮等功能，这些功能之间是属并列关系的，都是实现居住功能的手段，因而居住是上位功能，上述所列的并列功能是居住的下位功能，即上位功能是目的，下位功能是手段。

但上下位关系是相对的。如为达到居住的目的必须通风，则居住是目的，是上位功能，通风是手段，是下位功能；为达到通风的目的，必须组织自然通风，则通风又是目的，是上位功能，组织自然通风是手段，是下位功能；为达到自然通风的目的，必须提供进出风口，则组织自然通风又是目的，是上位功能，提供进出风口是手段，是下位功能，等等。将上述逻辑关系用图表示出来，即可得到上下功能关系图，见图 10-5。

② 同位关系。同位关系又称为并列关系，指同一上位功能下有若干个并列的下位功能。在如图 10-6 所示的平屋顶功能系统图中的在防水功能下有隔绝雨水与排除雨水两个子功能，在排除雨水子功能下有形成坡度、汇集雨水、排出雨水三个末位功能。

按照功能之间的上下关系和并列关系，按照树状结构进行排列，形成功能系统图。

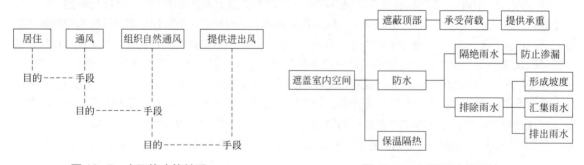

图 10-5 上下位功能关系　　　　图 10-6 平屋顶功能系统

（2）功能整理的方法

功能整理的主要任务是建立功能系统图，因此，功能整理的方法也就是绘制功能系统图的方法，其一般步骤为：编制功能卡片；选出基本功能；明确各功能之间的关系。

4. 功能计量

功能计量是以功能系统图为基础，依据各个功能之间的逻辑关系，以对象整体功能的定量指标为出发点，从左向右地逐级测算、分析，定出各级功能的数量指标，揭示出各级功能领域中有无功能不足或功能过剩，从而为保证必要功能，剔除过剩功能，补足不足功能的后续活动（功能评价、方案创新等）提供定性与定量结合的依据。功能计量又分为整体功能的量化和各级子功能的量化。

① 整体功能的量化。整体功能的计量应以使用者的合理要求为出发点，以一定的手段、方法确定其必要的数量标准，应在质和量两个方面充分满足使用者的功能要求而无过剩或不足功能。

② 各级子功能的量化。产品整体功能的数量标准确定之后，就可依据"手段功能必须满足目的功能"要求的原则，运用目的——手段的逻辑判断，由上而下逐级推算、测定各级手段功能的数量标准。

知识点 2　功能评价

经过功能系统分析明确了对象所具有的功能后，紧接着要做的工作就是定量地确定功能的目前成本是多少，功能的目标成本是多少，功能的价值是多少，改进目标是多少，改进的幅度有多大等，功能评价过程见图10-7。

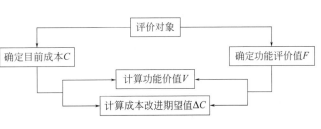

图 10-7　功能评价程序

（1）功能重要度系数确定方法

功能重要度系数或称功能评价系数或功能系数，是从用户的需求角度确定产品或零部件中各功能重要性之间的比例关系。确定方法有强制确定法（Forcde Decisio，FD）、直接打分法、多比例评分法、环比评分法和逻辑评分法等，这里重点介绍强制确定法。

强制确定法，又称 FD 法，包括 0-1 法和 0-4 法两种方法。运用一定的评分规则，采用强制对比打分来评定评价对象的功能系数。

① 0-1 强制确定法。由每一位参评者对各功能按照其重要性一一对比，重要者得 1 分，不重要的得 0 分；然后，为防止功能系数中出现零的情况，用各加 1 分的方法进行修正，再求出该参评人员评定的各功能的重要度系数，然后，计算所有参评人员评定的功能评价系数的平均值或加权平均值，作为各功能的最终的功能重要度系数。其评价过程可参见表 10-10。

功能重要度系数 = 某功能的重要性得分 / 所有功能的重要性总分　　　　（10-3）

表 10-10　0-1 评分法

功能	F_1	F_2	F_3	F_4	F_5	得分	修正得分	F_i
F_1	×	0	0	1	1	2	3	0.20
F_2	1	×	1	1	1	4	5	0.33
F_3	1	0	×	1	1	3	4	0.27
F_4	0	0	0	×	0	0	1	0.33
F_5	0	0	0	1	×	1	2	0.20
合计						10	15	

② 0-4 强制确定法。0-4 法与 0-1 法相比分值分为更多的级别，更能反映功能重要程度的差异。其评分规则如下：

首先，两两比较，非常重要的功能得 4 分，另一个很不重要的功能得 0 分；其次，两两比较，比较重要的功能得 3 分，另一个不太重要的功能得 1 分；再次，两两比较，两个功能同等重要的各得 2 分；最后，自身对比，不得分。

各参评人员的功能重要度系数和最终的各功能重要度系数计算方法与 0-1 法相同。其评价过程参见表 10-11。

表 10-11 0-4 评分法

功能	F_1	F_2	F_3	F_4	F_5	功能得分	功能重要度系数
F_1	×	2	3	2	4	11	0.275
F_2	2	×	1	1	3	7	0.175
F_3	1	3	×	1	3	8	0.200
F_4	2	3	3	×	4	12	0.300
F_5	0	1	1	0	×	2	0.050
						40	1.000

（2）确定成本系数

成本系数按功能实际成本进行计算。功能实际成本与传统的成本核算不同之处在于：功能实际成本是以功能对象为单位，而传统成本核算是以产品和部件为单位。进行功能分析时，需要以产品或部件的实际成本为基础，对其进行分解或汇总，从而得到某一功能的实际成本。确定了功能实际成本，就可以按照公式计算各功能的成本系数。

$$成本系数 = 某功能的实际成本 / 产品成本（或所有功能实际成本之和） \qquad (10\text{-}4)$$

（3）确定价值系数

各功能的价值系数按照下式计算。

$$价值系数 = 功能系数 / 成本系数 \qquad (10\text{-}5)$$

价值系数的判别：根据计算公式，功能的价值系数有以下三种结果。

① $V=1$。说明功能与实现功能匹配或比较匹配，评价对象的价值为最佳，一般无需改进。

② $V<1$。说明该功能与实现该功能的现实成本之间不匹配，应列入功能改进的范围，并且以剔除过剩功能或降低目前成本为改进方向。

③ $V>1$。说明该功能与实现该功能的现实成本之间不匹配，评价对象功能不足，没有达到用户的功能要求，应适当增加成本，提高功能水平。

 学学做做

1. 某产品的零件甲，功能平均得分 3.8 分，成本为 30 元，该产品各零件功能总分为 10 分；产品成本为 150 元，零件甲的价值系数为（　　）。

　A. 0.9　　　　　B. 0.38　　　　　C. 1.9　　　　　D. 1.38

参考答案：C

【答案解析】本题考查的是价值工程分析阶段。150 元 ÷10 分 =15（元/分），3.8 分 × 15 元/分 =57（元），$V=F/C=57/30=1.9$。

2. 在价值工程活动中，通过分析求得某评价对象有价值系数 V 后，对该评价对象可以采取的策略是（　　）。

　A. $V<1$ 时，提高成本或者剔除过剩功能
　B. $V<1$ 时，提高成本或者提高功能水平
　C. $V>1$ 时，降低成本或者提高功能水平
　D. $V>1$ 时，降低成本或者剔除不必要的功能

参考答案：C

（4）确定功能评价值（目标成本）

功能评价值是指为了实现某功能所需要的最低费用，即作为实现的功能目标成本。常用的功能评价值（目标成本）的估算方法有三种：

① 理论计算方法。根据工程计算公式和设计规范等确定实现功能（产品）的零部件和材料组成成分，以此计算实现功能（产品）的成本，再通过几个方案的比较，以最低费用方案的成本作为功能评价值（产品目标成本）。

② 统计法。收集企业内外的同一功能（产品）的实际成本材料，并根据各个成本资料的具体条件按目前的条件进行修正，以最低的成本作为该功能的功能评价值。

③ 功能评价系数法。在实际工作中，由于条件的限制，按上述两种方法可以比较容易地确定产品的目标成本，但比较困难的是确定产品各个功能的目标成本。在这种情况下，可根据功能与成本匹配的原则，可按功能评价系数把产品目标成本分配到每一功能上，作为各功能的功能评价值。

（5）确定功能评价值改进对象（价值分析）

对价值系数偏离1较大的功能（或零部件），进一步确定价值分析的改进对象，包括确定对功能的改进对象和成本的改进对象。

① 计算成本差。成本差包括各功能按功能评价系数分配的实际成本与功能的实际成本之差（ΔC_1）和按功能系数分配的目标成本与按功能系数分配的实际成本（ΔC_2）之差。

② 确定功能的改进对象。对于 $\Delta C_1 < 0$ 的功能，如果其功能评价系数较低（一般 ΔC_2 绝对值也较小），即对于用户而言，该功能的重要性比较低，而实际成本的比例较高，则可能存在功能过剩，甚至是多余功能，应作为功能改进的对象；对于 $\Delta C_1 > 0$ 的功能，如果其功能评价系数较高（一般 ΔC_2 绝对值也较大），对于用户而言，该功能重要性比例较大，而实际成本的比例较低，则可能存在评价对象的该功能不足，没有达到用户的功能要求，要适当提高其功能水平。

③ 确定成本的改进对象。对于 $\Delta C_1 < 0$ 的功能中，ΔC_2 绝对值较大的为成本改进对象，这类功能通常是功能系数较高的功能，功能上可能并不存在功能过剩，但实现功能的手段不佳，以致实现功能的成本高于目标成本（功能评价值），可通过材料替代、方案替代等方法实现成本的降低。对于 $\Delta C_1 > 0$ 的功能，ΔC_2 绝对值较小的，表示其成本分配是低的，但由于功能评价系数较低，因此没有必要去提高其成本，只要检查其功能是否能得到保证。

（6）确定价值工程改进目标

价值工程改进目标，是通过价值工程活动实现功能改进与成本改进的目标，可以统一用成本改进期望值来确定。各功能的成本改进期望值（ΔC）为按功能评价系数分配的目标成本与功能实际成本的差值计算，或按照 $\Delta C_1 + \Delta C_2$ 计算。

例题 10-3：某产品由 A、B、C、D、E、F 六个零部件组成，产品实际成本为 500 元，目标成本为 450 元。其各个零部件所实现的功能以及成本核算资料等均已知。现在要对它们进行功能评价。

解：①功能系数的推算。这里采用 FD 法中的 0-1 评分法，将各个零部件按照其实现功能的重要程度进行一一比较，得到结果如表 10-12 所示。

表 10-12 功能指数计算

评价对象	A	B	C	D	E	F	功能得分	修正得分	功能指数
A	×	1	1	0	1	1	4	5	0.238
B	0	×	0	0	1	1	2	3	0.143
C	0	1	×	0	1	1	3	4	0.190
D	1	1	1	×	1	1	5	6	0.286
E	0	0	0	0	×	0	0	1	0.048
F	0	0	0	0	1	×	1	2	0.095
							15	21	1

② 成本系数的计算。根据成本核算资料和式（10-4）计算出各个零部件的成本系数，见表 10-13。

表10-13 价值系数计算

评价对象	功能系数	实际成本	成本系数	价值系数
A	0.238	180	0.360	0.661
B	0.143	121	0.242	0.591
C	0.190	88	0.176	1.080
D	0.286	71	0.142	2.014
E	0.048	22	0.044	0.091
F	0.095	18	0.036	2.639
合计	1	500	1	

③ 根据式（10-5）计算出各个零部件的价值系数，见表10-13。

④ 根据价值系数进行分析。根据价值分析确定了A、B、D、F作为进一步分析的对象，根据市场资料统计确定新的目标成本为450元，分别计算ΔC_1、ΔC_2和ΔC。分析确定功能改进对象、成本改进对象和成本改进期望值，见表10-14。

表10-14 目标成本计算与分配

零部件	功能系数（1）	实际成本（2）	成本指数（3）	价值指数（4）	按功能指数分配实际成本（5）=（1）×500	应增减的成本指标（6）=（5）-（2）	按功能指数分配目标成本（7）=（1）×450	成本改进期望值（8）=（7）-（2）
A	0.238	180	0.360	0.661	119	-61	107.1	-72.9
B	0.143	121	0.242	0.591	71.5	-49.5	64.35	-56.65
C	0.190	88	0.176	1.080	95	7	85.5	-2.5
D	0.286	71	0.142	2.014	143	72	128.7	57.7
E	0.048	22	0.044	1.091	24	2	21.6	-0.4
F	0.095	18	0.036	2.639	47.5	29.5	42.75	24.75
合计		500	1		500		450	

⑤ 确定目标成本。根据价值分析确定了具体的改进范围后，即可提出初步改进方案，做出该方案的成本估算，即确定目标成本，然后将目标成本按功能系数的大小分摊到各个零部件上，作为控制指标，在生产过程中加以控制，假设表10-13中的方案改进后目标成本为450元，则其分配情况和各零部件的成本改进期望值如表10-14所示。

从表10-14中可以看出，成本改进期望值较大的对象为A和B，应针对这两个零部件的功能进行调整，降低其成本，最终实现目标成本的指标。

课后训练

一、单选题

1. 根据甲、乙、丙三个零件的已知数据：功能评价系数分别为0.2、0.02、0.09；目前成本分别为100、10、9；成本系数分别为0.10、0.01、0.09。则应选择（　　）为价值工程的对象。
   A. 甲　　　　B. 乙　　　　C. 丙　　　　D. 甲、丙

2. 在价值工程的价值分析中，应选择目标成本与现实成本的比值为（　　）作为VE的改进对象。
   A. 小于1　　B. 等于1　　C. 大于1　　D. 小于2

3. 某评价对象的功能指数为0.6245，成本指数为0.3567，根据价值系数，该评价对象属于（　　）。
   A. 功能的现实成本是比较客观的
   B. 成本偏高，对象的功能过剩
   C. 功能偏低，现实成本偏低
   D. 功能偏高，现实成本偏低

4. 价值工程中，功能整理的主要任务为（　　）。

A. 选择价值工程的对象　　　　　　　　B. 进行功能分析
C. 建立功能系统图　　　　　　　　　　D. 选择创新方案

5. 价值工程的核心是（　　　）。
A. 有组织的活动　　　　　　　　　　　B. 功能分析
C. 尽可能降低研究对象成本　　　　　　D. 尽可能提高研究对象的价格

6. 某产品的零件甲，功能平均得分3.8分，成本为30元，该产品各零件功能总分为10分；产品成本为150元，零件甲的价值系数为（　　　）。
A. 0.3　　　　B. 0.38　　　　C. 1.9　　　　D. 0.79

7. 功能评价就是要找出实现功能的最低费用作为功能的目标成本，以功能目标成本为基准，通过与功能现实成本的比较，求出两者的比值和两者差异值，作为价值工程活动的重点对象选择应该为（　　　）。
A. 功能价值高、改善期望值大的功能　　B. 功能价值高、改善期望值小的功能
C. 功能价值低、改善期望值大的功能　　D. 功能价值低、改善期望值小的功能

8. 运用价值工程优选设计方案，分析计算结果为：方案一的单方造价为1500元，价值系数为1.13，方案二的单方造价为1550元，价值系数为1.25，方案三的单方造价为1300元，价值系数为0.89，方案四的单方造价分为1320元，价值系数为1.08，则最佳方案为（　　　）。
A. 方案一　　　　B. 方案二　　　　C. 方案三　　　　D. 方案四

9. 某产品的功能现实成本为5000元，目标成本4500元，该产品分为三个功能区，各功能区的重要性系数和现实成本见表10-15。

表10-15　各功能区的重要性系数和现实成本

功能区	功能重要性系数	功能现实成本/元
F_1	0.34	2000
F_2	0.42	1900
F_3	0.24	1100

则应用价值工程时，优先选择的改进对象依次是（　　　）。
A. F_1-F_2-F_3　　B. F_1-F_3-F_2　　C. F_2-F_3-F_1　　D. F_3-F_2-F_1

二、多选题

1. 价值工程中，按用户的需求分类，必要功能有（　　　）。
A. 使用功能　　　　　　　　　　　　　B. 美学功能
C. 基本功能　　　　　　　　　　　　　D. 重复功能
E. 多余功能

2. 应选择（　　　）作为价值工程的对象。
A. 结构复杂的产品　　　　　　　　　　B. 生产数量少的产品
C. 用户意见少的产品　　　　　　　　　D. 市场竞争激烈的产品
E. 技术性能差的产品

3. 某人购买一块带夜光装置的手表，从功能分析的角度来看，带夜光装置对于手表保证黑夜看时间是（　　　）。
A. 多余功能　　　　　　　　　　　　　B. 美学功能
C. 辅助功能　　　　　　　　　　　　　D. 基本功能
E. 不必要的功能

4. 建筑物中墙体应满足的基本功能主要有（　　　）。
A. 保证安全　　　　　　　　　　　　　B. 采光

C. 通风　　　　　　　　　　　　D. 隔声、隔热
E. 遮蔽风雨

三、计算题

某八层住宅工程，结构为钢筋混凝土框架，材料、机械、人工费总计为 216357.83 元，建筑面积为 2091.73m²。各分部工程所占费用如表 10-16 所示，试用 ABC 分析法选择该住宅工程的研究对象。

表 10-16　各分部工程所占费用

分部名称	代号	费用/元	百分比/%
基础	A	29113.01	13.46
墙体	B	41909.53	19.37
框架	C	75149.86	34.73
楼地面	D	10446.04	4.83
装饰	E	20571.49	9.51
门窗	F	33777.31	15.61
其他	G	5390.59	2.49
总计		216357.83	100

参考答案

一、单选题

1. A　2. A　3. D　4. C　5. B　6. C　7. C　8. B　9. B

二、多选题

1. ABC　2. ADE　3. CD　4. ADE

三、计算题

按费用（或其百分比）大小排序，如表 10-17 所示。

表 10-17　按费用（或其百分比）大小排序

分部名称	代号	费用/元	百分比/%	累计百分比/%
框架	C	75149.86	34.73	34.73
墙体	B	41909.53	19.37	54.1
门窗	F	33777.31	15.61	69.71
基础	A	29113.01	13.46	83.17
装饰	E	20571.49	9.51	92.68
楼地面	D	10446.04	4.83	97.51
其他	G	5390.59	2.49	100
总计		216357.83	100	—

由表 10-17 可知：应选框架、墙体、门窗或包含基础作为研究对象。

任务 6　方案的创造与评价

知识点 1　方案的创造

寻求或构思最佳方案的过程就是方案的创造过程。创造也可以理解为"组织人们通过对过去经验和

知识的分析与综合以实现新的功能"。

价值工程能否取得成功，关键是功能分析评价之后能否构思出可行的方案，这是一个创造、突破、精制的过程。

为了便于大家提方案时解放思想，常采用头脑风暴法（BS法）、哥顿法（模糊目标法）和德尔菲法（专家函询法）等。

（1）头脑风暴法（BS法）

此法是在1941年由美国BBDO公司的奥斯本首创的，他通过开会的方式来创造新的广告花样。头脑风暴法原意是指精神病人的胡思乱想，即提案人要自由奔放、打破常规、创造性地思考问题，抓住瞬间的灵感或意识得到新的构思方案。

这种方法以开小组会的方式进行，会议人数以5~10人为宜，这种开会的方式与普通开会的区别在于：不批评别人的意见，欢迎自由奔放地提意见，希望提出大量方案，要求在改善和结合别人意见的基础上提方案。

这种方法的特点是简单易行，能互相启发，集思广益，比同样人数单独提方案的效果要高，约提高70%；其缺点是会后整理工作量较大。

（2）哥顿法

此法是在1961年由美国人哥顿所创的。这种方法的指导思想是把研究的问题适当抽象化，以利寻求新解法。这种方法也是在会议上提方案，但主持人不把具体问题全部摊开，而是只提出一个抽象的功能概念，以利于拓展思路。

哥顿法是一种抽象类比法，主要抽象功能定义中的动词部分。如要发明一种开罐头的新方法，主要抽象"开"的概念，可列出各种开的办法，如打开、撬开、拧开、断开、破开、撕开等，以便从中寻找是否有开罐头的新方法的启示。

（3）德尔菲法

德尔菲法又称为分别征询法。德尔菲是古希腊阿波罗神殿所在地，传说阿波罗神以语言灵验著称，因为他经常派遣使者到各地收集聪明人的意见。这里德尔菲法既有灵验之意，又有集中众人智慧的目的，但不采用派遣使者的办法，而采用信函征询。

德尔菲法是在专家座谈法的基础上加以改进而形成的方法，近年来成为广泛应用的预测方法，其实质是具有反馈的函询集智。具体的做法是：预测主持者选定预测目标和参加的预测专家，先将所要预测的问题和有关背景材料以及调查表用通信的方式寄给各位专家，分别向各位专家征询意见。预测小组把专家们寄回的个人意见加以综合、归纳、整理，再反馈给专家，进一步征询意见，如此反复多次，直至专家们的意见渐趋一致，方可作为预测结果。

知识点 2　方案的评价

方案创造阶段所产生的大量方案需要进行评价和筛选，从中找出有实用价值的方案并付诸实施，方案评价一般分为概略评价、详细评价两种。

概略评价是对创造出的方案从技术、经济和社会三个方面进行初步研究，其目的是从众多的方案中进行粗略的筛选，使精力集中于优秀的方案，为详细评价作准备。

详细评价是在掌握大量数据资料的基础上，对概略评价获得少数方案进行详尽的技术评价、经济评价和综合评价，为提案的编写和审批提供依据。详细评价是多目标决策问题，常用的方法有打分法、加权法等。

方案评价不论是概略评价还是详细评价，都包括技术评价、经济评价、社会评价以及对它们的综合评价。技术评价是对方案功能的必要性、必要程度（如性能、质量、寿命等）及实施的可能性进行分析评价；经济评价是对方案实施的经济效果（如成本、利润、节约额等）的大小进行分析评价；社会评价是对方案给国家和社会带来的影响（如环境污染、生态平衡、国民经济效益等）进行分析评价。

（1）技术评价

技术评价是以用户需要的功能为依据，包括功能实现程度、可靠性、维修性、操作性、安全性、整个系统的协调、与环境条件的协调性。

（2）经济评价

经济评价是以最低的总成本为依据。它包括以下几个方面：

① 总成本。总成本也就是寿命周期成本，总成本最低的方案是最优方案。总成本费用是企业可以控制的，称为"可控成本"；使用成本的大部分受用户的使用方法、使用状态的影响，属于"不可控成本"。在VE活动中，实际上常常以总成本费用作为评价指标。

② 利润。利润是销售收入扣除总成本费用和税金后的余额，利润大的方案是较优方案。

③ 使用期限和数量。

④ 实施方案的措施费用。

⑤ 方案实施的生产条件。

（3）社会评价

方案的社会评价主要是谋求企业利益与用户利益及社会利益的一致。其内容视具体情况而定。如方案的功能条件与国家的技术政策和科学发展规划是否一致，方案的实施与社会的环境、公害污染以及国家的法律、条例、规定等是否一致。

（4）综合评价

综合评价是在技术评价、经济评价和社会评价的基础上，对方案做全面整体的评价。评价程序一般是首先确定评价项目，即明确用哪些指标来衡量方案的优劣；然后分析每个方案对每一评价项目的满意程度；最后判断方案的总体价值，选择总体价值大的方案为最优方案。

一般可先做技术评价，再分别做经济评价和社会评价，最后做综合评价。其过程如图10-8所示。

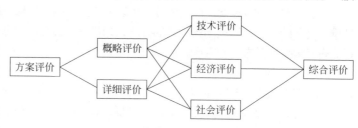

图10-8　方案综合评价示意图

知识点 3　方案评价的方法

定性的方法常用的有德尔菲法、优缺点法等；定量的方法常用的有加权评分法、比较价值法、环比评分法、强制评分法、几何平均值评分法等，这里主要介绍加权评分法。加权评分法是一种用权数大小来表示评价指标的主次程度，用满足程度评分来表示方案的某项指标水平的高低，以方案评得的综合总分作为择优的依据。它主要包括以下四个步骤：

① 确定评价项目及其重要度权数；
② 确定各方案对各评价项目的满足程度；
③ 计算各方案的评分权数；
④ 计算各方案的价值系数，以较大的为优。

例题10-4：某设备更新改造决策，有大修理、技术改造和更新三个方案选优，各方案的费用分别为85000元、124000元、390000元，各方案的功能得分及重要度权数如表10-18所示，现利用加权评分法来对方案进行评价。

解：① 计算各方案的评分权数和，如表10-19所示。

表10-18　方案得分及重要度权数

方案功能	方案功能得分			方案功能重要度权数
	大修理	技术改造	更新	
生产质量（F_1）	6	9	10	0.35
生产能力（F_2）	5	9	10	0.30
安全可靠（F_3）	7	10	9	0.15
操作性（F_4）	6	8	9	0.05
维修性（F_5）	6	8	10	0.05
耗能性（F_6）	5	8	10	0.05
美观性（F_7）	6	8	9	0.05

② 计算各方案的价值系数，如表10-20所示。

表10-19　各方案的评分权数和

方案功能因素	重要度权数	方案的评分加权值		
		大修理	技术改造	更新
（F_1）	0.35	0.35×6=2.1	0.35×9=3.15	0.35×10=3.5
（F_2）	0.30	0.30×5=1.5	0.30×9=2.7	0.30×10=3.0
（F_3）	0.15	0.15×7=1.05	0.15×10=1.5	0.15×9=1.35
（F_4）	0.05	0.05×6=0.3	0.05×8=0.4	0.05×9=0.45
（F_5）	0.05	0.05×6=0.3	0.05×9=0.45	0.05×10=0.5
（F_6）	0.05	0.05×5=0.25	0.05×8=0.4	0.05×10=0.5
（F_7）	0.05	0.05×6=0.3	0.05×8=0.4	0.05×9=0.45
方案的评分加权数		5.8	9.0	9.75
方案功能评价系数		0.2363	0.3666	0.3971

表10-20　方案价值系数计算表

方案名称	功能评价系数	成本和费用/元	成本指数	价值体系
大修理	0.2363	85000	0.1419	1.6646
技术改造	0.3666	124000	0.2070	1.7710
更新	0.3971	390000	0.6511	0.6099
合计	1	599000	1	

课后训练

计算题

1. 某产品各个零部件采用0-1评分法评分得到的功能重要度程度见表10-21，在修正各个功能累计得分的前提下，计算各个零部件的功能重要性系数。

2. 某工程师针对设计院关于某商住楼提出的A、B、C三个方案，进行技术经济分析和专家调整后得出如表10-22所示数据。

表10-21　功能重要度程度

零部件	A	B	C	D	E
A	×	1	0	1	1
B	0	×	0	1	1
C	1	1	×	1	1
D	0	0	0	×	0
E	0	0	0	1	×

表10-22　三个方案的数据

方案功能	方案功能得分			方案功能重要程度
	A	B	C	
F_1	9	9	8	0.25
F_2	8	10	10	0.35
F_3	10	7	9	0.25
F_4	9	10	9	0.10
F_5	8	8	6	0.05
单方造价	1325	1118	1226	1.00

问题：（1）计算方案成本系数、功能系数和价值系数，并确定最优方案。
（2）简述价值工程的工作步骤和阶段划分。

3. 某开发公司在某公寓建设工作中采用价值工程的方法对其施工方案进行了分析。现有三个方案，经有关专家的分析论证得到如表10-23所示的信息。

表10-23　三个方案的信息

方案功能	重要性系数	得分		
		A	B	C
F_1	0.227	9	10	9
F_2	0.295	10	10	8
F_3	0.159	9	9	10
F_4	0.205	8	8	8
F_5	0.114	9	7	9
单方造价/（元/m²）		1420	1230	1150

试计算各方案的功能系数、成本系数、价值系数并进行方案选择。

参考答案

1. 本题考核用 0-1 评分法进行功能重要性系数的求解。
在修正各个功能累计得分的前提下，各个零部件的功能重要性系数的计算见表 10-24。

2. （1）计算功能得分

$$\phi(A)=9\times0.25+8\times0.35+10\times0.25+9\times0.1+8\times0.05=8.85$$

同理 $\phi(B)=8.90$，$\phi(C)=8.95$

（2）功能总得分 $8.85+8.9+8.95=26.7$

（3）功能系数

$$F_A=8.85/26.7=0.332;\ F_B=0.333;\ F_C=0.335$$

（4）成本系数

$$C_A=1325/3669=0.361;\ C_B=0.305;\ C_C=0.334$$

（5）价值系数 $V_A=F_A/C_A=0.332/0.361=0.92$；$V_B=1.09$；$V_C=1.00$

计算结果见表 10-25。

表 10-24 各个零部件的功能重要性系数的计算

零部件	A	B	C	D	E	得分	得分	功能重要性系数
A	×	1	0	1	1	3+1	4	0.27
B	0	×	0	1	1	2+1	3	0.20
C	1	1	×	1	1	4+1	4	0.33
D	0	0	0	×	0	0+1	1	0.07
E	0	0	0	1	×	1+1	2	0.13
合计						15	15	1.00

表 10-25 计算结果

方案	单方造价	成本系数	功能系数	价值系数	最优方案
A	1325	0.361	0.332	0.92	—
B	1118	0.305	0.333	1.09	B
C	1226	0.334	0.335	1.00	—
合计	3669	1.000	1.000	—	—

则最优方案为 B。

3. 解：首先计算方案的功能得分。

$$F_A=9\times0.227+10\times0.295+9\times0.159+8\times0.205+9\times0.114=9.090$$
$$F_B=10\times0.227+10\times0.295+9\times0.159+8\times0.205+7\times0.114=9.089$$
$$F_C=9\times0.227+8\times0.295+10\times0.159+8\times0.205+9\times0.114=8.659$$

总得分：$F_A+F_B+F_C=26.838$

则功能系数为：

A：$9.090/26.838=0.339$

B：$9.089/26.838=0.339$

C：$8.659/26.838=0.323$

成本系数为：

A：$1420/(1420+1230+1150)=0.374$

B：$1230/(1420+1230+1150)=0.324$

C：$1150/(1420+1230+1150)=0.303$

价值系数为：

A：$0.339/0.374=0.906$

B：$0.339/0.324=1.046$

C：$0.323/0.303=1.066$

方案 C 的价值系数最高，故 C 为最优方案。

单元十一　设备更新的工程经济分析

学习目标

（一）知识目标

- （1）掌握设备磨损的分类及补偿方式；
- （2）掌握设备各种寿命的区别；
- （3）掌握经济寿命的确定方法；
- （4）掌握设备更新的含义；
- （5）熟悉设备更新方案比较的原则；
- （6）掌握设备更新的经济分析方法；
- （7）掌握设备租赁的含义、种类及优缺点；
- （8）掌握设备租赁的经济分析方法。

（二）能力目标

- （1）能够对设备更新方案进行经济评价，并进行方案选择；
- （2）能够对设备租赁进行经济评价，并进行方案选择。

思维导图

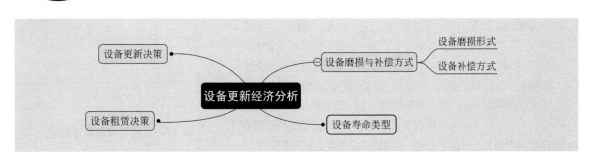

随着新工艺、新技术、新机具、新材料的不断涌现，工程施工在更大的深度和广度上实现了机械化，施工机械设备已成为施工企业生产力不可缺少的重要组成部分。因此，建筑施工企业都存在着如何使企业的技术结构合理化，如何使企业设备利用率、机械效率和设备运营成本等指标保持在良好状态的问题，这就必须对设备磨损的类型及补偿方式，设备更新方案的比选进行科学的技术经济分析。

任务1　设备磨损及其补偿方式

知识点 1　设备磨损含义

设备磨损是指设备投入使用后，随着时间的延长，其技术状况和经济合理性会逐渐劣化，设备的价值和使用价值也会逐渐降低。

设备购置后，无论是使用还是闲置，由于内在与外在的因素，都会发生有形或无形磨损，造成其价值与使用价值的不断降低，这就需要适时进行补偿，以恢复设备的生产能力。设备减少磨损以维护其良好性能的持久性，或及时对设备磨损采取补偿措施，使设备素质不断提高或维持较好的水平，必然会给企业带来良好的经济效益，为此，必须加强对设备磨损有关问题的研究。

知识点 2　设备磨损类型

设备是企业生产的重要物质条件，企业为了进行生产，必须花费一定的投资，用以购置各种机器设备。设备购置后，无论是使用还是闲置，都会发生磨损，设备磨损分为两大类型，四种形式。

1. 有形磨损（又称物理磨损）

设备在使用过程中，在外力的作用下实体产生磨损、变形和损坏，称为第一种有形磨损。它通常表现为：零部件原始尺寸的改变甚至其形状发生改变；公差配合性质的改变；精度的降低；零部件的损坏。

设备在闲置过程中受自然力的作用而产生的实体磨损，称为第二种有形磨损。

上述两种有形磨损都造成设备的性能、精度等的降低，使得设备的运行费用和维修费用增加，效率低下，反映了设备使用价值的降低。

设备在使用中产生的零部件有形磨损大致有三个阶段，如图 11-1 所示。

① 初期磨损阶段，图中第 I 阶段。这一阶段时间很短，零部件表面粗糙不平的部分在相对运用中设备很快磨去，损耗量较大。

② 正常磨损阶段，图中第 II 阶段。这一阶段将维持一段时间，零部件的磨损趋于缓慢，基本上随时间而匀速缓慢增加。

③ 剧烈磨损阶段，图中第 III 阶段。这一阶段中，零部件磨损超过了一定限度，正常磨损关系被破坏，工作情况恶化而零部件磨损量迅速增大，设备的精度、性能和生产率都会迅速下降。

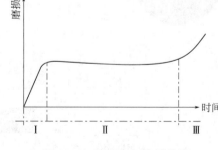

图 11-1　设备有形磨损曲线

 学学做做

设备在使用过程中，在外力的作用下产生的磨损为（　　）。

A．第二种有形磨损　　　　　　　　　　B．第二种无形磨损

C. 第一种有形磨损　　　　　　D. 综合磨损

参考答案：A

2. 无形磨损（又称精神磨损、经济磨损）

（1）无形磨损的概念

设备的无形磨损是指由于科学技术进步而提高了劳动生产率，从而使设备的再生产费用降低，以及因发明生产效率更高的新设备，而造成原有设备的贬值。

（2）无形磨损的种类

无形磨损是技术进步的结果，它又有两种形式：

① 设备的技术结构和性能并没有变化，但由于技术进步，设备制造工艺不断改进，社会劳动生产率水平的提高，同类设备的再生产价值降低，致使原设备相对贬值，这种磨损称为第Ⅰ种无形磨损。

这种无形磨损虽然使生产领域中的现有设备部分贬值，但是设备本身的技术特性和功能不受影响，设备的使用价值并未降低，因此不产生提前更换现有设备的问题。如果说对设备使用期多少有些影响的话，是由于技术进步既影响设备生产部门，也影响设备维修部门，而且对制造部门的影响往往大于修理部门，使设备本身价值降低的速度比其修理费用降低的快。

② 第Ⅱ种无形磨损是由于科学技术的进步，不断创新出结构更先进、性能更完善、效率更高、耗费原材料和能源更少的新型设备，使原有设备相对陈旧落后，其经济效益相对降低而发生贬值。

有形和无形两种磨损都会引起机器设备原始价值的贬值，这一点两者是相同的。不同的是，遭受有形磨损的设备，特别是有形磨损严重的设备，在修理之前，常常不能工作；而遭受无形磨损的设备，即使无形磨损很严重，其固定资产物质形态并没有磨损，仍然可以使用，只不过继续使用它在经济上是否合算，需要分析研究。

学学做做

设备的无形磨损是（　　）的结果。
A. 错误操作　　B. 技术进步　　C. 自然力侵蚀　　D. 超负荷使用

参考答案：B

3. 设备的综合磨损

设备的综合磨损是指同时存在有形磨损和无形磨损的损坏和贬值的综合情况。对特定的设备来说，这两种磨损必然同时发生和同时互相影响。某些方面的技术进步可能加快设备有形磨损的速度，例如高强度、高速度、大负荷技术的发展，必然使设备的物理磨损加剧。同时，某些方面的技术进步又可提供耐热、耐磨、耐腐蚀、耐振动、耐冲击的新材料，使设备的有形磨损减缓，而其无形磨损加快。

知识点 3　设备磨损的补偿方式

设备发生磨损后，需要进行补偿，以恢复设备的生产能力。由于机器设备遭受磨损的形式不同，补偿磨损的方式也不一样。补偿分局部补偿和完全补偿。设备有形磨损的局部补偿是修理，设备无形磨损的局部补偿是现代化改装。有形磨损和无形磨损的完全补偿是更新，见图11-2。大修理是更换部分已磨损的零部件和整个设备，以恢复设备的生产功能和效率为主；现代化改装是对设备的结构作局部的改进和技术上的革新，如增添新的、必需的零部件，以增加设备

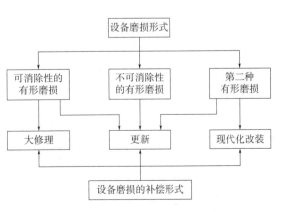

图11-2　设备磨损的补偿方式

的生产功能和效率为主。这两者都属于局部补偿。更新是对整个设备进行更换，属于完全补偿。

由于设备总是同时遭受有形磨损和无形磨损，因此，对其综合磨损后的补偿形式应进行更深入的研究，以确定恰当的补偿方式。

 学学做做

对设备的结构作局部的改进和技术上的革新，如增添新的、必要的零部件，以增加设备的生产功能和效率，这种补偿方式称为（　　）。
A. 修理　　　　　　　　　　　　B. 有形磨损的局部补偿
C. 现代化改造　　　　　　　　　D. 调整设备
参考答案：C

 课后训练

一、单选题

1. 设备发生有形磨损的后果是（　　）。
A. 性能、精度、运行和维修费用不变，使用价值不变
B. 性能、精度、运行和维修费用增加，使用价值不变
C. 性能、精度降低，运行和维修费用增加，使用价值降低
D. 性能、精度、运行和维修费用减少，使用价值降低

2. 某设备1年前购入后闲置至今，产生锈蚀。此间由于制造工艺改进，使该种设备制造成本降低，其市场价格也随之下降，那么，该设备遭受了（　　）。
A. 第一种有形磨损和第二种无形磨损　　B. 第二种有形磨损和第一种无形磨损
C. 第一种有形磨损和第一种无形磨损　　D. 第二种有形磨损和第二种无形磨损

3. 有形磨损和无形磨损在（　　）上是相同的。
A. 修理之前常常不能工作　　　　B. 磨损严重也可以继续使用
C. 引起设备原始价值贬值　　　　D. 继续使用对经济没有什么影响

4. 对于设备的不可消除性的有形磨损，采用的补偿方式是（　　）。
A. 保养　　　　B. 大修理　　　　C. 更新　　　　D. 现代化改装

5. 在下列关于设备磨损的表述中，错误的是（　　）。
A. 有形磨损造成设备的功能性陈旧　　B. 有形磨损引起设备价值的贬值
C. 无形磨损的原因是技术进步　　　　D. 无形磨损的设备不能继续使用

6. 下列关于设备更新作用的描述中，错误的是（　　）。
A. 设备更新是对设备磨损的局部补偿
B. 设备更新可以对设备无形磨损进行补偿
C. 设备更新可以对有形磨损进行补偿
D. 设备更新是对设备在运行中消耗的价值的重新补偿

二、多选题

1. 造成设备无形磨损的原因有（　　）。
A. 通货膨胀导致货币贬值
B. 自然力的作用使设备产生磨损
C. 技术进步创造出效率更高、能耗更低的新设备

D. 设备使用过程中的磨损、变形
E. 社会劳动生产水平提高使同类设备的再生产价值降低

2. 对设备可消除性的有形磨损及逆行补偿的方式有（　　）。
A. 更新　　　　　　　　　　　　B. 现代化改装
C. 大修理　　　　　　　　　　　D. 日常保养
E. 淘汰

3. 关于设备磨损的补偿方式，以下说法正确的是（　　）。
A. 设备有形磨损的局部补偿是修理
B. 第一种无形磨损的局部补偿是现代化改装
C. 第二种无形磨损的局部补偿是现代化改装
D. 第一种无形磨损的完全补偿是更新
E. 设备有形磨损的完全补偿是更新

参考答案

一、单选题
1. C　2. B　3. C　4. C　5. D　6. A
二、多选题
1. CE　2. AC　3. ACD

任务2　设备的寿命类型

知识点 1　设备寿命的含义

设备寿命是指设备从开始投入使用起，一直到因设备功能完全丧失而最终退出使用的总的时间长度。

设备的寿命在不同需要情况下有不同的内涵和意义。现代设备的寿命，不仅要考虑自然寿命，还要考虑设备的技术寿命和经济寿命。

知识点 2　设备寿命类型

1. 设备自然寿命

设备自然寿命又称物质寿命，是指设备从投入使用开始，直到因物质磨损严重而不能继续使用、报废为止所经历的全部时间。它主要由设备的有形磨损所决定。做好设备维修和保养可延长设备的自然寿命，但不能从根本上避免设备的磨损，任何一台设备磨损到一定程度时，都必须进行更新。因为随着设备使用时间的延长，设备不断老化，维修所支出的费用也逐渐增加，从而出现恶性使用阶段，即经济上不合理的使用阶段，因此，设备的自然寿命不能成为设备更新的估算依据。

学学做做

关于设备的自然寿命，下列说法正确的是（　　）。

A. 自然寿命是指设备从开始使用直到由于有形磨损等原因造成不能继续使用为止所经历的全部时间
B. 自然寿命主要是由设备的无形磨损决定的
C. 搞好设备的维修和保养可延长设备的物理寿命
D. 自然寿命主要是由设备的有形磨损决定的
E. 设备的自然寿命不能成为设备更新的估算依据

参考答案：ACDE

2. 设备的技术寿命

由于科学技术迅速发展，一方面，对产品的质量和精度的要求越来越高；另一方面，不断涌现出技术上更先进、性能更完善的机械设备，这就使得原有设备虽还能继续使用，但已因不能保证产品的精度、质量和技术要求而被淘汰。

设备的技术寿命就是指设备从投入使用到因技术落后而被淘汰所延续的时间，也就是指设备在市场上维持其价值的时间，故又称为有效寿命。

例如一台电脑，即使完全没有使用过，它也会被功能更完善、技术更为先进的电脑所取代，这时它的寿命可以认为等于零。由此可见，技术寿命主要是由设备的无形磨损所决定的，它一般比自然寿命短，科学技术进步越快，技术寿命越短。所以，在估算设备寿命时，必须考虑设备技术寿命期限的变化特点及其使用的制约或影响。

 学学做做

关于设备技术寿命的说法，正确的是（　　）。
A. 完全未使用的设备技术寿命不可能等于零
B. 设备的技术寿命一般短于自然寿命
C. 科学技术进步越快，设备的技术寿命越长
D. 设备的技术寿命主要是由其有形磨损决定的

参考答案：B

3. 设备的经济寿命

经济寿命是指设备从投入使用开始，到继续使用在经济上不合理而被更新所经历的时间。设备的费用由两部分组成：一部分是购置设备时的投资费用；另一部分是维修保养、燃料动力消耗和劳务支出等经营费用。它是由维护费用的提高和使用价值的降低决定的。设备使用年限越长，所分摊的设备资产消耗成本就越少。但是随着设备使用年限的增加，一方面需要更多的维修费用维持原有功能；另一方面机器设备的操作成本及原材料、能源耗费也会增加，年运行时间、生产效率、质量将下降。因此，年资产消耗成本的降低会被年度运行成本的增加或收益的下降所抵消。在整个变化过程中存在着某一年份，设备年平均使用成本最低，经济效益最好，如图 11-3 所示，在 N_0 年时，设备年平均使用成本达到最低值。我们称设备从开始使用到其年平均使用成本最小（或年盈利最高）的使用年限 N_0 为设备的经济寿命。所以，设备的经济寿命就是从经济观点（即成本观点或收益观点）确定的设备更新的最佳时刻。

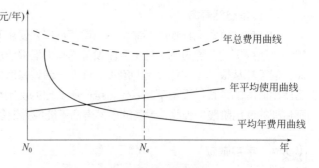

图 11-3　设备的年费用曲线

学学做做

设备经济寿命是指设备从投入使用开始，到（　　　）而被更新所经历的时间。
A. 加工精度下降导致产品质量不合格　　B. 运行经济效益开始下降
C. 继续使用在经济上不合理　　D. 因磨损严重而无法正常运行
参考答案：C

技能点 1　设备经济寿命计算

1. 确定设备经济寿命期的原则
① 使设备在经济寿命内平均每年净收益（纯利润）达到最大；
② 使设备在经济寿命内年平均使用成本达到最小。
2. 设备经济寿命的确定方法
确定设备经济寿命的方法可以分为静态模式和动态模式两种。
（1）不考虑时间价值的经济寿命的确定——静态模式
① 年平均使用成本最小法。年平均使用成本最小法是指在不考虑资金时间价值的基础上计算设备年平均总成本 AC_n，可通过计算不同使用年限的年等额总成本来确定设备的经济寿命，使 AC_n 为最小的寿命就是设备的经济寿命。

若设备的经济寿命为 m 年，则应满足下列条件 $AC_m \le AC_{m-1}$，$AC_m \le AC_{m+1}$。

设备年等额总成本计算公式为：

$$AC_n = \frac{P-L_n}{N} + \frac{1}{N}\sum_{j=1}^{n}C_j \qquad (11-1)$$

式中　n——设备使用年限，在设备经济寿命计算中，n 是一个自变量；
　　　j——设备使用年度，j 的取值范围为 $1 \sim n$；
　　　AC_n——n 年内设备的年平均使用成本；
　　　P——设备的购置费用；
　　　L_n——设备第 n 年末的残值；
　　　C_j——在 n 年使用期间的第 j 年度设备运行成本；
　　　$\frac{P-L_n}{N}$——设备的平均年度资产消耗成本；
　　　$\frac{1}{N}\sum_{j=1}^{n}C_j$——设备的平均年度运行成本。

由式（11-1）可知，设备的年等额总成本等于设备的平均年度资产消耗成本与设备的平均年度运行成本之和。

例题 11-1：某设备的原始价值 10000 元，物理寿命为 9 年，各年运用费用及年末残值如表 11-1 所示，在不考虑资金时间价值的情况下，求该设备的经济寿命。

表 11-1　设备运行费用与年末残值数据　　　　　　　　　　　　　　　　　单位：元

t, N	1	2	3	4	5	6	7	8	9
C_t（运行费用）	1000	1100	1300	1600	2000	2500	3100	3800	4700
L_N（残值）	7000	5000	3500	2200	1200	600	300	200	100

解：为计算方便，可采取列表的形式求解，计算过程及结果见表 11-2。

表 11-2　计算过程与结果　　　　　　　　　　　　　　　　　　　　单位：元

寿命/年	总设备购置费	总运营成本	寿命期内总成本	年等额总成本
1	3000	1000	4000	4000
2	5000	2100	7100	3550
3	6500	3400	9900	3300
4	7800	5000	12800	3200
5	8800	7000	15800	3160
6	9400	9500	18900	3150
7	9700	12600	22300	3180
8	9800	16400	26200	3275
9	9900	21100	31000	3444

以上计算结果看出，设备使用到第 6 年末时候，年总费用 AC_6 最小，即经济寿命为 6 年。

从此例可以看出，经济寿命的确定实际上是从设备使用第 1 年、2 年、3 年、…、N 年的方案中选择一个最有利的方案。

　学学做做

某设备在不同的使用年限（1～7 年）下，年资产消耗成本和年运行成本如表 11-3 所示，该设备的经济寿命为（　　）。

表 11-3　年资产消耗成本和运行成本　　　　　　　　　　　　　　　单位：万元

使用年限/年	1	2	3	4	5	6	7
年资产消耗成本	90	50	35	23	20	18	15
年运行成本	20	25	30	35	40	45	50

A. 3　　　　　　　B. 4　　　　　　　C. 5　　　　　　　D. 6

参考答案：B

② 等值劣化法。随着使用年数的增长，设备每年分摊的投资成本将逐渐减少；设备的维修费用、燃料、动力消耗等使用费用又逐渐增加，这一过程叫做设备的低劣化。这种逐年递增的费用 ΔC，称为设备的低劣化，用低劣化数值表示设备损耗的方法称为低劣化数值法，如果每年设备的劣化增量是均等的，即 $\Delta C=\lambda$，每年劣化呈线性增长。

若设备的使用年限为 n 年，则第 n 年的运营成本为

$$C_n = C_1 + (n-1)\lambda \tag{11-2}$$

式中　C_1——运营成本的初始值，即第 1 年的运营成本；
　　　n——设备使用年限。

n 年内设备运营成本的平均值为 $C_1 + \dfrac{n-1}{2}\lambda$，则等额总成本的计算公式为：

$$AC_n = \frac{P-L_n}{n} + C_1 + \frac{n-1}{2}\lambda \tag{11-3}$$

通过求式（11-3）的极值，可找出设备的经济寿命的计算公式。

设 L_n 为一常数，令 $\dfrac{d(AC_n)}{dn}=0$，则经济寿命 m 为：

$$m = \sqrt{\frac{2(P-L_n)}{\lambda}} \tag{11-4}$$

例题11-2：设有一台设备，原值P=8000元，预计残值L_n=800元，第一年的设备运行成本C=600元，每年设备的劣化增量是均等的，年劣化值λ=300元，求该设备的经济寿命。

解：设备的经济寿命

$$m = \sqrt{\frac{2(P-L_n)}{\lambda}} = \sqrt{\frac{2\times(8000-800)}{300}} = 7 \text{（年）}$$

  学学做做

现有一台设备，原值为10000元，第1年的使用成本费为400元，以后每年递增300元，预计残值为400元，试用静态分析法确定其经济寿命期。

参考答案：经济寿命期为8年

（2）考虑时间价值的经济寿命的确定——动态模式

通常在项目分析过程中，应考虑资金的时间价值，这样分析可更准确，更符合客观实际，考虑时分为一般情况和等额低劣化两种情况。

① 一般情况。该情况下使用寿命n年内设备的总成本现值为PC_n为：

$$PC_n = P - L_n(P/F,i,n) + \sum_{j=1}^{n} C_j(P/F,i,j) \quad (11-5)$$

n年内设备的年等额总成本为：

$$AC_n = PC_n(A/P,i,n) = P(A/P,i,n) - L_n(A/F,i,n) + (A/P,i,n)\sum_{j=1}^{n} C_j(P/F,i,j) \quad (11-6)$$

② 等额低劣化。若每年劣化呈线性增长的情况下，设备在n年内的年等额总成本AC_n可按式（11-7）计算：

$$AC_n = P(A/P,j,n) - L_n(A/F,i,n) + C + (A/G,i,n) \quad (11-7)$$

例题11-3：某设备购置费为24000元，第1年的设备运营费为8000元，以后每年增加5600元，设备逐年减少的残值如表11-4所示，设折现率为12%，求设备的经济寿命。

表11-4 设备经济寿命动态计算表 单位：元

第j年	设备使用到第n年末残值	年度运营成本	等额年资产恢复成本	等额年运营成本	等额年总成本
1	12000	8000	14880	8000	22880
2	8000	13600	10427	10641	21068
3	4000	19200	8806	13179	21985
4	0	24800	7901	15610	23511

解：根据公式，设备在使用年限内的等额总成本计算如下

$n=1$

$$AC_1 = (24000-12000)(A/P,12\%,1) + 12000i + 8000 + 5600(A/G,12\%,1)$$
$$= 12000\times1.1200 + 12000\times0.12 + 8000 + 5600\times0 = 22880 \text{（元）}$$

$n=2$

$$AC_1 = (24000-8000)(A/P,12\%,2) + 8000i + 8000 + 5600(A/G,12\%,2)$$
$$= 16000\times0.5917 + 8000\times0.12 + 8000 + 5600\times0.4717 = 21069 \text{（元）}$$

$n=3$

$$AC_1 = (24000-4000)(A/P,12\%,3) + 4000i + 8000 + 5600(A/G,12\%,3)$$

$$= 20000 \times 0.4163 + 4000 \times 0.12 + 8000 + 5600 \times 0.9246 = 21984 \text{（元）}$$

$$n=4$$

$$AC_1 = (24000 - 0)(A/P, 12\%, 4) + 0i + 8000 + 5600(A/G, 12\%, 4)$$

$$= 24000 \times 0.3292 + 0 \times 0.12 + 8000 + 5600 \times 1.3589 = 23511 \text{（元）}$$

根据计算结果可知，该设备的经济寿命为 2 年。

课后训练

一、单选题

1. 下列关于设备寿命概念的描述中，正确的是（   ）。
   A. 设备的经济寿命是由技术进步决定的
   B. 设备使用年限越长，设备的经济性越好
   C. 搞好设备的维修和保养可避免设备的有形磨损
   D. 设备的技术寿命主要是由设备的无形磨损决定的

2. 关于设备的经济寿命，下列说法不正确的是（   ）。
   A. 设备的经济寿命是从经济观点确定的设备更新的最佳时刻
   B. 设备的经济寿命通常等于其自然寿命
   C. 设备从开始使用到其年平均使用成本最小的使用年限为设备的经济寿命
   D. 经济寿命是指设备从投入使用开始，到因继续使用在经济上不合理而被更新所经历的时间

3. 设备使用年限越长，每年所分摊的资产消耗本（   ）。
   A. 越多，运行成本越少
   B. 越少，运行成本越少
   C. 越多，运行成本越多
   D. 越少，运行成本越多

4. 静态模式设备寿命的确定方法就是在不考虑资金时间价值的基础上计算设备年平均成本。使 $\overline{C_N}$ 为最小的 N_0 就是设备的（   ）。
   A. 经济寿命
   B. 技术寿命
   C. 自然寿命
   D. 平均寿命

二、多选题

1. 关于设备寿命的说法，正确的有（   ）。
   A. 设备的经济寿命是从经济观点确定的设备更新的最佳时间
   B. 设备的使用年限越长，设备的经济性越好
   C. 设备的合理维修和保养可以避免设备的无形磨损
   D. 设备的技术寿命主要是由设备的无形磨损决定的
   E. 设备的自然寿命是由设备的综合磨损决定的

2. 设备的寿命包括（   ）。
   A. 技术寿命
   B. 自然寿命
   C. 经济寿命
   D. 使用寿命
   E. 实际寿命

3. 经济寿命是由（   ）决定的。
   A. 维护费用的提高
   B. 生产类型的变化
   C. 操作水平的提高
   D. 使用价值的降低
   E. 环境要求的提高

三、计算题

1. 某设备目前实际价值为 30000 元，有关统计资料如表 11-5 所示，则第三年的年平均使用成本为多少？

表 11-5 设备运行成本即各年末残值

继续使用年限/年	1	2	3
年运行成本/元	5000	6000	7000
年末残值/元	15000	7500	3750

2. 某设备原始价值为 10 万元,无论使用多少年,期末设备的残值为 1 万元,设备的年使用费用如表 11-6 所示,则该设备的静态经济寿命是多少?

表 11-6 年运营成本表

使用年限/年	1	2	3	4	5	6	7	8
年经营成本/万元	1	3	5	7	9	11	13	15

参考答案

一、单选题

1. D 2. B 3. D 4. A

二、多选题

1. AD 2. ABC 3. AD

三、计算题

1. 14750 元

2. 计算过程:

由题可知,该设备在不同使用年限时的年平均成本如表 11-7 所示。

表 11-7 该设备在不同使用年限时的年平均成本   单位:万元

使用年限/年	资产消耗成本 ($P-L_N$)	平均年资产消耗成本	年度运行成本 C_t	运行成本累计	平均年度运行成本	年平均使用成本 C_N
1	9	9	1	1	1	10
2	9	4.5	3	4	2	6.5
3	9	3	5	9	3	6
4	9	2.25	7	16	4	6.25
5	9	1.8	9	25	5	6.8
6	9	1.5	11	36	6	7.5
7	9	1.29	13	49	7	8.29
8	9	1.125	15	64	8	9.125

参考答案:经济寿命为 3 年。

任务 3 设备更新决策

知识点 1 设备更新含义

设备更新是指用新设备去替换由于各种原因不宜继续使用的旧设备。就实物形态而言,设备更新是用新的设备代替旧的设备；就价值形态而言，它使设备在运转中消耗掉的价值重新得到补偿。

设备更新有以下两种形式：

① 用相同的新设备去更换损耗严重、不能继续使用的旧设备，这种更新只是解决设备的损坏问题，不具有更新技术的性质，不能促进技术的进步。

② 用较经济和较完善的新设备来更换那些技术上不能继续使用或经济上不宜继续使用的旧设备。这种更新不仅能解决设备的损坏问题，还能解决设备技术落后的问题。

设备更新是对旧设备的整体更换，就其本质来说，可分为原型设备更新和新型设备更新。原型设备更新是简单更新，就是用结构相同的新设备去更换有形磨损严重而不能继续使用的旧设备。这种更新主要是解决设备的损坏问题，不具有更新技术的性质。新型设备更新是以结构更先进、技术更完善、效率更高、性能更好、能源和原材料消耗更少的新型设备来替换那些技术上陈旧、在经济上不宜继续使用的旧设备。通常所说的设备更新主要是指后一种，它是技术发展的基础。

设备更新是消除设备有形磨损和无形磨损的重要手段，目的是为了提高企业生产的现代化水平，尽快地形成新的生产能力。

知识点 2　设备更新原则

设备更新分析是企业生产发展和技术进步的客观需要，对企业的经济效益有着重要的影响。过早的设备更新，将造成资金的浪费，失去其他的收益机会；过迟的设备更新，将造成生产成本的迅速上升，失去竞争的优势。因此，设备是否更新，何时更新，选用何种设备更新，既要考虑技术发展的需要，又要考虑经济方面的效益。这就需要不失时机地做好设备更新分析工作，在实际设备更新方案比选时，应遵循如下原则。

① 不考虑沉没成本。沉没成本是由企业过去投资决策发生的、非现在决策能改变的（或不受现在决策影响的）、已经计入过去投资费用回收计划的费用。由于沉没成本是已经发生的费用，不管企业生产什么和生产多少，这项费用都不可避免地要发生，因此决策对它不起作用。在进行设备更新方案比选时，原设备的价值应按目前实际价值计算，而不考虑其沉没成本。例如，某设备 4 年前的原始成本是 80000 元，目前的账面价值是 30000 元，现在的净残值仅为 15000 元。在进行设备更新分析时，4 年前的原始成本为 80000 元是过去发生的而与现在的决策无关，因此是沉没成本。目前该设备的价值等于净残值 15000 元。

$$沉没成本 = 设备账面价值 - 当前市场价值 \tag{11-8}$$

② 逐年滚动比较。该原则是指在确定最佳更新时机时，应首先计算比较现有设备的剩余经济寿命和新设备的经济寿命，然后利用逐年滚动计算方法进行比较。

如果不遵循这两条原则，方案比选结果或更新时机的确定可能发生错误。

　学学做做

有一设备购买价值 10 万元，账面价值为 4 万元，市场价值为 3 万元，现在设备更新买同样的设备为 8 万元，说法正确的有（　　）。

A. 使用旧设备投资按 3 万元　　　　B. 不考虑沉没成本 1 万元
C. 新方案市场价比旧方案多 4 万元　D. 新方案投资应为 10 万元
E. 新旧方案的经济寿命和运行成本相同

参考答案：AB

【答案解析】

本题考查的是设备更新方案的必选原则。在设备更新方案的比选原则中，若要保留旧设备，首先需要付出相当于旧设备当前市场价值的投资（3 万元），选项 A 正确。原有设备的价值，应按目前实际价值计算,不考虑其沉没成本;而且沉没成本=设备账面价值-当前市场价值=4-3=1(万元),选项B正确。

知识点 3 设备更新方案比选方法

1. 原型设备更新经济分析

如果设备在其整个使用期内使用功能和生产性能不过时,那么设备的未来替换物仍然是同一种设备,设备不存在技术上提前报废的问题。当设备达到经济寿命的时候,再继续使用,经济上已经不合算,于是可以用原型设备进行更换,所以对于设备的原型更新,主要是以设备的经济寿命为依据,最优的更新时机就是设备的经济寿命年限。

设备原型更新的经济分析首先要计算设备的经济寿命,以经济寿命来决定设备是否需要更新,它适用于长期生产同一类型产品的企业进行周期性更换的设备。在比较方案时应注意经济寿命计算中的两种特殊情况。

① 如果一台设备在整个使用期间,其年度使用费和残值固定不变,那么其使用的年限越长,年度费用越低,即它的经济寿命等于它的服务寿命;

② 如果一台设备目前的估计残值和未来的估计残值相等,而年度使用费逐渐增加,最短的寿命(一般为1年)就是它的经济寿命。

例题11-4:某企业在4年前投资50000元安装了一台起重机械,根据设计要求,该机械尚可使用5年,其年度使用费估算第1年为17000元,以后逐年增加500元,后又出现了一种新设备,原始费用为20000元,年度使用费第1年为9000元,以后每年增加1000元,新设备的使用年限估计为12年,由于这两种机械是专业设备,其任何时候残值都等于零,若基准收益率为10%,该企业对现有设备如何更新?

解:原设备的50000元投资是4年前发生的,是沉没成本,不予考虑。要作出更新决策就要就要计算出原设备和新设备的经济寿命。

由于原设备目前的残值与未来的残值相等,都等于零,因此没有资金恢复费用,其年度费用等于年度使用费,由于旧设备的年度使用费用时逐年增加的,因而其年度费用也是逐年增加。因此,为了使年度费用最小,经济寿命应该取尽可能短的时间,即1年。

根据公式可以计算出新设备的年度费用如表11-8所示。

表11-8 新设备的年度费用   单位:元

使用年限/年	资金恢复费用	年度使用费	年度费用
1	11200	9000	20200
2	5917	9470	15387
3	4164	9920	14084
4	3292	10360	13652
5	2774	10775	13549
6	2432	11170	13602

从表11-8可以看出,第5年的年度费用最低,即新设备的经济寿命为5年。

旧设备经济寿命为1年,新设备经济寿命为5年时的年度费用计算如下:

$$AC_{旧}=17000(元/年)$$

$$AC_{新}=20000(A/P,10\%,5)+9000+1000(A/G,10\%,5)=16086.1(元/年)$$

依据上述计算,该企业应对原有设备进行更新。

设备在使用过程中,其性能一般会逐年降低。设备性能降低的表现为:运行费用过多、维修费用增加、废品率上升和附加设备费用增加等,当设备使用费增加时,就需要对设备进行更新分析。

2. 新型设备更新经济分析

新型设备更新分析是要在继续使用旧设备购置新设备的方案中,选择在经济上最有利的方案。新型设备更新的分析不仅需要确定设备的更新方案有几个，还需要同时确定设备更新的时机，即旧设备剩余经济寿命年数。

在有新型设备出现的情况下，常用的设备更新比较方法有年值成本法、现值成本法和边际成本法。

(1) 年值成本法与现值成本法

在设备新型更换分析决策中，可以直接计算各设备方案的年值成本，年值成本最低的方案为最优方案。实际上，继续使用旧设备方案的寿命期与购置新设备的寿命期常常是不同的，对于寿命期不同的更新方案比选，最简单的方法就是采用年值成本法进行比较。

例题 11-5： 某机器 A 正在使用，其目前的残值估计为 2000 元，据估计，这部机器还可以使用 5 年，每年的使用费为 1200 元，第 5 年年末的残值为零。企业对这部机器的更新提出两种方案。方案甲：5 年后，用机器 B 来代替 A，机器 B 的原始价值估计为 10000 元，寿命估计为 15 年，残值为零，每年使用费为 600 元；方案乙：现在就用机器 C 来代替 A，机器 C 的原始费用估计为 9000 元，寿命为 15 年，残值为零，每年的使用费为 900 元，详细数据见表 11-9，折现率为 10%，试比较方案甲与方案乙，哪个经济效果好？

表 11-9 更新方案数据表　　　　　　　　　　单位：元

年末	方案甲		方案乙	
	原始费用	年使用费	原始费用	年使用费
0	机器 A：2000		机器 C：9000	
1		1200		900
2		1200		900
3		1200		900
4				900
5	机器 B：10000	1200		900
6		600		900
7		600		900
8		600		900
9		600		900
10		600		900
11		600		900
12		600		900
13		600		900
14		600		900
15		600		900
16～20		600		900

解：

① 选定研究期为 15 年，由于对更远的估计较为困难，选定 15 年为研究期，这相对于机器 C 的寿命。

方案甲：按照方案甲，15 年研究期包括机器 A 使用 5 年，机器 B 使用 10 年。

$$机器 B 的年值成本为 10000×0.1313+600=1913（元）$$

方案甲在 15 年内发生的费用现值为：

$$2000+1200×3.7908+1915×6.0446×0.6206=13855（元）$$

方案乙：方案乙在 15 年内的费用现值为 13845.5（元）。

显然，方案乙优于方案甲。

② 选定研究期为 5 年。如果资料不足，未来的情况难以估计和预测，这是往往不得不采用较短的研究期。比如在表 11-9 中采用什么机器来继续机器 A 的工作并不清楚，就只能选定机器 A 还可以使用的时间 5 年作为研究期。

方案甲：方案甲在 5 年内的年值成本为 1727.6 元。

方案乙：方案乙即机器 C 按照寿命期为 15 年计算的年度费用为 1820.5 元。

显然，方案甲优于方案乙。就是说，在前 5 年中采用机器 A 比采用机器 B 每年可以节约 1820.3-1728=92.3 元。至于 5 年以后的情况则未加以考虑。

一般来说，研究期越长，所得的结果就越重要，但是所作的估计也就越可能是错误的。因此，研究期的选定必须根据掌握的资料和实际情况来估计和判断。

（2）边际成本法

如果以后的情况难以估计，可采用逐年比较新旧设备成本的方法，这就是边际成本法。其更新分析的步骤和公式如下：

① 计算旧设备的年度边际成本。

$$MC_n = C_n + (L_{n-1} - L_n) + L_{n-1}i \qquad (11-9)$$

式中 MC_n——第 n 年旧设备的年度边际成本；

C_n——第 n 年旧设备的运行成本以及损失额；

$L_{n-1}-L_n$——第 n 年资产折旧额；

$L_{n-1}i$——资产占用资金的成本。

② 计算新设备的年均总成本。

$$AC_n^/ = [P^/ - L_n^/(P/F,i,n)](A/P,i,n) + \left[\sum C_j(P/F,i,n)\right](A/P,i,n) \qquad (11-10)$$

③ 根据计算结果进行比较。

当 $MC_n > AC_n^/$ 时，需要更新旧设备。

当 $MC_n < AC_n^/$ 时，应保留旧设备。

例题 11-6：某设备再继续使用一年的边际成本见表 11-10，现有的新设备价格为 50000 元，寿命为 15 年，年运行成本为 1800 元，残值为 4000 元，折现率为 10%，试分析是否应对旧设备进行更新。

表 11-10　旧设备的年边际成本计算表　　　　　　　　　　　　　　　　单位：元

新设备产量和质量提高增加收入	1600	旧设备现在出售价格	9600
新设备年均工作节约额	1200	旧设备一年后出售价格	8200
新设备作业费用年均节约额	4500	旧设备继续使用的资产占用资金成本 i=10%	960
新设备维修费年均节约额	3000		
旧设备年运行成本	1200	旧设备资产折旧费	1400
旧设备年运行成本及损失	11500	旧设备的边际成本	13860

解：首先计算旧设备的边际成本。

根据表 11-10 所示的数据，得到：

$$MC_n = 11500 + 960 + 1400 = 13860 \text{（元）}$$

再计算新设备的年均总成本。

$$AC_n^/ = [50000 - 4000(P/F,10\%,15)](A/P,10\%,15) + 1800 = 8247.6 \text{（元）}$$

比较新旧设备年成本的计算结果，$MC_n > AC_n^/$，用新设备更换旧设备，每年可以节约开支 13860-8247.6=5612.4（元），因此，应该尽快更换旧设备。

课后训练

计算题

1. 某设备三年前购买的原始成本是 90000 元，目前的账面价值为 40000 元，经过评估，该设备现在的净残值为 18000 元。则在设备更新方案比选中，该设备的沉没成本是多少元？

2. 某企业在 3 年前投资 20000 元安装了一台设备，根据设计要求，该设备要求还可以使用 5 年，其年度使用费估算第 1 年为 14500 元，以后逐年增加 500 元，现在又出现了一种新设备，原始费用为 10000 元，年度使用费用第 1 年估计为 9000 元，以后每年增加 1000 元，新设备的使用年限估计为 12 年，由于这两种机械是专用设备，其任何时候残值都等于零，若基准收益率为 12%，该企业对现有设备如何更新？

参考答案

1. 沉没成本 = 设备账面价值 − 当前市场价值，即沉没成本 = 40000−18000 = 22000（元）。
2. $AC_旧$ = 14500 元/年
$AC_新$ = 13549 元/年
$AC_旧 > AC_新$，该企业应对原有设备进行更新。

任务 4　设备租赁决策

知识点 1　设备租赁含义

1. 设备租赁的概念

租赁，从字面上讲就是租用他人的物件。以前租赁的目的是为了获得租赁物资的使用价值。现代租赁主要指设备租赁，这是一种商业活动。

设备租赁是设备使用者（承租人）按照合同规定，按期向设备所有者（出租人）支付一定费用，而取得设备使用权的一种经济活动。

对于承租人来讲，设备租赁与设备购买相比的优越性主要表现在以下几个方面：

① 可以节省设备投资，在资金不足和借款受到限制的情况下，也能使用设备；
② 可以加快设备的更新，避免技术落后的风险；
③ 可以避免通货膨胀的冲击，减少投资风险；
④ 可以获得良好的技术服务，提高设备的利用率，从而获得更多的效益；
⑤ 设备租金可以在税前扣除，能享受税费上的利益。

设备租赁存在不足之处在于：

① 在租赁期间承租人对租用的设备无所有权，只有使用权，故承租人无权随意对设备进行改造，不能处置设备，也不能用于担保或抵押贷款；
② 设备租赁的总费用比购置费用高；
③ 租赁合同规定严格，违约要赔偿损失，罚款较多等。

2. 设备种类的形式

设备租赁主要有经营租赁和融资租赁两种形式。

（1）经营租赁

经营租赁又称为运行租赁，它是指一种传统的设备租赁方式，它是由出租人根据承租人的需要，与承租人订立租赁合同，在合同期内将设备有偿交给承租人，承租人按合同规定，向出租人支付租赁费的一种租赁业务。经营租赁中出租者除向承租人提供租赁物外，还承担设备的保养、维修、贬值及不再续租的风险，承租人可以随时以一定方式在通知对方后的规定时间内取消或中止租约，这类租赁具有可撤销性、短期性、租金高等特点，适用于技术进步快、用途较广泛、使用具有季节性的设备，临时使用的设备（如车辆、仪器等）通常采用这种方式，经营租赁设备的租赁费计入企业成本，可以减少企业所得税。

（2）融资租赁

融资租赁也称为长期租赁，是一种融资与融物相结合的租赁方式，它是由双方明确租赁的期限和付费义务，出租者按照要求提供规定的设备，然后以租金形式回收设备的全部资金，出租者对设备的整机性能、维修保养、老化风险等不承担责任。该种租赁方式以融资和设备长期使用为前提，租赁期相当于或超过设备的寿命期，具有不可撤销性、租期长等特点，适用于大型机床、重型施工机械等贵重设备。融资出租人的设备属于承租方的固定资产，可以计提折旧并计入企业成本，而租赁费一般不直接计入企业成本，由企业税后支付。但租赁费中的利息和手续费可在支付时计入企业成本，作为纳税所得额中准予扣除的项目。融资租赁是现代租赁的主要形式。

3. 影响租赁的主要因素

企业在决定进行设备投资之前，必须要进行多方面考虑。因为，决定企业租赁或购买设备的关键因素在于能否为企业节约尽可能多的支出费用，实现最好的经济效益。为此，首先需要考虑影响设备投资的因素。

① 影响设备投资的因素。影响设备投资的因素较多，主要包括：项目的寿命期；企业是需要长期占有设备，还是只希望短期占有设备；设备的技术性能和生产效率；设备对工程质量的保证程度，如对原材料、能源的消耗量，以及设备生产的安全性的保证程度；设备的成套性、灵活性、耐用性、环保性和维修的难易程度；设备的经济寿命；技术过时风险的大小；设备的资本预算计划、资金可获量（包括自有资金和融通资金）的利息或利率高低；提交设备的进度。

② 影响设备租赁的因素。租赁期长短；设备租金额，包括总租金额和每租赁期租金额；租金的支付方式，包括租赁期起算日、支付日期、支付币种和支付方法等；企业经营费用减少与折旧费和利息减少的关系；租赁的节税优惠；预付资金（定金）、租赁保证金和租赁担保费用；维修方式，即是由企业自行维修，还是由租赁机构提供维修服务；租赁期满，资产的处理方式；租赁机构的信用度、经济实力，与承租人的配合情况。

③ 影响设备购买的因素。设备的购置价格、设备价款的支付方式，支付币种和支付利率等；设备的年运转费用和维修方式、维修费用；保险费，包括购买设备的运输保险费，设备在使用过程中的各种财产保险费。

总之，企业是否做出租赁与购买决定的关键在于技术经济可行性分析。因此，企业在决定进行设备投资之前，必须充分考虑影响设备租赁与购买的主要因素，才能获得最佳的经济效益。

 学学做做

影响设备租赁的主要因素有（　　）。
A. 租赁期长短
B. 项目的寿命期
C. 设备的经济寿命
D. 设备在使用过程中的财产保险费
E. 设备的技术性能和生产效率

参考答案：ABCD

技能点 1　设备租赁与购买方案分析

采用购置设备或采用租赁设备应取决于这两种方案在经济上的比较，比较的原则和方法与一般的互斥方案的比选方法相同。

1. 设备租赁与购买方案分析的步骤

① 根据企业生产经营目标和技术状况，提出设备更新的投资建议；

② 拟定若干个设备投资、更新方案，包括租赁、购买；

③ 定性分析筛选方案，包括企业财务能力分析、设备技术风险分析和适用维修特点；

④ 定量分析并优选方案，结合其他因素，做出租赁还是购买的投资决策。

设备租赁的经济分析是对设备租赁和设备购置进行经济比选，也是互斥方案优选问题，其方法与设备更新方案选择无实质上的差别，故可运用费用现值、费用年值法等进行优选。

2. 设备租赁与购买方案的经济分析方法

（1）设备经营租赁方案的净现金流量

设备经营租赁方案净现金流量的计算公式为：

$$净现金流量 = 销售收入 - 经营成本 - 租赁费用 - 销售相关税金 - 所得税 \times (销售收入 - 经营成本 - 租赁费用 - 销售相关税金) \qquad (11-11)$$

式中，租赁费用主要包括租赁保证金、担保费、租金。

① 租赁保证金。为了确认租赁合同并保证其执行，承租人必须先交纳租赁保证金。当租赁合同结束时，租赁保证金将被退还给承租人或在偿还最后一期租金时加以抵消。保证金一般按合同金额的一定比例计算，或是某期数的金额（如一个月的租金额）。

② 担保费。出租人一般要求承租人请担保人对该租赁交易进行担保，当承租人由于财务危机付不起租金时，由担保人代为支付。一般情况下，承租人需要付给担保人一定数目的担保费。

③ 租金。租金是签订租赁合同的一项重要内容，直接关系到出租人与承租人双方的经济利益。出租人要从取得的租金中得到出租资产的补偿和收益，即要收回租赁资产的购进原价、贷款利息、营业费用和一定的利润。影响租金的因素很多，如设备的价格、融资的利息费用、各种税金、租赁保证金、运费、租赁利差、各种费用的支付时间以及租赁采用的计算公式等。

租金的计算方法主要有附加率法和年金法。

a. 附加率法。附加率法是在租赁资产的设备货价或概算成本上再加上一个特定的比率来计算租金。每期租金 R 的计算公式为

$$R = \frac{P(1+Ni)}{N} + Pr \qquad (11-12)$$

式中　P——租赁资产的价格；

　　　N——租赁期数，可按月、季、半年、年计；

　　　i——与租赁期数相对应的利率；

　　　r——附加率。

例题 11-7：租赁公司拟出租给某企业一台设备，设备的价格为 68 万元，租期为 5 年，每年年末支付租金，折现率为 10%，附加率为 4%，问每年租金为多少？

解：根据公式可得

$$R = \frac{P(1+Ni)}{N} + Pr = \frac{68 \times (1+5 \times 10\%)}{5} + 68 \times 4\% = 23.12 \text{（万元）}$$

学学做做

租赁公司拟出租给某企业一台设备，设备的价格为 60 万元，租期为 7 年，每年年末支付租金，折现率为 8%，附加率为 3%，问每年租金为多少？

参考答案：15.17 万元

b. 年金法。年金法是将一项租赁资产价值按相同比率分摊到未来各租赁期间内的租金计算方法。

年金法计算有后付、先付租金之分。

第一种情况：期末支付方式是在每期期末等额支付租金。每期租金 R 的表达式为：

$$R = P \times \frac{i(1+i)^n}{[(1+i)^n - 1]} = P(A/P, i, n) \qquad (11\text{-}13)$$

式中　P——租赁资产的价格；
　　　R——每期支付租金；
　　　n——租赁资产的还款期数；
　　　i——与还款期数相对应的折现率。

第二种情况：期初支付方式是在每期期初等额支付租金。每期租金 R 的表达式为：

$$R = P \times \frac{i(1+i)^{n-1}}{[(1+i)^n - 1]} \qquad (11\text{-}14)$$

例题 11-8：某建筑设备租赁公司与江苏某施工企业达成一笔租赁交易，租赁资产的价格为 100 万元，租期为 5 年，利率 12%。试分别按每年年末、每年年初支付方式计算租金。

解：若按年末支付方式计算

$$R=100(A/P, 12\%, 5)=100 \times 0.2774=27.74 \text{（万元）}$$

若按年初支付方式计算

$$R = 100 \times \left[\frac{10\%(1+12\%)^4}{(1+12\%)^5 - 1}\right] = 100 \times 0.2477 = 24.77 \text{（万元）}$$

（2）购买设备方案的净现金流量

与租赁相同条件下的购买设备方案的净现金流量的计算公式为：

$$\text{净现金流量} = \text{销售收入} - \text{经营成本} - \text{设备购置费} - \text{贷款利息} - \text{销售相关税金} - \text{所得税} \times$$
$$(\text{销售收入} - \text{经营成本} - \text{折旧} - \text{贷款利息} - \text{销售相关税金}) \qquad (11\text{-}15)$$

（3）设备租赁与购买方案的经济比选

对于承租人来讲，关键问题是决定租赁还是购买设备。而设备租赁与购买的经济比选也是互斥方案优选问题，一般寿命期相同时可以采用净现值法，设备寿命期不同时可以采用年值法。无论用净现值法还是年值法，均以收益效果较大或成本较低作为评价的标准。

在工程经济互斥方案分析中，为了简化计算，常常只需要比较它们之间的差异部分，而设备租赁与购买方案经济比选的最简单方法是在假设所得设备的收入相同的条件下，将租赁方案和购买方案的费用进行比较，根据互斥方案比选的增量原则，只需要比较它们之间的差异。

实际上，设备租赁与设备购买的比选只需要比较简化计算的净现金流量即可。

$$\text{设备租赁的净现金流量} = \text{所得税率} \times \text{租赁费用} - \text{租赁费用} \qquad (11\text{-}16)$$
$$\text{设备购买的净现金流量} = \text{所得税率} \times (\text{折旧} + \text{贷款利息}) - \text{设备购置费} - \text{贷款利息} \qquad (11\text{-}17)$$

如果设备有残值的话，设备购置费等于设备购买价格减去设备残值。

例题 11-9：A 生产线是某企业生产所必需的设备，其购置费为 30 万元，可贷款 10 万元，贷款利率为 8%，在贷款期 3 年内每年年末等额还本付息。设备使用期为 5 年，期末设备残值为 10000 元。这种设备也可以租赁到，每年年末租赁费为 70000 元，企业所得税税率为 25%，采用直线折旧法折旧，基准收益率为 10%，试为企业选择经济方案。

解：

① 若企业采用购置方案：

$$\text{年折旧费} =(300000-10000) \div 5=58000 \text{（元）}$$

各年支付的本利和 A 按下式计算，则各年的还本付息如表 11-11 所示。

$$A = 100000 \times 8\% \times (1+8\%)^3 \div [(1+8\%)^3 - 1] = 100000 \times 0.38803 = 38803 \text{（元）}$$

表 11-11 各年支付的利息   单位：元

年份/年	期初剩余本金	本期还款金额	本期支付本金	本期支付利息
1	100000	38803	30803	8000
2	69197	38803	33267	5536
3	35930	38803	35929	2874

计算设备购置费方案的现值：当贷款购买时，企业可以将所支付的利息及折旧从成本中扣除而免税，并且可以回收残值。

$$P = 300000 - 58000 \times 0.25(P/A,10\%,5) - 10000(P/F,10\%,5) - 8000 \times 0.25(P/F,10\%,1)$$
$$-5536 \times 0.25(P/F,10\%,2) - 2874 \times 0.25(P/F,10\%,3) = 284792.59 \text{（元）}$$

② 计算设备租赁方案的现值。当租赁设备时，承租人可以将租金计入成本而免税。

$$P = 70000(P/A,10\%,5) - 70000 \times 0.25(P/A,10\%,5)$$
$$= 70000 \times 3.7908 - 0.25 \times 70000 \times 3.7908$$
$$= 199017 \text{（元）}$$

从经济角度出发，应该选择租赁设备的方案。

课后训练

计算题

1. 某企业租赁使用的一设备价格为 70 万元，租期为 5 年，如果折现率为 10%，试分别按每年年末、每年年初支付方式计算租金。

2. 某企业需要某种设备，现有两种方案：第一种，用自有资金购买，购置费为 20000 元，第二种方案，融资租赁，年租赁费 1600 元（其中包括利息 200 元），此设备可以使用 20 年，期末无残值。当设备投入使用后，每年销售收入 8000 元，销售税金及附加为 1600 元，年经营成本为 2200 元，采用直线法计提折旧，所得税税率为 25%，基准收益率为 10%，试比较购置方案和租赁方案。

参考答案

1. 每年年末支付租金为 18.47 万元；
每年年初支付租金 16.79 万元。

2. 解（1）第一种方案：企业如果采取购买设备方案
年折旧额 =20000÷20=1000（元）
年净利润 =(8000-1600-2200-1000)×(1-25%)=2400（元）
年净现金流量 =2400+1000=3400（元）
$NPV_{购} = -20000+3400(P/A, 10\%, 20)=8946.24$（元）

（2）第二种方案：企业如果采取租赁方案
年折旧额 =20000÷20=1000（元）
年净利润 =(8000-1600-2200-1000-200)×(1-25%)=2250（元）
年净现金流量 =2250+1000-(1600-200)=1850（元）
$NPV_{租}=1850(P/A, 10\%, 20)=15750.16$（元）

因为 $NPV_{租} > NPV_{购}$，所以从经济角度出发，应该选择租赁设备的方案。

附录 复利系数表

$i=1\%$

年限 n/年	一次支付终值系数 $(F/P, i, n)$	一次支付现值系数 $(P/F, i, n)$	等额系列终值系数 $(F/A, i, n)$	偿债基金系数 $(A/F, i, n)$	资金回收系数 $(A/P, i, n)$	等额系列现值系数 $(P/A, i, n)$
1	1.0100	0.9901	1.0000	1.0000	1.0100	0.9901
2	1.0201	0.9803	2.0100	0.4975	0.5075	1.9704
3	1.0303	0.9706	3.0301	0.3300	0.3400	2.9410
4	1.0406	0.9610	4.0604	0.2463	0.2563	3.9020
5	1.0510	0.9515	5.1010	0.1960	0.2060	4.8534
6	1.0615	0.9420	6.1520	0.1625	0.1725	5.7955
7	1.0721	0.9327	7.2135	0.1386	0.1486	6.7282
8	1.0829	0.9235	8.2857	0.1207	0.1307	7.6517
9	1.0937	0.9143	9.3685	0.1067	0.1167	8.5660
10	1.1046	0.9053	10.4622	0.0956	0.1056	9.4713
11	1.1157	0.8963	11.5668	0.0865	0.0965	10.3676
12	1.1268	0.8874	12.6825	0.0788	0.0888	11.2551
13	1.1381	0.8787	13.8093	0.0724	0.0824	12.1337
14	1.1495	0.8700	14.9474	0.0669	0.0769	13.0037
15	1.1610	0.8613	16.0969	0.0621	0.0721	13.8651
16	1.1726	0.8528	17.2579	0.0579	0.0679	14.7179
17	1.1843	0.8444	18.4304	0.0543	0.0643	15.5623
18	1.1961	0.8360	19.6147	0.0510	0.0610	16.3983
19	1.2081	0.8277	20.8109	0.0481	0.0581	17.2260
20	1.2202	0.8195	22.0190	0.0454	0.0554	18.0456
21	1.2324	0.8114	23.2392	0.0430	0.0530	18.8570
22	1.2447	0.8034	24.4716	0.0409	0.0509	19.6604
23	1.2572	0.7954	25.7163	0.0389	0.0489	20.4558
24	1.2697	0.7876	26.9735	0.0371	0.0471	21.2434
25	1.2824	0.7798	28.2432	0.0354	0.0454	22.0232
26	1.2953	0.7720	29.5256	0.0339	0.0439	22.7952
27	1.3082	0.7644	30.8209	0.0324	0.0424	23.5596
28	1.3213	0.7568	32.1291	0.0311	0.0411	24.3164
29	1.3345	0.7493	33.4504	0.0299	0.0399	25.0658
30	1.3478	0.7419	34.7849	0.0287	0.0387	25.8077

$i=2\%$

年限 n/年	一次支付终值系数 $(F/P, i, n)$	一次支付现值系数 $(P/F, i, n)$	等额系列终值系数 $(F/A, i, n)$	偿债基金系数 $(A/F, i, n)$	资金回收系数 $(A/P, i, n)$	等额系列现值系数 $(P/A, i, n)$
1	1.0200	0.9804	1.0000	1.0000	1.0200	0.9804
2	1.0404	0.9612	2.0200	0.4950	0.5150	1.9416
3	1.0612	0.9423	3.0604	0.3268	0.3468	2.8839
4	1.0824	0.9238	4.1216	0.2426	0.2626	3.8077
5	1.1041	0.9057	5.2040	0.1922	0.2122	4.7135
6	1.1262	0.8880	6.3081	0.1585	0.1785	5.6014
7	1.1487	0.8706	7.4343	0.1345	0.1545	6.4720
8	1.1717	0.8535	8.5830	0.1165	0.1365	7.3255
9	1.1951	0.8368	9.7546	0.1025	0.1225	8.1622
10	1.2190	0.8203	10.9497	0.0913	0.1113	8.9826
11	1.2434	0.8043	12.1687	0.0822	0.1022	9.7868
12	1.2682	0.7885	13.4121	0.0746	0.0946	10.5753

年限 n/ 年	一次支付终值系数 (F/P, i, n)	一次支付现值系数 (P/F, i, n)	等额系列终值系数 (F/A, i, n)	偿债基金系数 (A/F, i, n)	资金回收系数 (A/P, i, n)	等额系列现值系数 (P/A, i, n)
13	1.2936	0.7730	14.6803	0.0681	0.0881	11.3484
14	1.3195	0.7579	15.9739	0.0626	0.0826	12.1062
15	1.3459	0.7430	17.2934	0.0587	0.0778	12.8493
16	1.3728	0.7284	18.6393	0.0537	0.0737	13.5777
17	1.4002	0.7142	20.0121	0.0500	0.0700	14.2919
18	1.4282	0.7002	21.4123	0.0467	0.0667	14.9920
19	1.4568	0.6864	22.8406	0.0438	0.0638	15.6785
20	1.4859	0.6730	24.2974	0.0412	0.0612	16.3514
21	1.5157	0.6598	25.7833	0.0388	0.0588	17.0112
22	1.5460	0.6468	27.2990	0.0366	0.0566	17.6580
23	1.5769	0.6342	28.8450	0.0347	0.0547	18.2922
24	1.6084	0.6217	30.4219	0.0329	0.0529	18.9139
25	1.6406	0.6095	32.0303	0.0312	0.0512	19.5235
26	1.6734	0.5976	33.6709	0.0297	0.0497	20.1210
27	1.7069	0.5859	35.3443	0.0283	0.0483	20.7069
28	1.7410	0.5744	37.0512	0.0270	0.0470	21.2813
29	1.7758	0.5631	38.7922	0.0258	0.0458	21.8444
30	1.8114	0.5521	40.5681	0.0246	0.0446	22.3965

$i=3\%$

年限 n/ 年	一次支付终值系数 (F/P, i, n)	一次支付现值系数 (P/F, i, n)	等额系列终值系数 (F/A, i, n)	偿债基金系数 (A/F, i, n)	资金回收系数 (A/P, i, n)	等额系列现值系数 (P/A, i, n)
1	1.0300	0.9709	1.0000	1.0000	1.0300	0.9709
2	1.0609	0.9426	2.0300	0.4926	0.5226	1.9135
3	1.0927	0.9151	3.0909	0.3235	0.3535	2.8286
4	1.1255	0.8885	4.1836	0.2390	0.2690	3.7171
5	1.1593	0.8626	5.3091	0.1884	0.2184	4.5797
6	1.1941	0.8375	6.4684	0.1546	0.1846	5.4172
7	1.2299	0.8131	7.6625	0.1305	0.1605	6.2303
8	1.2668	0.7894	8.8923	0.1125	0.1425	7.0197
9	1.3048	0.7664	10.1591	0.0984	0.1284	7.7861
10	1.3439	0.7441	11.4639	0.0872	0.1172	8.5302
11	1.3842	0.7224	12.8078	0.0781	0.1081	9.2526
12	1.4258	0.7014	14.1920	0.0705	0.1005	9.9540
13	1.4685	0.6810	15.6178	0.0640	0.0940	10.6350
14	1.5126	0.6611	17.0863	0.0585	0.0885	11.2961
15	1.5580	0.6419	18.5989	0.0538	0.0838	11.9379
16	1.6047	0.6232	20.1569	0.0496	0.0796	12.5611
17	1.6528	0.6050	21.7616	0.0460	0.0760	13.1661
18	1.7024	0.5874	23.4144	0.0427	0.0727	13.7535
19	1.7535	0.5703	25.1169	0.0398	0.0698	14.3238
20	1.8061	0.5537	26.8704	0.0372	0.0672	14.8775
21	1.8603	0.5375	28.6765	0.0349	0.0649	15.4150
22	1.9161	0.5219	30.5368	0.0327	0.0627	15.9369
23	1.9736	0.5067	32.4529	0.0308	0.0608	16.4436
24	2.0328	0.4919	34.4265	0.0290	0.0590	16.9355
25	2.0938	0.4776	36.4593	0.0274	0.0574	17.4131
26	2.1566	0.4637	38.5530	0.0259	0.0559	17.8768
27	2.2213	0.4502	40.7096	0.0246	0.0546	18.3270
28	2.2879	0.4371	42.9309	0.0233	0.0533	18.7641
29	2.3566	0.4243	45.2189	0.0221	0.0521	19.1885
30	2.4273	0.4120	47.5754	0.0210	0.0510	19.6004

附录 复利系数表

年限 n/年	一次支付终值系数 $(F/P, i, n)$	一次支付现值系数 $(P/F, i, n)$	等额系列终值系数 $(F/A, i, n)$	偿债基金系数 $(A/F, i, n)$	资金回收系数 $(A/P, i, n)$	等额系列现值系数 $(P/A, i, n)$
\multicolumn{7}{c}{$i=4\%$}
1	1.0400	0.9615	1.0000	1.0000	1.0400	0.9615
2	1.0816	0.9246	2.0400	0.4902	0.5302	1.8861
3	1.1249	0.8890	3.1216	0.3203	0.3603	2.7751
4	1.1699	0.8548	4.2465	0.2355	0.2755	3.6299
5	1.2167	0.8219	5.4163	0.1846	0.2246	4.4518
6	1.2653	0.7903	6.6330	0.1508	0.1908	5.2421
7	1.3159	0.7599	7.8983	0.1266	0.1666	6.0021
8	1.3686	0.7307	9.2142	0.1085	0.1485	6.7327
9	1.4233	0.7026	10.5828	0.0945	0.1345	7.4353
10	1.4802	0.6756	12.0061	0.0833	0.1233	8.1109
11	1.5395	0.6496	13.4864	0.0741	0.1141	8.7605
12	1.6010	0.6246	15.0258	0.0666	0.1066	9.3851
13	1.6651	0.6006	16.6268	0.0601	0.1001	9.9856
14	1.7317	0.5775	18.2919	0.0547	0.0947	10.5631
15	1.8009	0.5553	20.0236	0.0499	0.0899	11.1184
16	1.8730	0.5339	21.8245	0.0458	0.0858	11.6523
17	1.9479	0.5134	23.6975	0.0422	0.0822	12.1657
18	2.0258	0.4936	25.6454	0.0390	0.0790	12.6593
19	2.1068	0.4746	27.6712	0.0361	0.0761	13.1339
20	2.1911	0.4564	29.7781	0.0336	0.0736	13.5903
21	2.2788	0.4388	31.9692	0.0313	0.0713	14.0292
22	2.3699	0.4220	34.2480	0.0292	0.0692	14.4511
23	2.4647	0.4057	36.6179	0.0273	0.0673	14.8568
24	2.5633	0.3901	39.0826	0.0256	0.0656	15.2470
25	2.6658	0.3751	41.6459	0.0240	0.0640	15.6221
26	2.7725	0.3607	44.3117	0.0226	0.0626	15.9828
27	2.8834	0.3468	47.0842	0.0212	0.0612	16.3296
28	2.9987	0.3335	49.9676	0.0200	0.0600	16.6631
29	3.1187	0.3207	52.9663	0.0189	0.0589	16.9837
30	3.2434	0.3083	56.0849	0.0178	0.0578	17.2920
\multicolumn{7}{c}{$i=5\%$}
1	1.0500	0.9524	1.0000	1.0000	1.0500	0.9524
2	1.1025	0.9070	2.0500	0.4878	0.5378	1.8594
3	1.1576	0.8638	3.1525	0.3172	0.3672	2.7232
4	1.2155	0.8227	4.3101	0.2320	0.2820	3.5460
5	1.2763	0.7835	5.5256	0.1810	0.2310	4.3295
6	1.3401	0.7462	6.8019	0.1470	0.1970	5.0757
7	1.4071	0.7107	8.1420	0.1228	0.1728	5.7864
8	1.4775	0.6768	9.5491	0.1047	0.1547	6.4632
9	1.5513	0.6446	11.0266	0.0907	0.1407	7.1078
10	1.6289	0.6139	12.5779	0.0795	0.1295	7.7217
11	1.7103	0.5847	14.2068	0.0704	0.1204	8.3064
12	1.7959	0.5568	15.9171	0.0628	0.1128	8.8633
13	1.8856	0.5303	17.7130	0.0565	0.1065	9.3936
14	1.9799	0.5051	19.5986	0.0510	0.1010	9.8986
15	2.0789	0.4810	21.5786	0.0463	0.0963	10.3797
16	2.1829	0.4581	23.6575	0.0423	0.0923	10.8378
17	2.2920	0.4363	25.8404	0.0387	0.0887	11.2741
18	2.4066	0.4155	28.1324	0.0355	0.0855	11.6896
19	2.5270	0.3957	30.5390	0.0327	0.0827	12.0853
20	2.6533	0.3769	33.0660	0.0302	0.0802	12.4622
21	2.7860	0.3589	35.7193	0.0280	0.0780	12.8212
22	2.9253	0.3418	38.5052	0.0260	0.0760	13.1630
23	3.0715	0.3256	41.4305	0.0241	0.0741	13.4886
24	3.2251	0.3101	44.5020	0.0225	0.0725	13.7986
25	3.3864	0.2953	47.7271	0.0210	0.0710	14.0939
26	3.5557	0.2812	51.1135	0.0196	0.0696	14.3752
27	3.7335	0.2678	54.6691	0.0183	0.0683	14.6430
28	3.9201	0.2551	58.4026	0.0171	0.0671	14.8981
29	4.1161	0.2429	62.3227	0.0160	0.0660	15.1411
30	4.3219	0.2314	66.4388	0.0151	0.0651	15.3725

$i=6\%$

年限 n/年	一次支付终值系数 $(F/P, i, n)$	一次支付现值系数 $(P/F, i, n)$	等额系列终值系数 $(F/A, i, n)$	偿债基金系数 $(A/F, i, n)$	资金回收系数 $(A/P, i, n)$	等额系列现值系数 $(P/A, i, n)$
1	1.0600	0.9434	1.0000	1.0000	1.0600	0.9434
2	1.1236	0.8900	2.0600	0.4854	0.5454	1.8334
3	1.1910	0.8396	3.1836	0.3141	0.3741	2.6730
4	1.2625	0.7921	4.3746	0.2286	0.2886	3.4651
5	1.3382	0.7473	5.6371	0.1774	0.2374	4.2124
6	1.4185	0.7050	6.9753	0.1434	0.2034	4.9173
7	1.5036	0.6651	8.3938	0.1191	0.1791	5.5824
8	1.5938	0.6274	9.8975	0.1010	0.1610	6.2098
9	1.6895	0.5919	11.4913	0.0870	0.1470	6.8017
10	1.7908	0.5584	13.1808	0.0759	0.1359	7.3601
11	1.8983	0.5268	14.9716	0.0668	0.1268	7.8869
12	2.0122	0.4970	16.8699	0.0593	0.1193	8.3838
13	2.1329	0.4688	18.8821	0.0530	0.1130	8.8527
14	2.2609	0.4423	21.0151	0.0476	0.1076	9.2950
15	2.3966	0.4173	23.2760	0.0430	0.1030	9.7122
16	2.5404	0.3936	25.6725	0.0390	0.0990	10.1059
17	2.6928	0.3714	28.2129	0.0354	0.0954	10.4773
18	2.8543	0.3503	30.9057	0.0324	0.0924	10.8276
19	3.0256	0.3305	33.7600	0.0296	0.0896	11.1581
20	3.2071	0.3118	36.7856	0.0272	0.0872	11.4699
21	3.3996	0.2942	39.9927	0.0250	0.0850	11.7641
22	3.6035	0.2775	43.3923	0.0230	0.0830	12.0416
23	3.8197	0.2618	46.9958	0.0213	0.0813	12.3034
24	4.0489	0.2470	50.8156	0.0197	0.0797	12.5504
25	4.2919	0.2330	54.8645	0.0182	0.0782	12.7834
26	4.5494	0.2198	59.1564	0.0169	0.0769	13.0032
27	4.8223	0.2074	63.7058	0.0157	0.0757	13.2105
28	5.1117	0.1956	68.5281	0.0146	0.0746	13.4062
29	5.4184	0.1846	73.6398	0.0136	0.0736	13.5907
30	5.7435	0.1741	79.0582	0.0126	0.0726	13.7648

$i=7\%$

年限 n/年	一次支付终值系数 $(F/P, i, n)$	一次支付现值系数 $(P/F, i, n)$	等额系列终值系数 $(F/A, i, n)$	偿债基金系数 $(A/F, i, n)$	资金回收系数 $(A/P, i, n)$	等额系列现值系数 $(P/A, i, n)$
1	1.0700	0.9346	1.0000	1.0000	1.0700	0.9346
2	1.1449	0.8734	2.0700	0.4831	0.5531	1.8080
3	1.2250	0.8163	3.2149	0.3111	0.3811	2.6243
4	1.3108	0.7629	4.4399	0.2252	0.2952	3.3872
5	1.4026	0.7130	5.7507	0.1739	0.2439	4.1002
6	1.5007	0.6663	7.1533	0.1398	0.2098	4.7665
7	1.6058	0.6227	8.6540	0.1156	0.1856	5.3893
8	1.7182	0.5820	10.2598	0.0975	0.1675	5.9713
9	1.8385	0.5439	11.9780	0.0835	0.1535	6.5152
10	1.9672	0.5083	13.8164	0.0724	0.1424	7.0236
11	2.1049	0.4751	15.7836	0.0634	0.1334	7.4987
12	2.2522	0.4440	17.8885	0.0559	0.1259	7.9427
13	2.4098	0.4150	20.1406	0.0497	0.1197	8.3577
14	2.5785	0.3878	22.5505	0.0443	0.1143	8.7455
15	2.7590	0.3624	25.1290	0.0398	0.1098	9.1079
16	2.9522	0.3387	27.8881	0.0359	0.1059	9.4466
17	3.1588	0.3166	30.8402	0.0324	0.1024	9.7632
18	3.3799	0.2959	33.9990	0.0294	0.0994	10.0591
19	3.6165	0.2765	37.3790	0.0268	0.0968	10.3356
20	3.8697	0.2584	40.9955	0.0244	0.0944	10.5940
21	4.1406	0.2415	44.8652	0.0223	0.0923	10.8355
22	4.4304	0.2257	49.0057	0.0204	0.0904	11.0612
23	4.7405	0.2109	53.4361	0.0187	0.0887	11.2722
24	5.0724	0.1971	58.1767	0.0172	0.0872	11.4693
25	5.4274	0.1842	63.2490	0.0158	0.0858	11.6536
26	5.8074	0.1722	68.6765	0.0146	0.0846	11.8258
27	6.2139	0.1609	74.4838	0.0134	0.0834	11.9867
28	6.6488	0.1504	80.6977	0.0124	0.0824	12.1371
29	7.1143	0.1406	87.3465	0.0114	0.0814	12.2777
30	7.6123	0.1314	94.4608	0.0106	0.0806	12.4090

附录 复利系数表

$i=8\%$

年限 n/年	一次支付终值系数 $(F/P, i, n)$	一次支付现值系数 $(P/F, i, n)$	等额系列终值系数 $(F/A, i, n)$	偿债基金系数 $(A/F, i, n)$	资金回收系数 $(A/P, i, n)$	等额系列现值系数 $(P/A, i, n)$
1	1.0800	0.9259	1.0000	1.0000	1.0800	0.9259
2	1.1664	0.8573	2.0800	0.4808	0.5608	1.7833
3	1.2597	0.7938	3.2464	0.3080	0.3880	2.5771
4	1.3605	0.7350	4.5061	0.2219	0.3019	3.3121
5	1.4693	0.6806	5.8666	0.1705	0.2505	3.9927
6	1.5869	0.6302	7.3359	0.1363	0.2163	4.6229
7	1.7138	0.5835	8.9228	0.1121	0.1921	5.2064
8	1.8509	0.5403	10.6366	0.0940	0.1740	5.7466
9	1.9990	0.5002	12.4876	0.0801	0.1601	6.2469
10	2.1589	0.4632	14.4866	0.0690	0.1490	6.7101
11	2.3316	0.4289	16.6455	0.0601	0.1401	7.1390
12	2.5182	0.3971	18.9771	0.0527	0.1327	7.5361
13	2.7196	0.3677	21.4953	0.0465	0.1265	7.9038
14	2.9372	0.3405	24.2149	0.0413	0.1213	8.2442
15	3.1722	0.3152	27.1521	0.0368	0.1168	8.5595
16	3.4259	0.2919	30.3243	0.0330	0.1130	8.8514
17	3.7000	0.2703	33.7502	0.0296	0.1096	9.1216
18	3.9960	0.2502	37.4502	0.0267	0.1067	9.3719
19	4.3157	0.2317	41.4463	0.0241	0.1041	9.6036
20	4.6610	0.2145	45.7620	0.0219	0.1019	9.8181
21	5.0338	0.1987	50.4229	0.0198	0.0998	10.0168
22	5.4365	0.1839	55.4568	0.0180	0.0980	10.2007
23	5.8715	0.1703	60.8933	0.0164	0.0964	10.3711
24	6.3412	0.1577	66.7648	0.0150	0.0950	10.5288
25	6.8485	0.1460	73.1059	0.0137	0.0937	10.6748
26	7.3964	0.1352	79.9544	0.0125	0.0925	10.8100
27	7.9881	0.1252	87.3508	0.0114	0.0914	10.9352
28	8.6271	0.1159	95.3388	0.0105	0.0905	11.0511
29	9.3173	0.1073	103.9659	0.0096	0.0896	11.1584
30	10.0627	0.0994	113.2832	0.0088	0.0888	11.2578

$i=9\%$

年限 n/年	一次支付终值系数 $(F/P, i, n)$	一次支付现值系数 $(P/F, i, n)$	等额系列终值系数 $(F/A, i, n)$	偿债基金系数 $(A/F, i, n)$	资金回收系数 $(A/P, i, n)$	等额系列现值系数 $(P/A, i, n)$
1	1.0900	0.9174	1.0000	1.0000	1.0900	0.9174
2	1.1881	0.8417	2.0900	0.4785	0.5685	1.7591
3	1.2950	0.7722	3.2781	0.3051	0.3951	2.5313
4	1.4116	0.7084	4.5731	0.2187	0.3087	3.2397
5	1.5386	0.6499	5.9847	0.1671	0.2571	3.8897
6	1.6771	0.5963	7.5233	0.1329	0.2229	4.4859
7	1.8280	0.5470	9.2004	0.1087	0.1987	5.0330
8	1.9926	0.5019	11.0285	0.0907	0.1807	5.5348
9	2.1719	0.4604	13.0210	0.0768	0.1668	5.9952
10	2.3674	0.4224	15.1929	0.0658	0.1558	6.4177
11	2.5804	0.3875	17.5603	0.0569	0.1469	6.8052
12	2.8127	0.3555	20.1407	0.0497	0.1397	7.1607
13	3.0658	0.3262	22.9534	0.0436	0.1336	7.4869
14	3.3417	0.2992	26.0192	0.0384	0.1284	7.7862
15	3.6425	0.2745	29.3609	0.0341	0.1241	8.0607
16	3.9703	0.2519	33.0034	0.0303	0.1203	8.3126
17	4.3276	0.2311	36.9737	0.0270	0.1170	8.5436
18	4.7171	0.2120	41.3013	0.0242	0.1142	8.7556
19	5.1417	0.1945	46.0185	0.0217	0.1117	8.9501
20	5.6044	0.1784	51.1610	0.0195	0.1095	9.1285
21	6.1088	0.1637	56.7645	0.0176	0.1076	9.2922
22	6.6586	0.1502	62.8733	0.0159	0.1059	9.4424
23	7.2579	0.1378	69.5319	0.0144	0.1044	9.5802
24	7.9111	0.1264	76.7898	0.0130	0.1030	9.7066
25	8.6231	0.1160	84.7009	0.0118	0.1018	9.8226
26	9.3992	0.1064	93.3240	0.0107	0.1007	9.9290
27	10.2451	0.0976	102.7231	0.0097	0.0997	10.0266
28	11.1671	0.0895	112.9682	0.0089	0.0989	10.1161
29	12.1722	0.0822	124.1354	0.0081	0.0981	10.1983
30	13.2677	0.0754	136.3075	0.0073	0.0973	10.2737

$i=10\%$

年限 n/年	一次支付终值系数 $(F/P, i, n)$	一次支付现值系数 $(P/F, i, n)$	等额系列终值系数 $(F/A, i, n)$	偿债基金系数 $(A/F, i, n)$	资金回收系数 $(A/P, i, n)$	等额系列现值系数 $(P/A, i, n)$
1	1.1000	0.9091	1.0000	1.0000	1.1000	0.9091
2	1.2100	0.8264	2.1000	0.4762	0.5762	1.7355
3	1.3310	0.7513	3.3100	0.3021	0.4021	2.4869
4	1.4641	0.6830	4.6410	0.2155	0.3155	3.1699
5	1.6105	0.6209	6.1051	0.1638	0.2638	3.7908
6	1.7716	0.5645	7.7156	0.1296	0.2296	4.3553
7	1.9487	0.5132	9.4872	0.1054	0.2054	4.8684
8	2.1436	0.4665	11.4359	0.0874	0.1874	5.3349
9	2.3579	0.4241	13.5795	0.0736	0.1736	5.7590
10	2.5937	0.3855	15.9374	0.0627	0.1627	6.1446
11	2.8531	0.3505	18.5312	0.0540	0.1540	6.4951
12	3.1384	0.3186	21.3843	0.0468	0.1468	6.8137
13	3.4523	0.2897	24.5227	0.0408	0.1408	7.1034
14	3.7975	0.2633	27.9750	0.0357	0.1357	7.3667
15	4.1772	0.2394	31.7725	0.0315	0.1315	7.6061
16	4.5950	0.2176	35.9497	0.0278	0.1278	7.8237
17	5.0545	0.1978	40.5447	0.0247	0.1247	8.0216
18	5.5599	0.1799	45.5992	0.0219	0.1219	8.2014
19	6.1159	0.1635	51.1591	0.0195	0.1195	8.3649
20	6.7275	0.1486	57.2750	0.0175	0.1175	8.5136
21	7.4002	0.1351	64.0025	0.0156	0.1156	8.6487
22	8.1403	0.1228	71.4027	0.0140	0.1140	8.7715
23	8.9543	0.1117	79.5430	0.0126	0.1126	8.8832
24	9.8497	0.1015	88.4973	0.0113	0.1113	8.9847
25	10.8347	0.0923	98.3471	0.0102	0.1102	9.0770
26	11.9182	0.0839	109.1818	0.0092	0.1092	9.1609
27	13.1100	0.0763	121.0999	0.0083	0.1083	9.2372
28	14.4210	0.0693	134.2099	0.0075	0.1075	9.3066
29	15.8631	0.0630	148.6309	0.0067	0.1067	9.3696
30	17.4494	0.0573	164.4940	0.0061	0.1061	9.4269

$i=12\%$

年限 n/年	一次支付终值系数 $(F/P, i, n)$	一次支付现值系数 $(P/F, i, n)$	等额系列终值系数 $(F/A, i, n)$	偿债基金系数 $(A/F, i, n)$	资金回收系数 $(A/P, i, n)$	等额系列现值系数 $(P/A, i, n)$
1	1.1200	0.8929	1.0000	1.0000	1.1200	0.8929
2	1.2544	0.7972	2.1200	0.4717	0.5917	1.6901
3	1.4049	0.7118	3.3744	0.2963	0.4163	2.4018
4	1.5735	0.6355	4.7793	0.2092	0.3292	3.0373
5	1.7623	0.5674	6.3528	0.1574	0.2774	3.6048
6	1.9738	0.5066	8.1152	0.1232	0.2432	4.1114
7	2.2107	0.4523	10.0890	0.0991	0.2191	4.5638
8	2.4760	0.4039	12.2997	0.0813	0.2013	4.9676
9	2.7731	0.3606	14.7757	0.0677	0.1877	5.3282
10	3.1058	0.3220	17.5487	0.0570	0.1770	5.6502
11	3.4785	0.2875	20.6546	0.0484	0.1684	5.9377
12	3.8960	0.2567	24.1331	0.0414	0.1614	6.1944
13	4.3635	0.2292	28.0291	0.0357	0.1557	6.4235
14	4.8871	0.2046	32.3926	0.0309	0.1509	6.6282
15	5.4736	0.1827	37.2797	0.0268	0.1468	6.8109
16	6.1304	0.1631	42.7533	0.0234	0.1434	6.9740
17	6.8660	0.1456	48.8837	0.0205	0.1405	7.1196
18	7.6900	0.1300	55.7497	0.0179	0.1379	7.2497
19	8.6128	0.1161	63.4397	0.0158	0.1358	7.3658
20	9.6463	0.1037	72.0524	0.0139	0.1339	7.4694
21	10.8038	0.0926	81.6987	0.0122	0.1322	7.5620
22	12.1003	0.0826	92.5026	0.0108	0.1308	7.6446
23	13.5523	0.0738	104.6029	0.0096	0.1296	7.7184
24	15.1786	0.0659	118.1552	0.0085	0.1285	7.7843
25	17.0001	0.0588	133.3339	0.0075	0.1275	7.8431
26	19.0401	0.0525	150.3339	0.0067	0.1267	7.8957
27	21.3249	0.0469	169.3740	0.0059	0.1259	7.9426
28	23.8839	0.0419	190.6989	0.0052	0.1252	7.9844
29	26.7499	0.0374	214.5828	0.0047	0.1247	8.0218
30	29.9599	0.0334	241.3327	0.0041	0.1241	8.0552

附录 复利系数表

$i=15\%$

年限 n/年	一次支付终值系数 $(F/P, i, n)$	一次支付现值系数 $(P/F, i, n)$	等额系列终值系数 $(F/A, i, n)$	偿债基金系数 $(A/F, i, n)$	资金回收系数 $(A/P, i, n)$	等额系列现值系数 $(P/A, i, n)$
1	1.1500	0.8696	1.0000	1.0000	1.1500	0.8696
2	1.3225	0.7561	2.1500	0.4651	0.6151	1.6257
3	1.5209	0.6575	3.4725	0.2880	0.4380	2.2832
4	1.7490	0.5718	4.9934	0.2003	0.3503	2.8550
5	2.0114	0.4972	6.7424	0.1483	0.2983	3.3522
6	2.3131	0.4323	8.7537	0.1142	0.2642	3.7845
7	2.6600	0.3759	11.0668	0.0904	0.2404	4.1604
8	3.0590	0.3269	13.7268	0.0729	0.2229	4.4873
9	3.5179	0.2843	16.7858	0.0596	0.2096	4.7716
10	4.0456	0.2472	20.3037	0.0493	0.1993	5.0188
11	4.6524	0.2149	24.3493	0.0411	0.1911	5.2337
12	5.3503	0.1869	29.0017	0.0345	0.1845	5.4206
13	6.1528	0.1625	34.3519	0.0291	0.1791	5.5831
14	7.0757	0.1413	40.5047	0.0247	0.1747	5.7245
15	8.1371	0.1229	47.5804	0.0210	0.1710	5.8474
16	9.3576	0.1069	55.7175	0.0179	0.1679	5.9542
17	10.7613	0.0929	65.0751	0.0154	0.1654	6.0472
18	12.3755	0.0808	75.8364	0.0132	0.1632	6.1280
19	14.2318	0.0703	88.2118	0.0113	0.1613	6.1982
20	16.3665	0.0611	102.4436	0.0098	0.1598	6.2593
21	18.8215	0.0531	118.8101	0.0084	0.1584	6.3125
22	21.6447	0.0462	137.6316	0.0073	0.1573	6.3587
23	24.8915	0.0402	159.2764	0.0063	0.1563	6.3988
24	28.6252	0.0349	184.1678	0.0054	0.1554	6.4338
25	32.9190	0.0304	212.7930	0.0047	0.1547	6.4641
26	37.8568	0.0264	245.7120	0.0041	0.1541	6.4906
27	43.5353	0.0230	283.5688	00035	0.1535	6.5135
28	50.0656	0.0200	327.1041	0.0031	0.1531	6.5335
29	57.5755	0.0174	377.1697	0.0027	0.1527	6.5509
30	66.2118	0.0151	434.7451	0.0023	0.1523	6.5660

$i=18\%$

年限 n/年	一次支付终值系数 $(F/P, i, n)$	一次支付现值系数 $(P/F, i, n)$	等额系列终值系数 $(F/A, i, n)$	偿债基金系数 $(A/F, i, n)$	资金回收系数 $(A/P, i, n)$	等额系列现值系数 $(P/A, i, n)$
1	1.1800	0.8475	1.0000	1.0000	1.1800	0.8475
2	1.3924	0.7182	2.1800	0.4587	0.6387	1.5656
3	1.6430	0.6086	3.5724	0.2799	0.4599	2.1743
4	1.9388	0.5158	5.2154	0.1917	0.3717	2.6901
5	2.2878	0.4371	7.1542	0.1398	0.3198	3.1272
6	2.6996	0.3704	9.4420	0.1059	0.2859	3.4976
7	3.1855	0.3139	12.1415	0.0824	0.2624	3.8115
8	3.7589	0.2660	15.3270	0.0652	0.2452	4.0776
9	4.4355	0.2255	19.0859	0.0524	0.2324	4.3030
10	5.2338	0.1911	23.5213	0.0425	0.2225	4.4941
11	6.1759	0.1619	28.7551	0.0348	0.2148	4.6560
12	7.2876	0.1372	34.9311	0.0286	0.2086	4.7932
13	8.5994	0.1163	42.2187	0.0237	0.2037	4.9095
14	10.1472	0.0985	50.8180	0.0197	0.1997	5.0081
15	11.9737	0.0835	60.9653	0.0164	0.1964	5.0916
16	14.1290	0.0708	72.9390	0.0137	0.1937	5.1624
17	16.6722	0.0600	87.0680	0.0115	0.1915	5.2223
18	19.6733	0.0508	103.7403	0.0096	0.1896	5.2732
19	23.2144	0.0431	123.4135	0.0081	0.1881	5.3162
20	27.3930	0.0365	146.6280	0.0068	0.1868	5.3527
21	32.3238	0.0309	174.0210	0.0057	0.1857	5.3837
22	38.1421	0.0262	206.3448	0.0048	0.1848	5.4099
23	45.0076	0.0222	244.4868	0.0041	0.1841	5.4321
24	53.1090	0.0188	289.4945	0.0035	0.1835	5.4509
25	62.6686	0.0160	342.6035	0.0029	0.1829	5.4669
26	73.9490	0.0135	405.2721	0.0025	0.1825	5.4804
27	87.2598	0.0115	479.2211	0.0021	0.1821	5.4919
28	102.9666	0.0097	566.4809	0.0018	0.1818	5.5016
29	121.5005	0.0082	669.4475	0.0015	0.1815	5.5098
30	143.3706	0.0070	790.9480	0.0013	0.1813	5.5168

$i=20\%$

年限 n/年	一次支付终值系数 $(F/P, i, n)$	一次支付现值系数 $(P/F, i, n)$	等额系列终值系数 $(F/A, i, n)$	偿债基金系数 $(A/F, i, n)$	资金回收系数 $(A/P, i, n)$	等额系列现值系数 $(P/A, i, n)$
1	1.2000	0.8333	1.0000	1.0000	1.2000	0.8333
2	1.4400	0.6944	2.2000	0.4545	0.6545	1.5278
3	1.7280	0.5787	3.6400	0.2747	0.4747	2.1065
4	2.0736	0.4823	5.3680	0.1863	0.3863	2.5887
5	2.4883	0.4019	7.4416	0.1344	0.3344	2.9906
6	2.9860	0.3349	9.9299	0.1007	0.3007	3.3255
7	3.5832	0.2791	12.9159	0.0774	0.2774	3.6046
8	4.2998	0.2326	16.4991	0.0606	0.2606	3.8372
9	5.1598	0.1938	20.7989	0.0481	0.2481	4.0310
10	6.1917	0.1615	25.9587	0.0385	0.2385	4.1925
11	7.4301	0.1346	32.1504	0.0311	0.2311	4.3271
12	8.9161	0.1122	39.5805	0.0253	0.2253	4.4392
13	10.6993	0.0935	48.4966	0.0206	0.2206	4.5327
14	12.8392	0.0779	59.1959	0.0169	0.2169	4.6106
15	15.4070	0.0649	72.0351	0.0139	0.2139	4.6755
16	18.4884	0.0541	87.4421	0.0114	0.2114	4.7296
17	22.1861	0.0451	105.9306	0.0094	0.2094	4.7746
18	26.6233	0.0376	128.1167	0.0078	0.2078	4.8122
19	31.9480	0.0313	154.7400	0.0065	0.2065	4.8435
20	38.3376	0.0261	186.6880	0.0054	0.2054	4.8696
21	46.0051	0.0217	225.0256	0.0044	0.2044	4.8913
22	55.2061	0.0181	271.0307	0.0037	0.2037	4.9094
23	66.2474	0.0151	326.2369	0.0031	0.2031	4.9245
24	79.4968	0.0126	392.4842	0.0025	0.2025	4.9371
25	95.3962	0.0105	471.9811	0.0021	0.2021	4.9476
26	114.4755	0.0087	567.3773	0.0018	0.2018	4.9563
27	137.3706	0.0073	681.8528	0.0015	0.2015	4.9636
28	164.8447	0.0061	819.2233	0.0012	0.2012	4.9697
29	197.8136	0.0051	984.0680	0.0010	0.2010	4.9747
30	237.3763	0.0042	1181.8816	0.0008	0.2008	4.9789

$i=25\%$

年限 n/年	一次支付终值系数 $(F/P, i, n)$	一次支付现值系数 $(P/F, i, n)$	等额系列终值系数 $(F/A, i, n)$	偿债基金系数 $(A/F, i, n)$	资金回收系数 $(A/P, i, n)$	等额系列现值系数 $(P/A, i, n)$
1	1.2500	0.8000	1.0000	1.0000	1.2500	0.8000
2	1.5625	0.6400	2.2500	0.4444	0.6944	1.4400
3	1.9531	0.5120	3.8125	0.2623	0.5123	1.9520
4	2.4414	0.4096	5.7656	0.1734	0.4234	2.3616
5	3.0518	0.3277	8.2070	0.1218	0.3718	2.6893
6	3.8147	0.2621	11.2588	0.0888	0.3388	2.9514
7	4.7684	0.2097	15.0735	0.0663	0.3163	3.1611
8	5.9605	0.1678	19.8419	0.0504	0.3004	3.3289
9	7.4506	0.1342	25.8023	0.0388	0.2888	3.4631
10	9.3132	0.1074	33.2529	0.0301	0.2801	3.5705
11	11.6415	0.0859	42.5661	0.0235	0.2735	3.6564
12	14.5519	0.0687	54.2077	0.0184	0.2684	3.7251
13	18.1899	0.0550	68.7596	0.0145	0.2645	3.7801
14	22.7374	0.0440	86.9495	0.0115	0.2615	3.8241
15	28.4217	0.0352	109.6868	0.0091	0.2591	3.8593
16	35.5271	0.0281	138.1085	0.0072	0.2572	3.8874
17	44.4089	0.0225	173.6357	0.0058	0.2558	3.9099
18	55.5112	0.0180	218.0446	0.0046	0.2546	3.9279
19	69.3889	0.0144	273.5558	0.0037	0.2537	3.9424
20	86.7362	0.0115	342.9447	0.0029	0.2529	3.9539
21	108.4202	0.0092	429.6809	0.0023	0.2523	3.9631
22	135.5253	0.0074	538.1011	0.0019	0.2519	3.9705
23	169.4066	0.0059	673.6264	0.0015	0.2515	3.9764
24	211.7582	0.0047	843.0329	0.0012	0.2512	3.9811
25	264.6978	0.0038	1054.7912	0.0009	0.2509	3.9849
26	330.8722	0.0030	1319.4890	0.0008	0.2508	3.9879
27	413.5903	0.0024	1650.3612	0.0006	0.2506	3.9903
28	516.9879	0.0019	2063.9515	0.0005	0.2505	3.9923
29	646.2349	0.0015	2580.9394	0.0004	0.2504	3.9938
30	807.7936	0.0012	3227.1743	0.0003	0.2503	3.9950

附录 复利系数表

$i=30\%$

年限 n/年	一次支付终值系数 $(F/P, i, n)$	一次支付现值系数 $(P/F, i, n)$	等额系列终值系数 $(F/A, i, n)$	偿债基金系数 $(A/F, i, n)$	资金回收系数 $(A/P, i, n)$	等额系列现值系数 $(P/A, i, n)$
1	1.3000	0.7692	1.0000	1.0000	1.3000	0.7692
2	1.6900	0.5918	2.3000	0.4348	0.7348	1.3609
3	2.1970	0.4552	3.9900	0.2506	0.5506	1.8161
4	2.8561	0.3501	6.1870	0.1616	0.4616	2.1662
5	3.7129	0.2693	9.0431	0.1106	0.4106	2.4356
6	4.8268	0.2072	12.7560	0.0784	0.3784	2.6427
7	6.2749	0.1594	17.5828	0.0569	0.3569	2.8021
8	8.1573	0.1226	23.8577	0.0419	0.3419	2.9247
9	10.6045	0.0943	32.0150	0.0312	0.3312	3.0190
10	13.7858	0.0725	42.6195	0.0235	0.3235	3.0915
11	17.9216	0.0558	56.4053	0.0177	0.3177	3.1473
12	23.2981	0.0429	74.3270	0.0135	0.3135	3.1903
13	30.2875	0.0330	97.6250	0.0102	0.3102	3.2233
14	39.3738	0.0254	127.9125	0.0078	0.3078	3.2487
15	51.1859	0.0195	167.2863	0.0060	0.3060	3.2682
16	66.5417	0.0150	218.4722	0.0046	0.3046	3.2832
17	86.5042	0.0116	285.0139	0.0035	0.3035	3.2948
18	112.4554	0.0089	371.5180	0.0027	0.3027	3.3037
19	146.1920	0.0068	483.9734	0.0021	0.3021	3.3105
20	190.0496	0.0053	630.1655	0.0016	0.3016	3.3158
21	247.0645	0.0040	820.2151	0.0012	0.3012	3.3198
22	321.1839	0.0031	1067.2796	0.0009	0.3009	3.3230
23	417.5391	0.0024	1388.4635	0.0007	0.3007	3.3254
24	542.8008	0.0018	1806.0026	0.0006	0.3006	3.3272
25	705.6410	0.0014	2348.8033	0.0004	0.3004	3.3286
26	917.3333	0.0011	3054.4443	0.0003	0.3003	3.3297
27	1192.5333	0.0008	3971.7776	0.0003	0.3003	3.3305
28	1550.2933	0.0006	5164.3109	0.0002	0.3002	3.3312
29	2015.3813	0.0005	6714.6042	0.0001	0.3001	3.3317
30	2619.9956	0.0004	8729.9855	0.0001	0.3001	3.3321

$i=40\%$

年限 n/年	一次支付终值系数 $(F/P, i, n)$	一次支付现值系数 $(P/F, i, n)$	等额系列终值系数 $(F/A, i, n)$	偿债基金系数 $(A/F, i, n)$	资金回收系数 $(A/P, i, n)$	等额系列现值系数 $(P/A, i, n)$
1	1.4000	0.7143	1.0000	1.0000	1.4000	0.7143
2	1.9600	0.5102	2.4000	0.4167	0.8167	1.2245
3	2.7440	0.3644	4.3600	0.2294	0.6294	1.5889
4	3.8416	0.2603	7.1040	0.1408	0.5408	1.8492
5	5.3782	0.1859	10.9456	0.0914	0.4914	2.0352
6	7.5295	0.1328	16.3238	0.0613	0.4613	2.1680
7	10.5414	0.0949	23.8534	0.0419	0.4419	2.2628
8	14.7579	0.0678	34.3947	0.0291	0.4291	2.3306
9	20.6610	0.0484	49.1526	0.0203	0.4203	2.3790
10	28.9255	0.0346	69.8137	0.0143	0.4143	2.4136
11	40.4957	0.0247	98.7391	0.0101	0.4101	2.4383
12	56.6939	0.0176	139.2348	0.0072	0.4072	2.4559
13	79.3715	0.0126	195.9287	0.0051	0.4051	2.4685
14	111.1201	0.0090	275.3002	0.0036	0.4036	2.4775
15	155.5681	0.0064	386.4202	0.0026	0.4026	2.4839
16	217.7953	0.0046	541.9883	0.0018	0.4018	2.4885
17	304.9135	0.0033	759.7837	0.0013	0.4013	2.4918
18	426.8789	0.0023	1064.6971	0.0009	0.4009	2.4941
19	597.6304	0.0017	1491.5760	0.0007	0.4007	2.4958
20	836.6826	0.0012	2089.2064	0.0005	0.4005	2.4970
21	1171.3556	0.0009	2925.8889	0.0003	0.4003	2.4979
22	1639.8978	0.0006	4097.2445	0.0002	0.4002	2.4985
23	2295.8569	0.0004	5737.1423	0.0002	0.4002	2.4989
24	3214.1997	0.0003	8032.9993	0.0001	0.4001	2.4992
25	4499.8796	0.0002	11247.1990	0.0001	0.4001	2.4994
26	6299.8314	0.0002	15747.0785	0.0001	0.4001	2.4996
27	8819.7640	0.0001	22046.9099	0.0000	0.4000	2.4997
28	12347.6696	0.0001	30866.6739	0.0000	0.4000	2.4998
29	17286.7374	0.0001	43214.3435	0.0000	0.4000	2.4999
30	24201.4324	0.0000	60501.0809	0.0000	0.4000	2.4999

[1] 刘晓君. 工程经济学 [M]. 北京：中国建筑工业出版社，2003.
[2] 刘晓君，杨建平，郭斌. 技术经济学 [M]. 3 版. 西安：西北大学出版社，2003.
[3] 吴全利. 建筑工程经济 [M]. 重庆：重庆大学出版社，2012.
[4] 黄有亮，徐向阳. 工程经济学 [M]. 南京：东南大学出版社，2020.
[5] 渠晓伟. 建筑工程经济 [M]. 上海：同济大学出版社，2012.
[6] 李娜，张珂峰. 建筑工程经济 [M]. 西安：西安交通大学出版社，2011.
[7] 刘亚臣. 工程经济学 [M]. 大连：大连理工大学出版社，1999.
[8] 全国注册咨询工程师（投资）执业资格管理委员会. 全国注册咨询工程师（投资）执业资格考试大纲 [M]. 北京：中国计划出版社，2003.
[9] 全国注册咨询工程师（投资）执业资格教材编写委员会. 项目决策分析与评价 [M]. 北京：中国计划出版社，2003.
[10] 全国注册咨询工程师（投资）执业资格教材编写委员会. 现代咨询方法与实务 [M]. 北京：中国计划出版社，2003.
[11] 全国造价工程师执业资格考试培训教材编写委员会，全国造价工程师执业资格考试培训教材审定委员会. 工程造价案例分析 [M]. 北京：中国城市出版社，2000.
[12] 全国造价工程师考试培训教材编写委员会，全国造价工程师考试培训教材审定委员会. 工程造价管理相关知识 [M]. 北京：中国计划出版社，2001.
[13] 赵彬. 工程技术经济 [M]. 北京：高等教育出版社，2003.
[14] 张道宏. 技术经济学 [M]. 西安：西安交通大学出版社，2000.
[15] 赵建华. 技术经济学 [M]. 北京：科学出版社，2001.
[16] 时思. 工程经济学 [M]. 北京：科学出版社，2007.
[17] 吴添祖. 技术经济学概论. 北京：高等教育出版社，2000.
[18] 交通部公路工程定额站. 湖南省交通厅交通建设造价管理公路工程造价管理相关知识. 北京：人民交通出版社，2007.
[19] 张铁山. 技术经济学——原理·方法·应用. 北京：清华大学出版社，2009.
[20] 刘剑勇，吴美琼，等. 建筑工程经济 [M]. 南京：南京大学出版社，2016.
[21] 贾学萍. 工程经济学 [M]. 北京：北京邮电大学出版社，2014.
[22] 马庆华，贺华刚. 建筑工程经济 [M]. 南京：南京大学出版社，2017.
[23] 石勇民. 工程经济学 [M]. 北京：人民交通出版社，2008.